KB149758

우리는 왜 끊임없이
곁눈질을 하는가

* 이 책에서 다룬 『도덕의 계보』 인용문들은 『선악의 저편·도덕의 계보』(김정현 옮김, 책세상, 2002)를 참조했으며, 맥락에 따라 필자가 변용하여 사용했습니다.

우리는 왜 끊임없이
곁눈질을 하는가

니체의 눈으로 읽는 니체 - 『도덕의 계보』

이
진
경

xbooks

차례

들어가며

니체에게 철학은 말 그대로 '지혜(sophia)에 대한 사랑(philo)'이고, 그때 지혜란 '좋은 삶에 대한 가르침'입니다. 잘 알려진 '삶을 사랑하라!'라는 슬로건이 니체가 철학을 통해 우리에게 '가르치고자' 했던 것입니다. 그러나 대체 자기 삶을 사랑하지 않는 사람이 어디 있을까요? 세상사가 힘든 것은 모두들 자기 삶을 사랑해서, 자기 삶만을 사랑해서 그런 것 아닐까요? 우리가 하는 행동은 모두 자기가 좋아서, 자기 좋으라고 하는 것이고, 자기를 사랑해서 하는 것 아닐까요?

그러나 그럴 것 같으면 '삶을 사랑하라'라는 말은 굳이 할 필요가 없었을 것입니다. 그냥 사는 대로 살면 되니 철학도 따로 필요가 없습니다. 그러니 니체의 저 말은 삶을 사랑한다고 믿지만 사실은 그게 아닌 이들을 겨냥한 것입니다. 저 말을 슬로건으로 뽑아냈던 것은 그런 오인 속에서 삶을 사랑하는 법을 모르거나 잘못 알고 있는 이들이 많다는 생각에서였을 겁니다. 철학이 그토록 오래 심오한 것을 가르쳐 왔고, 종교와 도덕이 그토록 깨알같이 선한 삶을 가르쳐 왔지만, 그것이야말로 삶을 사랑하는 법을 오인하고 오도한 것이었다는 생각이 니체로 하여금 서양의 종교, 도덕, 철학 전체와 대결하도록 추동했던 것입니다.

삶을 오도하는 것 가운데 가장 중요하고 지배적인 역할을 했던 것은 바로 '선악'의 개념으로 삶에 대해 '이래야 한다, 저래선 안 된다'며 직접 가르치고자 했던 도덕이었습니다. 덕분에 우리는 **'한다더라'**(They say)의 삶을 살게 됩니다. '이래야 한다더라', '저래선 안 된다더라'라는 말을 '듣고' 그걸 따라 삽니다. '한다더라'는 일단 익숙해지면 누가 말하지 않아도 생생하게 들립니다. 가슴속에서 울리는 말이 됩니다. 그렇기에 나만 그리 사는 게 아니라, 가까운 이들에게 말하고, 때로는 아끼는 이들(가령 자식)에게 강요하기도 하는 삶을 살게 됩니다. '내'가 아니라 **'그들'을 주어로 하는 삶이기에**, 나는 끊임없이 '그들'의 눈을 보고 '그들'의 말을 듣고 살게 됩니다. 끊임없이 곁눈질하는 삶을 살게 되는 거지요. '한다더라'에 부합하지 못한다는 생각에 사로잡히면, 이제 그렇게 하지 못하는 자신을 부정하고 '혐오'하거나 자기 삶을 원망하게 됩니다. 가장 사랑해야 할 것을 부정하고 원망하는 삶이 바로 그 곁눈질 속에서 자라납니다.

니체가 '선악'의 개념만큼이나 인간의 삶에 크게 영향을,

나쁜 영향을 미친 것을 알지 못한다고 했던 건 이런 이유에서였습니다. 니체가 선악을 넘어서, 선악의 저편으로 가도록 우리를 촉발하려는 것도 바로 이 때문입니다. 『선악의 저편』을 쓰게 했던 이 문제의식 속에서 이제 니체는 바로 그 '선악의 도덕'을 치밀하게 비판하게 됩니다. 생명(Leben)이 삶(Leben)을 사랑하는 것은 당연하고 자연스러운 것인데, 그런 태도를 뒤집어 삶을 사랑하긴커녕 생명의 본능을 죄악시하고, 본능에 충실한 삶을 가책하게 만드는 도덕이 만들어지고 그것이 '선한 삶'으로 찬양된 이유는 대체 무엇일까를 물어야 했습니다. 나아가 '선악'이란 개념을 부수어 버린다고 할 때, 삶을 사랑하기 위해선 어떻게 해야 하며 어떤 언행이 삶에 어떤 가치를 갖는지는 대체 무엇을 준거로 판단해야 하는가를 찾아야 합니다. 이것이 『도덕의 계보』란 책을 쓴 이유였습니다.

따라서 『도덕의 계보』는 삶을 사랑하기 위해, 선악의 도덕으로 인해 삶에 대한 증오와 가책을 삶에 대한 사랑이라고 오인하게 된 세상에서, 삶의 적대자를 가려내고 좋은 삶의 친구를 얻기 위해 읽어야 할 책입니다. 니체가 선악의 개념을 깨부수며 제안하는 개념은 '좋음과 나쁨'이며, '선악의 도덕' 대신 제시하는 것은 도덕마저 신체의 생리학에 따라서 분석하는 자연학적 윤리학입니다. '선악의 도덕'을 '도덕의 생리학'으로 바꾸어 버리자는 것입니다. 이 도덕의 생리학은 심지어 오랫동안 신체에 잔혹한 고통을 주며 길들이던 기억이나 금욕의 기술들마저 자신을 삶의 주인으로 바꾸고 좋은 삶을 만들어 내는 기술로 바꿀 방법을 알려 줍니다. 적의 무기를 빼앗아 내 무기로 삼는 탁월한 '병법서'인 셈입니다.

그러나 그토록 많은 사람을 그렇게 긴 기간 동안 오도해 온 것이 선악의 도덕이었기에, 그로부터 벗어나고 그것을 적절하게 비판하는 것은 니체로서도 쉬운 일은 아니었던 것 같습니다. 그래서 저로선 몇 번이나 읽었던 책임에도, 더욱이 니체로선 드물게 논문 형식으로 명료하게 쓴 책임에도, 『도덕의 계보』란 책이 생각보다 명료하지 않음을 이 강의를 준비하면서 새삼 깨닫게 되었습니다. 첫째 논문에서 그러하듯 때로는 방향을 잘못 잡아 엉뚱한 곳으로 가기도 하고(나중에 황급히 수정합니다), 셋째 논문에서 그러하듯 너무 빨리 진행되는 사유와 '과속'의 문체로 인해 제기된 논점들에 답하지 않고 급하게 넘어갑니다. 그리고 『선악의 저편』에 대한 강의 『사랑할 만한 삶이란 어떤 삶인가』에서 지적했듯이 '반시대적 사유'를 하고자 했던 니체조차 벗어날 수 없었던 19세기의 지식과 사고방식의 한계, 익숙해진 편견들을 깨기 위해 니체가 선택했던 '반대편으로 구부리기'의 전략, 감탄법과 과장법으로 양극화된 수사법은 그가 즐겨 사용하는 반어적 문장들과 결합하여 니체에 대한 흔한 오해와 비판으로 가는 길을 엽니다.

무언가를 앞서 돌파하려는 이들에게 운명처럼 따라붙는 이런 약점은, 니체에 대한 강한 신뢰와 진심 어린 동의에도 불구하고, 거듭해 읽을수록 분명해지는 것이었습니다. 그리고 바로 이것이 이 책을 읽는 데 작지 않은 장애물이란 생각을 하게 되었습니다. 이 장애물을 걷어 내고 니체가 '정말 하고 싶었을' 말을 선명하게 부각시키려면 이 장애물을 걷어 내는 작업이 필요하다 싶었습니다. 이는 **니체의 텍스트 자체를 니체의 눈으로 읽는** 비판적 작업을 요구하는 것이었습니다. 니체를 제대로 읽기 위해선 니체의 문제설정 속에서 니체의 문장을 읽는 내재적 비판의 방법이 필요하리라는 것입니다. 그러나 그것은 니체를 내치고 읽지 않을 이유가 아니라 거꾸로 읽고 나의 삶으로 좀 더 강하게 끌어당기게 될 이유가 되리라고 저는 믿습니다.

이 책 역시 『사랑할 만한 삶이란 어떤 삶인가』와 마찬가지로 2017년 〈수유너머〉에서 했던 강의의 일부를 정리한 것입니다. 첫째 강의가 '필로비오스'(philobios)라는 말로 다시 쓰기도 했던 것, 즉 '삶에 대한 사랑'이라는 가장 근본적인 문제설정을 중심 무대로 하고 있다면, 둘째 강의인 이 책은 '힘에의 의지'라는 개념을 중심으로 삼아 그 무대에서 도덕의 생리학이 연출되는 하나의 비판적 드라마가 되지 않을까 생각합니다. 니체가 말하는 힘과 의지의 개념, 특히 '힘에의 의지' 개념에 대한 제 나름의 이해를 앞부분에 정리해 놓은 것은, 이 개념이 이 책은 물론 니체 사상에서 대단히 중요한 것임에도 불구하고 생각보다 이해하기 어렵다는 점, 니체의 설명은 대부분 너무 빠른 리듬의 문체로 말미암아 실제 분석에 사용하기 충분할 만큼 이해하기 쉽지 않다는 점 때문입니다. 셋째 강의는 『차라투스트라는 이렇게 말했다』에 대한 것인데, 니체 철학의 또 하나의 기둥인 영원회귀와 초인의 개념이 중심적인 역할을 하게 될 겁니다. 영원회귀는 니체 스스로 자신의 중심 사상이라고 생각했지만, 질스마리아 호숫가에서 갑자기 덮쳐 온 것이었던지라, 이후에도 그것을 규명하려고 했지만 충분히 펼쳐지지 않아서, 이해는 어렵고 오해는 쉬운 개념이 아닌가 싶어서, 니체의 생각과 제 생각을 섞어 가며 나름의 방향으로 펼쳐 볼 생각입니다.

내재적 비판, 혹은 니체의 눈으로 니체 읽기

1. 다양한 해석과 엄밀한 해석

니체는 자신이 살던 시대의 거의 모든 것에 대해 말했고, 또한 자신이 아는 거의 모든 사람들에 대해 논평했습니다. 그 논평은 대부분 아주 신랄한 비판이었지요. '불구경과 싸움 구경'처럼 사람 모여드는 게 없다는 말처럼, 누군가에 대해 비판하고 욕을 하는 것은 많은 이들의 관심을 불러일으킵니다. 그래서 니체는 자신이 쓴 책을 별로 팔지 못했고, 자신이 200년은 지나야 이해될 거라고 믿을 만큼 고독하다 생각했지만, 자신의 생각과는 반대로 아주 유명했고, 그래서 심지어 폐인이 되어 드러누워 있을 때에도 많은 사람들이 보러 찾아왔다고 하지요.

그는 물리학이나 생물학 같은 자연학적 지식에서부터 연

극이나 음악 같은 예술, 소크라테스에서 데카르트, 헤겔과 쇼펜하우어까지 알려진 거의 모든 사상가들의 철학, 그리고 기독교와 힌두교, 불교, 조로아스터교 등 수많은 종교들, 진리와 미 같은 심오한 개념들에 이르기까지 거의 모든 것에 대해 언급했는데, 그중에서도 그가 특별히 관심을 가진 것은 '도덕'이었습니다. 질스마리아 호숫가에서 번개 같은 영감의 '습격'을 받은 뒤 미친 듯이 책을 썼는데, 후일 자신의 생각을 알고 싶다면 『선악의 저편』과 『도덕의 계보』부터 시작하는 게 좋을 거라고 권한 바 있습니다. '선악'이 '도덕'의 가장 근본적인 범주임을 안다면, 두 책이 '도덕'이라는 하나의 대상을 겨냥한 것임을 알 수 있습니다. 그의 사상을 이해하는 첫걸음은 도덕에 대한 그의 비판을 따라가는 것이란 말입니다.

거의 모든 철학자들이 푹 빠져 있는 진리도 있고, 예술만큼이나 폼이 나는 미(美)도 있는데, 왜 하필이면 도덕에 그리 큰 관심을 가졌던 것일까요? 이에 대해서 그는 명시적으로 말한 적이 있습니다. 도덕만큼이나, 즉 선과 악만큼이나 사람들의 삶에 크고 깊은 영향을 미치는 범주를 본 적이 없다는 것이 그것입니다. 앞서 『선악의 저편』 강의에서 니체의 철학을 '삶을 사랑하라!'라는 슬로건으로 요약한 바 있고, 그 슬로건의 의미는 '사랑할 만한 삶이란 어떤 삶인가?'라는 **물음**이라고 해석한 바 있지요? 이를 고려하면, 사람들의 삶을 바꾸기 위해선, 좋은 삶을 살도록 촉발하기 위해선, 사랑할 만한 삶이 어떤 삶인지를 스스로 찾아가도록 하기 위해선 선악이라는 도덕적 관념에 대해 검토하는 것이 무엇보다 중요하다는 게 도덕을 겨냥하여 비판할 때 그가 생각했던 것이라 하겠습니다. 『선악의 저편』과 『도덕의 계보』가 목표하고 있는 것이 바로 이것입니다.

문제의식이 이렇기에 어느 책을 읽어도 이런 태도는 읽히기 마련일 테지만, 아시다시피 그의 글은 대부분 단편들로 이루어져 있습니다. 그 단편들은 대개 아주 선명하고 놀랍도록 정곡을 찌르는 문장들이지만, 정곡을 찌르기 위한 문장들은 많은 경우 반어적 수사법을 구사하고 있고, 멋진 문장은 아포리즘의 함축적 문장으로 끝나는 경우가 많고, 선명한 문장은 종종 너무 빠른 속도로 달려, 읽기 쉬운 것에 비해 정확히 이해하기는 그리 쉽지 않습니다. 더구나 그가 하려는 얘기의 문맥을 파악하면서 그의 글을 이해하기는 생각보다 어렵습니다. 멋진 문장들 따라다니다가 길을 잃기 십상입니다. 아무리 멋지다 해도 퍼즐 조각을 따라다니는 것만으로는 전체 그림을 알기 어렵습니다.

종종 이런 니체의 스타일을 지적하며 그의 사유가 모든 종류의 '체계'에 반대하고 있음을 강조하는 이도 있지만, 그런 말을 고지식하게 받아들이면, 니체는 오랜 사유나 도덕을 심층에서 뒤집어엎고 새로운 삶의 지도를 그리는 사람이 아니라 단지 멋진 문장들을 횡설수설 늘어놓는 자아도취적 문장가가 되고 맙니다. 퍼즐 조각이 아무리 많고 흩어져 있어도, 그리고 그 조각들의 이가 꼭 들어맞지 않거나 겹치는 것, 상충되는 것이 있다 해도, 모름지기 철학자 내지 사상가라면 어떤 **일관성**을 가진 그림을 그리고 있다고 해야 할 겁니다. 심지어 데리다처럼 명시적으로 '해체'를 내건 철학자도 그가 말하는 것 이상으로 하나의 사상적 일관성을 갖고 있으며, 자기가 생각하는 것보다 훨씬 강하고 체계적인 틀을 갖고 있기 마련입니다. 단편들로 된 책을 썼던 비트겐슈타인도 그렇고요. 물론 하나의 체계만 있다고 할 순 없지만, 최소한 하나의 체계는 찾아내며 읽을 때, 하나의 일관성은 찾아낼 수 있을 때, 우린 읽는 데 성공했다고 할 수 있습니다. 그러나 그러기 위해선 텍스트나 단편을 치밀하게 읽으며 연관된 텍스트를 찾아내 연결하면서 하나의 체계로 직조할 수 있어야 합니다. 이러기 위해선 엄밀함과 치밀함이 필요합니다.

단편들로 썼다고는 하지만 니체는 단지 단편들만 쓰지는 않았습니다. 그 숱한 퍼즐 조각들을 '엄격하게'는 아니더라도 '대충은' 맞출 수 있는, 즉 어긋남과 겹침, 균열과 충돌을 포함하면서도 서로 이어지며 커다란 그림을 만드는 퍼즐 판을 남겼습니다. 하나하나 정확히 들어맞지는 않아도 세밀하고 '엄밀하게' 읽을 수 있는 '구도'를 갖고 있었고, 그 조각들을 들고 사유의 궤적을 찾아갈 '지도'를 누차 써서 남겼습니다. 초기에는 『비극의 탄생』과 『반시대적 고찰』이 그렇고, 후기에는 『차라투스트라는 이렇게 말했다』(이하 『차라투스트라』)와 『선악의 저편』, 『도덕의 계보』가 그렇습니다. 나아가 번개 같은 영감으로 시작된 후기의 사유를 집약한 책을 쓰기 위한 메모를 남겼고, 그 책의 목차와 구상을 반복하여 기록해 두었습니다(논란이 있지만, 『힘에의 의지』란 제목의 책을 기획했고 그 책을 위한 많은 퍼즐 조각을 남겼지요). 그리고 자신의 모든 저작에 대해 스스로 '해설'

한 책도 썼습니다(『이 사람을 보라』).

물론 이렇게 많은 지도를 그려 두었어도 글들이 단편들이기에, 그걸 맞추는 방법은 단일할 수 없습니다. 엄밀하게 체계적인 저작을 쓴 사상가의 책도 읽는 이에 따라 아주 다른 방식으로 해석된다는 걸 안다면, 단편적인 스타일로 쓴 사상가의 사유는 해석하는 이에 따라 아주 다른 모습이 되리라고 해야 합니다. 여기서 중요한 것은 니체가 **어떤 문제의식을 갖고** 사유했는지, 이를 위해 **어떤 방식으로** 사유하고자 했고, 거기서 핵심이 되는 개념이나 명제는 어떤 것인지를 판단하는 것입니다. 그게 달라지면 읽어 내는 니체도 달라집니다. 아주 달라집니다. 그렇기에 니체에 대해 쓴 것을 읽을 때, 그게 **어떤 니체인지**, 어떤 문제의식 속에서 니체를 읽어 내는 것인지를 포착해야 합니다. 역으로 내가 읽은 니체가 어떤 니체인지를 통해 내가 **어떤 관점에서 어떤 식으로** 세상을 보고 있는지를 되돌아보아야 합니다.

그런데 다양한 니체의 상이 있을 수 있다고 해도, 누군가가 그리는 상이 적절한지를 따져 볼 수 없는 것은 아닙니다. 그의 해석이 방향을 잡는 문제설정이 정말 니체의 텍스트에 부합하는지를 따져 봐야 하고, 그런 해석을 위해 선택한 중심적인 개념이나 명제가 정말 니체의 텍스트에 부합하는지를 따져 봐야 합니다. 아주 상이하고 상반되기조차 하는 니체 해석들에 대해, '상대주의자'들처럼 속 편하게 "어떤 거든 다 좋아"라고 하는 대신, 그 해석이 어떤 투시법(퍼스펙티브)을 갖는지, 즉 무엇을 '잘 보게'(퍼스펙티브는 '잘 보인다'는 뜻입니다) 하고 무엇을 '못 보게'(어떤 투시법에도 안 보이는 것이 있지요) 하는지를 묻고, 그 해석의 전거가 되는 개념을 니체의 텍스트와 대조해 보아야 합니다. 그리고 그 대조를 통한 비판적 독서를 확장함으로써 다른 해석의 가능성을 찾을 수 있을 겁니다. 그리고 무엇보다도 우선 니체의 문제의식과 사유의 방향에 비추어 읽어야 합니다.

예컨대 '영원회귀'와 '힘에의 의지'가 니체 사유의 중심 개념이라는 하이데거의 말을 저는 옳다고 생각하지만, 그가 말하는 '힘에의 의지' 개념이 어느새 인간이나 유기체에 귀속되고, 하나의 인간에 대해 그런 의지의 단일성이 상정되는 순간, 그 의지 개념은 니체가 『선악의 저편』에서 명시적으로 비판했던 쇼펜하우어의 의지 개념과 구별되지 않게 됩니다. 가령 하이데거가 니체에 대한 강의록에서 의지란 의욕이고, 의욕이란 '자신을 향한 각오'라고 하면서, 그 각오를 '결의'와 연결할 때가 그렇습니다(마르틴 하이데거, 『니체 1』, 박찬국 옮김, 길, 2010, 56~57쪽). 공해에 쩐 공기 속에서도 잘 자라겠다는 소나무의 각오, 저 천한 하이에나를 잡아 징치하겠다는 사자의 결의, 혹은 마라톤을 종주하게 해주겠다는 심장의 든든한 각오, 때가 되어도 들어오지 않는 음식을 서두르지 않고 기다리겠다는 위장의 차분한 결의 같은 말이 얼마나 이상합니까? 각오나 결의는 유기체 중에서도 **인간**에게나 쓰는 말이죠. 쇼펜하우어보다도 더 인간중심적으로 의지란 개념을 해석하고 있는 겁니다. 니체의 가장 중심적인 개념이 그가 비판하는 철학자의 중심적 개념과 구별되지 않는다면, 그 개념이 과연 타당한지 물어야 하고, 그 개념을 중심으로 해석된 니체가 타당한지 의심해 보아야 합니다. 역으로 니체와 쇼펜하우어의 '의지' 개념이 어떻게 다른가를 주목함으로써 니체 사상이 어떻게 쇼펜하우어와 다른 게 되는지, 그때 사상의 퍼스펙티브는 어떻게 달라지는지를 추적할 때, 우리는 하이데거와 다른 니체 해석에 이를 수 있습니다.

이를 위해선 엄밀한 독서가 필요합니다. **엄격한** 독해가 아니라 **엄밀한** 독해 말입니다. 둘은 비슷해 보이지만 아주 다른 것입니다. 한자의 뜻을 빌려 말씀드리자면, 엄격(嚴格)함에서 격(格)은 틀을 뜻하고, **틀에 맞춰 바로잡음**을 뜻하니, 엄격함이란 엄(嚴)하게-바로잡음[格]이고, 어떤 틀[格]에 충실할 것을 강하게[嚴] 요구하는 것입니다. 엄밀함에서 밀(密)은 촘촘함이나 꼼꼼함을, 그로 인한 가까움을 뜻하지만 동시에 조용함과 깊숙함, 은밀함과 비밀을, 또한 편안함을 뜻합니다. 그러니 엄밀함이란 강도나 밀도, 합쳐서 강밀도에 충실할 것을 강하게 요구함입니다. 여기에는 틀 같은 게 없습니다. 틀은 외형적인 구조나 형식이지만 강밀도는 내적이고 형식 없는 것이며 이웃한 강밀도와 이어지는 흐름입니다. 그러니 엄밀함이란 대충 보아선 깊숙이 조용히 숨어 있어서 잘 안 보이는 것을 보고, 그 **강밀도를 따라가라**는 요구입니다. 강밀도에 충실하면 강밀도의 흐름을 따라가게 되고, 그 흐름은 어느새 틀을 벗어나 버립니다. 그러니 엄격함과 엄밀함은 정반대 방향으로 난 길이라 하겠습니다.

그렇기에 엄격함이란 회초리를 든 '아버지'나 굳은 얼굴의 도덕교사 이미지를 떠올리게 합니다. 해석에서의 엄격함이란 하나의 틀에 들어맞도록 읽으라는 명령이고, 문헌에 없는 것은 말하지 말라는 금지의 규칙이며, 벗어날 여지를 주지 않으며 텍스트에 가두는 폐쇄적 제약입니다. 반면 '엄밀함'이란 말에서 떠오르는 이미지는 아주 작은 것을 정밀하게 다룰 줄 알고 흔히 쉽게 넘기는 아주 작은 차이를 정교하게 다룸으로써 통상적인 것과 아주 다른 '물건'이나 '작품'을 만드는 숙련된 장인입니다. 강밀도를 만들어 내는 능력, 혹은 강밀도를 포착하는 능력이 거기서 핵심적이지요.

해석에서의 엄밀함이란 치밀하게 따져 읽는 것이지만, 어떤 부분이나 조각을 세심하게 읽음으로써 다른 것과 맞는 부분과 안 맞는 부분을 가려내는 섬세한 식별 작업이고, 치밀하게 따져 봄으로써 잘 알려진 틀 안에 존재하는 균열과 틈새를 찾는 탐색 작업이며, 어떤 문장이나 명제가 전체적인 문제설정에 부합하는지를 냉정하게 따져 보는 비판 작업입니다. 강밀도 있는 문장 하나에 눈이 꽂혀 그 강밀도를 따라 잘 알려진 문장들을 횡단하며 넘어서는 작업이지요. 그렇기에 엄격한 해석이 잘 알려진 것에서 벗어나기 힘든 제약을 부여한다면, 엄밀함은 잘 알려진 것에서 이탈하거나 그것을 뒤집는 독서마저 가능하게 해 주는 무기를 제공합니다.

자칫하면 제 자랑이 될 것 같아 민망한 얘기긴 하지만 제가 『파격의 고전』(글항아리, 2016)에서 다룬 잘 알려진 고전 텍스트들을 읽으면서 확고하게 자리 잡은 틀을 벗어날 수 있었던 것은 바로 이런 엄밀한 독서를 통해서였다고 생각합니다. 가령

『심청전』에서 장승상댁 부인의 도움을 거절하는 심청의 언행은 대단히 납득하기 어려운데, 왜 그녀는 자신의 목숨이 걸려 있고 또 자기가 떠난 뒤 '눈먼 부친 어찌 사실꼬' 근심하면서도, 그걸 해결해 주겠다는 도움을 이리 완고하게 거절하는 것일까 하는 의문이 사라지지 않았습니다. 또 몸을 던졌던 임당수에서 연꽃을 타고 떠올라 자신에 대한 진혼제를 하며 오던 남경선인들 손에 들어가지만 자신이 걱정하던 눈먼 아버지에게 데려가 달라고 하지 않고 연꽃에 숨은 채 알지 못할 곳으로 가는 심청의 행동은 효녀의 행동과 전혀 거리가 멉니다. 차라리 부친을 등지는 배신이라 해야 합니다. 남경선인들에게 "나, 심청이요, 나를 우리 아버지 사는 곳에 데려다 주시오"라고 하여 자신이 살던 황주 도화동에 되돌아가서 "눈먼 아버지 봉양하며 행복하게 잘 살았답니다", 이게 효를 가르치려는 소설이라면 마땅히 취했어야 할 길인데, 왜 심청은 그렇게 하지 않고 그냥 연꽃 속에 숨어 있었을까? 아무리 봐도 이상하지 않나요? 왜 이런 부분을 그동안 아무 의심도 없이 넘어갔고, 왜 이런 부분에 대해 아무 해명을 하지 않았을까? 이런 물음으로 의아함을 남기는 부분을 엄밀하게 따져 읽을 때『심청전』은 효에 대한 소설이라는 통상적인 틀을 넘어서기 시작합니다. 효에 대해 반복하여 늘어놓는 상투구들을 가로질러 의아함을 주는 부분을 이웃한 다른 부분들과 연결하며 촘촘하게 읽어 나갈 때, 잘 알려진 틀을 깨는 해석이 가능하게 됩니다. '엄밀함'이라는 말로 이런 해석이 그 소설을 읽는 유일한 방법이라는 말을 하려는 건 아닙니다. 그러나 적어도 어떤 의아함을 그냥 넘겨 버리지 않고 엄밀하게 따져 읽는 독서는 잘 알려진 틀에서 벗어나는 다른 해석을 가능하게 해 준다는 말은 충분히 납득할 수 있지 않나요?

이처럼 엄밀함과 엄격함이 다름을 안다면, 다양한 해석과 엄밀한 해석이 다르지 않음을 알 수 있을 겁니다. **다양한** 해석은 **제멋대로** 하는 해석이 아닙니다. 저자의 텍스트 안에서 일관성을 갖는 엄밀함을 추구할 때, 다양하고 독창적인 해석은 비로소 설득력을 가질 수 있습니다.

2. 내재적 비판

니체를 읽는 방법과 관련해 또 하나 언급하고 싶은 것은 '내재적 비판'에 대한 것입니다. 통상 비판이라고 하면 상대방의 문제점이나 허점, 약점을 찾아 비판하는 것 정도를 떠올립니다. 그러나 이렇게 되면 비판이란 그저 물어뜯고 싸우는 것과 뭐가 다른지 알 수 없지요. 사실 '비판'이란 이름으로 행해지는 것의 많은 부분은 이런 면이 강합니다. 대개는 '자기' 생각과 다른 것을 찾고, 그것을 '약점'이라고 공격하는 부정의 행위지요. 그러면서도 '비판'이란 말을 생산적이고 긍정적인 어떤 것인 양 사용하며 스스로의 그런 행위를 정당화하곤 합니다.

물론 비판은 중요합니다. 남 얘기를 그냥 쉽게 받아들이는 것으론 속기 쉬울 뿐 아니라 자신의 생각을 발전시키기 힘듭니다. 과학이든 철학이든 독자적인 주장을 생산하는 것은 대개 관련된 어떤 주장이나 입론에 대한 비판을 통해서입니다. '비판적 사유'가 사유의 본질이라고 하는 것도 이런 이유에서지요. 그러나 그때 비판적 사유란 무언가를 산출하고 생산하는 긍정적 활동입니다. 다른 입론이나 다른 견해를 비판하는 것이 그저 자기와 다른 것에 대한 부정에 머물고 만다면, 그것은 생산적인 것도, 긍정적인 것도 되지 못합니다. 좋은 비판이란 비판을 통해 **무언가 창조적이고 긍정적인 어떤 것을 생산하는** 비판입니다. 즉 자신의 비판이 긍정적이고 생산적인 것이었는지 알고자 한다면, 그 비판을 통해 자신이 무언가 창조적인 것, 새로운 어떤 것을 생산했는지를 살펴보면 됩니다. 그게 없다면, 아무리 남들에 대한 공격이 치명적이거나 재치 있고 정곡을 찌르는 것이라고 해도 긍정적이지 않으며 생산적이지 않은 겁니다.

그런데 긍정적이고 생산적인 비판에는 상이한 두 가지 방법이 있습니다. 하나는 내재적 비판의 방법이고, 다른 하나는 대비해서 '외재적 비판'이라고 해도 좋을 방법입니다. 먼저 내재적 비판은 비판하려는 텍스트나 저자와 같은 입장에서, **그가 선택한 목표나 원칙을 준거로** 비판하는 방법입니다. 비판하려는 대상의 문제설정 안에서, 그의 기준으로 그를 비판하는 것이지요. 예를 들어 '비판 철학'으로 잘 알려진 칸트는 이성을 이성의 법정이라는 비판의 무대에 세웁니다. 이성을 종교적 신앙이나 종교적 관념의 법정이 아니라, 이성 자신을 잣대로 하는 이성의 법정에 세우고 그것을 잣대로 이성의 능력을 비판하는 겁니다.

이성에 대한 내재적 비판이라 할 수 있겠지요. '정치경제학 비판'이란 기획 속에서 이전의 정치경제학자들을 비판했던 맑스도 유사합니다. 정치경제학자가 설정한 방향이나 원칙을 비판하는 게 아니라 그걸 인정해 두고 그걸 비판의 잣대로 삼아 비판합니다. 가령 노동이 가치의 척도(애덤 스미스)이고 가치의 기원(데이비드 리카도)이란 생각을 인정한 위에서, 그들이 사용한 개념이나 그들이 전개한 이론이 어디에 문제가 있는가를 추적하여 비판합니다. 심지어 그들의 논지를 최대한 보강해 주면서, 그렇게 해도 문제가 되는 게 무엇인지를 찾아내 비판합니다. 적을 최소치로 축소시켜 비판하는 게 아니라 **최대치로 확대**해서 비판하는 겁니다. 최소치로 축소하는 비판은, 비판은 쉽지만 비판에 대해 '내 얘긴 그게 아니라구' 하며 반발하고 반박하게 합니다. 최대치로 확대하는 비판은 그렇게 하기 어렵지요.

'외재적 비판'은 상대방의 '입장' 바깥에서, **그 입장 자체를 겨냥해** 비판하는 것입니다. 가령 앞서 스미스나 리카도의 정치경제학을 비판하면서 '왜 노동을 모든 상품의 가치척도로 삼느냐?'라든가 '왜 노동만이 가치의 기원이라고 하느냐?'면서 그 전제나 원칙을 비판한다면 내재적 비판이 아니라 외재적 비판이라 하겠습니다. 이 경우에는 그런 관념은 노동에 대한 부르주아 계급의 태도라면서, 혹은 인간학적 관점이라고 비판하면서 다른 전제로 포지션을 바꾸려 하게 되겠지요. 탈식민주의자들이 헤겔이나 계몽주의자들을 비판할 때, 그들의 입장이 유럽중심주의고 백인중심주의라고 비판하는 경우도 그렇습니다. 그들의 입론이 얼마나 치밀하고 심오하든, 입장 자체를, 어느새 타당하다고 끌어들인 가정을 포함하고 있다는 점에서 비판하는 것입니다.

맑스주의자들이 가장 빈번하게 사용하는 계급적 비판의 방법은 대개 이런 외재적 비판에 속합니다. 누군가의 주장에 대해 '부르주아적'이라거나 '소부르주아적'이라고 하는 비판은, 그 주장이 발 딛고 있는 입장을 겨냥하고 있지요. 그 입장이 가정하고 있는 전제를 비판하는 겁니다. 이런 비판은 종종 누군가를 '적'의 진영에 몰아넣는 방식으로 무력화하기도 합니다. 그러나 그렇다고 단지 남들을 싫어하는 편에 밀어 넣는 거칠고 조야한 경우만 있는 건 아닙니다. 가령 알튀세르는 철학이란 '이론에서의 계급투쟁'이라고 정의하기도 하고, 이론 사이에 선을 긋는 것이라고 정의한 적이 있는데, 이런 입장의 비판이란 관점을 세련되게 표현한 것이라 하겠습니다.

이런 비판은 그 자체만으로는 대개 상대방의 주장을 무력화하기 위한 것이고, 그래서 대체로 '대결'과 '투쟁'의 형태를 위하며, 상대방의 강점을 보지 않기에 대개 상대를 **최소 크기로 축소**하는 경향이 있습니다. 그럼에도 이런 비판이 생산적일 수 있는데, 비판을 통해 자기 입장에서 제시할 주장을 분명하게 수립하게 되거나, 자기 입장에서 중요한 어떤 개념을 찾아낼 수 있을 때가 그렇습니다. 가령 페미니즘 이론은 남성중심주의에 대한 비판을 통해서 여성 자신의 입장을 이론적으로 명확하게 세우며 독자적인 가치척도를 세울 수 있었습니다. 탈식민주의 이론가들 또한 문명의 이름으로 예찬되던 유럽적 사고의 식민주의적 본질을 드러내면서, 탈식민주의적 이론의 출구를 찾아낼 수 있었지요.

니체의 사유가 비판 철학임은 그의 책을 조금만 읽어도 모르기 어렵습니다. 스스로 자신의 철학에 대해 '망치 들고 하는 철학'이라고 말한 적도 있지요. 수많은 이들을 비판의 대상으로 삼았고, 거의 모든 문제를 비판적 눈으로 재해석하고 전복하려 합니다. 그런데 그의 비판이 내재적 비판의 형식을 취하는 일은 별로 발견하기 어렵습니다. 대체로 남들이 가정하고 있는 전제를 드러내고 그 전제에 포함된 의미를, 그것이 야기하는 효과를 드러내 비판한다는 점에서 '외재적 비판'의 방법을 일관되게 사용하고 있습니다. 비판 대상의 입장을 인정하고 더 밀고 나가 발전시키려는 생각은 없습니다. 아니다 싶으면 모두 뒤엎어 버립니다. 그리고 그 엎어진 자리에서, 뒤엎은 생각을 확장하여 새로운 사유로 밀고 나갑니다. 가령 모든 철학적 사유의 확고한 출발점이 되어 주리라고 믿었던 데카르트의 코기토, 즉 '나는 생각한다, 고로 존재한다'라는 명제에 대해서, 그게 '확고하다'고 느꼈던 것은 데카르트가 사용한 언어의 문법 때문이었다고 하면서 단번에 엎어 버립니다. 이로써 니체는 문법의 환상이 제공하는 확고함의 이미지가 사고를 어떻게 제약하는지를 보는 사유의 전망을 새로이 열게 됩니다. 이는 주어로 인해 발생하는 주체의 관념 대신, 동사로 표현되는 사건을 통해, 그 사건이 만들어 내는 것으로 주체를 보는 새로운 사유의 출발점이 됩니다.

그렇지만 그런 니체조차도 단지 외재적 비판의 방법만 사용하지는 않습니다. 그 또한 내재적 비판의 방법을 사용합니다. 어쩌면 그 자신의 문제설정이나 개념을 발전시키는 데는 내재적 비판의 방법이 좀 더 중요했다고도 얘기할 수 있습니다. 가령 앞서 말씀드렸듯이 니체의 가장 중요한 개념 중 하나가 '힘에의 의지'인데, 이 개념은 쇼펜하우어의 의지 개념에 대한 일종의 '내재적 비판'에서 나온 것이라고 할 수 있습니다. 물론 니체는 충동이 지배하는 세계에 대한 쇼펜하우어의 염세주의적, 즉 '생에의 의지'만 있을 뿐이란 입장을 거부한다는 점에서 이 비판에는 입장의 비판이 개입해 있습니다. 그러면서도 그는 초기에 쇼펜하우어의 사상에 강하게 끌렸던 게 사실입니다. 『비극의 탄생』이나 『반시대적 고찰』처럼 그의 영향력이 드러나는 책은 물론, 후기의 저작인 『도덕의 계보』 서문에서조차 그는 쇼펜하우어를 자신이 홀로 대결해야 했던 "나의 위대한 스승"이라고 쓰고 있으니까요.

유기체조차 그 안에 상이한 의지들이 대결하고 있고, 유기체의 단순한 행동 안에도 명령하고 복종하는 상이한 의지들의 웅성거림을 주목할 수 있었을 때(『인간적인, 너무나 인간적인』), 그는 쇼펜하우어와 다른 의지 개념을 발전시킬 수 있었습니다. 니체가 쇼펜하우어가 사용했던 볼렌(Wollen, 의지)이란 말을 빌레(Wille, 의지)라고 고치거나 그 빌레(Wille)라는 말 뒤에 '추어 마흐트'(zur Macht, '힘에의')라는 말을 붙이는 것은 어쩌면 사소한 일입니다. 유기체나 주체라는 관념을 벗어나서 '의지'를 볼 수 있게 되었을 때, 쇼펜하우어와 아주 다른 니체만의 사유가 이미 충분히 시작되었기 때문입니다. '힘에의'라는 말을 붙이든 말든 말입니다. 이런 점에서 니체의 '힘에의 의지' 개념이 쇼펜하우어의 의지 개념에 대한 내재적 비판을 통해 나온 것이란 점은 어떻게 해도 부정하기 어렵습니다.

『도덕의 계보』 또한 도덕의 가치를 문제 삼는 니체의 문제설정이 내재적 비판의 방법을 통해 발전된 것임을 보여 줍니다. 이 책에서 중요한 비판의 대상으로 삼고 있으며, 심지어 그 "문장 하나하나, 결론 하나하나를 마음속으로 부정할 만큼 그렇게 읽은 책은 없었다"라고까지 「서문」에서 쓰고 있는 책이 그것입니다. 그건 바로 1877년 출판된 파울 레(Paul Rée)의 책 『도덕 감정의 기원』입니다. 잘 알려진 니체 전기의 저자 자프란스키에 따르면 파울 레는 톨스토이 추종자였기에 도덕을 종종 인간의 이타주의적 성향과 연결하는데, 이는 니체로선 결코 받아들일 수 없는 것이었다고 해요. 그는 반대로 사회적 본능조차 개인의 이기주의적 경향과 공동의 쾌감, 쾌감을 통한 연대로 설명하며 (『인간적인, 너무나 인간적인』 1권 98절), 그에 반하는 도덕은 과거에 있었던 것이기에, 습속으로 전승된 것이기에 준수되는 것이라 생각했기 때문입니다(앞의 책, 1권 96절). 그럼에도 불구하고 그 책으로 인해 니체는 도덕이나 도덕적 감정에 대해 '진리'니 '선'이니 하며 형이상학적으로 정당화하는 것에 대해 비판하게 되었다는 점은 니체 자신도 부인하지 않았다고 해요(뤼디거 자프란스키, 『니체: 그의 생애와 사상의 전기』, 오윤희 옮김, 문예출

판사, 281쪽). 다시 말해 파울 레의 도덕 비판이란 문제설정 안에서, 도덕의 기원 내지 발생사를 비판적으로 발전시켰다는 점에서 니체의 도덕 비판은 파울 레의 저작에 대한 내재적 비판이었다고 할 수 있을 겁니다. 파울 레와의 관계는 사실 개인적으로도 얽혀 있는데, 이에 대해서는 나중에 말씀드리지요.

3. 니체의 책 또한 니체의 눈으로!

『선악의 저편』에 대한 강의(『사랑할 만한 삶이란 어떤 삶인가』)를 들었던 분이라면 짐작하시겠지만, 엄밀한 해석과 내재적 비판에 대한 얘기를 처음부터 늘어놓은 것은 『도덕의 계보』를 읽고 해석하기 위해 제가 니체와의 관계에서 어디에 서 있는지, 어떤 방법으로 읽고 해석하려는지를 말씀드리고자 함입니다. 『선악의 저편』에 대한 강의 말미에서 상세히 말씀드렸던 것처럼. 니체는 '시대정신'에 대해 비판하며 반시대성을 선호하지만 그렇게 해도 그가 벗어날 수 없었던 시대적 조건이 있습니다. 19세기 유럽인 전체를 사로잡고 있던 사고방식과 선판단/편견(prejudice)이 그것입니다. 서구 문화의 특권적 기원으로서의 그리스 문화에 대한 생각, 동양에 대한 지식의 부족분을 메우는 완고한 편견들, 19세기 생물학의 생명 개념과 그것을 둘러싸고 있는 경쟁과 투쟁 등의 관념 등이 그것입니다. 그리고 대중의 상식에서는 물론 도덕이나 종교, 학문 등에서조차 지배적인 통념을 비판하기 위해 반어법적 수사학을 증폭시켜 반대 방향으로 막대를 구부리는 작업이 갖는 편향성, 그리고 '귀족의 도덕' 등과 같은 말을 사용할 때 잠시라도 긴장하지 않으면 혀와 글을 사로잡는 문법의 환상, 날카로운 재기로 인해 더욱 증폭되어 나타나는 여성과 남성에 대한 통념, 거기에 더해 '고귀함'이란 '순수함'이고 '혼합'이란 잡스러운 것이니 '천한 것'이라고 믿는 오래된 믿음 같은 것이 그것입니다.

전체적으로 보면 니체의 글은 지금 보아도 놀랄 만큼 당시의 통념들을 넘어서 있었고, 생각지 못한 것을 생각하려는 시도들로 넘쳐나고 있지만, 특정 부분에서는 그 자신을 사로잡고 있는 저런 요소들 때문에 지금 보면 때론 난감하고 당혹스러우며 때론 낡고 편협해 보이는 인상을 주기도 합니다. 그것이 니체가 정작 하려고 했던 것들에 섞여 그의 칼이 겨누고 있는 것을 모호하게 하고, 그의 망치를 둔중하게 합니다. 다시 말해 '에이, 이건 아니지!' 하고 웃어넘기거나 비난의 눈총을 던지면서 그의 비판적 칼날에 무딘 칼집을 씌우는 손쉬운 피난처를 마련해, 그가 했던 정말 혁명적이고 놀라운 사유를 '남 얘기'로 만들게 하고 있다는 생각입니다.

따라서 니체적 사유를 제대로 따라가기 위해선, 니체를 우리 삶을 바꾸는 무기로 사용하기 위해선, **니체적 문제설정에 비추어 니체의 텍스트 자체를 비판적으로 다시 읽어야 한다**고 저는 믿습니다. 가령 도덕에 대한 니체의 비판이 제대로 선명하게 드러나도록 하려면, 도덕에 대한 비판을 위해 니체가 사용하는 방법이나 개념에서 그의 문제의식을 흐려 놓는 '인식론적 장애물'들을 비판하면서, 그의 문제의식이 좀 더 선명해지는 방향으로 밀고 가야 한다는 것입니다. 때에 따라선 니체의 특정한 주장 자체에 대해서도 **니체의 관점에서 볼 때 정말 타당한 것인지** 물으며 읽어야 합니다. 니체의 텍스트조차 니체의 눈으로 읽어야 한다는 겁니다. 니체의 문제설정을 준거로 하는 내재적 비판이, 그런 비판적 독서가 필요하다는 겁니다.

내재적 비판이라는 이런 독서의 방식은 니체뿐 아니라 우리가 애정을 갖는 다른 저자에 대해서도 마찬가지로 적용되어야 합니다. 가령 맑스의 책도 그렇습니다. 그 역시 놀랍도록 탁월한 통찰력을 갖고 시대의 한계를 넘어서는 사유를 전개하지만, 동시에 시대의 한계에 갇혀 넘어서지 못한 면들, 그리고 통념을 벗어나지 못한 부분들, 굽은 것을 펴기 위해 반대편으로 막대를 구부려 놓은 것들 등이 포함되어 있습니다. 가령 자본주의 분석은 '생산'을 중심으로 해야 한다는 생각이나 생산방식의 중심에 '공장'이 자리 잡고 있다는 점은 19세기의 생산형태라는 조건에서 자유롭지 않았고, 초기에 지배적이었으나 스스로 비판하며 넘어서고자 했던 '인간'과 '노동'에 대한 통념들은 후기에 가서도 사라지지 않습니다. 오언이나 푸리에 등 동시대 코뮨주의자들에 대한 비판은, 논쟁적으로 대결하던 상대였기에 과도하게 반대편으로 '구부러져' 있습니다. 맑스의 모든 글을 고지식하게 받아들여 곧이곧대로 수용하는 게 아니라, 맑스의 문제설정을 바탕으로 그 모든 요소에 대해 내재적 비판의 관점으로 맑스를 읽어야 합니다. 맑스의 눈으로 맑스를 읽어야 한다는 겁니다.

그러나 내재적 비판이 자신이 선택한 입장에서 '제멋대로' 읽는 것이 되지 않으려면, 그런 해석이 니체의 텍스트에 비추어 설득력 있는 일관성을 가져야 할 겁니다. 자의적 해석이 아니라 '엄밀한' 해석이 되어야 합니다. 그래서 이 강의는 『도덕의 계보』에 대한 강의지만, '도덕의 계보'라고 명명된 니체의 문제 설정과 이 책을 읽는 데 중심이 되는 개념을 미리 분명하게 말씀드리고, 그것을 바탕으로 내재적 비판의 방법으로 책을 읽어 나가려 합니다. 『선악의 저편』을 읽으며 나름 '엄밀하게' 비판적으로 추적하며 언급했던 것들 또한 일부 여기서 다시 사용될 터인데, 그 강의를 듣지 못했거나 그 강의록인 『사랑할 만한 삶이란 어떤 삶인가』를 읽지 않은 분을 고려해, 필요한 내용을 최소한으로 한정하여 반복하게 되는 것을 용인해 주시길 부탁드립니다. 아, '엄밀하게'라고 했지만, '엄격하게' 읽으려는 것은 아니니, 너무 긴장하진 마세요. 니체 텍스트에 기반해서, 그리고 그것을 지금 우리가 확인할 수 있는 확대된 지반에서 읽는다는 말이지, 무겁고 진지하게, 하나하나 문헌학적으로 따져 가며 읽는다는 말은 아니니까요. 오히려 니체적인 가벼움, 춤추는 듯한 리듬으로 읽으려 합니다. 어떤 부분은 빠른 속도로 휘익 넘어가고, 어떤 부분은 천천히 들여다보면서 읽고, 또 어떤 부분은 21세기를 사는 우리의 생각을 그의 생각 속에 섞어 넣으며 읽게 될 겁니다. 니체의 눈을 빌려, 니체의 방식이 되도록 하면서 말입니다.

제1장

계보학이란 무엇인가?

1. 비판으로서의 계보학

『도덕의 계보』는 세 편의 논문으로 이루어져 있습니다. 정연하고 충분히 길게 서술되어 있어서 니체의 문제의식과 사고가 잘 드러납니다. 그래서 니체 스스로도 자신의 책을 읽는 입문서로 이 책을 권한 것 같습니다. 이 책에서 니체가 분석하려는 대상은 제목에 명시된 것처럼 '도덕'입니다. 분석의 방법은 '계보학적 방법'입니다. 분석의 결과 드러나는 것은 '도덕'으로 인해 야기되는 '나쁜 종류의 삶'이고 그런 삶으로 밀고 가는 태도나 '의지'들입니다. 이런 점에서 보면 이 책은 '도덕'(moral) 자체에 대한 비판이라고 할 수 있습니다.

그렇다면 도덕 없는 삶, 제멋대로의 삶을, 혹은 비도덕적인 삶을 말하려는 것인가 물을 수 있겠지요? 기존의 통념들과 대결하려는 그의 반어적 스타일을 따라 말씀드리자면, '그렇다'고 할 수도 있겠습니다. 도덕의 기본범주인 선/악을 떠난 삶을 말하는 것이니까요. 그러나 그렇다고 니체가 '아무것이든 좋다'(anything goes)는 '무정부주의'나 '나 하고 싶은 대로 산다'는 자유주의에서처럼 제멋대로의 삶을 권하지는 않습니다. 그건 자신이 하고 싶은 것을 위해 치러야 할 대가에 대해 알지 못하는 무지와 단견의 표현일 뿐입니다. 오히려 니체는 어디선가 고통과 쾌락을 대립시키는 통념을 비판하며 어떤 쾌락도 상응하는 어떤 고통을 대가로 요구하기에, 고통을 줄이기 위해 쾌락에 대한 욕망을 줄이려는 스토아주의자들의 태도야말로 현실적이라고 한 적이 있습니다. 니체는 제멋대로의 삶과 반대로 스스로를 전적으로 통제하는 절제된 삶, '주권적 개인'이라는 말과 연결된 삶을 제안합니다. 이를 위해 '훈육과 강제를 이용할 것'을 권합니다.

도덕의 비판은 선악이란 범주를 넘어서는 것입니다. 선악의 범주 '저편'으로 넘어가는 것입니다. 그런데 『도덕의 계보』 첫째 논문의 마지막 문장에서 니체는 선악의 저편이라는 위험한 제목이 **'좋음/나쁨'의 저편**을 뜻하는 건 아니라고 말합니다(17절). '선/악'의 도덕이 파괴된 자리에 '좋음/나쁨'이란 범주를 바탕으로 하는, 스피노자식으로 말하면 '윤리'(ethics)가 '도덕'이 폐기된 자리에 나타난다고 하겠습니다. 물론 니체는 '선/악'과 '좋음/나쁨'을 확연히 구별했지만 도덕과 윤리를 명시적으로 구별하지는 않았습니다. 하지만 두 범주에 대해 이렇게 말할 때, 그는 선악의 도덕과 다른 어떤 삶의 방법을 염두에 두고 있음이 분명합니다. 그 삶의 방법을 스피노자의 '윤리학'과 연결하여, 도덕과 윤리를 확실하게 구별한 것은 들뢰즈였습니다.

하지만 '도덕'이란 말을 그대로 사용하면서 니체가 하려고 했던 것을 명명할 수도 있습니다. 니체는 그것을 두 가지 유형의 도덕으로 대비합니다. '강자의 도덕'과 '약자의 도덕', 혹은 '귀족의 도덕'과 '노예의 도덕'이 그거지요. 약자의 도덕에 대한 비판을 통해 강자의 도덕을 설파하려는 것이라 하겠습니다. 하지만 이때 '강자'와 '약자'란 말은 흔히 사람들이 사용하는 것과 많이 다르며, 강함과 약함의 전제가 되는 '힘'이란 개념을 파악하는 방식도 많이 다르다는 점을 염두에 두지 않으면, 니체의 '강자의 도덕'은 아주 흔한 오해 속에 빠져들게 됩니다. 또 '귀족의 도덕'에서 '귀족'이란 말 역시 흔히 이해하는 '혈통'이나 '출신성분'과 관계가 없으며, '지위'나 '권리'와도 무관함을 알아야 합니다. 이는 『선악의 저편』에 대한 강의에서 말씀드렸던 것이지만, 아주 중요하기에 다시 얘기하게 될 겁니다.

그 전에 '계보학'이란 방법에 대해 먼저 말씀드려야 할 거 같습니다. 계보학은 Geneologie를 번역한 말입니다. 영어에도 같은 말이 있지요. geneology, 사전을 찾아 보면 '족보'나 '족보학', '계보학'이라고 되어 있습니다. 그러나 '족보(학)'와 니체가 말하는 '계보학'은 완전히 다른 말이며, 정반대되는 의미를 갖습니다. 간단히 대비하자면, 족보학은 지금 '나'의 기원이 되는 조상을 찾아 올라가, 그 조상의 위대함과 탁월함을 보여 주고, 그것의 광채로 나를 둘러쌈으로써 지금의 '나'를 정당화하는 방법입니다.

사실 거슬러 올라가 보면 조상 가운데 위대한 인물도 있겠지만, 악한 인물도, 찌질한 인물도, 멍청한 인물도 당연히 있을 겁니다. 그러나 어떤 족보도 그런 인물에서 시작하지 않습니다. 대개 그런 인물은 족보에서 밀쳐 내거나 보이지 않게 감추게 마련이지요. 말썽을 부리는 사람에게 '족보에서 파내 버린다'라고 하는 말 종종 하잖아요? 그게 그런 발상을 잘 보여 주지요. 족보란 언제나 위대한 인물, 잘나가는 인물에서 시작합니다. 그런 점에서 족보란 나의 기원에 있는, 미리 선별된 어떤 위대함을 통해 나를 빛나게 하는 방법입니다. 그런데 이는 **내가 미미하고 별 볼 일 없다는 증거**이기도 합니다. 내가 충분히 빛나는데 왜 과거의 인물로 나를 치장하겠어요? 실제로 잘나가는 분들이 족보 들먹이는 일은 별로 없지요. "내가 이래 보여도 빛나는 조상을 가진 인물이야!"라고 하는 분들 보면, 대개는 별 볼 일 없는 사람이죠. 족보 자랑하는 거, 조심하시는 게 좋습니다. '내가 이래 보여도'라며 자신의 미미함을 까놓는 게 되니까 말입니다.

니체가 말하는 계보학도 '기원'을 찾아 올라가는 것은 족보학과 비슷합니다. 그러나 올라가는 이유는 정반대입니다. 기원을 찾아 올라가서 그것이 정말 가치가 있는지, 얼마나 별 볼 일 없는지 드러냄으로써, 그 기원에 기대고 있는 현재를 의문에 부치고 비판하는 방법입니다. 반면 인간의 기원을 찾아 올라가 신이 '마지막 날 특별히' 창조하신 두 남녀의 존재가 있었음을 말하면서, 그 후손인 자신 또한 신이 '특별히' 창조한 존재로서 다른 것들과 다름을 '입증'하고, 그 신께서 '정복하고 지배하라!'라고 했다면서 세상을 정복하고 지배하며 사는 자신의 처지를 정당화하는 일이 흔하지요. 이런 건 족보학입니다.

계보학은 기원의 탁월함으로 기어 올라가 지금 자신에게 없는 빛을 끌어들여 정당화하려는 이런 시도를, '그래? 그럼 어디 가 보자고!' 하며 따라 올라갑니다. 신이 한 쌍의 남녀를 자네 조상으로 창조하셨다고? 좋아, 그렇다고 하지. 그럼 그 남녀는 빛나는 후손을 낳았겠네. 그것도 좋아. 그런데 그 후손은 누구와 결혼하여 다음 후손을 낳지? 무슨 말이냐고? 인간이라곤 부모, 즉 신이 직접 만드셨다는 한 쌍의 남녀와 그들이 낳은 자식, 즉 형제/남매밖에 없으니, 가령 사내가 '결혼'하여 애를 낳으려면 누이와 하거나 아니면 어머니와 하는 것밖엔 방법이 없겠네? 여자라면 오빠나 남동생, 혹은 아버지 가운데 결혼 상대를 골라야 하는 거고 말야. 결국 '근친상간'을 하지 않을 수 없지 않나? 아, 물론 동물과 '결혼'하는 방법도 있겠지. 많은 신화에서 선택하는 방법이기도 하고. 근데 그게 근친상간보다 더 나은 해결책이 될 수 있을까? 근친혼 아니면 동물과의 결혼, 이게 자네가 자랑스럽게 여기는 자네의 기원에 함축된 사태라네.

신이 창조한 한 쌍의 남녀가 인간의 조상이라면, 모든 결혼은 근친혼이 되고 맙니다. '단일 민족'이라며 혈통의 순수성을 자랑하는 이들이 종종 있지요? 단일 민족이란 그처럼 처음부터 끝까지 근친상간을 통해서 형성된 민족이란 뜻입니다. 그게 그렇게 '순수성'을 자랑하거나 유일하게 신에게 선택된 자임을 자랑하려는 분들 뒤에 숨어 있는 '가문의 진실'입니다. 저 같으면 자랑이 아니라 감췄을 거 같은 진실입니다. 신이 '전지전능'은 그만두고 생각이 좀 깊었다면, 인간을 한 쌍 아니라 최소한 세 쌍은 만들었어야 합니다. 두 쌍을 만들었다 해도, 일단 그들의 자식이 결혼하는 데는 성공하겠지만, 그다음엔 다시 가족끼리 결혼하게 되는 사태를 피할 수 없으니까요. 한 쌍의 인간을 만들고 근친혼을 금지했다면, 그건 결코 지킬 수 없는 계율을 강요하는 게 됩니다. 그건 대단히 심술궂고 잔인한 짓이지요. 누구도 피할 수 없는 '원죄' 같은 게 있다면, 멀쩡한 과일 따 먹은 게 아니라, 누구도 결코 피할 수 없는 이 난감한 사태 아닐까요?

아시다시피 이는 단지 아담과 이브에서 여호와로 거슬러 올라가며 신이라는 탁월한 기원을 상기시키는 서구의 신화에만 있는 것도 아닙니다. 인간의 기원은 인간 아닌 어떤 것이어야 하는데(안 그러면 인간이 어떻게 '시작'되었는지를 말할 수 없으니까요), 인디언들처럼 토템인 '동물'을 기원으로 설명하는 경우도 있지만, 자신이 잘났다고 믿는 이들로서는 인간 '이하'의 이런 기원은 난감하고 한심해 보일 테니, 인간 이상인 존재자, 가능하면 전능한 최고의 존재자를 기원으로 삼고자 하기 마련이니까요. 이렇게 보면 토템 동물을 기원이라 말하는 인디언이나 '미개인'들이야말로 현재의 자신에 대한 자긍심을 갖고 있는 게 분명합니다. 시작할 때 우리는 '동물'이었지만 지금은 이렇게까지 '진화'했다고 믿는 것이니까요. 신이나 위대한 인물을 기원으로 삼는 순간, 족보를 따라가는 역사란 **'타락'과 '쇠락'의 역사**가 될 수밖에 없습니다. 신학자들은 이를 두고 '원인이 결과보다 언제나 크다'고 하는데, 이는 시간이 갈수록 왜소해진다는 것, **현재의 내가 가장 왜소하다**는 초라한 결론을 함축하고 있는 것입니다. 진화의 관념을 믿는다면 반대로 말해야겠지요. '결과는 언제나 원인보다 크다'고 말입니다. 이는 신의 창조에 기대는 신학이 진화론과 타협할 수 없는 이유를 다른 방식으로 보여주는 것이라 할 수 있겠지요?

이처럼 기원의 가치로 올라가는 걸 따라 올라가서, 그 가치를 근본적 의문에 부치는 것, 그럼으로써 그 기원에 기대어 자신의 목에 힘주는 걸 엎어 버리는 게 바로 니체가 말하는 계보학입니다. 족보학과 비슷해 보이지만 완전히 정반대라는 걸 쉽게 알 수 있지요? '나'가 아니라 사물이나 개념에 대해서도 마찬가지입니다. 이는 계보학을 좀 더 진지하게 검토하면서 보기로 하지요.

2. 두 가지 계보학

계보학은 어떤 개념이나 사태, 혹은 사물이나 관계를 그 기원으로 찾아 올라가, 그 기원의 가치를 드러내고 의문에 부치는 비판의 방법입니다. 약간 다르게 표현하자면, 어떤 것에 대해 그것을 '발생하게 한 것'이 어떤 것인지를 추적하여 비판하는 방법입니다. 그런데 이렇게 규정되는 계보학에는 상당히 다른 두 가지 방법이 있습니다. 하나는 '계보'라는 말을 글자 그대로 해석해 '기원'이나 '혈통' 같은 **역사적인 발생요인**으로 이해하는 방법입니다. 다른 하나는 계보학을 발생요인을 추적하는 것이라고 보는 점은 같지만, 그 발생요인을 어떤 것을 '만들어 낸 원인'으로 해석하는 방법입니다. 이는 철학적 개념으로 말하면 '작용인'(efficient cause)을 찾는 것이라고도 할 수 있는데, 사물이나 사태 같은 **'결과'(effect)를 실제로 만들어 낸 원인**(cause)을 찾는 겁니다. 가령 니체처럼 모든 것이 힘에의 의지의 산물이라고 본다면 어떤 사태나 사물을 만들어 낸 것이 '어떤 힘'인지, '어떤 의지'인지를 묻는 것입니다. 이때 발생인을 찾기 위해서 굳이 역사적 발생사를 찾지 않기에 '역사적 추적'의 형태를 취하지 않습니다. 약간 있어 보이는 말로 대비하자면, 전자가 시간을 거슬러 올라가 발생인을 찾는다는 점에서 '통시적'(通時的) 계보학이라면, 후자는 현존하는 것 안에 있는 발생적인 원인을 찾는 것이란 점에서 '공시적'(共時的) 계보학이라 할 수 있겠습니다.

전자와 같은 의미로 계보학을 이해하는 대표적인 경우는 바로 미셸 푸코입니다. 푸코는 1970년대 초에 「니체, 계보학, 역사」란 글을 쓴 적이 있습니다. 여기서 그는 니체의 계보학을 '발생'지점을 찾아 올라가 그 '혈통'을 찾아내는 '역사적' 비판의 방법이라고 말합니다. 이후 그는 이전에 자신이 사용하던 '고고학'이라는 방법을 이런 의미의 '계보학'으로 바꾸어 연구를 진행합니다. 그 글 바로 직후에 나온 책『감시와 처벌』이 그것입니다. '감옥의 탄생'이라는 부제를 달고 있는 이 책은 태형이나 신체적 절단 같은 신체형 대신에 감금이 처벌의 '보편적' 형식이 되고, 죄의 경중에 상응하는 처벌의 강도가 감금의 길이로 바뀌게 된 근대적 처벌의 역사를, 감옥이라는 처벌장치의 탄생의 지점을 찾아가 연구합니다. 정상과 비정상, 범죄자와 인간, 죄와 교정, 감시의 도식과 근대인의 관계 등에 대한 근대적 태도의 '의미'를 푸코는 발생지점에 대한 역사적 연구를 통해서 추적하고 있는 겁니다.

　이 책에서 푸코가 다루는 주제는『도덕의 계보』에서 다루어졌던 것이란 점에서, 연구방법 이상으로 이 책은 니체의 사상과 깊은 관계가 있습니다. 어쨌건 '탄생'의 역사를 다루는 방식의 계보학을 바로 푸코의 저작에서 찾아볼 수 있습니다. 사실 찬찬히 살펴보면 푸코가 이런 방법을 사용했던 것이 단지『감시와 처벌』에서만은 아닙니다. 박사학위 논문이었던『광기의 역사』라는 책도 정확히 이런 의미에서 계보학적 방법으로 쓰였습니다. '정신병'이라는 근대적 관념의 탄생지점, 혹은 광기와 대비되는 '이성'이라는 근대적 개념의 탄생지점을 역사적 연구를 통해 추적한다는 점에서 말입니다. 그 뒤의 저작인『임상의학의 탄생』또한, '시선의 고고학'이라는 부제를 달고는 있지만, 근대 의학의 탄생지점에 대한 역사적 추적이란 점에서 계보학적 성격을 갖습니다. 앞서『광기의 역사』에서 자신이 연구하는 방법을 푸코는 '침묵의 고고학'이라고 명명하고 있지만, 계보학적 연구의 성격을 갖는다고 할 수 있는데, 이 점에서 보면 그가 말하는 고고학과 계보학의 방법은 매우 인접한 것이어서 뚜렷하게 구별하기 어렵다고 해야 할 듯합니다.

다음으로 니체의 계보학을, 과거에 속한 발생사를 뒤지는 대신 현존하는 것 안에서 작동하는 발생요인을 찾는 방법은 가령 니체의 데카르트 비판에서 볼 수 있습니다. 데카르트가 말하는 코기토, 즉 '나는 생각한다, 고로 존재한다'가 의심의 여지가 없는 확고한 진리라고 한 것을 두고 니체는 묻습니다. 대체 무엇이 그로 하여금 그 문장이 그리 확고하다고 생각하게 했을까? 확고하다고 판단한 사태를 만들어 낸 원인을, 그것의 발생요인을 이런 식으로 묻는 것입니다. 그러니 이 또한 계보학적 질문이지요. 니체가 그 질문을 통해 얻어 낸 답은 『선악의 저편』에 있는데, 기억하시나요? '생각하다'라는 동사를 사용하려면 '나'라는 주어가 꼭 있어야 한다고, 그것이 바로 코기토의 확고함을 믿어 의심치 않게 했던 것이라고. '문법의 환상'이라고 했지요? 바로 그것이 데카르트가 가졌던 확고한 진리 관념의 발생요인입니다. 여기서 니체는 발생요인을 묻는 계보학을 사용하지만, 답을 찾기 위해 역사를 뒤지진 않습니다. 데카르트가 말하고 생각할 때 작동하는 '어떤 것'을, 데카르트 사고 안에 있고 그의 사고 안에서 작용하고 있는 것을 발생요인으로 찾아낸 겁니다.

푸코와 대비하자면, 들뢰즈가 사용하는 계보학은 이 두 번째 의미의 계보학에 속합니다. 들뢰즈는 철학사를 연구하지만 한 철학자의 사유를 역사적 발생조건으로 설명하는 일은 거의 하지 않습니다. 니체에 대한 책도 그렇습니다. 어떤 역사적 조건도 니체 사유의 발생요인으로 언급되지 않습니다.『니체와 철학』(이경신 옮김, 민음사, 2001)에서 들뢰즈는 니체의 계보학이 질문의 방식을 바꾸어 놓았다고 지적하면서, '무엇인가?'를 묻는 소크라테스 이래의 형이상학적 질문방식과 '어떤 것인가?'를 묻는 니체의 질문방식을 대비합니다. 가령 소크라테스는 '미란 무엇인가?'를 물으면서 이런저런 아름다움으로 답하는 상대방을 비판합니다. 이런저런 사례가 아니라 미의 본성을, 어떤 조건에서도 변치 않는 미의 보편적인 실체를 말해 보라는 겁니다. 반면 계보학자 니체라면 소크라테스에 대해서 물을 겁니다. **어떤 것**이 미에 대해 그렇게 묻게 만들었을까? 만약 소크라테스가 미의 본성에 대해 말했다면, 그게 어떤 미인지, 즉 어떤 것이 그걸 아름답다고 느끼게 한 것인지 물을 겁니다. 누군가 진리에 대해 말한다면, 역시 물을 겁니다. 어떤 것이 그처럼 진리를 찾게 만들었을까? 그렇게 찾으려는 진리란 대체 어떤 진리인가?

『도덕의 계보』는 이상과 같은 계보학의 방법이 제목부터 명시된 책입니다. 즉 도덕의 발생인에 대한 연구이고, 이를 통해 현재의 도덕을 근본에서 비판하려는 연구입니다. 여기서 니체는 역사적이고 통시적인 방법과 생리학적이고 공시적인 방법을 모두 사용합니다. 역사적인 방법은 직접 역사학적 연구를 한다기보다는 어떤 것이 도덕을 발생시켰나를 물으면서 도덕의 근본 범주들과 관련된 말들이 과거에 어떻게 사용되던 것인지를 추적합니다. '어원학'이라고 하지요? 어원학적 과거를 통해 도덕 개념의 역사적 방법을 사용하는 셈입니다. 동시에 그는 인간은 대체 어떤 경우에 어떤 이유로 '좋다', '나쁘다'라고 느끼게 되는가를 생리학적 관점에서 다루기도 합니다. 이는 이 책 1부의 부록에서 간단히 다루어집니다. 여기서 생리학적 계보학은 원고가 다 쓰인 시점에서 들었던 어떤 생각을 그 원고 뒤에 덧붙인 것인데, 이것이 뜻하는 바에 대해서는 나중에 다시 말씀드리기로 하지요.

사실 계보학을 역사적 방법으로 이해하는 것은 어렵지 않습니다. 그리고 푸코 말고도 좋은 사례들이 많습니다. 심지어 니체 이전에도 있습니다. 가령 맑스의『자본』1권이 바로 그런 방식으로 쓰였습니다. 자본의 탄생지를 추적하는 이른바 '본원적 축적'에 대한 연구가『자본』1권의 마지막에 있는 것은 바로 이 탄생, 발생에 대한 질문이 그 책을 관통하고 있기 때문입니다(이에 대해서는 제가 쓴 책『자본을 넘어선 자본』을 참조하세요). 또 아리에스의 멋진 책『아동의 탄생』또한 그렇게 읽을 수 있습니다. '아동'이라는 관념이, 그 관념으로 요약되는 멘탈이 어떻게 탄생했는지를 역사적으로 추적해 보여 줍니다. 반면 계보학을 공시적인 방법이라고 말하는 이는 그리 많지 않습니다. 들뢰즈조차 명시적으로 그렇게 말하지는 않습니다. 그렇지만 계보학이 니체의 중요한 비판의 방법이라고 한다면, 니체의 많은 책들에서 계보학적 방법이 사용되고 있다고, '망치 들고 철학하는 법'은 계보학적 비판과 밀접하다고 해야 합니다. 오히려 니체의 비판적 작업 속에서 묵시적으로 사용되고 있음을 보아야 합니다.

공시적인 방법으로 계보학을 이해하려 할 때, 계보학이란 어떤 것의 구체적인 발생인을 찾는 것일 뿐 아니라, 좀 더 근본적 보자면, 니체는 모든 것을 만들어 내는 것이 '힘에의 의지'라고 하는데, 이는 **힘에의 의지가 바로 모든 것의 발생인**임을 뜻합니다. 그렇다면 어떤 사태나 사물, 판단, 행위에 대해서 **어떤 힘에의 의지가** 그것을 만들어 낸 것인지를 물어야 합니다. 어떤 것이 탄생하여 존속하게 만든 의지는 대체 무엇인지, 어떤 힘이 거기서 작동하고 있는지를 묻는 것이 바로 계보학이란 말입니다. 이게 바로 '비역사적' 계보학, 다시 말해 공시적 계보학이라 하겠습니다. 이렇게 볼 때 힘과 의지라는 개념, 혹은 '힘에의 의지'라는 개념이 니체의 사상에서 갖는 중요성이 드러나고, 또 그것에서 계보학과 연결되는 지점이 드러나게 됩니다.

그렇다면 니체의 사유에서 힘과 의지란 어떤 것인지, 어떻게 어떤 양상으로 작동하는지를 물어야 합니다. 앞서 『선악의 저편』에서 이런저런 주제와 관련해서 사용했던 개념이지만, 도덕의 계보학적 비판에서 무엇보다 중요한 게 바로 이 두 개념이기에, 이에 대해 정리하는 것으로 시작하는 게 좋을 듯합니다.

제2장

힘에의 의지

1. 내 안에 존재하는 이 많은 영혼들!

니체가 말하는 '의지', 즉 '힘에의 의지' 개념은 하이데거처럼 강력한 철학자조차 쉽게 빠지는 오해에 노출되어 있습니다. 그것은 '의지'라는 개념의 통념적 용법이 갖는 '직관적 자명성' 때문이기도 한데, 이 오해를 넘어서려면 그 '의지'라는 개념을 끌어낸 곳이기도 한 쇼펜하우어의 '의지' 개념과 '명료하고 뚜렷하게' 구별할 필요가 있습니다. 이는 『선악의 저편』에서 니체 자신이 명시적으로 비판했던 것이지만, 그 비판이 의지 개념 안에 어떤 새로운 의미를 접어 넣었는지는 충분히 이해되지 않은 듯합니다. 그렇기에 『선악의 저편』에 대한 강의에서 언급했던 것이지만, 간단히 그와 관련된 얘기를 통해 니체의 힘과 의지 개념으로 나아가려 합니다. 『도덕의 계보』를 강의한다면서 거기서 직접 다루지 않은 힘과 의지 개념에 대해 꽤나 상세히 말씀드리고자 하는 것은, 그것이 도덕에 대한 계보학적 비판에 아주 중요하기 때문입니다. 어쩌면 '도덕' 보다 더 중요한 것은 도덕들을 만들어 냈고, 또 그 안에서 작동하고 있는 힘과 의지라 해야 합니다. 계보학이란 바로 그 힘과 의지의 '질'을 포착하고 그 효과를 드러내고 비판하는 것입니다.

쇼펜하우어는 생명/삶(Leben)을 지배하는 것은 생 자체에 대한 맹목적 의지 내지 충동이라고 봅니다. 따라서 생에는 어떤 심오한 의미 같은 것도 없습니다. 아무리 고상한 의미나 형상으로 치장했다 해도 그 근저에 있는 것은 이 맹목적인 의지일 뿐이니까요. 아, 생에 아무런 고귀한 의미가 없다니! 누구나 삶에서 의미를 찾고자 하기 마련인데, 고귀한 의미를 찾고자 하는 철학자라면 얼마나 견디기 힘든 '진실'이겠어요? 덕분에 쇼펜하우어는 염세주의자가 됩니다. "삶, 아무 의미 없어!" 쇼펜하우어를 염세주의로 이끈 이런 발상을 니체는 오히려 적극 수용합니다. 정해진 의미가 없다니 이 얼마나 다행인가! **어떤 의미도 없으니, 어떤 의미도 만들 수 있는 것** 아니겠어! 이러한 삶의 긍정은 '맹목적'이라고 욕을 먹던 의지에 대한 긍정으로 이어지게 되겠지요. 생명체가 생을 지속하려는 '생리학적' 본성을 긍정하고, 그것을 척도로 삶에 대해 이런저런 고상한 의미를 정해 주려 하는 도덕이나 진리 같은 것에 대해 분석하고 비판하는 것은 이 때문입니다.

그러려면 이 의지에 먼저 다가가야 합니다. 의지가 야기하는 힘을 믿어야 합니다. 그는 '작용'이란 말을 강조하며 이렇게 단언합니다.

문제는 우리가 의지를 정말로 작용하는 것으로 인정하는가, 우리가 의지의 인과성을 믿는가이다. […] 우리는 의지의 인과성을 유일한 인과성으로 가정하는 시도를 해야만 한다. (『선악의 저편』 36절)

심지어 기계적인 사건마저 니체는 의지를 통해 포착하려 합니다. "모든 기계적인 사건은 그 안에서 어떤 힘이 작용하는 한, 바로 **의지의** 힘, **의지의** 작용 아닌가?" 그래서 그는 충동의 생 전체를 의지로, 의지의 근본형태인 힘에의 의지로 환원하여 설명해야 한다면서, 그럴 경우 "작용하는 모든 힘을 명백하게 힘에의 의지로 규정할 수 있는 권리를 얻게 될 것"이라고 말합니다(『선악의 저편』 36절). 다시 말해 작용하는 모든 힘을 그 힘을 통해 작용하는 의지로, 그 의지의 힘으로 규정할 수 있으리라는 겁니다. 가령 낙하하게 하는 힘(중력)은 낙하하게 하려는 의지를 담고 있고, 당기거나 밀치는 힘(자기력)은 당기거나 밀치려는 의지의 작용이라고 규정할 수 있다는 거지요. 그런 점에서 의지란 힘을 행사하려는 의지고, 힘을 통해 작용하는 의지라 하겠습니다. 의지는 주로 생명이 있는 것에 대해 사용하고 힘은 물리적인 것의 작용에서 나온 개념이지만, "돈 내 놔!"라는 말로 생명체의 의지가 실제로 영향을 미친다 함은 물리적·화학적 힘을 행사함을 뜻하고, 절벽에서 발을 헛디뎠을 때 발생하는 '낙하' 같은 물리적 힘의 작용은 좋든 싫든 그에 따를 수밖에 없다는 점에서 그 물리적 '의지'에 복종하는 것입니다. 힘에의 의지란 이처럼 힘을 통해 어떤 작용이나 결과를 만들어 내려는 의지고, **힘의 작용이 직접적으로 행사하는 의지**입니다.

『차라투스트라』에서도 이러한 입장은 명백하게 선언됩니다. "깨침에 있어서 나는 내 의지가 갖고 있는 생식-욕구와 생성-욕구만을 느낀다. 그리고 만약 나의 깨침에 순진무구한 것이 깃들어 있다면, 그것은 생식에 대한 의지가 그 속에 있기 때문이다." 그리고 바로 그런 의지, 의욕이 해방을 가져온다고 하면서, 의지를 해방의 동력으로 긍정하는 것이 "의지와 자유에 대한 참다운 가르침"이라고 설파합니다(『차라투스트라』 제2부, 「행복한 섬에서」).

"동일한 것의 영원한 되돌아옴"이라고 정의되는 니체의 '영원회귀'는 바로 이 무구한 의지, 생명에의 의지와 결부되어 있습니다. "나 다시 오리라. 나 새로운 생명이나 좀 더 나은 생명, 아니면 비슷한 생명으로 다시 오는 것이 아니다. 나는 더없이 큰 것에서나 더없이 작은 것에서나, 같은 그리고 동일한 생명으로서 영원히 돌아오는 것이다"(『차라투스트라』 제3부, 「건강을 되찾고 있는 자」). 즉 '영원히 되돌아오는 것', 그것은 바로 생명이며 생명의 본성인 살려는 의지입니다. 이를 부정하는 태도는 모두 니힐리즘에, 즉 현세적 생의 부정에 이르게 됩니다. 니체가 쇼펜하우어를 비판하면서도 반복하여 '위대한 스승'이라고 하는 것은 이런 점에서 충분히 이유가 있습니다.

그렇지만 '의지'라는 개념을 세심하게 들여다보면서 니체는 그 개념 속에 데카르트가 내가 생각할 때 생각하는 '내'가 존재함은 의심의 여지 없이 자명하다고 했을 때와 유사한 자명성의 환상이 깃들어 있음을 봅니다. 내가 무언가를 '하려고 할' 때, 내가 그걸 하려는 '의지'를 갖고 있음은 자명하다는 겁니다. 물론 데카르트는 생각할 때 생각이 있음은 자명하다는 발상에서 더 나아가 그렇게 생각하는 내가 있어야 한다고 나아가지만, 쇼펜하우어는 그것도 아닙니다. 무얼 하려 (의욕)할 때, 그 의욕 (의지)이 있음은 당연하다는 겁니다. 어떤가요? 여러분도 자명하다 생각하시나요? 사실 일종의 동어반복으로 들리지요? 무언가 하려고 할 때, 하려고 하는 마음이 있다는 말이니까요. 그러나 니체는 바로 이것이 대중의 통념이고 선입견이라고 지적합니다(『선악의 저편』 19절). 이유는 그 **'의지'의 단일성**이 가정되어 있기 때문입니다.

자, 여러분이 값이 비싼 명품 가방을 사려 한다고 해 봅시다. 그때 '사려는 의지'가 거기에 있음은 부정할 길 없습니다. 자명합니다. 그러나 그때 망설임이 없으신가요? 이거, 아무리 좋다 해도 이 많은 돈을 주고 살 만한지, 혹은 가치가 있다고 해도 내 형편에 이 돈을 이거 사는 데 써도 좋은지, 샀을 때 배우자에게 욕을 먹으면 어쩌지 등등 하는 생각이 들지 않나요? 반대로 '비싸서 안 되겠어'라고 포기할 때도 그래요. 포기는 하지만, '아, 정말 멋진 가방인데!'라며 사고 싶은 마음이 한구석에 고개도 숙이지 않은 채 버티고 있음이 느껴지지 않나요? 가방 뿐이겠어요? 일이 많이 밀려 있지만 몸이 피곤해서 자려고 누울 때, '아, 저거 내일까지 끝내야 하는데… 내가 지금 자도 되나?' 싶은 생각이 들지 않나요?

이처럼 우리는 무언가를 하려고 할 때, 하려는 의지를 갖고 있지만, 단지 그것만 갖고 있지 않습니다. 꼭 해야지 결심한 경우에도 그것과 **다른 의지들이** 마음속에 남아 있습니다. 우리가 어떤 행위를 하게 되는 것은 하나의 의지가 다른 의지들을 제압하고 지배하게 될 때입니다. 그러지 못하면, 망설이고 동요하며 행동하지 못하게 됩니다. '결정장애'라고 흔히 말하는 것은 이 여러 의지들 가운데 어느 하나에 확실하게 힘을 실어 주지 못하는 경우지요. 이는 나의 의지 안에 사실은 여러 의지들이 섞여 있음을 뜻합니다.

니체는 이를 이미 『인간적인, 너무나 인간적인』에서 '도덕적 감각의 역사에 대하여' 쓰면서 지적한 바 있습니다. "인간은 **자신의 그 무엇을** […] **자신의 다른 것**보다 한층 더 사랑하고 있다"는 것, 그런 점에서 "자신의 존재를 분할해서, 한쪽을 다른 한쪽의 희생으로 몰고 간다"고 말입니다. 자신 안에 있는 의지들 가운데 어떤 의지를 선택하고 다른 의지를 제압하는 것, 어떤 의지를 선호하거나 사랑하면서 그에 반하는 의지들에 대해선 '왜 내게 이런 구석이 있나' 하며 실망하거나 짜증 내는 것이 그것입니다. 고심 끝에 돈을 많이 주는 일자리 대신 내가 좋아하는 일을 할 수 있는 일을 선택하는 것은 돈을 향한 의지를 제압하여 좋아하는 일을 하려는 의지를 선택한 것이지만, 동요하기도 하고 후회를 하기도 하고, 그렇게 동요하는 자신에 대해 실망하기도 하고 하는 게 보통이잖아요?

이런 점에서 니체는 "도덕에서 인간은 자신을 분할할 수 없는 것, 즉 개체(Individuum)로서가 아니라 분할할 수 있는 것(Dividuum)으로 다룬다"라고 명확하게 말합니다(『인간적인, 너무나 인간적인』 1권 57절). 수많은 분할 가능한 것들이 모여 있는 것이 바로 우리 인간이란 말이지요. 그래서 니체는 차라투스트라의 입을 통해 이렇게 말합니다. "진정, 나 **백 개나 되는 영혼**을 가로질러 나의 길을 걸어왔다"(『차라투스트라』 제2부, 「행복한 섬에서」). 내 안에 있는 백 개나 되는 의지들 가운데 이 길을 가려는 의지를 선택해 이 길에 왔다는 말이지요. 『선악의 저편』(19절)에서는 이를 더욱 분명하게 말합니다. "**우리의 몸은 수많은 영혼들의 집합체**일 뿐이다." 이런 점에서 니체는 우리의 몸은 일종의 공동체라고 봅니다. 수많은 영혼들의 공동체, 수많은 의지들의 공동체지요. 이질적인 것들이 모여 있는 공동체, 그렇지만 무언가를 하려 할 때마다 특정한 의지를 선택하고 다른 의지를 제압하는 공동체 말입니다. "모든 공동체에서 일어나는 일이 여기에서도 일어난다."

그런데 그게 어디 인간뿐이겠어요? '개체'라고 간주되는 다른 생명체도 다 그렇지요. 의지를 갖고 움직이는 모든 것은 다 그렇습니다. 심지어 기계적인 운동에서도 다른 의지들의 공존을 볼 수 있습니다. 힘껏 던져져 포물선을 그리며 떨어지는 야구공 안에는, 공 던진 이의 근육의 힘을 받아서 앞으로, 수평으로 나아가려는 '의지'와 중력에 의해 아래로 나아가려는 '의지'가 공존합니다. 손을 막 떠난 공에서는 수평으로 나아가려는 의지가 더 강하겠지만, 이는 시간이 지남에 따라 약화되고 그에 따라 공은 중력의 '의지'를 따라 아래를 향해 내려가게 됩니다. **기계적인 운동이나 사물 안에도** 상이한 '의지'들이 뒤섞여 있는 겁니다. 물론 물리학에선 '의지'란 말 대신 '힘'이라고 쓰지만, 이를 좀 전에 말씀드렸듯이 니체적인 어법으로 바꾸는 건 결코 어려운 일이 아니지요? 그리고 이 말에서 니체가 말하는 '힘에의 의지', 즉 그 자체가 힘인 의지 개념의 단서 중 하나를 다시 확인할 수 있을 겁니다.

'분할 불가능한' 개체 안에 분할 가능한 힘과 의지들이 다수 존재한다는 생각은 '의지 자체'가 단일한 게 아니라 복합체라는 생각으로 이어집니다. 『선악의 저편』에서 니체는 의지의 자명성에 대한 대중의 선입견을 비판하는 문장에 이어서 이렇게 말합니다. "의지작용(Wollen)이란 나에게는 무엇보다도 이런 **복합적인** 것이며, 통일성이란 단지 말로 표현했을 때에만 있다고 보이는 어떤 것이다"(19절). 가령 여러분이 해외 여행 중 배가 고파서 들어간 식당에서, 재료만 보고 대충 시켰는데 익숙하지 않은 향료가 들어간 낯선 음식이 나왔다고 해봅시다. 어떻게 하시겠어요? 다른 음식도 있지만 그래도 먹어 보자는 '의지'를 발동시켰다고 합시다. 니체의 말을 따라가며 얘기하자면, 이때 이 의지에는 낯선 것에 대해 신체가 느끼는 자연발생적 감정의 다양함이 포함되어 있고, 음식에 대해 평소 갖고 있는 이런 저런 생각이 들어가 있습니다. 익숙지 않아서 난감하지만 또한 어떤 맛일까 싶은 호기심, 외국 가면 그 나라 음식을 먹어야 한다는 생각을 하셨을 수도 있고, '음식을 버리면 안 되지'라는 윤리적 판단을 의식이 떠올렸을 수도 있습니다. 또 니체 말대로 스스로가 선택한 결정에 복종하려는 어떤 감응(Affekt)이 있을 것이고, 낯선 음식이 혀에 닿을 때의 긴장과 집중, 처음 보지만 나름 아름다운 음식의 자태에 끌리는 시선의 충동 등이 또 거기에 포함되어 있을 겁니다. 이렇게 다양한 요소들이 '하나의' 의지 안에 섞여 있으며, 첫 숟가락을 넣을 때 강했던 요소들이 다음 숟가락을 넣을 때는 약화되면서 다른 요소들이 강해지기 마련이지요. 호기심과 거부감, 긴장 등은 완화되고 누그러진 마음과 미각적 호감이 아직 사라지지 않은 낯섦의 거리감과 더불어 점점 강해지며 '역시 먹기를 잘했어'라는 생각과 망설임 속에서도 자신의 선택에 복종하며 주문한 음식에 대해 책임을 다했다는 만족감이 서서히 생겨날 겁니다. 현재 작용하고 있는 의지 안에서도 거기 섞여 있는 것 사이에 **변화와 이행이** 존재하는 거지요.

모든 '개체'가 사실은 수많은 영혼들의 공동체고, '하나의' 의지조차 사실은 수많은 요소들의 복합체라는 말은, 지금의 생명과학에 따라 좀 더 강한 의미로 해석될 수 있습니다. 많이들 아시다시피 우리의 신체는 60조~100조 개의 세포들로 이루어져 있고, 그 세포 각각은 하나의 박테리아가 다른 박테리아를 먹었으나 먹힌 놈이 죽지 않은 채 살아남아 만들어진 공생체입니다. 즉 모든 세포는 여러 개의 박테리아들이 모여 만들어진 공동체입니다. 그런 세포-공동체들이 거대한 규모로 모여 만들어진 게 유기체의 신체지요. 거기에 십조 단위의 숫자를 갖는 미생물들이 우리 몸속에 있습니다. 때론 이 미생물들이 우리 신체의 기분이나 감응, 혹은 의지를 '지배'하고 '명령'하기도 합니다. 우리가 무언가 맛있다고 먹는 것은 단지 '나의' 혀 때문만이 아니라 **뱃속의 저 미생물들의 의지에 따른 것**일 수도 있습니다.

미생물 아닌 '기생충'이지만, 아주 극단적인 예가 있어요. '톡소포자충' 내지 '톡소플라즈마'(정확히는 '톡소플라즈마 곤디')라고 하는 기생충이 있는데, 원래 고양이 뱃속에서 사는 걸 좋아한다고 해요. 그런데 얘들이 어쩌다가 쥐의 몸속에 들어가면, 쥐의 뇌로 침투해 천적인 고양이에 대해 공포를 느끼고 도망치게 하는 기능을 마비시킬 뿐 아니라 고양이 냄새를 좋아하게 바꾸어 버린답니다. 그러면 고양이 냄새만 나면 고양이를 찾아가려는 '의지'를 발동시키는 겁니다. 톰과 제리라는 유명한 만화에서 제리라는 쥐는 고양이를 무서워하긴커녕 찾아다니며 갖고 노는데, 아마 그 제리란 놈이 톡소플라즈마에 감염된 쥐 아닌가 싶어요. 겁대가리 없이 고양이 찾아가 놀리고 장난을 치니까요. 만화와 달리 현실에선 겁을 잃은 쥐는 고양이 밥이 되고 말 겁니다. 그 결과 톡소플라즈마는 고양이 뱃속으로, 자신이 가장 편하다 느끼는 '고향'으로 되돌아가게 되는 건데, 바로 이를 위해 쥐의 '의지'를 움직였던 셈이지요.

세포들 하나하나, 아니 그 안의 소기관들 하나하나가 박테리아라는 생명체를 기원으로 하니, 세포소기관마다 자신의 생명을 향한 의지를 갖고 있다고 해야 마땅하지요. 공생체인 세포도 공동체로서 나름의 의지, 복합체인 의지를 갖고 있을 겁니다. 세포들이 모여 만들어진 근섬유나 기관들도 모두 그럴 겁니다. 무언가에게 쫓겨 미친 듯 달릴 때에도 심장이나 허파는 '무리! 더 이상은 무리야!'라며 속도를 늦추거나 쉬자고 하는 의지를 뇌나 근육에 송신할 겁니다. 자기 전에 먹어 뱃속에 들어간 음식을 소화시키느라 바쁜 위장은 잠자려는 유기체의 의지와 달리 열심히 소화를 시키려는 의지에 따라 활동하게 합니다. 음식을 먹고 자면 잠을 자도 깊이 자기 어려운 게 이 때문이지요.

유기체로서의 '나'의 의지는 항상-이미 이런 '작은' 의지들이 섞이고 이행하며 만들어지는 겁니다. 흔히 말하는 '마음의 변덕'이란 내 '마음'을 이루는 이 미시적 의지들의 혼합상태가 달라지고 이행하며 발생하는 것입니다. 결정장애란 이렇게 섞여 있는 미시적 의지들의 '힘'이 팽팽하여 어느 하나가 다른 것을 지배하거나 명령하지 못하는 상태라고 하겠습니다. 망설임과 동요는, 그 미시적 의지 가운데 어느 하나가 가장 큰 힘을 갖고 나섰지만, 그와 반대되거나 상충되는 미시적 의지가 여전히 그에 따르길 거부하며 버티고 있는 상태라고 하면 쉽게 이해되겠지요. 미시적 의지들의 복합체는 '하나의' 의지처럼 나타나지만, 그것은 미시적 의지들의 충돌과 이행과정이 만들어 낸 '결과'일 뿐입니다. 어떤 의지 '밑'에 있는 작은 의지들을 '미시적'

의지라고 한다면, 그것들이 섞여 만들어 낸 결과물, '하나'처럼 나타나는 그 의지를 '거시적' 의지라고 해도 좋겠지요?

2. 의지들의 의지, 의지들에 대한 의지

그러니 모든 유기체의 의지, 우리가 자명하다 생각하는 '~하려는 마음'은 **미시적 의지들의 복합체**라고 해야 합니다. 니체가 쇼펜하우어를 비판하며 자신의 '의지' 개념을 그의 의지 개념과 대비하고자 했을 때, 양자 사이에 있는 가장 결정적인 차이가 바로 이것입니다. 하지만 비슷하거나 같은 단어로는 이 중요한 개념적 차이가 드러나지 않는다고 니체는 생각했던 것 같고, 이를 명시적으로 표현하기 위해 '힘에의 의지'라는 말로 구분하려 했던 겁니다.

그러나 단지 쇼펜하우어와의 구별을 위한 것만은 아닙니다. 힘에의 의지라는 말은 그런 구별 위에서 새로운 의미를 얻게 됩니다. '하나의' 의지 안에서 각자 다른 '힘'들을 행사하는 의지, 가장 강한 '힘'을 얻은 것에 의해 '하나의' 의지로 나타나게 되는 의지, 그런 만큼 언제나 **자신이 하고자 하는 바가 좀 더 강한 '힘'을 갖도록 만들려는 의지**, 그렇게 강하게 고양된 힘을 통해 **자신 안에 있는 수많은 작은 의지들을 지배하고 그것들에 복종을 요구하려는 의지**, 그럼으로써 망설임과 동요를 넘어 **자기 자신에 대해 명령하고 복종을 요구할 수 있는 의지**, 그게 바로 '힘에의 의지'입니다. 자신 안에 존재하는 수많은 의지들에 대한 의지고,

그 미시적 의지들이 가진 힘들에 대한 의지, 그것들을 지배하고 그것들에게 명령하려는 의지입니다.

이는 니체의 사유를 이해하고, 그가 하는 말을 오해하지 않기 위해 대단히 중요합니다. 이는 또한 니체의 영향 아래서 들뢰즈 같은 사상가가 우리들의 신체나 마음을 '분열자'라고 말하는 이유를 이해하는 데에도 매우 중요합니다. 우리의 신체, 우리의 마음, 아니 우리의 '의지'는 이렇게 수많은 미시적 의지들, 제각각의 방향과 힘을 가진 의지들로 분열되어 있다는 것입니다. 그런 점에서 '분열자'라는 개념은 지금은 '조현병'으로 번역되는 '분열증'과 아무런 상관이 없습니다. 분열증은 어떤 유기체의 신체 상태가 갖는 특정한 증상을 표시합니다. 분열자는 그런 증상을 드러낼 때조차 그 신체, 그 마음 '아래'에 수많은 의지들이 각자의 힘을 갖고 제각각의 방향으로 가고자 하고 있음을 뜻하는 말입니다. 니체의 의지 개념에 대단히 충실하게, 그러면서도 독창적으로 발전시킨 개념입니다.

나의 의지 밑에는 위장의 의지, 심장의 의지, 방광의 의지, 혀의 의지가 숨어 있습니다. 그 각각 밑에는 세포들의 의지가 숨어 있고요. 혀의 의지, 방광의 의지 등이 모여 '나'라는 유기체의 의지가 형성됩니다. 나에 의해 '의식'되기에 가장 두드러진 의지고, 마치 유일한 것처럼 간주되는 의지입니다. 그러다 보니 혀의 의지도 혀의 의지가 아니라 '나'의 의지로 느껴지고, 방광의 의지도 '나'의 의지로 느껴집니다. '나'의 의지만 있다고 느껴지는 겁니다. 혀나 방광의 의지, 심장이나 근육의 의지, 그리고 그 아래 세포들의 의지는 의식되지 않기에 우리는 알지 못합니다. '무의식'이라는 게 있다면 그건 무엇보다 의식되지 않은 채 존재하고 나를 움직이는 이 미시적 의지들입니다.

이는 유기체들이 모여서 만들어지는 '공동체'에 대해서도 마찬가지로 말할 수 있습니다. 공동체에 참여하는 '나'의 의지는 공동체라는 집합적 개체 안에 있는 '미시적 의지' 중 하나입니다. 나의 의지와 다른 이들의 의지들이 모여, 그때마다 지배적인 의지에 따라 공동체의 의지라는 거시적 의지를 함께 만듭니다. 그것은 유기체들의 의지들을 종합하여 출현하는 '초유기체적' 의지지요. 개개인의 선수들을 움직이는 축구팀의 의지, 개개인의 행동을 규정하는 집합체의 의지 등이 모두 '거시적인' 의지입니다. 그러나 여기서도 우리는 유기체인 '나'의 의지만을 주로 보고 어느새 그것을 특권화하는 경향이 있습니다. 공동체의 의지는 의지로 작동할 때에도 '의지'로 안 보이고 어떤 의사결정 사항으로 보이는 거지요. 하지만 나의 의지가 내 심장이나 세포들에게 명령하고 복종을 요구하듯이, 공동체 또한 구성원에게 명령하고 복종을 요구합니다. 물론 그것을 그대로 따라야한다는 말은 아닙니다. 맘에 안 들면 거부할 수 있고, 그래도 강요하면 때려치우고 탈퇴하면 되지요. 물론 그것은 공동체의 신체를 크게 흔들 것이고, 공동체는 동요하고 망설일 것이며, 거부와 반발이 다른 구성원들에게도 크게 확대되면 종국에는 공동체의 해체에 이를 수 있습니다. 공동체의 '죽음'이지요. 그래서 공동체는 그런 의지를 수용하며 수정된 방식으로 '명령'하려

할 겁니다.

우리도 그렇습니다. 탈퇴가 자유롭지 않기에 우리는 내 신체의 미시적 의지들에게 복종을 요구하지만, 신체 상태에 맞지 않는 그런 요구가 '나'의 행위로 반복되고 지속되게 되면, 그 신체기관은 망가지고 해체되게 됩니다. '나'의 신체가 '병드는' 겁니다. 그래도 그 상태가 수정되지 않고 지속되면, 신체 전체의 해체, 즉 죽음에 이르게 되지요. 신체의 고통은 바로 신체의 일부가 유기체의 명령에 대해 항의하며 외치는 고함소리입니다. 그거, 귀 기울이지 않으면 신체 전체를 포기해야 하는 사태에 이를 수 있습니다.

유기체든, 공동체든, 혹은 기관이든 모든 의지는 그 아래에 있는 **무수한 미시적인 의지들의 종합**입니다. 그 종합에서 어떤 성분이 지배적인 지위를 차지하는가, 감각들 안에 작용하는 의지 가운데 어떤 것이 가장 빨리 깨어나고 명령을 내리는지, 감정을 움직이는 힘과 의지 가운데 어떤 것이 지배적인지 등등이 '개체'의 의지를 규정하고, 바로 이 의지들의 가치가 전체 의지의 성격과 가치를 결정합니다. '영혼'이란 이런 의지들이 흘러 다니는 장입니다. 즉 유기체의 '영혼'이란 그 수많은 영혼들이 뒤섞이며 흘러 다니는 장입니다. 그에 따라 때론 이 영혼이 전면에 떠올랐다가 때론 저 영혼이 명령하고 지배하는 겁니다. '백 개의 영혼을 갖고 있다'는 차라투스트라의 말은 바로 이런 의미입니다. 어떤 의지들이 흘러 다니고 어떤 의지들이 지배적인가가 '내' 의지의 성격을 결정하고, 어떤 영혼이 지휘하고 어떤 영혼이 명령하는가가 '내' 영혼의 가치를 결정합니다. 니체가 '귀족'이니 '고귀한 자'니 하는 것은 바로 영혼 안에서 지배적인 지위를 갖는 힘과 의지에 의해 규정되는 것이지, 태생이나 신분, 혹은 명성이나 재능 같은 것으로 규정되는 게 아닙니다.

'지배'와 '복종', '명령' 같은 말들도 일차적으로는 모두 영혼 안의 이 상이한 영혼들, '나' 안의 상이한 의지들에 사용되는 말입니다. 개체나 유기체에 대해 사용되는 경우에도, 그 수많은 영혼 가운데 지배적 위치를 차지한 영혼을 겨냥하여 하는 말입니다. 이를 이해하지 못하면, 니체의 말들은 '지배자'와 '명령하는 자'에 대한 통상적 어법이 되고, 그렇게 되면 흔히 말하는 권력자나 지배자를 지지하고 상찬하는 말로 들리게 됩니다.

요컨대 개체는 어떤 수준에서든 복수의 미시적 힘과 의지들의 복합체입니다. 개체에 귀속되는 단일하고 단순한 의지는 따로 없어요. 오히려 개체는 각각이 그때마다 제 방향과 크기를 갖는 분열적 힘과 의지들의 장이라고 해야 합니다. 우리가 흔히 '나의 의지'라고 말하는 개체의 의지는 이 분열적 힘과 의지들의 개체적 종합이라고 하겠습니다.

3. 무엇이 힘들을 종합하는가

니체가 사용하는 '강함'이나 '약함'이란 말도 이런 주의가 필요한 말입니다. 『도덕의 계보』에서 니체는 강자의 도덕을 말하며 '약자의 도덕'을 비판합니다. '약자'란 니체에게 '노예'와 같은 의미를 갖습니다. 그런데 이 말은 자칫하면 통상적인 의미의 '약자', 즉 돈 없고 권력 없는 자들을 지칭하는 말로 들리게 됩니다. 강자 또한 힘 있고 권력 있는 자를 뜻한다고 듣게 되겠지요. 하지만 미리 말씀드 리건대, 권력자란 니체의 말로 하면 대개 강자가 아니라 약자입니 다. 왜냐하면 니체가 말하는 강자란 힘의 질과 결부된 말로서, 강함 이란 **능동적인 힘**을 뜻합니다. 능동적인 힘은 '반동적인 힘'과 대개 념인데, **시작하는 힘**을 뜻합니다. 무언가 새로운 것을 창안하는 자, 이제까지 가치가 있다고 생각하지 못했던 가치를 눈에 보이게 만 드는 자, 관성을 벗어나 새로운 관계를 만드는 자가 바로 능동적인 힘을 가진 자이고 강자입니다. 기존의 지배적인 가치나 스타일을 따라가는 자는 시작하는 자가 아니라 추종하는 자고, 강자가 아니 라 약자입니다.

예컨대 돈의 가치를 알아보고 돈을 따라다니며 사는 자, 그 것의 힘을 과시하고 사용하는 자는 가치를 창조하는 자가 아니 고 돈의 가치를 **추종하는 자**이며, 새로운 것을 시작하는 자가 아 니라 기존의 것에 **복속된 자**이지요. 기존 가치에 '반응'하고 '반 동'하는 자니 약자입니다. 자본가들도 그래요. 흔한 말로 '돈의 노예'지요. 자본의 논리에 따라, 좀 더 많은 돈을 벌라는 자본의 명령에 따라, 그것에 복종하고 추종하는 자들을 어찌 강자라 하 겠습니까? 돈과의 관계에서만 본다면, 모든 자본가는 '약자'입 니다. 권력자도 그래요. 새로이 창조되는 가치는 정의상 기존에 확립된 가치와 반대편에 있지요. 권력자는 기존의 확립된 가치에 충실하게 따르는 자들입니다. 가령 권력을 가진 예술가, 잘 나가는 미술가들이란 기존에 확립된 양식에 충실한 사람들이잖아요. 정치적 권력도 그래요. 그러니 그런 권력을 가진 자들은 모두 새로운 가치의 창조가가 아니라 기존 가치의 추종자고, 강자가 아니라 약자입니다.

　새로운 가치를 창조하는 자들은 기존의 가치에 충실한 자들에 의해 뭉개지고 설 자리를 잃은 채 헤매고 배제되기 십상이죠. 새로운 스타일이나 가치를 알아보는 눈은 아주 희소합니다. '인상주의'라는 말은 조롱에서 탄생했죠. 세잔은 거의 평생을 무시당한 채 살았고 파리의 잘 나가던 작가였던 친구 에밀 졸라조차 그의 가치를 알아보지 못했습니다. 고흐는 평생 단 한 장의 그림만을, 그것도 동네 아줌마에게 팔았지요. 카프카의 소설이 갖는 가치를 사람들이 알아보기까지에는 더 많은 시간이 필요했습니다. 그래서 많은 경우 새로운 것을 창조하는 이 강자들은 **무시당하고 몰락하기 쉽습니다.** 들뢰즈는 니체 철학의 가장 중요한 명제 중 하나가 '약자들로부터 강자를 보호해야 한다'는 것이라고 한 적이 있는데(『들뢰즈의 니체』, 박찬국 옮김, 철학과현실사, 2007, 44쪽), 이는 바로 이런 뜻입니다. 강자와 약자가 니체에게 어떤 의미인가를 알지 못한다면, 정말 이해하기 힘든 소리, 말도 안 되는 소리라고 할 말이지만, 방금 제가 한 말을 이해하셨으면, '맞아, 정말 맞는 말이야!' 하고 감탄하게 될 말 아닌가요?

　니체에게 힘과 의지의 개념은 대단히 중요하며, 도덕 안에서 작동하는 발생인을, 힘과 의지를 분석하려는 『도덕의 계보』에서 특히 중요합니다. 그러나 통상적인 어법과는 차라리 정반대라고 할 만큼 다른 의미로 사용하기에 더없이 큰 오해의 이유가 되는 개념이기도 합니다. 그래서 그 개념들에 대해 다시 정리를 하는 것이 필요할 것 같은데, 약간 반복되는 게 있더라도 이해 바랍니다.

니체는 물리적인 것부터 생명적인 것, 사회적인 것 등 모든 것은 힘들의 작용에 의해 이루어진다는 가정을 하고 있습니다. 그런 점에서 어쩌면 '힘'의 일원론 같은 것이 니체 사상의 암묵적 전제 같은 게 되어 있다고 해도 좋을 겁니다. 『권력 의지』라고 종종 번역되는 『힘에의 의지』라는 책은 니체가 자신을 덮쳐온 사상을 체계화하고자 기획했던 책인데, 거기 보면 물리학과 생물학에서 시작해 자연에 대해, 그리고 사회 및 예술, 도덕 등에 대해 힘에의 의지라는 개념으로 해명하려 합니다. 이 시도의 바탕에 바로 '힘' 개념이 있는 겁니다. 힘에의 의지는 일차적으로 '힘인 의지', 즉 힘과 다르지 않은 의지를 뜻합니다.

그렇기에 니체식으로 보자면, 힘들의 분포와 작용 양상이 사건이나 사태를 결정한다고 얘기할 수 있겠지요. 그런데 어떤 사태나 사건이라는 것이 힘에 의해 결정된다는 말은 동어비판이라고 비판할 수도 있습니다. 왜냐하면 힘은 '할 수 있는 능력'을 뜻하니, 사태를 만든 것이 힘이란 말은 사태를 만들 수 있는 것이 사태를 만들었다는 말이 되기 때문입니다. 몰리에르식으로 말해, "수면제가 잠들게 하는 것은 잠들게 할 수 있는 성분 때문이다"라는 식으로요. 그러나 이는 '힘'의 개념을 실체화해서 이해하기에, 즉 더 물을 것 없는 개념으로 가정할 때 발생하는 문제입니다. 힘이란 이미 가정된 '할 수 있는 능력' 같은 게 아니라, **상관적인 어떤 힘들의 관계**입니다. 힘 자체가 관계란 말입니다. 어떤 관계인가? 상관적인 힘의 양적 차이에 의해 그 작동이 포착될 수 있는 관계가 바로 힘이란 말입니다.

어떤 힘도 그 자체로, 즉 하나의 힘이 단일하게 작용하는 일은 없어요. 어떤 힘도 항상 다른 힘과의 관계 속에서 작용합니다. 그 관계란 들여다보면 상이한 힘들의 대결과 투쟁이기도 합니다. 예를 들어 제가 책장을 들려고 끙끙대며 힘을 쓰는데 책장이 들리지 않는다면 그것은 책장에 작용하는 중력이라는 힘보다 제가 사용하는 근육의 힘이 현저하게 작아서입니다. 그 힘의 차이가 작아지면 책장은 흔들릴 겁니다. 만약 제 힘이 책장의 중력보다 크다면 책장을 드는 데 성공할 수 있을 겁니다. 이렇게 사태가 상반되게 나타나는 것은 제가 쓰는 힘과, 그 힘에 상관적인 힘인 중력의 관계, 그 두 힘의 차이에 의해 발생하는 겁니다. 제가 책장을 들겠다고 용을 쓰고 있다 함은, 그 두 힘이 대결하고 있는 것이고, 투쟁하고 있는 겁니다.

모든 사태의 근저에 힘이 있다 함은 바로 이런 뜻입니다. 변화를 만들고 사태나 사건을 만드는 건 힘의 차이입니다. 아니, **차이로서의 힘**입니다. 그렇기에 힘이 모든 것의 근저에 있다는 말은 단순히 동어반복이 아닙니다. 힘이란 실체를 쉽게 가정하는 것도 아닙니다. **힘들 사이의 대결과 투쟁을** 사태의 근저에서 보는 것입니다. 이런 의미에서 힘의 차이가 모든 사태의 원인이라고, 힘이 일차적 원인이라고 말할 수 있습니다. 힘은 양적인 크기를 갖지만, 그것은 어떤 척도에 따른 절대량이 아닙니다. 상반되는 두 방향에서 각각 50마력의 힘으로 하나의 마차를 잡아당긴다면, 마차는 움직이지 않습니다. 물리적인 어떤 '사태'가 일어나지 않는 겁니다. 합치면 100마리 말이 끄는 힘을 쓰고 있는데도 말입니다. 두 방향에서 작용하는 힘의 크기가 같기에, 즉 차이가 0이기에 그런 겁니다. 아주 큰 힘을 써도, 상반되는 힘의 차이가 없으면 아무 일도 일어나지 않습니다. 반면 한쪽이 1마력으로, 다른 쪽이 2마력으로 당기면, 마차는 한쪽으로 움직입니다. 마차를 끄는 힘이란 바로 이런 점에서 두 힘의 차이입니다. 왜 말 두 마리를 미련하게 서로 반대 방향으로 끄는 거냐구요? 그럼 500킬로그램의 짐을 500킬로그램을 움직일 수 있는 힘으로 끄는 걸로 바꿔 보지요. 500킬로그램을 넘어서는 차이가 플러스로 있을 때, 중력과의 차이가 양의 값일 때에만 그 짐은 움직입니다.

생명체도 그래요. 재래식 화장실, 들어가면 냄새 때문에 아주 힘들지요. 그러나 들어가서 잠시 앉아 있으면 냄새가 별로 느껴지지 않습니다. 특별히 후각에 차이를 만드는 것이 발생하지 않는다면, 우리의 코는 더 이상 냄새를 '사건'으로 지각하지 않습니다. 향기도 그렇습니다. 향수를 옷에 뿌리면 향기가 확연하지만 조금 지나 코가 익숙해지면 향기를 느끼지 못합니다. 이미 익숙해진 농도 차, 즉 향수 농도와 평범한 공기 농도의 차이보다 차이가 더 커지지 않으면 향기를 느끼지 못합니다. 우리가 오래 씻지 않아도 자기 몸의 냄새를 맡지 못하는 게 이 때문이지요. 후각이 이렇게 발달한 건 생존을 위한 것이기도 합니다. 현재 상태와 다른 어떤 것이 출현했을 때, 보이지 않는 그것의 출현을 코로 감지할 수 있을 때 다가올 사태에 대처할 수 있습니다. 그러니 코는 차이를 지각하는 방식으로 사태를 포착합니다. 후각을 자극하는 **힘의 차이가 있을 때에만** 우리는 변화를 포착할 수 있고, 달라진 사태를 '사건'으로 포착할 수 있습니다. 후각뿐 아니라 다른 감각도 그렇지요. 우리의 눈은 변하지 않는 것은 지각하지 않습니다. 무시하는 거지요. 심지어 느린 속도로 움직이는 것도 지각하기 어려워요. 시계의 시침, 눈에 보이시나요? 눈이 감지할 수 있는 속도의 차이가 없으면 우리는 지각하지 못합니다.

'의지'라고 줄여 쓰는 '힘에의 의지'란 이런 힘들을 종합하는 성분이라고 할 수 있습니다. 사실 하나의 대상과 관련해서만 보아도 수많은 힘들이 그 인근에 있습니다. 거기 잠재적으로 있는 힘들 가운데 **어떤 힘을 선택해 짝지을 것인가**가 사태를 사건으로 만듭니다. 가령 손에 들고 있는 작은 쇳덩이는 퍼텐셜이라고 부르는 위치에너지를 갖고 있고, 이 에너지는 손을 놓는 순간 낙하하는 운동으로 이어집니다. 손에 들고 있다는 것은 중력과 손의 근력을 하나로 묶어 종합하고 있는 것입니다. 그렇게 종합한 결과가 쇳덩이의 낙하라는 '사건'으로 이어집니다. 그런데 이 옆에 있는 자석을 바로 그 쇳덩이와 짝지을 때, 그때 종합되는 것은 퍼텐셜이 아니라 자기력입니다. 그 쇳덩이와 자석이 서로 당기거나 밀치거나 하는 사건이 벌어지게 되고, 밀치는 일이 벌어지면 '아, 이 쇳덩이는 자석이었네' 하고 알게 됩니다. 이처럼 어떤 사태를 특정한 사건으로 만드는 것은 그 사태 안에 공존하는 여러 힘들 가운데 특정한 힘들을 골라내 묶는 종합이고, 쇳덩이를 들고 있다거나, 자석을 주워 거기 가까이 가져가려는 '의지'는 상이한 힘들을 묶는 종합작용입니다. 그 의지에 따라 하나의 동일한 쇳덩이가 다른 사건 속에 말려들어 가고, 다른 힘의 '소유자'가 됩니다.

의지란 이처럼 **상이한 힘들을 종합하려는 의지**고, 힘을 사용하려는 의지이며, 어떤 힘으로 하여금 다른 힘을 '이기도록' 추동하려는 의지입니다. 공을 던져 10미터 나가던 것을 15미터 나가게 하려면 더 세게 '당기고', 더 강하게 집중해야 하며, 더 강한 근력을 사용해야 합니다. 이로써 '내'가 사용하고 추동하려는 힘은 더욱 강해지고, 이 힘이 충분히 강해지면 내가 목표로 한 지점 이전에 공을 떨어뜨리는 중력을 '이길' 수 있습니다. 공을 더 멀리 던지려는 것은 그런 점에서 중력과 싸워 이기려는 겁니다.

물리학이 아니라 생명이나 우리의 일상에 대해서도 마찬가지로 말할 수 있습니다. 잡아먹었으나 소화불량인 채 살아남아 공생체가 된 두 박테리아에게서 우리는 생존하려는 두 힘의 충돌을 봅니다. 그런데 그중 하나가 다른 하나의 힘을 누르고 이겼으나, 그 힘이 충분치 못하여 두 힘이 '공생'이라고 불리는 다른 상태로 들어가게 된 겁니다. 새로운 종합활동이 거기서 출현합니다. 제압하여 해체하는 대신, 영양소의 일부를 주고 에너지를 제공받는 새로운 관계가 그 종합의 결과 나타난 겁니다. 몸이 시원찮아 망설이다가 결국 술을 마시려는 의지에 따라 술을 따르는 행위도 그래요. 술 마시기 이전 상태를 지속하려는 힘과 술에 취한 상태로 바꾸려는 힘의 대결이 거기에 있습니다. 물론 이때 '힘'이란 의지로 바꾸어 쓰는 게 더 나을지도 모릅니다. 그러나 술을 마시지 않으면 발작을 일으키는 알코올중독자를 보면, 그 의지는 의식보다는 신체에 속하며, 의지 이전에 신체를 움직이는 화학적인 힘이란 생각이 들지요. 여기서 의지란 **힘인 의지**이고 **힘의 변화를 향한 의지**입니다. 힘의 종합이라 해도 되고, 의지의 종합이라고 해도 됩니다. 힘의 종합이 선택적인 판단에 따를 때, '힘의 종합'과 대비해 '의지의 종합'이라고 말할 수 있습니다. 이럴까 저럴까 상이한 의지들의 종합이란 의미에서 말입니다.

물론 그때 선택하는 의지는 옆의 박테리아를 먹었으나 소화시키지 못한 어떤 상태 속에서, 그 상태의 힘 관계 속에서 발생하는 의지란 점에서 '수동적' 선택인 경우가 많음을 염두에 두어야 합니다. 그래도 그놈을 계속 먹으려고 할 것인지, 아니면 그냥 먹기를 포기하고 공생을 할 것인지, 즉 영양소와 산소를 일부 넘겨주고 에너지를 얻을 것인지는 '선택'이고 의지의 종합입니다. 이 선택, 이 종합의 의지에 따라 다른 힘이, 다른 양상으로 투여되게 됩니다. 그렇기에 상이하게 분포된 힘들의 작용에 작용하고, 그에 따라 발생하는 사태를 추동하며, 그 힘들의 분포를 바꾸는 것은 의지라고 할 수 있습니다. **힘에 대해 작용하고 힘 관계를 바꾸려는 의지**란 의미에서 '힘에의' 의지입니다. 상이한 힘들의 종합을 산출하려는 의지지요. '힘인 의지'와 조금 다른 뉘앙스를 갖지요? 이런 의미에서 힘에의 의지는 힘들을 종합하는 성분입니다. 좀 더 있어 보이게 표현하자면 힘들의 종합원리라고 하겠지만, 이 경우 '원리'란 말은 의지에 의한 종합이 어디에나 있는 '보편적인' 것임을 뜻할 뿐, 종합의 양상이나 방향을 선규정하는 어떤 원리, '아르케'라는 말에서 흔히 떠올리는 어떤 법칙이나 규칙이란 의미는 없음을 강조해 두고 싶습니다.

물론 니체는 힘에의 의지가 힘의 고양을 추구한다고 하지만, 반대 방향을 향한 의지, 그런 종합도 있기에 **종합의 방향도 선결정된 것이 없으며**, 종합하는 작용으로서의 의지 자체에 대해서도 **좋음/나쁨을 미리 말할 수 없습니다.** 하이데거는 니체의 힘에의 의지 개념이 갖는 이 보편적 위상을 들어, 니체의 철학은 의지를 향한 의지로 추동된다면서 '의지에의 의지'를 원리로 한다고 비판하며, 그 의지는 힘에의 의지라는 명령하고 지배하려는 것이라고 비판합니다. 그러나 이는 의지를 흔히 '주체'라고 말하는 '나'나 여러분 같은 유기체에 귀속시켜, '나'의 의지, '그의 의지' 같은 방식으로 이해하기에 생겨나는 오해입니다. 수많은 힘들이 있고 그것을 종합하는 의지들이 있으며, 그 종합의 결과 '나'나 여러분이 **자신의** 의지로 알고 행사하는 의지임을 안다면, 자연이나 세상을 **지배하려는** 인간의 의지 같은 것과는 같다고 하기 어렵지 않을까요? 성욕에 휘둘리는 금욕주의자라면, 신념에 반하여 자연의 '의지'에 **지배당하는** 인간의 모습을 보여 준다고 해야겠지요. 리차드 도킨스의 유명한 책 『이기적 유전자』는 인간이란 번식을 향한 자연(유전자)의 의지에 따라 움직이는 '생존기계'에 불과하다고 쓰고 있지요. 톡소플라즈마란 기생충 때문에 고양이 무서운 줄 모르고 덤벼드는 쥐의 '의지'를 보며 영웅적 비극의 주인공을 떠올리는 게 우스운 일이듯이, 처벌의 위험을 무릅쓰고 돈을 벌겠다며 덤벼들어 뒤통수를 치고 사기를 치는 사람의 의지를 보며 세상을 지배하려는 의지를 떠올린다면 그 또한 우스운 일 아닐까요? 심지어 내가 대상을 지배하고 누군가에게 명령하려는 의지조차 내 안에 존재하는 수많은 힘들의 종합의 산물이고, 내 안에 존재하는 수많은 의지들, 수많은 영혼들의 결정에 복종하는 것에 지나지 않으며, 그런 의미에서 '자유의지' 같은 것은 없다는 게 니체의 생각임을 기억해 두어야 합니다.

4. '힘의 의지'와 '힘에의 의지'

이렇게 얘기하다 보니, 니체는 구별하지 않았지만 그가 사용하는 '힘에의 의지'란 말의 의미를 엄밀하게(!) 따져, '힘의 의지'와 '힘에의 의지'를 구별하는 게 어떨까 하는 생각이 드네요. 힘의 의지는 힘인 의지이고 일차적으로는 힘이 발동시키는 의지입니다. 예를 들면 날아가는 공이 계속 가려고 하는 관성은 그 자체로 힘이지만, 계속 가던 방향으로 가려는 '의지'로 바꾸어 표현할 수 있습니다. 자기장을 형성하는 것은 자석인데, 자기(磁氣)란 바로 그 자석이 미치는 힘이지요. 그런데 이 힘은 그 자기장 안에 들어온 쇳가루를 특정한 방향으로 배열하려는 '의지'를 갖고 있다고 할 수 있지요. 통상의 어법에선 물리적인 것에 '의지'란 말을 사용하지 않지만, 실은 자석도 날아가는 공도 자신이나 다른 것을 특정한 양상으로 움직이게 하려는 의지를 갖고 있는 셈이니까요. 이는 '자기력의 의지'지 '자기력에의 의지'가 **아닙니다.** 전기를 이용하여 자기력을 바꾸려고 한다면 그게 '자기력에의 의지'라고 해야겠죠. 그리고 그건 '자기력의 의지'가 **아닙니다.**

전에 데카르트에 대해 말하면서 '문법의 의지'에 대해 말씀드렸죠? '생각한다'라는 말을 쓰려면 그 앞에 '나'란 주어를 반드시 쓰게 만들고, 따라서 '나'의 존재는 확실하다고 믿게 하는 의지 말입니다. 그런 점에서 문법도 의지를 갖고 있는 거예요. 이 또한 문법이 어떤 '힘'을 갖고 행사하는 것이라고 바꾸어 말해도 됩니다. 문법이 갖는 힘이 작동시키는 의지란 점에서 '문법의 의지'지요. 이는 '문법에의 의지'라고 할 순 없습니다. '문법에의 의지'란 문법에 작용하여 그것을 바꾸거나 분명히 하려는 의지지, 문법의 힘 속에 있는 의지는 아니니까요. 이런 의미에서 어떤 힘이 만들어 내는 효과로서, **힘이 방사하는 의지**를 '힘의 의지'라고 표현하는 게 어떠냐는 겁니다. '힘인 의지'란 뜻입니다.

반면 힘에의 의지는 말 그대로 '힘을 향해 작용하는 의지'를 뜻한다 하겠습니다. 어떤 힘을 향해 작용하여 그 힘의 상태를 바꾸려는 의지, 자신의 힘을 고양시키려 하거나 자신에 거스르는 힘을 제압하고 '이기려는' 의지, 그런 식으로 현재의 힘의 상태를 바꾸고 힘들의 분포를 변화시키려는 의지, 그럼으로써 현행의 힘들에 작용해서 뭔가를 바꾸어 내려는 의지 말입니다. 다른 개체를 잡아먹으려는 시도는 바로 이 힘에의 의지의 표현이지요. 먹어서 현재 배가 고파 저하상태에 있는 자신의 힘을 고양시키고, 이를 위해 다른 개체의 힘을 제압하여 이겨 내고 무력화하려는 의지란 점에서 힘의 현재 상태를 변화시키려는 의지라 하겠습니다. 물론 그것은 동시에 생명을 지속하려는 힘의 작용이란 점에서 '힘의 의지'이기도 합니다. 이런 경우에는 힘에의 의지는 힘의 의지의 표현입니다. '힘에의 의지'란 말이 종종 모호해지는 것은 뉘앙스를 달리하는 뜻이 섞여 있기 때문입니다. 가령 기타를 치는 걸 보고 매료되어 기타를 배우려는 것은 자신의 현재 상태를 바꾸려는 힘에의 의지의 작용이지만, 동시에 그것은 자신을 좀 더 고양된 능력으로 이끄는 힘에 이끌려 이루어지는 것이란 점에서 힘의 의지의 작용이기도 합니다. 니체는 이처럼 좀 더 고양된 상태를 향해 힘을 증가시키려는 것이 생명의 본성이라고 하지요.

힘에의 의지뿐 아니라 힘의 의지도 힘들의 종합원리입니다. 그 힘이 미치는 장 안에 들어온 것에 대해서, 그것이 원래 갖고 있던 '힘에 대해' 작용하여 방향을 바꾸든가 상태를 바꾸는 효과를 갖기 때문입니다. 그리고 그런 한에서 '힘에의' 의지를 함축합니다. 그러니 넓게 보면 종합원리로서의 '의지' 개념에 속한다 하겠습니다. 하지만 그래도 군이 비교하여 구별하려 한다면, 힘에의 의지는 현존하는 힘의 상태를 **바꾸려고** 하는 의지라면, 힘의 의지는 현존하는 힘에 **따르게** 하는 의지라고 대비할 수 있겠지요. 둘 다 종합원리라는 점에서 '힘인 의지' 내지 '의지로서의 힘'이지만 상태에 따라서, 작용하는 양상에 따라서 구별할 수 있겠다는 겁니다.

좀 더 정확하게 구별해 보자면, 힘의 의지는 현재 존재하는 힘들의 작용이고, 현행의 상태와 분포를 계속 유지하려고 하는 것이라 할 수 있어요. 그 장안에 들어오는, 다른 힘을 가진 것을 그 현재의 장의 분포상태에 맞추려고 작용하는 것이니, 힘의 변환이나 종합을 산출한다고 해도 기존 상태를 유지하려는 것이란 점에서 실은 **관성적**이에요. 반면 힘에의 의지는 현재 존재하는 힘의 상태나 분포를 바꾸려고 하는 것이란 점에서 **관성에서 벗어나려는** 어떤 성분이 일차적입니다. 현재의 내 신체적 힘이나 능력, 혹은 지금 내가 속해 있는 어떤 조건을 지배하는 힘의 분포를 바꾸려 한다는 점에서, 현재 상태를 유지하고 지속하려는 관성적 힘에 대해 그걸 바꾸려는 방식으로 힘의 종합을 꾀하는 거니까요. 힘'에의' 의지라는 말에서 '에의'는 현존하는 힘을 향해, 그 힘에 대해 작용을 미쳐 변화시키려는 이러한 의미를 표현하는 말이라 하겠습니다.

이런 의미에서 우리는 에피쿠로스가 '클리나멘'(Clinamen)이라고 불렀던 것을 떠올리게 됩니다. 클리나멘이란 '원자의 영혼'이라고 해서 당시 웃음을 샀던 것이기도 한데, 관성적인 경로에서 벗어나는 운동을 뜻합니다. 벗어나는 선을 그린다는 점에서 '편위선'이라고 번역하기도 하지요. 이는 데모크리토스의 원자론과 관련된 개념입니다. 데모크리토스는 세상의 모든 것이 '원자'라고 하는, 더는 분할 불가능한 원소로 이루어져 있다고 했지요. 그 원소들의 결합양상에 따라 세상만물이 다르게 만들어진다는 겁니다.

그러나 원자들이 서로 결합하려면 만나야 합니다. 그런데 에피쿠로스가 보기에 원자는 '질량'을 갖기에 하강운동을 할 텐데, 그저 그런 운동만 할 뿐이라면 원자들은 평행하게 낙하만 할 테니, 서로 만나거나 결합할 수 없습니다. 즉 그저 하강하는 운동의 궤적에서 '벗어나는' 운동이 없다면 원자들은 만나지 못하니 결합하여 만물을 구성할 수 없습니다. 그렇기에 원자들은 이유가 무엇이든 그렇게 낙하하는 선에서 벗어나는 운동을 해야 한다는 것인데, 바로 그런 운동을 클리나멘이라고 했던 겁니다. 그것이야말로 원자를 만물의 원소가 되게 하는 것이니, 입자 형태보다 오히려 원자 개념에 더 본질적으로 중요하다고 보았어요. 그래서 '원자의 영혼'이라고 했던 겁니다.

원자들이 현재 위치를 **벗어나려는** 힘이 있다고 하는 말은 '원자들의 영혼'만큼이나 받아들이기 어려울 수도 있을 거 같습니다. 그러나 이를 달리 표현하여, 현재 상태에서 벗어나게 하는 힘을 원자들이 갖고 있다고 쓰면 아주 현대적인 명제가 됩니다. 원자들 —— 지금은 소립자들이라고 바꾸어 쓰게 되었지요 —— 은 모두 다른 원자들을 당기거나 밀치는 힘을 갖고 있다는 것은 지금 '표준입자모델'이라고 불리는 양자이론의 중심 명제니까요. 이 힘으로 인해 인접한 원자들은 현재 위치에서 벗어나 다른 원자들과 결합하게 되니, 클리나멘이란 그 힘의 작용양상을 표현하는 개념이라 할 수 있을 겁니다.

오랫동안 조롱의 대상이던 이 개념의 중요성을 알아보았던 것은 로마시대의 철학자 루크레티우스와, 여러분도 잘 아시는 19세기 철학자 칼 맑스입니다. 루크레티우스는 『사물의 본성에 관하여』(강대진 옮김, 아카넷, 2012)라는, 시로 쓰인 책에서 이 개념을 다루었고, 맑스는 박사학위논문이었던 『데모크리토스와 에피쿠로스 자연철학의 차이』(고병권 옮김, 그린비, 2001)라는 책에서 이를 다루었어요. 맑스는 클리나멘 개념을 언급하면서 에피쿠로스의 원자론은 '원자 없는 원자론'이라면서 높이 평가했지요. 현대철학자 가운데서는 '탈주선'의 중요성을 강조했던 들뢰즈가 일찍이 클리나멘 개념의 중요성을 지적하며 되살려 냈고, 알튀세르도 '우발성의 유물론'이라는 관점에서 에피쿠로스의 이 개념을 주목한 바 있습니다. 덕분에 지금은 꽤 널리 사용되는 개념이 되었지요.

다시 힘에의 의지 개념으로 돌아가자면, 어떤 힘이나 그것의 분포가 만들어 낸 관성적인 성격을 유지하려는 '의지'가 **힘에 속한 의지**란 점에서 '힘의 의지'라고 한다면, 그 관성적인 힘에서 벗어나기 위해 현존하는 힘의 상태나 분포에 작용하여 그것을 변화시키려는 '의지'를 힘에 대한 의지, **힘을 향한 의지**란 점에서 '힘에의 의지'라고 구별할 수 있으리라는 겁니다. 비슷해 보이지만 전자는 과거로부터 지속된 상태를 유지하려는 '의지'란 점에서 과거에 속한다면, 후자는 과거를 바꾸어 새로운 상태를 만들려는 '의지'란 점에서 미래에 속한다고 구별할 수도 있겠습니다.

이에 대해 조금 더 말씀드려도 좋다면, 저는 이를 스피노자의 코나투스란 개념과 연결해 두고 싶어요. 코나투스란 한때 '노력'이라고 번역되기도 했던 개념인데, 어떤 '사물' ─ 스피노자는 생명이 있든 없든 하나의 말로 표현하기에 생명 없는 것을 뜻하는 '사물'이 아니라 '존재자' 전체를 뜻합니다 ─ 이 자신의 존재를 지속하려는 '힘'입니다. 코나투스라고 명명되는 이 힘은 '노력'이란 말로 번역되는 데서도 보이듯, 일종의 '의지'이기도 해요. 스피노자는 코나투스가 정신과만 관계될 때 '의지'라고 명명되고, 정신과 신체 모두에 관련될 때 '충동'이라고 명명된다고 합니다. 또한 의식을 동반하는 충동을 '욕망'이라 한다고 하며 '욕망'과 연결합니다. 충동이란 어떤 방향으로 나아가려는 신체적 힘을 뜻하지요. 신체가 자신의 지속을 위해 선택한 방향을 충동이 표현합니다. 그 방향으로 가려는 성향과 '노력'이기에 '의지'라고 해도 좋으니, 코나투스란 정확하게 '힘인 의지'를 뜻합니다. 힘이 행사되는 의지이고, 지속을 위해 힘을 형성하거나 변화시키려는 의지지요(『에티카』 3부 정리 6).

그런데 사물이 존재를 지속한다는 말은 얼른 생각하면 **현재 상태를 유지함**을 뜻하는 것으로 들립니다. 그렇기에 코나투스는 '관성'이라는 말과 이어집니다. 가령 물리학자는 물리적 사물이 현재 상태를 지속하려는 힘을 '관성'이라고 정의하지요. 스피노자도 처음에는 '코나투스'란 말 대신에 '이너시아'라는 개념을 사용했는데(『지성개선론』), 이게 정확히 '관성'이란 뜻이지요. 이로써 생명 없는 사물에게도 현재 상태를 지속하려는 힘이 있음을 표현할 수 있게 됩니다.

그러나 생명체를 생각해 보면 존재를 지속한다 함은 단지 현재 상태를 유지하는 것만 뜻하기 어려워요. 가령 물에 빠진 사람이 현재 상태를 유지하면 존재를 지속하긴커녕 죽고 맙니다. 지속이 중단되고 말지요. 견디기 힘든 추위가 왔을 때, 현재 상태를 유지하기만 하면, 그때에도 생명체는 죽고 맙니다. 존재를 지속하려면 현재 상태를 바꾸어야 합니다. 좀 더 나아가 변화하는 환경에서 존재를 지속하기 위해선 환경의 변화에 대처해 살아남을 수 있도록 자신의 생존능력을 고양시켜야 합니다. 학습을 하고 훈련을 하는 것은 바로 이 때문이지요. 이 역시 존재를 지속하기 위한 것입니다. 그러나 이는 현재 상태를 유지하는 게 아니라 **현재 상태를 바꾸는** 겁니다. 좀 더 고양된 능력을 갖도록, 현재의 상태나 분포를 바꾸기 위해 코나투스라 불리는 '의지'를 '능력'이라고 불리는 힘에 작용시켜 힘을 **고양**시키려 하지요. 쉽게 말해 자신의 신체나 환경을 바꾸는 방향으로 '의지'를 발동하고 작용시킨다는 겁니다.

이 모두를 스피노자는 '코나투스'라는 말로 묶었습니다. 그는 '살아 있다'(생명이 있다)는 것과 '존재한다'는 것, '행동/작용한다'는 것이 모두 같은 걸 뜻한다고 보았으며(『에티카』 4부 정리 24), 그런 점에서 생명체와 생명 없는 사물을 구별하지 않았거든요. 생명이 있는 것과 없는 것 사이에 건널 수 없는 강을 상정하는 것은 저 또한 동의하지 않습니다. 그러나 존재를 지속하는 방식에서 현재 상태를 유지하려는 것과 그것을 바꾸며 지속하려는 것은 작지 않은 차이고, 구별되는 것이 좋다는 생각입니다. 그래서 스피노자가 말했던 이너시아를 현재 상태를 유지하려는 의지, 관성적인 힘에 속한 의지라 한다면, 힘의 고양을 위해 의지를 작동시키는 것을 코나투스라고 재정의하면 어떨까 싶습니다. 그렇다면 이너시아란 앞서 '힘의 의지'라고 했던 개념과 상응하고, 코나투스란 '힘에의 의지'라고 했던 개념과 상응한다고 해도 좋겠지요. 역으로 힘의 의지가 생명이 없는 '물리적' 존재자와 상응한다면, 힘에의 의지는 생명이 있는 존재자와 상응한다고 할 수 있지 않나 생각합니다.

5. 능동과 반동, 혹은 무구함이란 무엇인가

힘은 다른 힘과 양적으로 차이를 갖습니다. 아니, 그 이전에 힘은 그 자체가 상관적인 힘들 간 차이의 표현입니다. 어떤 경우든 차이는 힘들 간의 관계를 표현한다고 할 수 있어요. 그런데 힘에 양적인 것이 있다면 질적인 것도 있지 않을까요? 물리학적으로 보자면 힘은 크기와 방향을 갖습니다. 양적인 크기와 동시에 방향을 갖는 셈인데, 이 방향을 질적인 것이라 할 수 있을까요? 뉴턴의 제3법칙은 이 방향과 관련해 상반되는 두 개념을 사용합니다. 작용과 반작용, 즉 작용적인(active) 힘과 반작용적인(reactive) 힘이 그것이지요. 서로 반대 방향으로 향한 힘입니다. 제3법칙은 작용적인 힘의 크기와 반작용적인 힘의 크기는 같다는 것이지요. 가령 지구가 저를 잡아당기는 힘이 '작용'이라면 제가 지구를 잡아당기는 힘이 '반작용'인데, 그 힘의 크기가 같다는 겁니다. 물구나무를 선 채 결가부좌하고 앉아 있는 걸 보신 적 있나요? 요가 할 때 종종 하는 자세인데, 그 경우 저는 허공에 앉아 지구를 머리에 인 채 떠받치고 있는 겁니다. 지구가 저를 떠받치는 것과 같은 크기의 힘으로. 뭔가 대단하게 느껴지지 않나요?

액티브/리액티브(active/reactive)는 힘과 관련해 중요한 개념이지만, 두 개의 힘을 이런 식으로 정의하여 사용하면, 개념을 유용하게 쓰기 어렵습니다. 어떤 힘의 작용에는 그와 상반되는 힘의 작용이 항상 있음을 상기하게 할 뿐입니다. '작용'과 '반작용'은 힘의 크기와 다른 어떤 성분을 표시하지만 그리 유용하다 하기 어렵습니다. 제가 과문해서인지는 모르겠지만 제3법칙을 사용해서 무언가 중요한 걸 찾아냈다는 얘긴 듣지 못했어요. 니체는 이 액티브/리액티브란 말을 힘의 질에 관한 두 개의 개념으로 사용하며, 들뢰즈는 이 개념을 더욱 중요하게 부각시킵니다(『니체와 철학』). 힘의 양과 다른 차원에서 힘의 질을 구별하는 두 개념으로 말입니다. 그러나 그 의미가 사용되는 방식은 작용/반작용보다는 능동/반동으로 번역되는 게 더 적절합니다. 앞서 잠시 말씀드렸지만, 강함과 약함을 단지 양적인 것이 아니라 질적인 것으로 정의하는 것이 가능한가 묻는다면, 저 두 개념을 통해 정의할 수 있다고 할 겁니다. 능동적인 힘이란 글자 그대로 액티브한 힘, 즉 시작하는 힘입니다. 반동적인 힘이란 역시 글자 그래도 액티브한 힘에 대해, 혹은 그것에 의해 '다시' 액션하는 힘입니다. 시작하는 힘에 대해 반대로 작동하는 힘이니 반동적인 힘이라고 해야 하지요. 스스로 시작하지 못하고 무언가에 반응하여 발동하는 힘입니다.

시작하는 힘이란 새로운 것을 창안하고 새로운 관계를 만드는 힘이라고 앞서 말씀드렸지만, 여기서 반드시 '창안'이나 '창조' 같은 것만 떠올릴 이유는 없어요. 시작하는 힘은 모두 능동적 힘입니다. 능동적 힘은 **그 자체로는** 지각되기 어렵습니다. 어딘가 충돌하거나 벽에 부딪치거나 막히거나 하면 그때 있음이 드러납니다. 가령 바람의 힘은 깃발이든 뭐든 그것과 부딪치는 것을 날려 보아야 크기와 방향을 알 수 있고, 입자들은 가속기를 사용해 다른 입자를 충돌시켜야 그것의 존재를 알 수 있습니다.

니체가 자주 말하는 '무구성'(無垢性)은 시작하는 힘, 능동적 힘의 표현입니다. 왜 하는지 생각 없이, 심지어 **한다는 생각도 없이 무언가를 하는 것**이 무구성이지요. 아이들에 대해 사용되는 '무구하다'는 말이 바로 그렇습니다. 그들은 아무 생각 없이 먹고 걷고 웃고 삽니다. 생명력이라고 해야 하나요? 살려는 의지 그 자체가 아무 생각 없이 그저 펼쳐지는 겁니다. 무심히 행하는 것이 바로 무구성입니다. 자연이 무구하다고 한다면 그것은 바로 이런 의미에서입니다. 도가에서 사용하는 '무위'(無爲)란 것도 그래요. 그건 아무것도 하지 않는 게 아니라, 아무 생각 없이, 한다는 생각 없이 하는 겁니다. 그래서 그것은 무심(無心)과 통합니다. 하겠다는 '마음 없이' 행하는 것이니까요.

흔히 말하는 '무위자연'이란 '자연' 속에 들어가 아무 일도 안 하고 유유자적 노닐며 사는 게 아니라, 특별히 무얼 한다, 왜 한다는 생각 없이 생존의 일상을 사는 것입니다. 무구하게 사는 거라고 해도 좋겠습니다. 산이나 숲을 떠올리는 '자연' 같은 걸 **따로 상정하는 것**도 무위자연의 무위에서 벗어난 겁니다. 자연이란 생명체의 삶이 펼쳐지는 세상 그 자체지, 자동차도 없고 컴퓨터도 없는, 문명과 동떨어진 특별한 장소 같은 게 아닙니다. 호미질을 하고 바느질을 하며 한적하게 사는 삶 같은 것처럼 요즘 세상에서 '유위'인 것도 없습니다. 따로 해야지 맘먹고 하지 않으면 불가능한 것이니까요. '무구함'이란 그런 손때 묻지 않은 것이 아니라, 아무 생각 없이 몸이 가는 대로, 생명의 힘이 펼쳐지는 대로 사는 것입니다. 따지고 보자면 호미나 바늘이 '인간의 손때 묻지 않은 자연'에 속하는지도 의문입니다. 장작을 패서 불을 때고, 낫을 들어 김을 매는 것도 그렇습니다. 그건 인간만 하는 것이고, 문화에 속한 것, 즉 인간의 훌륭한 발명품이니, 그것처럼 손때 묻은 것이 없다고 해야 합니다.

반면 반동적 힘이란 어떤 자극에 대해서 반응하는 것입니다. 앙심이라든지, 분노라든지, 원한… 이런 것들이 모두 반동적 힘의 표현입니다. 의무감이나 책임감에 의해 하는 것도, 기억이나 상처에 사로잡혀 하는 것도 반동적 힘의 표현입니다. 화를 내고 분노를 표시하는 것은, 적극적으로 어떤 행동을 나서서 하는 것이기에 능동적인 듯 보이지만, 그렇지 않습니다. 왜냐하면 자신이 화를 내고 싶어서 화를 내는 경우는 없기 때문입니다. 아무리 화를 낼 정당한 이유가 있어도 화를 내는 것은 능동적이지 않습니다. 내 안에 이유가 없고, 바깥에서 온 것에 반동하는 것입니다.

원한과 복수도 반동적입니다. 니체는 이 둘을 구별하긴 합니다. 복수가 내게 주어진 자극에 반동적인 행동으로 반응하는 것이라면, 원한은 대개 가슴에 품은 채 행동으로는 나타내지 않는 것이란 점에서요. 반동적인 '의식'으로 반응하는 것이지요. 복수조차 하지 못하는 약자의 반응이 원한이지만, 복수하는 자가 강자인 것도 아닙니다. 아무리 그가 권력이 있거나 재주가 있어도, 그리고 「올드보이」의 이우진(유지태 분)처럼 좋은 머리로 치밀하게 계획하고 탁월하게 실행한다고 해도, 그리고 계획한 대로 완전히 성공한다고 해도, 그의 복수는 스스로 하고자 시작한 게 아니라, 다른 이의 행동에 반하여 그것을 되갚아 주려는 반동적 행위에 지나지 않습니다. 복수심은 반동적 힘에 사로잡힌 의지, 그 힘에 의해 떠밀려 가는 '힘의 의지'에 불과합니다. 즉 힘의 성격 내지 '질'이란 관점에서 보면 복수나 원한은 모두 반동적이란 점에서 별 차이가 없습니다.

작용/반작용 개념을 이런 식으로 변형하면 액티브/리액티브는 철학적으로 매우 유용하고 중요한 개념이 됩니다. 힘의 방향(능동적인 것과 반동적인 것), 작용의 선후(일차적인 것과 이차적인 것, 시작하는 힘과 반응하는 힘)가 작용/반작용이란 개념에서 능동/반동으로 이렇게 이전되면, 액티브/리액티브는 이제 힘의 '질'을, 혹은 힘의 '성격'을 표현하는 개념이 됩니다. 그렇다면 이제 우리는 나의 사고나 행동에서 어떤 힘이 작용하고 있는지, 나의 언행은 어떤 힘을 표현하고 있는지를 분석적으로 다룰 수 있게 됩니다. 어떤 도덕적 내지 윤리적 요구에서 어떤 힘이 작용하고 있는지, 어떤 힘이 그런 도덕적 요구를 발생시키는지를 볼 수 있습니다. 이런 점에서 능동과 반동이란 개념은 힘과 관련하여 계보학적 분석을 가능하게 해주는 개념이라 하겠습니다.

6. 긍정과 부정 : '한다더라'의 삶에 대하여

이제까지 힘의 질에 대해서 말씀드렸는데, 의지에 대해서도 마찬가지로 말할 수 있겠지요. 힘의 질이라고 했지만, 사실 그것은 힘에 내장된 의지의 질, 힘이 작동시키는 의지의 질이라고 해야 더 적절할 수도 있겠습니다. 제가 앞서 '힘의 의지'라고 말했던 것 기억하시죠? 그 힘의 의지의 질이라고 말입니다. 창안이든 원한이든, 기억이든 망각이든 어떤 힘에 의해 추동되는 마음이나 행동을 표현하는 말이고, 그 마음이나 행동이란 '하려고 하는' 의지를 동반하며, 그 의지에 의해 이루어지는 것이니까요. 그러나 그 의지는 힘에 의해 추동되고, 힘을 표현하는 의지입니다. 그래서 니체는 힘과 의지란 말을 결합해 하나의 개념으로 사용하고자 했던 것이겠지요.

그러니 힘과 대비하여 의지의 질에 대해 말한다면, 그 또한 힘과 결합된 의지의 질에 대해 말하는 게 될 겁니다. 아까 대비했던 표현을 쓰면 '힘에의 의지'의 질 말입니다. 조사가 겹치고 반복되어 말하기 불편하니, '힘'과 대비하여 간단하게 '의지'라고 표기합시다. 역으로 '의지'라는 말을 사용할 때는 '힘에의 의지'라는 말로 들어 주시기 바랍니다.

니체는 이 의지에도 두 가지 질이 있다고 봅니다. 긍정과 부정, 즉 긍정적인 의지와 부정적인 의지가 있다는 겁니다. 긍정이란, 어쩌면 동어반복처럼 들릴 수도 있을 텐데, '할 수 있는 것을 하려는 것', 또한 '하고자 하는 것을 하려는 것'입니다. 잘할 수 있는 것을 하려는 것, 그건 자신이 가진 힘 내지 능력의 긍정이지요. 하려는 것, 하고 싶은 것을 하려는 것은 자신의 욕망의 긍정이고 의지의 긍정입니다. 욕망과 의지가 있으나 힘이, 능력이 없거나 부족하다면, 먼저 힘과 능력을 만드는 방향으로 긍정의 의지는 작용하겠지요. 어느 경우든 긍정의 방식으로 힘과 의지를 결합하는 것이 됩니다. 힘에의 의지란 힘의 종합원리라고 했던 말 기억나시죠? 긍정의 의지란 이처럼 힘과 의지, 할 수 있는 것과 하고자 하는 것을 결합시키는 방향으로 힘을 종합하려는 의지입니다. 긍정적 결합의 방향에서 힘의 분포를 바꾸고 종합하는 것이 긍정적인 '힘에의 의지'지요.

반면 부정적인 의지는 부정의 양상으로 작동하는 의지입니다. 할 수 있는 것을 하려고 하지 않거나 하지 못하게 하는 것, 하고자 하는 것을 '하지 말자' 내지 '하지 마!'라고 하는 것입니다. 긍정과 반대로 힘 내지 능력을 부정하려는 의지이고, 욕망 내지 의지를 부정하려는 의지입니다. 다시 말해 힘과 의지, 능력과 욕망을 분리시켜 버리려는 의지입니다. 가령 우리는 '해봐야 안 될 거야'라며 하려는 의지를 포기하는 것, '애써 해본들, 어떻게든 한다고 해도 그게 무슨 소용이 있어'라며 하려는 의지나 욕망을 부정하기도 하고, '그래 그거 잘하는 거 아는데, 그거 해봐야 먹고살기 힘들고 고생이나 될 뿐이야'라며 하려는 의지를 포기하고 그럼으로써 자신의 힘 내지 능력마저 부정하는 경우를 자주 보게 되지요? 자신에 대해서도, 가족이나 친구 같은 가까운 이들에 대해서도 말입니다.

부정은 한마디로 말해 '하지 마!'라고 말하며 작동합니다. 예전에 「넘버 3」라는 영화에서 조폭 조직에 속한 인물에게 검사가 말했던 게 기억이 납니다. "네가 하려는 거, 뭐든지 하지 마!" 물론 하려는 거, 어떤 거든 다 범죄일 거라는 판단이 전제로 깔려 있는 말입니다만, 이 명령문은 일종의 '절대적 부정'의 형식으로 모든 의지를 부정하고 있습니다. 부정의 의지, 부정적 의지가 작동하는 양상을 극적으로 보여 주고 있지요. 의지의 부정은 힘의 부정으로 이어집니다. 할 수 있는 힘이 없다면 '없으

니까 포기해'라 하고, 할 수 있는 힘이 있어도 '그래도 하지 마'
내지 '그러니까 하지 마' 형식으로 무력화합니다. 즉 부정은 어
느 경우든 **할 수 있는 힘과 하려는 의지를 분리**시킵니다. 이 또한
힘들의 분포에 개입하고 특정한 양상의 분포를 만들려는 것이
란 점에서 종합의 한 양상입니다. 다만 분리하고 무력화하는 종
합이란 점에서 부정적 종합이지요. 힘에의 의지가 힘들의 종
합원리로서 '보편성'을 갖는 개념인 한, 긍정은 물론 부정도 힘
에의 의지에 속합니다. '하지 마!'는 '하려는 **의지가 없음**'이 아
니라 '하지 **못하게 하려는 의지**'의 표현입니다. 즉 부정의 의지
는 의지가 없음이 아니라, 부정하려는 의지가 있음을 뜻합니다.
다시 말해 부정적 의지는 '의지의 부정'(의지가 없음)이 아니라
'부정적 상태를 향한 의지'란 말입니다. 그런 점에서 긍정과 부
정은 의지의 있음과 없음에 대한 개념이 아니라 의지의 두 가지
상반되는 질을 표시하는 개념이지요. 이는 니체가 『도덕의 계
보』 3부에서 '의욕하지 않음'과 '무를 의욕함'을 구별하는 이유
와도 관련된 것인데, 나중에 다시 말씀드리겠습니다.

여기서 긍정과 부정은 단지 언어적인 것과는 일치하지 않
기에 주의가 필요합니다. 가령 '하지 말자'는 하려는 **의지가 없
음**이 아니라 하지 않는 것이 좋겠다는 선택이란 점에서 **하지 않
으려는 의지**의 표현입니다. 이는 언어상으론 부정적으로 표현
되지만 꼭 부정적인 의지는 아닙니다. 왜냐하면 어떤 것을 하
지 않음으로써 좀 더 나은 것을 선택하려는 의지가 표현된 경우
도 있기 때문입니다. 예를 들어 대비하자면, '시를 쓰고 싶지만

먹고살기 힘들 것 같으니 하지 말자'는 경우라면 하지 않게 하려는 의지에 복종한 것이고, 하고자 하는 욕망과 자신의 능력을 분리하는 것이니 부정적인 의지의 작용입니다. 반면 알코올중독자가 '술을 마시고 싶지만 하지 말자'고 하는 것은 술에 취하지 않은 상태, 중독되지 않은 상태를 선택하려는 의지의 표현이고 신체적 능력의 고양을 위해 의지를 투여한 것이니 긍정적 의지의 작용입니다. 그러니 긍정과 부정이란 질은 생각보다 세심한 구별을 필요로 합니다.

힘에의 의지, 즉 힘의 현행적 상태나 분포를 바꾸려는 의지는, 가령 생명체의 행동을 생각해 본다면, 현재보다 고양된 생존능력을 향해 자신이나 환경을 바꾸려는 의지입니다. 이게 '자연스러운' 의지의 작동 방향입니다. 그렇기에 의지란 본성상 힘의 고양을 향해 작용하고자 합니다. 무구한 의지는 그렇기에 순수 긍정으로 작용하는 의지입니다. 의지의 본성은 긍정입니다. 힘의 긍정입니다. 니체는 '힘에의 의지'란 개념을 **그 자체로 긍정적 의미로** 사용하는 경우가 많은데, 그것은 이 때문입니다.

의지의 본성이 긍정이기 때문에 부정적 의지조차 실은 단순한 부정의 형식을 취하기 어렵습니다. 할 수 있는 것을 부정하고, 하고 싶은 걸 그저 하지 말라고 해봐야 누가 귀 기울여 듣겠습니까? '하지 마'라고 명령하는 의지는 언제나 부정의 '이유'를 갖고 있습니다. 그거 보기 싫으니 입지 마, 그거 해봐야 실패할 거니 하지 마, 그거 해봐야 먹고살기 힘드니 하지 마 등등. 이런 부정의 의지를 발동시키는 이유를 결국 이렇게 말하지요.

"내가 너에게 하지 말라고 하는 것은 모두 다 너를 위해서, 너 잘되라고 하는 말이야!" 부정의 의지를 발동시키는 것이 '잘되라고' 하는 거라는 긍정적 이유 때문인 듯 말하고 있지요? 부정조차 긍정을 위한 것인 양 말해야만 받아들여지기 때문입니다. 즉 부정조차 긍정 속에서만 긍정될 수 있다는 말입니다. 그러나 긍정적 이유를 대는 듯한 이 문장의 의미를 여러분은 잘 알고 있지요? '나쁜 상태에 빠지지 않도록 하려고' 이런 말을 하는 겁니다. 너 그렇게 하면 성적이 떨어져, 먹고살기 힘들 거야, 실패하고 말 거야 등등. 그러지 않는 게 너 잘되라는 거라고 하는 셈이지요.

이런 방식의 판단은 사실 우리 자신의 삶에서, 혹은 그 인근에서 아주 빈번하게 보는 것입니다. 가령 자식이 음악이 좋다며 기타나 드럼 치고 밴드 하며 살겠다고 하면, "너 그러다가 굶어 죽는다"라고 말리고, 그림 좋다고 미술 하겠다고 하면 많은 부모들은 "미대 나온 사람의 90%는 백수야, 애써서 굶어 죽을 일 있냐? 하지 마" 하고 말리지요. 제 주변에도 그래서 미대 포기하고 법대 가서 고생하다 결국 다른 일 하게 된 이들이 있습니다. 그러면서 흔히들 말하는 '좋은 일자리' 얻을 수 있는 데 가라고 권하죠. 이때 사용되는 논리가 정확히 "나쁜 거 하지 마" 잖아요. 이게 사실 대단히 강력한 설득력을 갖습니다. 그런 설득 밑에 있는 것은 자식 인생 걱정해 주는 부모의 선의지요. '선하다'고 할 수 있는 의지가 거기 있는 겁니다.

그런데 이게 정확하게 '약자'의 도덕에 속하는 거라는 건 모르기 어렵습니다. 강자는 난관이나 고통을 넘어서 자신이 가고자 하는 곳에 가는 자입니다. 강함이라는 질을 갖는 의지란 그처럼 넘어서고 돌파하려는 힘을 갖는 의지입니다. 난관이나 고통 앞에서 실패하는 경우가 있더라도 피하지 않고 넘어서려 하는 의지지요. 강자는 성공하는 자가 아닙니다. 반대로 실패를 넘어서려는 자이고, 그렇기에 실패를 조심하지만 그것을 두려워하지는 않는 자이며, 실패에 달라붙어 거기서 새로운 무언가를 배우거나 창안하는 자이지요. 먹고살기 힘들 거야, 성공하기 힘들 거야 하며 먹고살기 편한 것, 성공하기 쉬운 것, 실패 가능성이 적은 것을 찾는 것은 약자입니다. 누군가를 약자로 만드는 약한 의지입니다.

니체가 보기에 이는 천민적인 무리/패거리 심성하고 연결되어 있습니다. 왜냐하면 나쁜 거 하지 말라고 할 때, "그럼 어떤 게 좋은 건데요?"라고 물으면 "취직하기 좋은 데 가야지"라고 대답하지요. 꼭 대학만은 아닙니다. 어려서부터 이어지는 대답들의 계열이 있습니다. 대개는 뒤에 오는 것을 '목적'으로 하기에 역순으로 배열하면 더 확연해지는 대답들입니다. "잘 먹고 잘 살아야지, 그러려면 좋은 데 취직해야 하고, 그러려면 좋은 대학 가야 하고, 그러려면 딴짓하지 말고 공부 열심히 해야지." 그런데 어떤 게 '잘 사는 것'이고 어떤 게 좋은 일자리일까요? 이에 대한 대답은 대부분 **흔히들 좋다고 하는 것**들입니다. 엄밀하게 따져 보면 대개는 '~해야 **한다더라**'라는 형식의 대답입니다. '돈 벌어야 한다더라, 집을 사야 한다더라, 차를 사야 한다더라, 의대 가야 한다더라, 좋은 대학 가야 한다더라, 잘 나가는 학원 가야 한다더라, 일찍부터 영어 공부 해야 한다더라' 등등. 자식이 뭘 잘하는지를 알고, 뭘 하고 싶어 하는지를 고려해서, 그렇다면 '~하는 게 좋지' 하는 게 아닙니다. 사람들이 흔히 좋다고 하는 거, '~해야 한다더라'라고 하는 걸 듣고 말하는 거지요.

'그거 나쁜 거니까 하지 마'가 취하는 긍정의 형식이 바로 '~가 좋다더라'입니다. 나나 자식이 하고 싶은 것이 아니라 세상 사람들이 성공의 기준이나 방법으로 말하는 걸 **다시-말하**는 겁니다. 다시-행함(re-action)의 반동이지요. 이 '~해야 한다더라'라는 어법은 영어로 번역하면 '데이 세이'(they say ~)가 될 겁니다. 실질적 주어가 '나'가 아니라 '그들'(they), **세상 사람들**입니다. 누구를 구체적으로 지칭하는 것도 아닙니다. 그저 세상 사람들입니다. 나의 선택을, 자식의 인생을 자기 자신 아닌 누군지도 모를 '그들'(they)에게 맡기는 겁니다. 좋은 대학 가야 한다는 말에다 대고 '왜 좋은 대학 가야 되는데요?' 하고 이유를 물으면 '그래야 좋은 데 취직하니까', '왜 좋은 데 취직해야 되는데요?', '그래야 돈을 잘 버니까', '왜 돈을 잘 벌어야 하는데요?' 하고 물으면 아마 화를 내며 대꾸하겠지요? "너 맞을래?" 사실은 정말 대답해야 할 것이고 생각해야 할 것이 그것이죠. 하고 싶은 거, 좋아하는 게 있는데, 더구나 잘한다고 믿는 게 있는데, 왜 그걸 포기하며까지 돈 버는 데 인생을 바쳐야 하는지, 돈은 잘 사는 데 필요한 수단인데 왜 그 수단을 삶의 목표로 삼아야 하는지 하는 질문이니까요. 그러나 왜 그러면서까지 돈을 벌어야 하는지는 대개 자신을 주어로 생각한 게 아닙니다. 그래야 집도 사고, 먹고 싶은 거 먹고, 차도 사고, 애 교육도 시키고 등등이 답으로 준비되어 있지만, 이거야말로 '한다더라'라고 하는 어법의 주어가 준 대답이니 자신이 스스로 숙고해서 준비한 답은 아니죠.

'한다더라'의 주어인 '그들'(they), 이게 바로 니체가 말하는 '무리'고 '패거리'예요. 나의 판단을 대신하는 세상 사람들, 나를 대신해서 성공과 실패를 판단하고 나를 대신해서 가치를 판단하는, 그러나 실제로는 누구도 아닌 **텅 빈 주어**죠. 왜냐하면 내게 그 얘기를 해준 사람도 '한다더라'라는 어법으로 들은 것일 테니까요. 그래서 이런 식의 얘기는 부모가 친척 결혼식이나 친목계 같은 데 갔다 오면 특히 많이 듣게 됩니다. 거기서 어떤 일이 있었을지 충분히 상상이 되시지요? "우리 아들이 이번에 취직해서 월급을 받아 왔는데…", "우리 딸이 이번에 집을 샀는데…", "근데 그 집 아들은 지금 뭐하우?" 이 질문에 '멋지게' 답하고 싶은 겁니다. 내 자식도 아주 번듯한 직장 들어가서 당신 자식 못지않은 많은 월급을 받았다고. 내 자식은 집도 사고 차도 사고 애를 좋은 대학 보냈다고…. 그러나 그게 안 될 경우 집에 와서 자식을 갈구게 되지요. "넌 대체 언제 취직해서 월급이란 걸 받아 올 거니?" "넌 언제 돈을 모아 집을 살 거니?" "넌 왜 그 흔한 차도 한 대 없니?"

'한다더라'라는 어법은 **들은 걸 말하는** 방식입니다. 직접 말한 사람이 없어도 세간의 말이니 듣고, 그걸 다시 말하는 겁니다. 자식에게 직접 말하는 부모도, 그 부모에게 말하는 이웃이나 친척도 모두 '한다더라'라고 들은 걸 말하는 겁니다. 프랑스어에는 이처럼 '들은 것을 말하는' 걸 직접 표시하는 단어가 있어요. '우이디르'(ouidire)란 말입니다. 우이르(ouir)는 '듣다'란 동사고, 디르(dire)는 '말하다'란 동사예요. 그러니 우이디르는 들은 걸 말하는 것을 뜻하지요. 사전을 찾아보시면 '소문'이라고 나올 겁니다. 들은 걸 누군가에게 말하는 것, 그게 바로 소문이지요. 그게 바로 소문이 퍼져 가는 방식이고, 그게 바로 소문이 힘을, '권력'을 행사하는 방식이지요. 그렇다면 '한다더라'를 따라 사는 삶이란 소문의 삶이라 해야 하겠지요. '내'가 아니라 '그들'이 주어인 삶, 소문으로서의 삶, 소문에 따라 사는 삶입니다. 무리의 삶이고 패거리의 삶입니다. 나쁘지 않은 삶이란 이처럼 소문으로서의 삶, '한더더라'의 삶으로 귀착됩니다.

7. 두 번의 긍정, 끊임없이 곁눈질을 하는 자에게 필요한 것

'한다더라'의 삶을 살게 되면, 산다는 말의 주어가 내가 아니라 '그들'이니 어떻게 살아야 할지를 생각할 때도, 어떻게 행동해야 할지를 판단할 때도 우리는 끊임없이 그들이 무어라 말하나 들어야 합니다. 어디에도 없지만 어딘가 있으리라고 믿는 '그들'을 향해 끊임없이 곁눈질을 해야 합니다. '취직해야 한다더라' 뿐인가요? 요즘은 어떤 옷을 입어야 하는지, 어떤 어투로 말해야 하는지, 어떤 스타에 대해 알고 있어야 하는지 항상 곁눈질을 하게 됩니다. 아니 실은 그게 내 눈보다 빨리서, **곁눈질하는 줄도 모르는 채** 항상-이미 곁눈질을 하며 살게 됩니다. 유행이나 세론(世論)에서 벗어난 이들을 보면 '촌스러워!' 하며 눈을 돌리고, '한다더라'와 무관하게 자기 하고 싶은 걸 하는 이들을 보면 자연스레 이는 선망과 부러움을 '저러다 어쩌려구'라는 말로 눌러 놓습니다. 그리고 혹시라도 내 언행이나 감각이 낡고 촌스러워지는 건 아닌지 항상 살피게 됩니다.

이는 **'나'를 부정하는 길**로 우리를 인도합니다. 남들 하는 만큼 따라갈 수 없으면 그러지 못하는 나의 처지를 한탄하게 되지요. 남들 가는 좋은 대학 못 가고, 남들 가는 좋은 직장 못 가면 나의 무능을 한탄하거나 나의 불운을 원망하게 됩니다. 자신의 삶을 사랑하는 게 아니라 원망하고 한탄하는 원한의 인간이 되어 버립니다. 요즘은 취직 자체도 어려워져 남들 하는 걸 따라가기도 힘든 세상이 되어 버렸으니, 그런 한탄과 원망 속에서 자기 자신을 부정하고 혐오하는 일이 쉽게 벌어지게 되지요. "자존감을 되찾자!"라는 말들에 사람들이 쉽게 빠져들고, 그런 종류의 책이 잘 팔리는 것은 역으로 자존감을 잃고 자기를 한탄하고 자기 삶을 원망하는 일이 그처럼 많아졌다는 사태를 보여주는 것이겠지요.

이렇게 곁눈질하는 사람들이 바라는 것은 무리 속에 있을 때의 확고함과 편안함입니다. 남들과 다르지 않다는 것, '한다더라'라고 하는 걸 잘 하고 있음을 확인받을 때 얻어지는 편안함입니다. '안심'과 '안전'에 대한 그 욕망은 사실 불안에 대한 불안의 징표입니다. 스스로를 긍정하고 믿는 자의 편안함이 아니라, 남들과 다른 데서 오는 불안을 그때마다 지울 수 있을 때 얻어지는 안심, 그것은 불안이라는 부정을 부정하는 안심입니다. **항상 곁눈질하며, 항상 불안에 쫓기는 안심**입니다. 안심이라는 긍정적 정서조차 부정의 부정이라는 중첩된 부정 속에서 얻고 있는 겁니다.

결국 부정은 부정적인 상태를 부정하는 형식으로, 자신이 긍정인 양, 긍정을 위한 것인 양 말해집니다. 그냥 '하지 마!'가 아니라 그거 나쁜 결과가 뒤에 기다리고 있다며, '나쁜 거 하지 마!'라고 말입니다. '부정의 부정' 형식으로 부정의 의지가 작동한다는 겁니다. 부정의 부정, 이중부정은 긍정이라고 논리학에서 가르치지요? 헤겔은 부정의 부정은 고양된 긍정이라고 하면서 단순 긍정보다 고차적인 긍정이라고 가르칩니다. 그러나 그렇다면 '긍정의 긍정'은 부정인가요? 아니지요? '고양된 부정'인가요? 변증법에 능란한 헤겔도 그렇게 말하진 않아요. 이중부정이 긍정이면, 이중긍정은 부정이라고 해야 논리적으로 공평한 거 아닌가요?^^ 여러분 말에 누군가 "예~ 예~"하고 답하는 경우 없었나요? 이중긍정이 부정이 되는 걸 보여 주잖아요? 하지만 그때 말고 이중긍정은 부정이 되지 않습니다. 그러나 왜 이중부정은 긍정이라면서 이중긍정은 긍정이라고 하지요?

논리학도, 공평성도 떠나서 현실적으로 생각해 봅시다. 욕망의 긍정은 **좋아하는 걸 하는 것**입니다. 부정의 부정은 **싫어하는**

걸 하지 않는 것입니다. 어때요, 같나요? 이게 같다고 생각하시는 분은 자신이 세상을 어떻게 살아왔는지를 다시 곰곰이 생각해 보시는 게 좋을 겁니다. 남들에게 '좋은 일을 하는 것'과 '나쁜 일을 하지 않는 것'은 어떤가요? 역시 다르지요? 전자가 남들에게 좋은 일 하는 '선인'이라면 후자는 '악인'은 아니지만 그렇다고 '선인'이라고 할 순 없는 사람입니다. 아마도 그저 평범한 사람일 겁니다. 이 두 사람이 어찌 같다고 하겠어요?

힘이나 능력도 따져 봅시다. '잘할 수 있는 것을 하는 것'과 '잘할 수 없는 것을 하지 않는 것'은 같나요? 잘할 수 있는 것을 한다면? 아마 성공할 게 틀림없지요? 능력도 더 잘할 수 있도록 더욱 고양될 겁니다. 잘할 수 없는 것을 하지 않으면? 실패는 하지 않겠지요. 그러나 그걸로 성공도 하지 못합니다. 하지 않은 일로 성공할 수는 없으니까요. 능력은? 하지 않으니 고양될 리 없지요. 차라리 무리를 해서, 잘할 수 없는 것을 한다면 어떨까요? 그럼 잘할 수 있도록 능력을 향해 에너지를 투여하게 되겠지요. 그런다고 성공하리라는 말은 할 수 없겠지요. 그러나 성공을 못 할지 모르지만 시작할 때보다 좀 더 증장된 능력을 갖게 될 겁니다. 그 일을 내가 정말 잘할 수 없는 건지도 확인하게 될 터이고, 왜 잘할 수 없는지도, 그런 자신은 어떤 신체를 가진 사람인지를 알게 될 겁니다. 비용이 들긴 하겠지만, 잘할 수 없다며 안 하는 것보다 차라리 낫지 않나요?

그래서 니체는 부정의 부정을 긍정이라고 간주하는 것을 통렬하게 비판합니다. 부정의 부정은 긍정이 아니라 **두 번의 부**

정일 뿐이라고. 부정의 부정이 아니라 그는 긍정의 긍정을 권합니다. 긍정의 긍정이란 어떤 것인가? 그것은 **두 번의 긍정**이고, 긍정한 것을 긍정하는 것입니다. 첫 번째 긍정은 자신이 하고 싶은 것을 하는 것입니다. 자신의 욕망을 긍정하는 것이고, 거기에 힘 즉 능력을 결합시키는 긍정적 종합입니다. 시가 좋으면 시를 쓰고, 음악이 좋으면 음악을 하는 것입니다.

물론 이때 내가 '좋다'고 하는 것이 정말 내가 좋아하는 것인지, 흔히들 좋다고 하는 것이어서 좋다고 믿고 있는 것인지를 구별할 줄 알아야 합니다. 가령 돈을 많이 벌었으면 좋겠다는 판단은, 세간에 너무나 지배적인 통념이고, 더구나 자본주의 사회에선 돈이 없으면 힘들고 돈이 있으면 내가 할 수 없는 것도 '살 수 있게' 해주기에 다들 좋아하는 것이지요. 지배적인 지위를 갖고 있는 것은 대부분 이렇기에, 그에 대한 자신의 욕망 자체를 니체의 눈으로, 힘과 의지의 질을 식별할 줄 아는 눈으로 세심하게 살펴보아야 합니다. 이를 위해선 가령 '이걸 평생 하고 싶어', 아니면 '최소한 20년은 이거 하고 싶어' 하는 생각이 드는지 생각해 보아도 좋겠습니다.

두 번째 긍정은 **자신이 긍정한 결과를** 있는 그대로 긍정하는 것입니다. 시가 좋으니 시를 쓰겠다, 그림이 좋으니 그림을 그리겠다고 했을 때, 그 긍정의 결과에 가난이나 고독 같은 것이 따라오는 경우가 많지요. 자신이 창조적일수록 세간의 눈, 지배적인 스타일이나 가치에서 벗어나 있기에 명예는커녕 작가로 인정받지 못하는 경우도 많고, 작품 또한 이해받지 못하는 경우가 아주 흔합니다. 그래서 가난과 고독이 꼬리처럼 따라 오는 경우가 많지요. 이때 자신의 선택을 후회하는 일 또한 아주 빈번합니다. '내 이럴 줄 왜 몰랐던가!', '이럴 수도 있다고 생각은 했지만, 설마 했지!'… 이는 자신이 긍정한 결과를 긍정하지 못하는 것입니다. 첫 번째 긍정 다음에 해야 할 두 번째 긍정을 하지 못하는 것입니다. 긍정의 결과마저 긍정할 때, 비로소 두 번의 긍정이 이루어집니다. 긍정의 긍정이 이루어지는 겁니다.

　애써 강조해서 말씀드리자면, 진정한 긍정이란 어쩌면 이 **두 번째 긍정**, 긍정의 긍정이라 해야 합니다. 가령 공부하는 게 좋아서, 돈 버는 것도 접고 공부에 매진했으나 공부로 명성을 얻지 못했다거나 취직도 하지 못했다고 후회한다면, 공부가 정말 좋았던 건지 실은 명성이나 취직이 좋았던 건지 생각해 보아야겠지요. 물론 극단적으로 대립되는 상황을 상정하는 게 그리 적절치 않을 수 있으나, 공부가 좋았어도 취직이나 명성 때문에 번뇌와 후회를 면치 못했다면, 공부가 좋았던 것 이상으로 명성이나 취직이 중요했던 것이라고 해야 하지 않을까요? 남들이 알아주든 말든, 취직이 되든 말든, 먹고사는 게 편하든 말든 개의치 않고 그래도 '공부가 좋아!'라고 할 수 있을 때, 즉 자신이 하고자 하는 것을 긍정한 결과마저 긍정할 수 있을 때, 어떤 결과와도 비교할 수 없을 정도로 공부가 좋았던 것이라고 할 수 있겠지요. 이렇게 좋아서 한다면, 그래서 '아무 생각 없이'(이게 '무구하다'는 말이라고 했지요?) 그저 공부에 매진할 수 있다면, 결과가 그렇게 보잘것없을 가능성은 적습니다. 비록 그 결과를 살아생전에 '성공'의 형태로 맛볼 수 있는지 여부는 다른 문제라 해도 말입니다. 그러나 스스로 자긍심을 갖는 연구결과를 냈는데 생전에 인정받지 못했다면, 그만큼 시대를 앞서간 것이니 정말 긍정할 만한 사태 아닐까요? 니체처럼 '나는 너무 빨리 왔다'라면서 웃을 수 있지 않을까요?

두 번 긍정한 사람, 긍정의 긍정을 한 사람을 불행하게 하는 건 어쩌면 불가능합니다. 하고자 하는 것을 했고, 그 결과가 무엇이든, 가난과 고독이든, 감옥에 가는 것이든, 심지어 죽는 것이든 다 좋다고 하는데, 이런 이를 어떻게 불행하게 만들 수 있겠습니까? 자신의 삶을 진정 사랑한다는 것은 바로 이런 겁니다. 지난번 강의록에 『사랑할 만한 삶이란 어떤 삶인가』라는 제목을 붙였는데, 바로 이런 게 **사랑할 만한 삶을 사는 법**입니다. 실패와 패배마저 자신을 만들어 온 토양으로 긍정하고, 고통과 고난마저 자유를 위한 날개의 깃털로 긍정하는 것, 이것이 바로 긍정의 긍정입니다. 삶을 사랑한다는 것은 자신의 삶을 두 번 긍정하는 것입니다. 두 번 긍정할 수 있는 삶을 사는 것입니다.

그런데 사실 두 번째 긍정이 사실은 쉽지 않습니다. 삶의 고통이 완화될 기미도 보이지 않은 채 나를 포위하고 있을 때, 두 번째 긍정을 하기는 쉽지 않지요. 두 번째 긍정을 하려면 **좋은 친구들**이 필요합니다. 반 고흐는 그림 그리는 거 자체가 좋아서 그림을 그렸다죠. 그래서 캔버스가 모자라면 그림 위에 다시 그리기도 했다고 해요. 하고 싶은 것을 하고 산 것이니 미쳐서 긍정적 삶을 산 겁니다. 그런데 이건 첫 번째 긍정입니다. 그 긍정은 난감한 결과로 이어졌죠. 유화만 800장 넘게 그렸다는데, 딱 한 장 동네 아줌마에게 팔았다고 하니까요. 파리에서 화상을 했다는 동생이 생활비는 보내 줬으니까 그나마 계속 그림을 그릴 수 있었던 것인데, 그래도 이런 생각은 들지 않겠어요? 내가 예술을 하고 있는 게 맞나? 혼자 턱도 없는 걸 예술이라고 자위하고 있는 거 아닌가? 이런 회의가 생기면 견디기 힘들지요. 이게 두 번째 긍정을 가로막습니다.

두 번째 긍정을 하려면 친구가 있어야 됩니다. "아니야 아니야, 사람들이 안목이 없어서 그래" 하면서 격려해 주는 친구. 거기에 더해 "니체 읽어 봐, 바로 네 얘기야" 하면서 갖다 주는 친구가 있었으면 더 좋았겠죠?^^ "저 천한 것들이 몰라서 그래, 넌 새로 시작하는 자고 그게 강자래. 그래서 넌 고독한 거야" 하면서 격려해 주는 친구가 있었으면, 고흐는 미치지 않았을지도 모르고, 일찍 안 죽었을지도 모릅니다. 그래서 친구 하나 사귀어 보려고 고갱이랑 같이 살려고 하다가 열흘 만에 싸우곤 헤어지죠. 친구 사귀는 것도 쉽지 않아요. 그런 친구가 한둘 있었으면 견딜 만했을 거예요. 사실 고흐가 그래도 그나마 살고 그림을 계속 그릴 수 있었던 건 그런 친구가 하나 있어서였죠. 동생테오 반 고흐. 동생이 계속 이해해 주고 했기 때문에, 돈도 대주고 해서 하고 싶은 걸 하며 생존할 수 있었지요. 세상 사람들이 몰라서 그래 하면서 계속 이해하고 응원해 준 거잖아요. 계속 편지 보내고. 이게 바로 고흐에게 계속 그림을 그리게 만들고 살게 만들었던 거죠. 거문고의 명인이었다던 백아와 그 친구

종자기 얘기 아시죠? 백아의 연주를 제대로 들을 줄 아는 이가 나무꾼 종자기 하나였는데 그 종자기가 죽자 백아는 더 이상 연주를 안 했다고 하죠. 연주해 봐야 알아듣는 사람이 없는데, 더 연주할 이유가 있느냐는 생각이었겠죠. 우정의 공동체, 사실 이게 두 번째 긍정에 정말 유용하고 긴요한 겁니다.

그러면 그런 친구는 어떻게 얻을까요? 친구라고들 흔히 말하지만, 같이 놀고 같이 떠들고 같이 술 마셔 주는 사람이 그런 친구는 아닙니다. 칭찬해 주고 아부해 주는 사람은 더더욱 그런 친구가 아닙니다. 때로는 "야, 이건 좀 아닌 거 같애, 강도가 좀 떨어지잖아? 긴장이 좀 풀어진 거 아냐?" 이렇게 할 수도 있어야 하죠. 두 번째 긍정의 친구, 그런 친구는 사실 자주 안 만나도 됩니다. 한두 번만 만나도 돼요. 그런 친구가 존재한다는 사실만으로 내가 하는 걸 긍정하게 해주고, 나를 살아가게 해주니까요. 촉발의 힘, 촉발의 강도가 문제인 거죠. 그렇기 때문에 좋은 친구는, 모든 고귀한 것이 그렇듯 어렵고도 드뭅니다. 게다가 좋은 친구 사귀는 건 운이죠. 내가 사귀고 싶다고 사귈 수 있다면 고흐도 안 죽어도 됐죠. 사귀기가 어려운 겁니다. 그러나 그 운은 어쩌면 자신이 만드는 것, 혹은 능동적으로 '기다리는' 것이기도 할 겁니다. **자기가 남한테 그런 친구가 되어 주려는 방식으로 사는 게** 그겁니다. 그런 이들에게는 그런 친구가 오는 것 같아요. 그런 사람들에게만 오는 게 아닌가 싶기도 해요. 그렇게 하지 않으면 그런 친구는 오지 않습니다. 와도 알아보지 못하고, 또 왔다가도 떠나고 맙니다. 남에게 그런 희소한 친구가 되어 주려는 자만이 그 희소한 친구를 얻을 수 있는 거죠. 희소한 친구를 알아보는 눈, 그러려는 의지가 있는 이들에게만 그런 이들이 친구로 오는 겁니다.

제3장

강자의 도덕과 약자의 도덕

1. 연애는 우정을 잠식한다

앞서 말씀드린 것처럼 『도덕의 계보』는 3편의 논문으로 이루어져 있습니다. 첫째 논문은 '선와 악', '좋음과 나쁨'이라는, 도덕과 관련된 두 유형의 개념쌍을 다루고 있습니다. 둘째 논문은 '죄', '양심의 가책' 및 그와 유사한 것들을 계보학적으로 분석하고 있습니다. 셋째 논문은 '금욕주의적 이상'에 대해서 역시 계보학적 비판을 하고 있습니다. 그리고 이 세 논문 앞에 「서문」이 있고, 첫째 논문 뒤에 상당히 긴 별도의 주가 끼어들어 있습니다. 세 논문에 부가된 것으로 보이지만, 이 책, 특히 첫째 논문을 제대로 읽기 위해서는 이 「서문」과 「후주」가 매우 중요합니다. 약간 대비되는 점을 강조하며 미리 말씀드리자면 「서문」은 첫째 논문에서의 그의 비판이 제게는 어떤 논점을 과도하게 밀고 나가 무언가 혼동하여 동요하는 '심리적' 이유를 보여 준다면, 「후주」는 첫째 논문에서 기원의 가치를 분석하기 위해 사용한 '어원학'이란 방법에 대한 일종의 '후회' 같은 것을, 뒤늦은 정정의 의도를 보여 준다는 생각입니다. 전자와 후자가 동일한 것은 아니지만, 어쩌면 연결되어 있다고 할 수도 있습니다.

「후주」에 대한 얘기는 조금 뒤에 하기로 하고, 먼저 「서문」 얘기를 해보지요. 이 「서문」에서 니체는 도덕적 편견의 기원에 대한 자신의 분석이 도덕에 의해 야기된 '감정의 허약화'를 위한 것임을 명시하면서, 이런 맥락에서 도덕의 가치를 문제 삼을 것임을 말합니다. 이를 위해 '기원'과 '발생'을 다루는 계보학적 방법을 사용할 것이며, 이는 『인간적인, 너무나 인간적인』에서 불충분한 형태로나마 이미 시도했음을 말합니다. 그런데 니체가 여기서 기원과 발생을 통해 도덕의 가치를 문제화하는 방법은 한때 자신의 친구이기도 했던 파울 레가 『도덕 감정의 기원』에서 시도했던 것과 매우 유사한 것이었습니다.

니체는 1873년 파울 레를 알게 되었는데, 법학을 공부하다 철학으로 바꾼 레는 바젤 대학으로 찾아와 니체의 강의를 들었다고 해요. 그런데 1876년 니체는 건강 악화로 인해 대학을 휴직하고 소렌토의 말비다 폰 마이제부크라는 사람 집에 가서 쉬게 되는데, 이때 레와 동행하여 함께 지내게 됩니다. 이후 살로메에 대한 사랑으로 경쟁하게 되면서 1882년 두 사람의 우정은 끝나게 됩니다(『니체: 그의 생애와 사상의 전기』, 279~280쪽).

그런데 약간 덧붙여도 좋을 거 같네요. 연애 얘기라면 누구나 혹해서 귀를 기울여 주니까요.^^ 애초에 루 살로메와 먼저 알게 되었던 것은 레였어요. 1882년 니체는 레를 찾아갔고, 함께 모나코의 카지노에도 갔다는데, 거기서 레는 큰돈을 잃기도 했다네요. 휴양을 위해 쉬러 갔던 것일 텐데, 대가가 작지 않았던 거지요. 몇 달 뒤 레는 로마에 갔다가 살로메를 만나게 되고 곧 청혼하지만, 루는 이를 거절하면서 또 다른 한 사람을 끌어들여 친남매처럼 공부하며 지내자고 했대요. 그래서 레는 니체를 추천했고, 니체를 로마로 불러들입니다(레지날드 J. 홀링데일, 『니체: 그의 삶과 철학』, 김기복 옮김, 북캠퍼스, 2017). 그런데 루를 만난 후 니체는 그녀에게 반해 두 번 청혼을 합니다. 한 번은 레를 통해서, 다른 한 번은 직접. 물론 두 번 다 거절당합니다. 살로메가 채찍을 들고 있고, 니체와 레가 마차 앞에서 마치 말의 자리에 선 듯한 유명한 사진은 이 세 사람의 흔치 않은 관계를 보여 주는 상징적인 사진처럼 보이지요(『니체: 그의 생애와 사상의 전기』, 281쪽). 세 사람은 한때 '지적공동체'를 구상했을 만큼 죽이 잘 맞았던 거 같은데, 니체의 여동생이 살로메와 반목하게 되면서 이 공동체에 균열이 발생하게 됩니다. 당연하겠지만 니체는 여동생과 사이가 나빠지게 되지요. 그리고 조금 더 뒤에 레는 '위험한 경쟁자'인 니체를 자신과 루가 함께할 미래에서 배제해야겠다고 생각하여 따돌리게 됩니다. 니체는 분노하고 절망하지만, 어쩔 수 없었다고 해요. 이후 누이와 화해한 니체는 루에 대한 누이의 비난을 공유하고, 주위 사람들에게 루를 비난하는 편지를 쓰는 '반대운동'에 가담했다고 해요. 이후 니체는 '정신을 차리고' 마음의 균형을 회복했다고 하는데, 그러나 이후 루와 레를 두 번 다시 만나지 않았다고 합니다(『니체: 그의 삶과 철학』, 274~282쪽).

이제 다시 '지적인' 얘기로 넘어갈까요? 레는 니체보다도 먼저 도덕의 기원을 지고한 가치나 예지적 세계와 절단하여 차라리 육체적인 것과 연결하여 파악하려 했고, 이는 니체에게 매우 큰 영향을 미칩니다. 1877~1878년 사이 니체는 『인간적인, 너무나 인간적인』을 쓰는데, 도덕과 종교, 예술, 문화 등에 대해 근본적 비판을 시도한 이 책의 2장(「도덕적 감각의 역사에 대하여」)의 앞부분에서 레의 책 『도덕 감정의 기원』을 언급하며 그 저자에 대해 이렇게 씁니다.

그는 '도덕적 인간이 육체적 인간보다 예지적(형이상학적) 세계에 더 가까이 있는 것은 아니다'라고 말한다. 역사적 인식을 단련시키는 망치질로 단단하고 예리해진 이 명제는 아마 언젠가 **미래에 인간의 '형이상학적 욕망'의 뿌리를 내리치는 도끼로 쓰게 될 것**이다. 그것이 일반적 복지의 저주가 될 것인지 아니면 오히려 축복이 될 것인지 누가 말할 수 있겠는가? 그러나 어쨌든 가장 중대한 결과를 지닌 명제로서 그것은 결실이 풍성한 것인 동시에 두려운 것이며, 모든 위대한 인식이 가지고 있는 그 이중의 얼굴로 세계를 주시하고 있다. (『인간적인, 너무나 인간적인』1권 37절)

니체의 어법을 안다면, 이러한 논평은 그 책에 대해 그가 쓸 수 있는 가장 긍정적이고 호의적인 언급임을 알 수 있을 겁니다. 요지는 도덕이라는 것이 형이상학적 진리나 예지적 세계의 고상함과는 거리가 멀다는 것이며, 육체보다도 훨씬 덜 고상한 것일 수 있다는 말입니다. 도덕도 진리도 형이상학적 기원을 갖지 않는다는 것, 그렇다면 그것은 어디서 기원했는가를 다시 물어야 한다는 거지요. 이는 니체가 계보학이라는 말로 표명하려 했던 문제의식과 대단히 가까이 있음을 알 수 있습니다. 이러한 니체의 태도에 대해 레는 자신의 이론이 좀 더 과감하게 적용되는 모습을 보았다며 『인간적인, 너무나 인간적인』에 대해 찬사를 보냅니다. 두 사람의 우정과 평행성을 보여 주지요?

프롤로그에서 살짝 언급했습니다만, 『도덕의 계보』 「서문」에서 언급되는 책이 바로 레의 저 책 『도덕 감정의 기원』입니다. 여기서 니체는 "도덕의 기원에 대한 내 가설을 일부 발표할 동기를 나에게 최초로 준 […] 명료하고 깨끗하고 사려 깊으며 조숙한" 책이 바로 이 책이었다고 말합니다. 그러나 이 책에서 자신이 만난 것은 '영국적 유형의 가설'로서, "전도된 방식의 계보학적 가설들"이고, 그것이 자기 마음을 끌었던 것은 "반대되는 것, 적대적인 것을 포함한 매력"이었다고 말합니다. 심지어 "이 책만큼 문장 하나하나, 결론 하나하나를 마음속으로 부정할 정도로 그렇게 읽은 책은 아마 없었을 것"이라고 말합니다. 앞서 『인간적인, 너무나 인간적인』에 썼던 글을 생각하면 매우 당혹스러운 평가지요? 같은 책에 대한 달라진 언급이나 태도는 레와의 달라진 관계를 역시 평행하게 보여 주지요. 어디선가 니체는 자신의 사상이 **감정의 최고의 표현**이라면서, 사상을 사유라는 능력보다는 차라리 감정과 연결한 적이 있는데, 이런 명제의 타당성을 스스로 입증해 주는 사례를 만들어 보여 주는 것 같습니다. 우리도 사실 그렇지요. 사태나 사람, 사물에 대한 어떤 감정이 있고, 그 감정이 가리키는 방향을 따라 사유가 나아가는 경우가 대부분이지요. 감정이 사유나 의식에 일종의 '지향성'을 부여하는 거지요.

2. 니체를, 니체 독서를 교란시키는 것

결별 이후에도 레는 니체에 대한 존경심을 유지했는지, 『양심의 발생』이란 저서를 니체에게 헌정하려 했다고 해요. 그러나 니체는 그 제안을 거절했고(『니체: 그의 생애와 사상의 전기』, 280쪽), 이후 『도덕의 계보』「서문」에서 그와 자신의 입장의 차이를 강조하며 비판합니다. 물론 니체도 자신이 과거에 그 책에 대해 언급하고 인용했던 적이 있음을, 그것도 호의적으로 인용했었음을 기억하기에, 인용의 이유에 대해 덧붙입니다. 반박해 봐야 별 수 없었기에, 가능하면 그 책의 좀 더 그럴듯한 것으로 바꾸어 좀 더 긍정적인 정신에 접근하기 위해서였다고 말입니다. 니체의 책들이 통념들에 대한 '반박'들로 점철되어 있음을 알기에 반박해 봐야 어쩌겠냐는 말은 받아들이기 힘들지만, 요체는 제가 '내재적 비판'이라고 했던 그 방법에 따라 니체 또한 그 책을 인용하고 정정하려 했다는 말로 들리지요?

레의 책에 대한 니체의 내재적 비판에서 니체가 받아들이는 '준거'나 '관점'은 도덕이란 고상한 형이상학적 욕망과 무관하다는 것, 그래서 오히려 형이하학적인 기원을 찾아내야 한다는 점일 겁니다. 그러면 반대로 무엇이 레에 대해 이렇게 '문장 하나하나를 부정할 만큼' 반감을 갖고 읽게끔 했던 것일까요? 니체의 유명한 평전을 쓴 자프란스키는 도덕의 기원에 대한 레의 '이타주의적' 설명이 그 이유였다고 말합니다(『니체: 그의 생애와 사상의 전기』, 281쪽). 톨스토이 추종자였던 레는 니체와 결별한 이후 의학공부를 해서 개업의가 된다는데, 니체가 죽은 뒤 질스마리아 부근으로 이사해, 산골사람들을 위한 의사로 살았다고 하네요(『니체: 그의 생애와 사상의 전기』, 280쪽). 인간의 이타주의적 성향과 도덕을 연결했다는 얘기는 이런 얘기를 들으면 나름 그럴 법하지요? 사실 니체는 반대로 인간이나 생명의 본성이란 이기적인 것이고, 나 아닌 것을 침해하여 잡아먹고 내 뜻대로 부리는 것이라고 보았으니, 못마땅했을 수 있을 거 같아요. 정반대 입장이라 해도 좋을 거 같습니다.

이렇게 보면 니체와 레의 차이는 쉽게 이해됩니다. 그러나 그건 너무 단순해서, 우정과 호의로 그 책을 읽던 이전 태도를 이해하기 어렵게 합니다. 더구나 『도덕의 계보』「서문」에서 니체가 레의 저서를 두고 '진정 영국적인 유형의 가설'이라고 비판했던 것을 생각하면 더 이해하기 어렵습니다. 왜냐하면 니체가 말하는 영국적 유형의 가설이란 이른바 '공리성'(功利性)과 관련된 것이어서, 이타주의와는 상반되기 때문입니다. 주의할 것은 공리성이란 영어로 유틸리티(utility)에 해당하는 뉘츨리히 카이트(Nützlichkeit)란 말을 번역한 것인데, 일본에서 번역한 걸 그대로 사용하고 있는 말 중 하나지요. 일본식 번역이라고 무조건 문제라는 건 아닙니다. 다만 일본과 한국에서 한자를 사용하거나 조어하는 방법도, 또한 어법이나 어감도 같지 않은 게 많아서, 그대로 했을 땐 부적절한 경우가 적지 않습니다. 그럴 경우 다시 번역해야 하는데, 어떤가요? '공리'(功利)란 말을 듣고 유틸리티를 떠올리긴 쉽지 않지요? 직무, 혹은 공을 세우고 공치사를 할 때의 '공'(功)과 이익을 뜻하는 '리'(利)를 합친 말인데, 우리 말과 한자 사용방식이 다른 데다 공공의 이익을 뜻하는 '공리'(公利)라는 말과 발음이 같아 그 말로 오해하도록 하기 쉽습니다. 이런 번역어는 식민주의의 잔영이 그대로 남아 있는 나쁜 번역어가 되겠지요. 더구나 공리주의의 슬로건이 '최대 다수의 최대 행복'이라고 알려져 있어서 더더욱 공공의 이익을 추구하려는 사상인 듯 오해됩니다. 이전 강의에서도 말씀드렸지만, 그 슬로건 앞에는 '같은 비용이면'이란 조건이 숨어 있습니다. 최소 비용으로 최대 효과(유용성)를 얻는 것을 추구하는 게 이른바 공리주의 ── 효율주의라고 번역하는 게 적당한 말입니다 ── 입니다.

레의 입장에 대해 니체가 '영국적 유형의 가설'이라고 한 말의 의미는 『도덕의 계보』 첫째 논문의 가장 앞부분(1~2절)에 잘 드러나 있습니다. 공리주의란 도덕의 기원을 '공리', 아니 정확히 '유용성'으로 소급하여 설명하는 이론입니다. 레가 도덕을 설명하는 방식이 공리주의적이라 함은, 그가 자신이 얻은 어떤 것이 **이익**이 되기에 '좋다'고 느꼈던 것인데, 나중에 그 기원을 잊고 '좋다'는 개념만 남아 그 행위 자체가 '좋은 것'인 양 생각하는 습관이 되어 '좋음'이란 덕목이 탄생했다고 보기 때문입니다. '이익'이라는 요소를 통해 '좋음'과 '나쁨'이라는 도덕의 기원을 해석하는 입장이란 거죠. 니체는 이런 입장이 '천하다'고 하여 비판하는데, 파울 레의 책이 영국적 가설의 전형이었다면 그 책에서 니체가 본 문제점은 도덕을 이렇게 '이익'으로 환원하여 설명하는 입장이었다는 말이 됩니다. 이는 이타주의와는 반대되는 것 아닐까요?

또 하나, 「서문」의 5절을 보면 도덕의 가치와 대결하려 할 때 자신이 거의 홀로 대결해야 했던 사람은 자신의 위대한 스승 쇼펜하우어였다고 말합니다. 그런데 '그 책'——필경 레의 책이겠지요——의 정열과 내밀한 항의가 겨냥했던 것이 바로 쇼펜하우어였다고 해요. 그때 문제가 되었던 것은 연민, 자기부정, 자기희생 같은 '비이기적인' 가치였는데, 그것은 모두 쇼펜하우어가 오랫동안 미화하고 신성시하며 피안의 세계로 넘겨주었던 것이며, 이를 근거로 차안의 현실을 부정했다는 게 니체의 생각입니다. 왜냐하면 '이기심'을 넘어서는 숭고한 유혹과 매혹이 담겨 있는 그 '본능'들이야말로 생명/삶을 부정하는 부정적 의지들로 우리의 삶을 유약하고 무력하게 만드는 것이란 게 그의 생각이기 때문입니다. 니체가 집요할 정도로 '허무주의'를 비판하는 게 바로 이런 맥락에서지요.

그런데 이 말을 보면 레의 책이 서 있는 자리는 쇼펜하우어의 '이타주의'와 반대편이었음을 알 수 있습니다. 이타주의가 아니라 '유용성'과 '이익'을 추구하는 이기주의로 도덕을 설명하려는 것이 레의 입장이었을 것이란 말이지요. 물론 이런 입장을 취한다 해도, 이는 기존의 '도덕의 기원'에 대한 비판이지 그 자체가 곧바로 이타주의와 반대편에 선다는 것을 뜻하진 않습니다. 서로에게 이익이 되는 것을 추구하는 것, 혹은 이타적인 행위가 내게도 이익이 된다고 하는 발상이 '공리주의'에서도 가능하기 때문입니다. 가령 러시아의 크로포트킨은 이기주의와 생존경쟁이 있지만, 동시에 인간은 물론 동물들조차 서로 돕는 경우가 많음을 지적하며 '만물이 서로 돕는' 세상을 제안한 바 있지요(표트르 A. 크로포트킨, 『만물은 서로 돕는다』, 김영범 옮김, 르네상스, 2005). 그러니 톨스토이식 '이타주의'를 받아들이는 게 불가능하다고는 할 수 없습니다. 오히려 니체가 보기엔 도덕적 감정의 기원에 대해선 영국식 '공리주의'를 따르면서, 그로부터의 출구를 이타주의에서 찾는 것이 더 못마땅했을 수도 있습니다. 그러나 레의 입장에선 현세 자체를 부정했던 쇼펜하우어와 달리 피안 아닌 차안에서, 어차피 '이익'을 추구하기 마련인 현실의 세상에서 서로에게 이익이 되는 이타주의를 실천하려는 입장이 충분히 출구로 보였을 수 있지요.

어찌 됐든 『도덕의 계보』에서 니체는 천박한 영국적 가설로서 공리주의를 강하게 비판하는데, 이때 그가 겨냥하는 핵심 개념은 '이익'이고, '이익'을 '좋다'는 도덕적 개념과 연결시키는 설명방식입니다. 그러나 레에 대한 감정 때문이겠지만, '이익'을 통해 도덕의 기원을 설명하는 걸 비판하는 것은 사실상 '좋음'을 통해 도덕을 사유하려는 자신의 기획과 충돌하며 그가 나아가려는 길을 교란시키게 됩니다. 어떻게 교란시키는가? '내게 이익이 된다'와 '내게 좋은 일'이란 말은 유사한 말인데, 자신은 '좋음'의 도덕을 말하려 하면서 '이익'의 도덕을 천하다고 비판하려 하기에, 비판을 밀고 나가면서 자신이 하려는 걸 놓치게 되기 때문입니다.

헷갈릴 수 있으니 먼저 간단히 요약하면, 니체 또한 '선' 대신 '좋음'이 기존의 도덕을 대신할 새 도덕의 축이라고 생각합니다. 그러나 그 '좋음'을 파울 레나 영국의 심리학자들처럼 무언가를 **받은 자**가 얻은 '이득'으로 설명하는 것은 무능하고 약한 자, 천한 자의 입장에서 '좋음'의 도덕을 설명하는 것이라고 생각합니다. 그는 오히려 받는 자 아닌 **주는 자** 입장에서 '좋음'을 규정해야 한다고, 그래야 고귀한 자의 도덕이 될 수 있다고 봐요. 이를 입증하기 위해 그는 좋음/나쁨이란 단어의 어원학을 통해 '발생사'를 규명하려 합니다. '이득'에 대한 반감으로 인해, '좋음/나쁨'의 대립이 주는 자와 받는 자의 대립으로 바뀌어버린 겁니다. 이건 원래 그가 가려던 길이 아니었습니다.

첫째 논문이 끝난 뒤에야 그는 뭔가 잘못된 거 같다는 생각을 하게 된 거 같습니다. '주는 자'와 '받는 자'의 말들로 도덕을 설명하는 어원학과 자신이 생각하던 도덕 비판 사이에 어떤 간극이 있음을 느낀 거죠. 그래서 그는 첫째 논문 뒤에 긴 「후주」를 답니다. 거기서 그가 도덕 비판의 방법으로 제시하는 것은 '생리학적 방법'입니다. 도덕 비판의 과제가 의학 내지 과학에 있다고까지 합니다. 또한 '도덕 개념의 발달사에서 어원학적 연구가 어떤 시사점을 갖는가?'라는 물음을 제기하는데, 이는 한편으로는 자신이 첫째 논문에서 했던 작업의 신선함을 자긍하는 표현이지만, 그것 못지않게 그 질문 바로 뒤에서 강한 어조로 '추천'하고 있는 생리학적 연구와 대비하여 자신의 작업을 스스로 '물음 속에' 부쳐 두려는 것으로 읽히기도 합니다.

이렇게 보면 왜 제가 이 책 첫째 논문에 대해 '교란'이나 '정정'이란 말을 사용했는지 이해가 되시지요? 그렇다면 여기서 다시 던져야 할 중요한 물음은 '니체는 왜 어원학적 논문을 다 써 놓고 갑자기 생리학적 연구가 필요하다는 생각을 했을까?'입니다. 무엇 때문에 니체는 갑자기 자신이 한 것과 아주 다른 것을, 자신이 한 것 뒤에다 '과제'로 던졌던 것일까요? 이는 니체의 사상에서 가장 중심적인 개념, 가장 근본적인 사유가 교란된 사유 아래에서 바닥을 뚫고 올라왔기 때문입니다. 그건 대체 무엇일까요? 당장 답하기보다는 그 교란된 사유를 먼저 따라가 보면서 답을 찾아보기로 하지요.

3. '선한 것'과 '좋은 것'은 어떻게 다른가?

『도덕의 계보』 첫째 논문은 제목에서부터 '선/악'과 '좋음/나쁨'을 대비하고 있습니다. 선이나 좋음이나 모두 영어로는 굿(good), 독일어로도 굿(Gut), 같은 말입니다. 그러나 선과 대비되는 악은 이블(evil), 뵈제(Böse)이고 나쁨은 배드(bad), 쉴레흐트(Schlecht)예요. 편하게 영어로 그냥 하자면, 선악은 good/evil, 좋음/나쁨은 good/bad란 겁니다. 어떻게 다른가요?

예를 들어 아담이 사과를 따 먹은 것은 선에 반하는 '악'이지만, 배탈 난 사람이 사과를 따 먹는 것을 악하다고는 하지 않지요. 배탈 난 배로는 소화시키기 어려울 테니 몸에 '나쁘다'고는 하겠지만, 그걸 어찌 '악'이라고 하겠어요? 반면 아담이 사과를 따 먹은 게 몸에 좋을지 나쁠지는 알 수 없습니다. 특별히 탈이 난 것도 아니고, 알레르기가 있는 것도 아닌 한, 몸에 '좋을' 가능성이 큽니다. 그러나 그 행위는 '악'을 행한 겁니다. 왜죠? 신이 금한 계율을 어겼기 때문입니다. 선/악에는 대개는 '하지 마'라는 형태의 계율이나 규칙이 전제되어 있습니다. 왜 규율이나 규칙은 주로 부정의 형식을 취할까요? 살기 위해 해야 하는 행위는 헤아릴 수 없이 많고, 조건에 따라 하는 게 좋은 것과 그렇지 않은 것이 달라집니다. 그러니 '~하라'라는 식으로 규칙을 정하는 건 어렵습니다. 그걸 정해 놓아도 거기서 벗어나는 일들이 한없이 많습니다. 했다고 해도 문제가 되지 않으니 했는지 안 했는지 확인할 길도 별로 없습니다. 반면 '다 뜻대로 해도 되는데 이건 해선 안 돼!'라고 하는 건 명확히 정하기 쉽고, 정해진 것을 지켰는지 여부를 쉽게 확인할 수 있습니다.

가령 '네 이웃을 사랑하라!'라는 계율은 긍정적으로 서술되어 있는데, 이 경우 가령 사랑하지도 않고 미워하지도 않고 심드렁하게 지내는 걸 두고 옳다 할 수도 없고 잘못이라 할 수도 없습니다. 반면 사랑하지 않는 행위, 가령 때린다든지, 골탕을 먹인다든지 하는 것은 감추려 해도 드러나게 마련입니다. 피해를 입은 사람이 있고, 대개는 항의하거나 복수를 하려 할 것이기 때문입니다. 내게 악행을 당한 사람은 나나 남들이 알 수밖에 없도록 행동하지만, 선행을 당한 사람은 꼭 그렇지 않습니다. '나 이웃에 선행을 하고 있어!'라고 떠들며 자랑하지 않는한, 남들에게 보여 주기 좋은 것이 아닌 한, 긍정적인 행위는 드러나지 않고 확인되지 않습니다. 긍정적인 계율조차 사실은 피해를 입은 사람이 있을 때, 즉 어겼을 때 비로소 드러납니다. 그러니 긍정적 계율조차 어기는 행위에 대한 금지로밖에는 확인되기 어렵습니다. 선과 악이 어떤 식으로든 **'어김'을 통해** 구체화되기에 선악에서 일차적인 것은 어기는 행위, 즉 악입니다. 선이란 **어기지 않음**, 즉 악의 부재를 통해 정의됩니다. 쉽게 말해 계율을 어기면 악이고, 어기지 않으면 선입니다. 앞에서 '부정'과 '부정의 부정'에 대해 했던 말이 생각나시죠?

계율이 계율인 것은 그것이 계율이기 때문입니다. 선와 악이 있고, 선을 지키고 악을 금지한 게 계율이라고들 생각하기 쉽지만, 그렇지 않습니다. 금지의 계율이 있고 그다음에 선악이 있습니다. 선이 무엇이고 악이 무엇인가? 아담이 사과를 따 먹은 건 왜 악인가? 방금 말했듯이 하지 말라는 계율을 어겼기 때문입니다. 다른 이유는 없습니다. 계율이 먼저고 선악은 다음에 오는 거지요. 물론 사과를 먹으면 뭔가 안 좋기에 계율을 정한 것인데, 다만 설명하지 않았을 뿐이라고 반박할 수도 있겠지요. 그러나 그렇게 되면 몸에 좋은가 안 좋은가에 따라 '선/악'을 정하는 것이 되어 '선악'은 계율과 무관한 게 됩니다. 그리고 사실 그런 거라면 계율로 정할 필요가 없습니다. 그냥 '이러면 몸에 나쁘니 하지 않는 게 좋아'라고 알려 주면 됩니다. 그래도 어겼을 땐, 그 후과는 따로 벌을 정하지 않아도 그냥 자기 몸에 오는 설사와 구토 같은 고통으로 '벌'을 받게 되지요. 그러니 징벌도, 처벌도 따로 필요 없습니다. 이게 바로 '좋음/나쁨'이 작동하는 방식입니다. 이게 바로 선악과 다른 좋음/나쁨의 개념입니다. 반면 선악은 규칙과 계율에 따른 판단이니, 어겼을 때 벌을 따로 주지 않으면 굳이 지킬 이유가 없어집니다. 좋음/나쁨은 상과 벌이 따로 없어도 스스로 좋고 나쁨으로 행동의 결과를 얻기에 요구하지 않아도 좋은 것을 하려 하지만, 선/악은 상과 벌이 없으면 금지의 계율도 행동을 막을 수 없기에 선을 행하도록 하기 어렵습니다. "이렇게 하는 게 몸에 좋을걸"과 "어기면 죽을 줄 알아!"가 양자의 차이를 잘 보여 주는 말입니다. 전자가 긍정적이라면 후자는 부정의 부정이지요.

요컨대 선/악은 이유를 묻지 않고 지켜야 할 계율을 전제합니다. 신이 **왜** 사과를 따지 말라고 했는가는 중요하지 않으며, 묻지도 따지지도 않습니다. 계율이기에 지켜야 하는 겁니다. 계율을 어기면 악이고, 어기지 않으면 선입니다. 반면 좋음/나쁨은 그런 계율이 따로 없으며, 나의 어떤 행위가 내게 좋은지 나쁜지만이 문제가 됩니다. 상한 음식을 먹는 것은 몸에 '나쁘지만' 결코 '악'이라고 할 순 없겠지요. 지친 심신을 쉬기 위해 자거나 편안한 음악을 듣는 것은 몸이나 '영혼'에 '좋은' 일이라 하겠지만 그걸 '선'이라고 하긴 어렵지요. 명절에 차례를 지내거나 할아버지가 돌아가신 날 제사를 지내는 것은, 요즘처럼 귀신에 대한 믿음이 사라진 시대라 해도, 가족들을 정기적으로 모이게 하여 공동성을 유지하게 해주기에, 또 조상의 음덕에 '감사'하는 마음을 표현한다는 생각을 하게 해준다면 '좋은' 일입니다. 반면 차례나 제사는 모든 가족이 때가 되면 모여 무조건 지내야 한다는 생각에, 기독교도인 가족이 제사를 지낼 수 없다고 하는데도 무리하게 밀어붙여 지내게 한다면, 제사에 관한 계율을 어기지 않았으니 '선'이라 하겠지만, 가족 간 갈등을 야기하여 힘들게 할 게 분명하니 가족에 '나쁜' 일이 될 겁니다. 반대로 그런 경우 제사를 지내지 않겠다고 버티는 기독교도는 고난을 견디면서 교회의 계율을 충실히 지킨 것이니 '선'을 행했다 하겠지만, 가족의 관점에서 보면 갈등의 계기를 만들었다는 점에서 '나쁘다'고 할 겁니다. 이는 우리 주변에서 흔히 보는 일이지요?

좋고 나쁜 것은 때에 따라, 사람이나 상황에 따라 이렇게 달라집니다. 이는 사람뿐 아니라 동물이나 식물, 사물, 혹은 기관이나 세포에 대해서도 사용할 수 있는 말입니다. 식물에게 뜨거운 물을 주는 건, 주는 사람에겐 어떨지 몰라도 그 식물에겐 나쁜 일이 틀림없지요. 담배를 피우는 건 '나'의 기분을 위해선 좋은 일이겠지만, 나의 허파를 위해선 나쁜 일일 겁니다. 배가 고플 때 음식을 먹는 것은 두말할 것도 없이 좋은 일이지만, 배가 부를 때 그리 하는 것은 나쁜 일입니다. 그렇기에 좋음/나쁨은 조건을 초월한 계율이나 상태와 무관한 규칙이 되기 어렵습니다. 조건에 따라 아주 달라지기 때문입니다. 심지어 같은 존재자에게도 상황에 따라 좋음/나쁨은 달라집니다.

물론 좋음/나쁨과 관련해서도 '금지'의 규칙이 있을 수 있습니다. '담배를 피우지 말라', '술을 마시지 말라', '과식하지 말라' 같은 '보편적' 언사의 규칙도 있고, '감기약을 먹을 땐 술을 마시지 말라', '술을 많이 마셨다면 목욕하지 말라'같이 조건문 형식의 규칙도 있습니다. 그러나 보편적 언사로 말할 때조차, 그것을 어겼다고 '악'이라 하진 않습니다. 그건 '이렇게 하면 몸에 나쁘니 하지 말라'는 충고를 일반화한 것이기 때문입니다. 그것을 지켜야 하는 것은 그 규칙이 계율이기 때문이 아니라, 그렇게 하는 게 몸에 좋기 때문입니다. 그러나 어긴다고 해도 '악행'이라 할 순 없기에 야단치거나 잔소리는 해도 '죄'라고 단죄하지 못하며 처벌도 할 수 없습니다. 처벌하지 않아도 자기 몸으로 그 후과를 받게 되지요.

그러고 보면 계율에도 상이한 두 가지가 있는 셈입니다. 계율이기에 무조건 지켜야 하는 것이 있고, 어기면 안 좋은 어떤 이유가 있기에 지켜야 하는 것이 그것입니다. 심지어 똑같은 문장의 계율도 지켜야 할 이유가 무엇인가에 따라서 '선'에 속하는지 '좋음'에 속하는지가 달라질 수 있습니다. 가령 '살인을 하지 말라'는 규칙은 법이나 계율이기에 지켜야 한다고 하면 그것은 '선악'의 계율에 속한다고 하겠습니다. 반면 살인을 하려 하면 죽은 사람이나 그 친지들이 가만히 있을 리 없고, 생존을 위해서나 원한으로 인해서나 보복을 피하기 어려울 것이며, 그렇게 되면 살인한 사람의 삶이 불안하고 힘들게 될 것이고 사회는 갈등과 충돌로 피곤하게 될 것이다, 그러니 해선 안 된다고 한다면, 이 계율은 나쁜 사태를 피하기 위한 것이니 '좋음/나쁨'의 계율에 속한다 하겠습니다.

4. 노예의 도덕과 주인의 도덕

이 차이를 이해한다면, 도덕에도 두 가지 다른 도덕이 있음을 이해하긴 어렵지 않을 겁니다. '선/악의 도덕'과 '좋음/나쁨의 도덕'이 있는 겁니다. 니체는 이를 두고 '노예의 도덕'과 '주인의 도덕'이라고 명명합니다. 니체의 설명방식과는 좀 다르지만, 노예의 도덕이라 함은 계율에, 즉 명령에 무조건 복종할 것을 요구하는 도덕임을 생각하면 이해하기 쉽지요. 이유나 조건을 막론하고 명령에 **무조건 따르는 것**, 그것이 노예의 의무니까요. 반면 '좋음/나쁨'은 '내게' 좋은지 나쁜지를 가려 판단하는 것이고, '보편적 규칙'조차 내게 좋은지 아닌지를 가려 지키는 것이니, 규칙을 따르는 것조차 '내'가 판단의 준거가 되기에 '내'가 주인인 도덕, 즉 주인의 도덕이라 할 수 있습니다. **가리고 판단하는 것**은 주인의 권리고 능력이니까요. 꼭 '내'가 아니어도 그렇습니다. 어떤 행위가 저 고양이에게 좋은지 나쁜지를 판단하여 행동하는 것도 고양이에 대한 나의 판단, 나의 배려에서 하는 것이며, 그 행위로 인해 나와 고양이의 관계가 좋아질 것인지 나빠질 것인지에 대한 고려 속에서 하는 것입니다. 그렇기에 이는 계율에 대한 무조건적 복종과 달리, 상대방에 대한, 혹은 그와 나의 관계에 대한 나의 판단입니다. 상대방에 대해 나의 판단을 부여하는 것이고, 그 판단에 '좋은' 방향의 잣대를, 준거를 제공하는 것입니다. 그렇지만 그 판단에서 중요한 건 내 생각이 아니라 고양이나 상대방에게 좋은지 나쁜지임을 주의하는 것입니다. 나는 좋다고 생각하여 그에게 안좋은 걸 강요한다면, 그건 좋은 일이 아니라 명백히 나쁜 일입니다. 판단의 준거나 내 생각이 아니라 나든 상대방이든 어떤 결정이 영향을 미치는 항입니다. 이렇게 판단할 때 나나 상대방 둘 다 주인이 됩니다. 좋음의 도덕이란 상대방을 주인의 위치에 놓고 대함으로써 나 또한 주인이되는, 주인으로서 판단하는 도덕입니다.

　니체가 도덕의 가치를 비판하려 했을 때 어떤 도덕을 비판하려 했을지는 쉽게 알 수 있지요? '**어떤** 도덕인가?'를 묻는 게, '**어떤 것**'이 그 도덕을 만들어 냈는가를 묻는 게 계보학적 질문 방법이라고 앞서 말씀드렸지요? 이는 '가치'를 묻는 질문이기도 합니다. 왜냐하면 '어떤 도덕인가?'를 묻는 것은 그 도덕의 가치를 묻는 것이기 때문입니다. 여기서 니체는 '노예의 도덕' 인가 '주인의 도덕'인가를 식별하려 합니다. 이건 노예의 도덕 이야! 이런 식으로 니체는 어떤 도덕의 가치를 찾아내려는 겁니다. 도덕의 가치를 묻는 계보학이 도덕의 비판이 되는 이유를 이해하실 수 있겠지요?

그런데 도덕의 비판은 단순히 도덕에 반하는 '반도덕'이나 도덕 자체를 부정하는 '무도덕/비도덕'을 주장하는 게 아닙니다. 반도덕은 도덕의 대칭적 대립물, 즉 가치의 부호만 바꾼 또 다른 '도덕'에 불과합니다. 이유가 무엇이든 '사과를 따 먹지 말라'를 이유가 무엇이든 '사과를 먹어라'라고 바꾼다면, 그거 역시 명령문의 술어만 바꾼 것이지 무조건적 복종을 요구하는 계율이고, 그 계율에 따른 도덕은 노예의 도덕이니까요. 무도덕은 좀 다른가 싶지만, 그것은 '아무것이든 좋아'가 되어 아무 생각 없이 주어지는 것을 따라가게 되기 십상입니다. 나에게, 저것에게 무엇이 좋은지를 생각하고 판단하는 주인의 행동은 거기에 없습니다. 몸을 돌보지 않은 대가가 몸을 덮쳐 올 때, 우리는 자신이 삶이나 행동의 주인이 아니었음을, **사태의 노예**에 지나지 않았음을 알게 됩니다.

도덕에 대한 니체의 비판은 도덕을 그저 엎어 버리거나 지워 버리는 게 아니라 다른 유형의 '도덕', **주인의 도덕을 발명하는 것**입니다. 그의 비판이 부정 아닌 긍정이라 함은 이 때문입니다. 그것은 선악을 대신하는 개념을 도덕의 기본 범주로 도입하는 것입니다. '좋음'과 '나쁨'이 그것입니다. 그래서『도덕의 계보』 첫째 논문은 이 두 쌍의 개념을 대비하는 것을 주제로 하고 있는 것입니다.

니체는 '노예의 도덕'과 '주인의 도덕'을 구별했는데, 스피노자가 제안했던 것이 정확하게 '좋음'과 '나쁨'을 원칙으로 삼은 '윤리'였습니다. 스피노자가 보기에 모든 존재자 — 그는 이를 '양태'란 말로 표현합니다 — 들은 서로 만나고 촉발하며 삽니다. 그래서 그는 어떤 존재자를 다른 존재자에 의해 어떻게 촉발되고 변용되는가를 통해 정의하려고까지 했습니다. 관계가 달라지면 한 존재자는 다른 양태가 되는데, 이는 다른 존재자가 됨을 뜻합니다. 이런 변용을 야기하는 것은 한 존재자가 만나는 '이웃들'입니다. 어떤 이웃과의 만남은 그것이 만난 존재자에게 세 가지 방향의 변화를 야기합니다. 그 존재자의 능력이 증가하거나, 감소하거나, 아무 변화가 없거나. 어떤 존재자와의 만남이 '나'의 능력의 증가를 야기한다면, 나는 그 만남을 '좋다'고 느낄 것이고, 그 존재자를 '좋은 것'이라고 생각하게 될 겁니다. 그 만남이 반대로 능력의 감소를 야기한다면, 나는 그 만남을 '나쁘다'고 느낄 것이고, 그 존재자를 내게 '나쁜 것'이라 생각하겠지요. 예를 들어 제가 지쳐서 기분이 처진 상태에서 술을 한 잔 마셨다면, 그 술은 제 신체적 능력의 증가를 야기하기에 '좋다'고 느낄 겁니다. 그러나 아무리 술이 당기는 때라 해도 그 술이 메틸알코올을 섞은 것이라면 신체적 능력의 현저한 감소를 야기할 것이기에 '좋다'가 아니라 '나쁘다'로 느낄 겁니다.

'좋다/나쁘다'는 이처럼 어떤 존재자가 자신의 신체적 능력의 고양을 추구하고, 그로써 생존능력을 증가시키려는 코나투스의 표현입니다. 좋은 삶의 방법이란 간단히 말하면 능력의 증가를 야기하는 만남을 극대화하는 삶이지요. 좋은 삶을 사는 방법을 스피노자는 '에티카', 즉 '윤리'라 명명했고, 자신의 주저를 바로 이 '윤리'를 위해 썼던 겁니다. 이 윤리학은 뒤에 가면 '자유로운 삶', 지복(至福)의 삶을 향하고 있음을 표명하는데, 스피노자 역시 노예적 삶과 대비하여 자유인의 삶을 추구했고, 윤리학이란 이를 위한 방법이라 믿었던 겁니다. 노예의 도덕에 반대되는 주인의 도덕이란 스피노자 말로 바꾸면 자유인의 윤리가 되겠지요. 주인이란 노예와 반대로 자유로운 자라고 하면 이게 같은 말임을 쉽게 알 수 있지요. 그러나 이는 '자유'에 대한 자의적 규정 — '내가 하고 싶은 대로 하는 게 자유다' — 을 발전시키는 것이 아니라 오히려 신체적 능력의 증가를 가능하게 하는 '자연학'을 통해 가능하다고 믿었습니다. 신체적 변화란 믿음이나 희망이 아니라 자연에 속하며 자연학적으로 포착될 수 있으니까요. 그런 점에서 스피노자의 윤리학은 자연학적 윤리학이라 할 수 있습니다.

결국 니체가 주인의 도덕이라고 불렀던 것을 스피노자는 '윤리(학)'라고 했던 것인데, 들뢰즈는 '도덕'에 대한 니체의 비판과 연결하여 '도덕'과 '윤리'의 구별을 제안합니다. 즉 선악의 개념에 기초한 도덕과 좋음/나쁨의 개념에 기초한 도덕이라는 니체의 구별을, 스피노자의 '윤리' 개념을 적극 끌어들여, '도덕'과 '윤리'로 구별하는 겁니다. 선악 개념에 의한 행동의 규제

방식을 '도덕'(Moral)이라 한다면 좋음/나쁨 개념에 의한 행동의 규제방식을 '윤리'(Ethics)라고 하는 거지요(질 들뢰즈, 『스피노자의 철학』, 박기순 옮김, 민음사, 2001). 물론 이는 들뢰즈의 구별이고, 다른 철학자들은 이 두 말을 엄격하게 구별하지는 않습니다. 칸트에게 도덕과 윤리는 다르지 않은 것이었고, 윤리학이 존재론보다 더 중요한 제1철학이라고 했던 레비나스가 말하는 '윤리학'은 여기서 말했던 것으로 치면 도덕에 더 가깝습니다. 그러니 단어만 보고 판단해선 안 됩니다. 핵심은 문제가 되고 있는 것이 '선/악'인지 '좋음/나쁨'인지 하는 것을 보는 것입니다.

도덕과 윤리가 얼마나 다른지를 잘 보여 주는 것 중 하나가 바로 섹스에 대한 태도예요. 기독교에서는 생식과 무관한 섹스는 악입니다. 생식 목적이 아닌 섹스는 쾌락을 탐하는 행위이기 때문에, 쾌락을 탐하지 말라는 계율에 어긋나기 때문입니다. 그래서 오랫동안 욕망을 억압할 것을 요구했습니다. 고해의 중요한 대상이기도 했지요. 특히 16~17세기에 고해를 강화하려는 조치들이 집요하게 행해졌는데, 고해신부로 하여금 아주 구체적으로 묻게 했다고 해요. 그동안 몇 번이나 했는지, 어떻게 했고, 누가 하자고 했는지, 하면서 어떤 느낌과 생각을 가졌는지 등등. 민망하기에 묻기 힘들 거라 생각해서인지, 물어야 할 구체적 질문까지 교서에 담아 내려보냈다고 해요. 말 안 하면 그만이지 하겠지만, 그러면 쾌락을 탐한 죄에 더해 고해성사에서까지 거짓말을 한 죄가 추가됩니다. 누가 모른다 해도 자신은 알지요. 찝찝할 겁니다. 정직한 이라면 죄의식을 느낄 것이구요. 그러나 독실한 분이라면 고해하면서 금지된 섹스를 했다고 하기도 결코 편치 않았겠지요? 그렇다고 거짓말을 할 수도 없으니, 배우자와 누운 자리에서 생각할 겁니다. '에이, 그냥 참자!' 이런 식으로 자기억제함으로써 도덕은 섹스를 최소화하게 하는 금욕장치로 작동한 겁니다. 푸코는 이를 통해 신부의 시선이 침실 안에 들어오게 되었다고 말합니다(미셸 푸코, 『성의 역사 1: 지식의 의지』, 이규현 옮김, 나남출판, 2010). 신부의 시선으로 나나 배우자의 욕망을 보게 된 겁니다. 선악의 도덕이 침실 안에까지 자리 잡게 된 겁니다.

반면 중국에는 섹스에 대한 '윤리학' 같은 것이 전해져 왔지요. 대표적인 것인 『소녀경』(素女經)인데, 중국의 오래된 의학서인 『황제내경』(黃帝內經)에 포함되어 전해지는 책입니다. 이는 도교의 '양생술'에서 기인한 것인데, 양생술이란 병 없이 건강하게 살기 위한 기술을 뜻합니다. 건강을 위한 일종의 자연학이고 생리학이지요. 동양에선 의학이 정확하게 그런 맥락에서 발생하여 발전해 왔습니다. 그런데 이 양생술의 일부로서 섹스의 기술을 다룬 책이 쓰여 전해지는 겁니다. 소녀(素女)는 그 기술을 가르쳐 주는 사람인데, 여기서 섹스는 양생을 위한 것으로 다루어집니다. 도교에서 양생의 기본 원리는 '정이기 기이신'(精而氣 氣而神)인데, 정(精)이 기(氣)가 되고, 기가 신(神)이 된다는 말입니다. 정이란 정기, 정수 등에서 보이듯 힘의 근원이 되는 에너지를 뜻합니다. 기는 간단히 말해 '힘'이지요. 신은

'정신', 혹은 '의지' 같은 것입니다. 아주 니체적인 개념들이지요? '정이기 기이신'은 쉽게 말해 에너지가 힘이 되고, 힘이 바로 정신이 된다는 겁니다. 어때요, 맞는 말 아닌가요? 그런데 섹스에서 정이란 바로 정자, 정액 같은 걸 뜻합니다. 섹스를 하면서 사정을 하면 그 정을 방출하여 몸 밖으로 배출하는 것, 즉 뽑아내 버리는 게 됩니다. 그렇게 많이 배출하면 기가 약해지고, 기가 약해지면 정신도 약해지겠지요. 그러니 기를 모으고 정신을 보호하려면 정을 아껴야 합니다. 섹스를 하면서 정을 아끼려면 어떻게 해야 하나요? 사정을 하지 않아야 합니다. 그래서 도교 양생술에서 권하는 섹스는 몸에 '좋은' 섹스고, 이는 사정을 하지 않는 섹스입니다. 흔히 '접이불루'(接而不漏), '접이불사'(接而不射)라는 말로 요약됩니다. '교접하되 사정하지 말라'는 겁니다.

그런데 방사하지 않는 섹스는 당연히 생식과 무관한 섹스입니다. 이게 몸에 '좋다'는 이유로 권해지는 겁니다. 기독교에서 금지된 '악한' 섹스가 도교 양생술에선 '좋은' 섹스로 권해지고 있는 겁니다. 도덕에서의 섹스와 윤리에서의 섹스가 얼마나 다른지를 아주 잘 보여 주는 예지요. 그런데 여기서 주목해야 할 것은 양생술에서 '좋음/나쁨'이란 개념을 따라 권하거나 금하는 게 정확히 '생리학적'이고 자연학적이라는 점입니다. 몸에 좋으면 '좋다'고 하고, 몸에 나쁘면 '나쁘다'고 하는 겁니다. 이는 니체가 **생리학적 관점에서** 도덕에 대해 분석했어야 했다는 생각을 왜 하게 되었는지를 역으로 보여 줍니다. 니체 역시 선악 대신 '좋음/나쁨'이 주인의 도덕을 위해 중요하다고 생각했다고 했는데, 몸에 좋은지 나쁜지를 따지는 생리학적이고 자연학적인 도덕('윤리')이 바로 그것이었던 겁니다. 다시 말해 그가 도덕의 비판을 통해 나아가야 했던 방향은 바로 이 자연학적이고 생리학적 방향이었다는 겁니다.

덧붙이자면, 모럴(moral)을 '도덕'이라 하고 에틱스(ethics)를 '윤리'라 번역한 것 역시 일본학자들일 텐데, 한자어권에서 '도덕'이란 말은 사실 선악과 별 관계가 없습니다. 아니 선/악이란 번역어 자체가 '**좋을** 선, **나쁠** 악'이잖아요. 선악이란 말이 니체적인 의미에서 good과 evil의 번역어가 되기엔 부적절합니다. 앞서 말씀드렸듯이 선악이란 무조건적 복종이 요구되는 초월적 계율을 전제로 하며, 이는 계율을 만들고 복종을 요구하는 신이라는 '초월자'로부터 나온 것인데, 동양에는 그런 초월자가 없지요. 그러니 초월적 계율도 없고, good/evil도 없는 겁니다. 반면 서양은 기독교 사회의 성립 이후 good/evil이란 개념이 사람들의 삶을 규제하는 초월적 개념이 되어 왔고, 사상이나 이론, 문화의 모든 면에 가장 깊이 스며든 개념이 되었는데, 이걸 번역하려니 대강 '비슷한' 개념을 찾아 번역한 거지요.

'도덕'(道德)은 더해요. 노자의 『도덕경』을 떠올리게 하는 말인데 도(道)는 '길 도'자고, 서양에서도 번역할 수 없다 하여 '타오'라고 음역되는 말이지요. 초월적인 기원이나 목적 같은 게 아니라 '길'이, 과정 자체만이 중요하다는 발상이 담겨 있는 말이니 초월자를 상정한 moral과는 완전히 반대쪽에 있는 말입니다. 덕(德)은 라틴어로 비르투스(virtus)를 뜻하는데, 이는 좋은 삶을 산출하는 능력을 뜻하기에 스피노자 윤리학의 중심 개념입니다. 스피노자는 심지어 덕의 존재 자체가 지복을 뜻한다고까지 합니다. 그러니 이 역시 모럴(moral)과 반대편에 있는 말입니다. 즉 한자문화권에서 '도덕'이란 오히려 스피노자가 말하는 ethics와 가까이 있는 말입니다. '윤리'(倫理)는 사전에선 '사람이 마땅히 지켜야 할 도리'라고 되어 있고, 말 자체가 '도리'와 '이치'를 강조하고 있으니 '도덕'보다는 차라리 moral의 의미에 가까워 보입니다. 그러나 앞서 계율에 대해 말씀드렸듯이, '도리'를 '계율'로 해석한다 해도 선악의 도리와 좋음/나쁨의 도리가 구별되어야 하는데, 이 경우 윤리는 좋음/나쁨의 도리를 뜻합니다. 윤리에서 윤(倫)자는 '둥글 륜(侖)'과 '사람 인(人)'을 결합한 것인데, 도리를 지키면 내게 좋은 일로 돌아올 것이고 어기면 나쁜 일로 돌아올 것이라는 생각이 둥글 륜(侖)자의 의미란 점에서 그렇습니다. 그래도 그 의미를 대비하여 보자면, moral을 윤리로, ethics를 도덕으로 번역하고 싶은 마음이 굴뚝같지만, 이미 번역어가 강하게 확립되어 있어서, 바꾸어 사용하면 오히려 혼동만 야기될 것 같지요? 그냥 moral은 도덕, ethics은 윤리라고 쓰는 수밖에 없을 거 같습니다.

5. '이익'의 도덕과 '자긍심'의 도덕

니체는 『도덕의 계보』 직전에 『선악의 저편』을 썼지요. 방금 말씀
드린 것처럼 선악의 개념, 선악의 도덕에 대한 비판을 통해 니체는
그것을 넘어서고자 했던 것입니다. 『도덕의 계보』 첫째 논문 마지
막 절(17절)의 끝에 '선악의 저편'이라는 '위험한 표제어'에 대해
말하면서 니체는 이렇게 말합니다. "이는 적어도 '좋음과 나쁨의
저편'이라는 의미는 아니다." 그는 여기서 선악의 도덕과 좋음/나
쁨의 도덕이 본질적으로 다르며, 자신이 하고자 했던 것이 선악의
도덕을 넘어서는 것이었지만, 그것이 좋음/나쁨의 도덕을 넘어서
는 것은 아니었다고 말하려는 겁니다. 니체의 어법을 고려한다면,
이는 선악의 도덕을 대신해 좋음/나쁨의 도덕을 말하려는 것이었
다고도 할 수 있습니다. 더구나 '선악'과 '좋음/나쁨'이란 개념을
대비시킨 것이 바로 첫째 논문의 제목이었잖습니까?

그런데 스피노자가 분명하게 말했듯이 '좋음/나쁨'이란 나
와 만났던 것이 내 신체적 능력의 증가/감소를 야기했다는 사
실에 의해 구별됩니다. 그러니 이 책을 읽어 보신 분이라면 고
개를 갸웃할 수도 있을 거 같습니다. 이유는 무엇보다 여기서
제가 설명한 '좋다'가 **'이득'과** 결부되어 있기 때문입니다. 내 신
체적 능력의 증가를 야기한 것에 대해 '좋다'고 한다 함은 내게
'이득'이 된 것을 두고 '좋다'고 말하는 것입니다. 좋은 촉발을
받았다 함은 촉발의 결과 내가 어떤 이득을 **얻었다** 함입니다.

그런데 니체는 이 책에서 좋다, 나쁘다를 이처럼 무언가를

받는 자(얻는 자)의 '이득'에 결부시키는 것을 영국적 가설이라고 비판하고 있는 겁니다. 앞서 말씀드린 거 기억나시죠? 무언가 내게 '이익'이 된 것에 대해 좋다고 느끼고, 나중에 이유를 '망각'한 채 좋다는 판단만 남게 되며, 그 판단을 반복하는 '습관'에 의해 도덕적 '좋음'이 만들어졌다는 설명방식이 영국적 가설이라는 니체의 비판 말입니다. 그렇다면 신체적 반응에서 능력의 증감으로 좋음/나쁨을 설명하는 방식은, 즉 스피노자의 자연학적 윤리학은 무언가를 **받은 자의 입장에서 '이익'을 '좋음'의 이유로 삼는** '영국적 가설' 아닌가, 니체가 비판하는 입장 아닌가 하는 의문이 제기될 수 있기 때문입니다.

이는 좋음과 나쁨의 도덕 발생에 대한 니체의 설명방식에 제가 고개를 갸웃하게 된 이유이기도 합니다. 일단 오해를 피하기 위해 몇 가지 분명하게 구별해 두어야 합니다. 먼저 제가 '좋음/나쁨'을 설명한 방식이 받는 자의 '이익'을 통한 설명이란 점은 분명하며, 이는 니체가 비판하는 입장이란 건 맞습니다. 『아침놀』에서 니체는 "하나의 도덕이 그 효용(이익)에 의해 증명되거나 반박되는" 이런 식의 입장을 '공리주의적'이라고 간주합니다(230절). 다만 망각이나 습관에 의해 좋음/나쁨이라는 도덕의 일반 범주가 되었다는 것은 별개의 얘기인데, 별로 설득력이 없습니다. 니체 말대로 좋은 것을 받은 자가 '좋음/나쁨'을 망각한다는 건 추상적 공상에 불과하고, 망각했다 해도 만나는 순간 신체가 다시금 '좋다/나쁘다'를 느끼게 될 것이기 때문입니다. 전에 먹어 본 음식인 거 같은데, 심지어 그때 어땠는지 망각했어도, 먹는 순간 다시, 아니 어쩌면 새로이 판단하게 됩니다. 신체적 변용이 발생하니까요. '그땐 좋았는데….' 다음으로, '습관'에 의한 일반화는 '좋음/나쁨'의 윤리학과 관계가 멉니다. 기억하시겠지만, '선악'은 조건과 무관한 것이기에 언제나 '보편적' 내지 '일반적' 의미를 갖고 있으나, '좋음/나쁨'은 신체 상태에 따라, 조건에 따라 그때그때 달라지기에 '보편성'을 갖기 어렵습니다. 물론 음식은 대체로 동물에게 '좋은 것'이지만 먹을 때의 신체 상태에 따라 다른 게 될 수 있으니, 강한 '보편성'을 갖는 것도 '대충'만 타당할 뿐이며, 그 타당성이 깨지는 순간이 문제가 되는 경우가 많습니다. 습관까지 끌어들인 것은 선악이 갖는 보편적이고 일반적인 가치를 설명하거나 비판하려는 생각 때문일 텐데, 그것 자체가 선악의 도덕이란 관념에 사로잡힌 것이라는 게 제 생각입니다.

문제는 좋음/나쁨의 도덕을 받는 자의 '이익'으로 설명하는 것에 대한 니체의 비판입니다. '이익'의 도덕은 니체에겐 '귀족의 도덕'이 아니라 '천민의 도덕'에 속하는 것으로 보였던 게 분명합니다. 이익을 따지고 계산하는 것은 귀족 아닌 상인의 멘탈에 속한 것이고, 시장판에서 이루어지는 사람들의 행동방식으로 생각하기 쉬우니까요. 그에 못지않게 니체에게 거슬렸던 것은 이런 식의 도덕 관념에서 좋다, 나쁘다를 판단하는 게 '주는 자'가 아니라 '받는 자'라는 사실입니다. 니체가 보기에 준다는 것은 '강자'의 행위고, 받는다는 것은 '약자'의 행위이기 때문입니다. 힘에 관한 말로 바꾸면, 준다는 것은 작용하는 것이고 받는다는 것은 작용받는 것이지요. 전자가 능동적인 거라면 후자는 반동적은 아니어도 수동적이지요. 피동적인 건가요? 어쨌거나 강자의 도덕이라면 당연히 주는 자의 입장에서 좋고 나쁨을 판단해야 한다고 니체는 생각했던 겁니다.

그래서 그는 좋음/나쁨을 이득에 의해 규정하는 '영국식 가설' ——「서문」에 따르면 아마도 파울 레의 설명을 염두에 둔 것이겠지요? —— 을 대신해 '귀족의 도덕'이란 말에 부합하는 새로운 설명방식을 제안합니다. 받는 자 아닌 주는 자가, 자신이 좋다고 생각하는 것을 주는 것이고, 그에 의해 '좋음/나쁨'이란 덕목이 만들어졌다는 겁니다. 약자들이라면 자신에게 명령하는 자들을 '가해자'라 느끼며 그들이 하는 행위를 '악하다'고 하고, 자신들은 남들에게 명령하거나 해를 가하지 않기에 '선하다'고 느낀다면서 니체는 선악을 약자들의 도덕이라고 말합니다. 이게 '선악'이란 개념이 발생적 기원이라고 말입니다. 반면 강자들이라면 자신이 가진 것에 대해 자긍심을 가질 것이니, 자신들이 가진 것, 자신들이 주는 것을 '좋다'고 느낄 거라는 겁니다. 전자가 부정에 의해 악이, 부정의 부정에 의해 선이 규정되고 있다면, 후자는 긍정에 의해 '좋음'이, 그것의 부정에 의해 '나쁨'이 규정되고 있다는 점에서 긍정과 부정에 대한 니체의 멘탈과 상응한다 할 수 있겠지요. 니체의 말을 잠시 읽어 보도록 하겠습니다.

'좋음'이라는 판단은 '좋은 것'을 받았다고 표명하는 사람들의 입장에서 나오는 것이 아니라. 오히려 그것은 '좋은 인간들' 자신에게 있었던 것이다. 즉 저급한 모든 사람, 저급한 뜻을 지니고 있는 사람, 비속한 사람, 천민적인 사람들에 대비해서, 자기 자신과 자신의 행위를 좋다고 느끼고 평가하는 고귀한 사람, 강한 사람, 드높은 사람, 높은 뜻을 지닌 사람들에게 있었던 것이다. 그들은 이러한 거리의 파토스로써 가치를 창조하고 가치의 이름을 새길 권리를 비로소 가지게 되었던 것이다. 그들에게 공리(이익, 유용성)가 무슨 상관이 있단 말인가! […] 고귀함과 거리의 파토스, 좀 더 높은 지배종족이 좀 더 하위의 종족, 즉 '하층민'에게 가지고 있는 지속적이고 지배적인 전체감정과 근본감정— 이것이야말로 '좋음'과 '나쁨'이라는 대립의 기원이다.(제1논문2절)

이것이 약자의 도덕과 강자의 도덕, 노예의 도덕과 주인의 도덕에 대한 니체의 계보학적 설명의 요체입니다. 평범한 자들과 다른, 자신의 어떤 능력이나 자질, 특성을 '좋다'고 긍정하는 것, 그 자긍의 행위를 통해서 '좋다'고 말해지는 것이 덕목이 되었다는 겁니다. 말하자면 천한 이익의 도덕과 대비되는 고귀한 '자긍의 도덕'이 이처럼 자신의 남다른 자질에 대해 '좋다'고 느끼는 것을 윤리적 덕목으로 만들며 출현한다는 겁니다. 남다른 용기, 남다른 감각, 남다른 취향, 남다른 지성, 남다른 체력 등등을 염두에 두고 있는 것이겠지요?

그러나 이 '남다른 것'이라고 스스로 믿는 것이 실은 남과 그리 다르지 않은 것인 경우가 많기에 주의를 요합니다. 남다른 개성을 드러낸다고 옷을 입고 나가지만, 옆에서 보면 유행하는 옷들과 다를 게 없는 경우가 많지요. 이는 도덕의 계보학적 해명에서 결코 사소하지 않은 문제인지라, 좀 더 진지하게 다루어 볼까 합니다.

서양에서 매너의 역사는 니체가 말하는 '귀족'들이 남다른 거리를, 거리의 파토스를 과시하는 방식으로 발전시켜 온 것이란 점에서 아주 중요한 사례가 됩니다. 궁정귀족들의 매너의 역사를 세밀하게 검토한 노르베르트 엘리아스의 책『문명화과정』(박미애 옮김, 한길사, 1996)을 보면, 남다른 감각의 귀족적 매너는, 자기보다 '아랫것들'과는 달라야 하기에, 모사하고 흉내 내며 따라오는 이들과 다른 어떤 언행을 발명하는 방식으로 발달합니다. 니체 말 그대로 '귀족'들이 '남다른' 감각, 취향을 과시하기 위해, 일종의 '구별 짓기'(distinction)를 행하는 것이 매너의 변화를 추동해 간 요인이었습니다.

그러나 그것은 동시에 자기보다 위에 있는 귀족들, 자기보다 좀 더 왕에 가까이 있는 자들의 언행과 감각, 취향을 따라 하는 것이었습니다. 그들이 의자를 빼는 방식이 달라졌다 싶으면, 얼른 알아채고 나도 그리해야 합니다. 높은 분들이 새로운 도자기를 수집하기 시작하는 것 같으면, 나도 얼른 도자기에 눈을 돌려야 하고, 남들이 위험하기 그지없는 진보적 사상가들을 살롱에 끌어들이며 지성이나 개방성을 과시하면 나도 얼른 따라 해야 했습니다.

그래서 매너의 발전과 확산은 언제나 '유행'이라는 집합적 행동의 흐름을 형성하며 진행되었습니다. 이는 하층귀족들 역시 다르지 않았고, 그걸 보며 따라 하던 이른바 '중간계급', 다시 말해 부르주아지도 마찬가지였습니다. 사실 앞서가는 귀족들은 남다른 매너를 발명하며 구별 짓기를 했지만, 동시에 그 구별 짓기에는 '따라하지 않으면 비천하다'는 비난이 병행되고 있었습니다. 새로 발명된 매너가 이전 것보다 '좋다'고 말할 생리학적, 위생학적, 혹은 논리적이거나 미학적인 이유 같은 건 없다는 게 그걸 연구했던 엘리아스의 생각입니다. 그건 그저 위에 있는 좀 더 높은 귀족들이, 즉 '고귀한 자'들이 하는 것이기에 '좋다'고 간주되었습니다. 그리고 그것은 어느새 '아랫것'들이 따라 행해야 할 '덕목'이 되었습니다. 하지 않으면 천한 자가 되었으니까요. 그런 점에서 그것은 분명 귀족들이 자기가 하는 것을 그저 '긍정'하고는 그걸 도덕화했다는 점에서 '자긍'의 도덕, 문자 그대로 '귀족'의 도덕의 사례라 할 만합니다. 그런데 어떤가요? 이 '귀족'의 도덕이 시작하는 자의 정말 능동적 도덕이고, 강자들의 고귀한 도덕이라고 할 수 있을까요?

　　이 '귀족의 도덕'은 강력한 강제력도 갖고 있었습니다. 따라 하지 않으면 천한 자가 되었고, 천한 자가 되면 그 사람 주변에 사람들이 모이지 않으며 있던 사람들마저 '별 볼 일 없는 사람'이 되었다 생각하여 떠나갔기에, 집요하게 언행을 관찰하며 그들이 벌려 놓은 간극을 메우며 따라야 했습니다. 아랫것들과 자신을 구별 지으며 '거리의 파토스'를 즐기는 귀족들을, 그들을 열심히 따라 하며 귀족적 품위와 '고귀함'을 배우려 했던 이들의 열의가 충분히 따라잡아, 더는 티 나게 구별 짓기를 해볼 것이 남지 않게 되었을 때, '예절'(civilité)이라 불리던 것은 누구나 마땅히 따라야 할 '문명'(civilisation)이 되었다고 엘리아스는 말합니다. 귀족의 도덕이 모두의 도덕이 된 겁니다. 누구나 하지 않으면 이상한 풍속의 도덕이 된 겁니다. 이는 귀족이 하는 언행이기에 스스로 '좋다'고 자긍했던 것이, 귀족이고자 하는 이들은 물론 모든 사람이 따라야 할 덕목이 되었음을 뜻하기에, '자긍의 도덕'의 발생과 확립과정을 보여 주는 것이라 하기에 충분합니다. 자, 어떤가요? 이 자긍의 도덕이 강자의 도덕이고 주인의 능동적 도덕이라 생각되시나요? 왕 하나 빼면 모두 남들보다 빨리 따라 해야 하는 도덕, 추종의 도덕이고 수동의 도덕 아닌가요? 빨리 따라 하는 사람이 고상한 지위를 차지하는 도덕이니 눈치 빠른 자의 도덕이고 곁눈질하는 자의 도덕이지 이게 무슨 강자의 도덕이고 주인의 도덕이겠어요?

모두가 따라 해야 하는 '문명'이라는 착각 속에서 그랬을 겁니다. 예전에 베를린의 태국식당에서 손으로 게 집게발을 손에 잡고 열심히 뜯어 먹고 있는데, 옆에 앉아 식사하던 사람들이 주인을 불러 우리 들으라는 듯 "저거 원래 저렇게 먹는 거냐?"라며 큰 소리로 묻는 겁니다. 속으로 욕이 나왔지만, 저의 홈그라운드가 아닌 만큼 참았습니다. 비슷한 일이 영화감독인 지인에게도 있었는데요, 그분이 베를린의 일본식당에서 우동을 후루룩대고 먹는데, 옆에 앉아 있던 사람들이 눈총을 쳤나 봅니다. 그러나 이 양반도 만만치 않은 분이라, "짜식들, 국수는 원래 후루룩대고 먹는 거야!"라고, 물론 한국말로 중얼대며 더 후루룩대며 먹었다고 해요. 그 얘기를 듣곤 제가 너무 소심했다고 생각했지만, 이미 지나간 일이니 '자책'밖엔 안 되었지요. 그래도 '아 좀 더 품위 있고 고상하게 먹었어야 하는데'라며 '가책' 했던 건 아니니 그들의 도덕에 말려들어 간 건 아니란 생각입니다. 아, 얘기 끝이 너무 변명처럼 되어 버렸나요?

어쨌건 이처럼 그들이 '문명'이라 생각하는 것, 자신들의 습속이기에 따라 하지 않으면 '미개하다', 즉 '나쁘다'고 생각하는 태도가 유럽의 고귀하신 분들 세계에 여기저기 널리 남아 있어요. 덕분에 안 가던 여행 가 보겠다고 베를린의 한 여행사에 들어갔던 제 지인은, 마늘냄새 난다며 나가 달라는 직원 때문에 싸움질을 하여 미개인에 더해 야만인이 되고 말았다고 하더군요. 전부 1990년대 후반에 실제로 있었던 일입니다. 식민주의나 유럽중심주의 비판이야 지식인들 사이에서나 통하는 거지, 대중들 속에선 그렇지 않다는 걸 확인하기는 지금도 그리 어렵지 않을 겁니다. 이런 식으로 그리스 로마의 전통을 잇는다고 자부하는 서양에서는 자신들이 '좋다'고 생각하는 걸 잣대로 삼아, 그걸 따르지 않는 이들을 천박한 미개인이나 못된 야만인으로 보는 경멸의 시선을 던지며 자신의 높은 위치를, '거리의 파토스'를 확인하는 사람들이 아직도 많습니다.

꼭 이렇게 남들의 땅에 가서 확인하게 되는 것만 있는 것도 아닙니다. 와인을 마시면 와인에 대한 자신의 취향을 힘주어 말하고, 요리에 대해 말하면 요리에 대해 자신의 감각을 드러내는 말을 몇 마디 하는 것은, **자신의 남다른 자질을 과시하는** 세속적 방법이 되었음을 다들 잘 아시지 않나요? 그런데 어떻습니까? 이처럼 '고귀한 지위'를 차지한 분들이 자신들이 가진 것, 자신들에게 익숙한 것을 덕목으로 삼아, 그거 없는 이들은 '천하'고 비난하는 이런 도덕이 정말 선악을 대신할 '좋음/나쁨'의 도덕이 될 수 있다고 생각하시나요? '주는 자' ── 서양인들은 오랫동안 침략을 '문명화'라며 좋은 걸 주는 행위로 미화해왔지요 ── 들의 자긍을 따라 '좋음'을 배우고 익히며 나의 습속을 단련시키는 것이 '좋은 도덕'이 될 거라고 생각하시나요? 이것이 얼마나 천하고 유치한 자아도취인지는 따로 설명할 필요없지요? 주는 자 자신이 가진 걸 '좋다'고 느끼고 그걸 받는 자들에게 따르라고 하는 것이 정말 '강자'의 도덕이 될 수 있는지, 그런 게 정말 진지한 니체적 덕목이 될 수 있는지 근본에서 다시 생각해 봐야 하지 않을까요?

'남다른'이란 말로 윤리적 의미의 '좋다'를 정당화하는 것은 불가능합니다. 그저 주장하고 우기는 수밖에 없습니다. '문명화' 같은 것이 무언지를 잘 알게 된 지금, 그래서 자기 잣대로 다른 문화를 재는 것이 유치한 자아도취임이 분명해진 지금이라면, '내가 좋다고 생각하니까 좋은 거야'라는 강변은 '주는 자'를 아무리 멋진 개념으로 설명해 주어도 받아들이기 힘듭니다. 니체주의는 그런 강변을 이유를 따지지 말고 믿고 받아들이라는 설교가 아니라 심지어 옳다고 믿고 있는 것조차 망치로 두

들겨 보고 정말 그런지 따져 보라는 태도에 그 핵심이 있는 것 아닐까요? 그러니 그것은 그저 '귀족'이나 '고귀함'에 대한 자의적 규정을 추종하는 것이 아닙니다. 따라서 이런 태도로 니체의 말 자체도 망치로 두들겨 가며 찬찬히 따져 보아야 합니다.

그러고 보면 차라리 '남다른'이란 말을 끌어들이지 않고 자신의 자질이나 취향을 남들이 뭐라든 자긍하는 것이 그보다는 훨씬 더 고귀하고 능동적인 주인의 도덕으로 보입니다. '왜 시골 구석에 가서 그 고생을 하는데?' 하고 물으면, '그냥 그게 좋아서'라고 답하는 게 남다른 취향을 과시하는 사람보다 훨씬 격이 높지요. 즉자적 긍정, 자신의 능력이나 감각, 선택에 대한 이유 없는 자기긍정이 '남'과 비교하는 대타적 긍정보다 더 일차적이고 근본적입니다. 자기긍정이라면 차라리 이게 더 낫습니다. 남을 애써 설득할 필요도 없어요. 그냥 내가 좋아서 하는 거면 되니까요. 그런데 이 경우에조차 이를 '좋은 것'을 규정하여 윤리나 도덕의 덕목을 만들 수 있을까요?

사실 여기에도 '자긍'이면 충분하다고 믿는 걸 가로막는 큰 난관이 기다리고 있습니다. 왜냐하면 니체 생각과 달리 귀족 아닌 평민 역시 '자긍하는' 취향을 가진 자들이 있기 때문이고, 심지어 납득하기 어려운 '자긍'도 있기 때문입니다. 가령 고상하게 클래식 듣는 이 앞에서 '뽕짝'에 대한 자신의 애정을 확신을 갖고 드러내는 경우가 그렇습니다. 와인에 대해 아는 체하는 지식인 앞에서 '술은 역시 쏘주지!' 하며 알코올에 물을 타고 조미료로 맛을 낸 음료에 대한 **진심 어린** 취향을 자랑스레 드러내는 분들, 자주 보시지 않나요?

자신이 잘 할 수 있는 것, **자신이** 좋아하는 것에 보편적인 '좋음'의 가치를 부여하려는 일은 이렇듯 다양한 양상으로 발견됩니다. 세종이 한글을 만들어 보급하고자 했을 때, 조선시대 사대부, 즉 한국의 '귀족'분들이 누구나 쓸 수 있는 '비속한' 문자에 대해 경멸을 표시한 일은 잘 알려져 있지요? 평민들에 대한 거리감 — 거리의 파토스 — 을 과시하며 자신들만 쓸 수 있는 한자야말로 세상의 이치를 담은 진정한 문자라고, 진정 '좋은' 문자라고 말했던 사실을 우리는 잘 알고 있습니다. 서양도 그래요. 하이데거나 아도르노처럼 20세기 중반에 글을 쓰면서 라틴어나 그리스어로 떡을 치며 세간의 언어와 다른 이 '고귀한 언어'를, 그걸 자유롭게 사용하는 자신의 능력과 취향을 과시하려 했던 철학자들을 우리는 여럿 알고 있습니다. 17~18세기 독일의 궁정귀족이나 지식인들이 '고귀한' 언어감각을 위해 프랑스어를 열심히 공부했고, 사교의 언어로 프랑스어를 사용했다는 것도 잘 알려진 이야기입니다. 이렇게 '고귀한' 분들 보면 솔직히 짜증 나지 않나요? '그래 너 잘 났다'라는 생각이 들죠. 차라리 '내가 이거 좀 알지'라며 거리감을 과시하는 이 짜증 나는 '고귀함'보다는, 이 천박한 귀족분들보다는 차라리 남들이 천하다고 하는 것이지만 싸구려 음식을 먹고 물건을 사 모으면서 '그래도 난 이게 좋아, 이 속에 깃든 삶을 나는 사랑하거든' 하는 분들이 저는 훨씬 좋습니다. 이런 분들이 훨씬 더 고귀하게 느껴집니다. 진정 '거리의 파토스'란 게 있다면 차라리 이런 것 아닐까 생각합니다.

요컨대 이익을 계산하는 비속한 자가 '좋음'이란 덕목을 만들어 낸 게 아니라, 자기 자신과 자신의 행위를 '좋다'고 느끼는 고귀한 자가 자긍의 영혼으로 '좋음'이라는 덕목을 만들어 낸 것이라는 발생학적 설명은 이런 근본적 난점들을 모면하기 어렵습니다. 그렇다면 니체는 왜 이런 방식으로 좋음/나쁨의 도덕을 설명하려 했던 것일까요? 그건 선악 같은 널리 알려진 도덕적 감각이 형이상학적이고 고상한 기원을 갖는다는 생각을 비판하려는 파울 레의 시도를 받아들였으면서도(『인간적인, 너무나 인간적인』), 여전히 '귀족'이나 '고귀한 자'라는 또 다른 고상한 가치로 대안적인 도덕을 정초하려는 발상을 충분히 벗어나지 못했던 것은 아닐까요? 형이상학 대신 '고귀함'이라는 또 하나의 고상함, 사람들의 직관적 자명함에 기대는 또 하나의 자연 발생적 가치로 되돌아가고 있는 것은 아닐까요? 거기에 더해서 '고귀함'이나 '고귀한 자'란 말에서 '귀족'을 떠올리는 통념적인 표상이나 직관적인 자명함을 너무 쉽게 받아들였던 것은 아닐까요? 발생인에 대한 물음을 **누구에 의해** 발생했느냐는 물음으로 던지고, 인간을 지칭하는 의문사 **'누가'**에 포함된 문법적 환상으로 인해 **인격적 표상**으로 답을 찾게 되면서 '귀족'이나 그와 유사한 인간을 떠올리게 되었던 건 아닐까요? 이런 점에서 발생인을 인격화된 표상이 아니라 차라리 개체 이하의 미시적 힘과 의지에서 찾아야 한다는 니체의 문제의식을, 도덕적 개념 아래에서 힘과 의지를 찾아내고 그것의 질을 분석하는 방법을 도덕의 계보학에서 가동시키는 것이야말로 진정 니체적 문제설정과 개념을 일관되게 밀고 나가는 길이 아닐까 싶습니다.

　나중에 다시 말씀드리겠지만 자존심과 구별되는 자긍심은 강자들의 중요한 심리적 특징이긴 합니다. 그러나 그 자체만으론 좀 전에 '문명' 타령하는 서양인들의 경우에서 본 것처럼 자긍심이 역사적 기원이나 맥락을 알지 못하는 턱없는 무지에 기인하는 경우도 많고, 좁은 시야의 투시법에 갇혀 다른 가치를 알아보지 못하는 나르시시즘적 단견에 기인하는 경우도 많다는 점에서 '좋은 삶'의 방향을 보여 주긴 어렵습니다. 개구리가 학을 보면서 '꿈쩍 않고 앉은 채 날아가는 파리를 잡을 수 있는 나의 이 혀는 얼마나 놀라운가, 대지를 박차며 도약할 줄 알고 동시에 물속을 자유롭게 유영할 수 있는 나의 이 뒷다리는 또 얼마나 뛰어난가'라고 자긍하는 걸 막을 순 없겠으나, 학이 보나 우리가 보나 웃기는 자긍심이지요. 많은 인간이 이성을 가진 자기 머리에 대한 자긍심으로 다른 동물들을 아래로 내려다보는 것도 다르지 않을 겁니다. 자신의 눈에 장착된 투시법을 넘나들 줄 모르는 자의 자긍심이란 '오직 나만이'라는 어리석은 단견의 표현인 경우가 많지요. 개구리는 개구리대로, 학은 학대로, 개미는 개미대로, 인간은 인간대로 잘 보는 것과 못 보는 것, 잘 하는 것과 못하는 것이 있음을 아는 눈에게만 자긍심이란 말은 최소한의 타당성을 가질 수 있습니다. 아니면 '오직[唯] 나[我]만이'라는 유아론적(唯我論的) 도취를 벗어날 수 없습니다. 이걸로 사람들에게 자기긍정의 미덕을 갖게 해줄 순 있겠지만, '좋음/나쁨'의 자연학적 윤리학을 구성한다는 건 결코 불가능하리란 생각입니다.

제4장

———

도덕의 생리학

1. '귀족의 도덕'과 노예 심성

니체도 고귀한 자의 자긍심 같은 것만으로는 주인의 도덕을 해명하기에 불충분함을 감지하고 있었던 것 같습니다. 이 주관적이고 모호하기 그지없는 심리학적 개념만으로 도덕적 개념의 기원을 설명하는 것은 어떤 것도 증명하기 어렵고 설득력을 얻기도 어렵다는 걸 모를 리 없습니다. 그래서 이 자긍심을 '좋음/나쁨'이라는 새 도덕의 범주와 연결할 수 있는 고리를 찾습니다. '주는 자'의 자긍이란 관점에서 '좋음/나쁨'을 설명할 수 있는 방법을 찾는 거지요. 그가 찾아낸 방법은 어원학입니다. '좋다', '나쁘다'에 해당되는 말에서 그걸 누가 어떻게 사용했는지를 어원학을 이용해 찾아내 보여 주려는 겁니다. 니체는 이렇게 말합니다.

어느 언어에서나 신분을 나타내는 의미의 '고귀한', '귀족적인'이 기본 개념이며, 여기에서 필연적으로 정신적으로 '고귀한', '귀족적인', '정신적으로 고귀한 기질의', '정신적으로 특권을 지닌'이라는 의미를 지닌 '좋음'이라는 개념이 발전해 나오는 것이다. 이와 병행해 진행되는 또 하나의 발전이 있는데, 이는 '비속한', '천민의', '저급한'이라는 개념을 결국 '나쁨'이라는 개념으로 이행하도록 만든다. (제1논문4절)

그러면서 그는 독일어에서 '나쁜'을 뜻하는 슐레흐트(schlecht)를 '단순한'을 뜻하는 슐리흐트(schlicht)와 같은 말이라고 하면서, 슐레흐트벡(schlechtweg; 완전히, 단지), 슐레흐터딩스(schlechterdings; 오직, 정말) 등의 단어를 상기시키고 있습니다. 이 모두가 아무런 의심의 눈길 없이 귀족과 대비하여 "단순한 사람, 평범한 사람"을 지칭하는 말이었는데, 30년 전쟁 무렵부터 '지금'과 같이 '나쁜', '열등한'을 뜻하는 의미로 사용되게 되었다는 겁니다. 이는 자신이 하려는 '도덕의 계보학' 본질적 통찰로 보인다면서, 이런 통찰이 뒤늦게 발견된 것을 '민주주의적 선입견'과 영국적 '평민주의' 탓으로 돌리고 있습니다.

대개는 대충 그렇다고 생각하고 넘어가지만, 이 부분은 생각보다 논지를 이해하기 쉽지 않습니다. 니체가 여기서 강조하려는 건 '나쁜'을 뜻하는 '슐레흐트'란 말이 단순함(schlicht)과 동일한 말이었음을 들어 '좋다'는 말이 단순함과 대비되는 신분적 고귀함에서 나왔다고 강조하려는 겁니다. 그러나 그 말이

'나쁜', '열등한'을 뜻하게 된 건 30년 전쟁 이후인데, 그렇다면 최근에 와서야 단순함을 나쁘고 열등한 것으로 간주하게 되었다는 말입니다. 그 전에는 평범하고 단순한 것에 대해 나쁘다거나 열등하다고 생각하지 않았다는 말이지요. 다시 말해 시간을 거슬러 올라가 보면 단순함을 나쁨이라고 하지 않았다는 겁니다. 신분적 차별이 확연했던 과거에는 단순함과 나쁨은 같지 않았으나, 최근, 즉 신분적 차별이 완화되고 니체가 싫어하는 '민주주의적 선입견'과 영국적 평민주의가 강화되면서 '단순함=나쁨'이 되었다는 겁니다. 어원을 따져 '단순성=나쁨=평민성'과 '귀족성=비단순성=좋음'을 대비하려는 니체의 논지에 반하는 것 아닌가요?

그래도 니체의 말을 최대한 이해하려 한다면, 좋음/나쁨의 대립 이전에 '좋음'이 귀족이라는 고귀한 신분의 표시로 사용되었다는 말로, 대립 이전의 순수 긍정을 뜻한다는 의미로 읽어야 합니다(이거, 쉽지 않지요?). 그러나 그렇게 해도 단순함과 평범함을 나쁜 것으로 간주한 최근의 발전을 '민주주의'나 '평민주의' 탓으로 돌리는 건 니체가 증명하려는 것과 반대 의미로 들리게 됩니다. 단순성과 평민성을 '나쁜' 것으로 만든 게 민주주의와 평민주의라는 건데, 이건 민주주의와 평민주의를 생각하면 말이 안 됩니다. 민주주의나 평민주의는 평범성이 좋다고 예찬하면 예찬했지 나쁘다고 했을 리 없으니까요. 니체가 민주주의나 평민주의를 싫어하는 것도 단순성과 평민성을 '좋은 것'으로 간주한다는 사실 때문이지요. 그나마 니체의 말을 이해하려면, 단순성과 평민성에서 나온 슐레흐트(schlecht)란 말이 '완전히', '오로지'를 뜻하는 부사 슐레흐트벡(schlechtweg), 슐레흐터딩스(schlechterdings)가 되어 버린 사태를 비판하는 것으로 읽어야 할 듯합니다. 평민적 단순성이 수적인 다수가 되어 나쁜 것이 전체 ── '완전', '오로지' ──를 대변하게 되는 것, 즉 schlecht가 schlechtweg, schlechterdings가 되어 버린 것이 민주주의나 평민주의 탓이라는 비판이라는 겁니다.

저는 니체의 말을 최대한 따라가며 이해하려고 했으나, 처음에 대충 읽을 땐 쉽게 넘었던 것이 세심하게 읽을수록 점점 더 이해하기 어렵게 되어 버렸음을 고백합니다. 이렇게 이해하려 해도 『아침놀』에서 니체가 같은 단어에 대해 쓰고 있는 글을 생각하면 다시 난감해집니다. 그 책 231절에서 니체는 '독일적인 덕에 대하여'란 소제목 아래 다음과 같이 쓰고 있습니다.

어떤 민족이 소박한/단순한(schlicht) 것을 열등한/나쁜(schlecht) 것으로, 소박한 인간을 열등한 인간으로 평가했을 때, 이 민족은 위엄, 신분, 의상, 화려함과 사치 등에 매인 노예와 같은 존재가 되었음에 틀림없다! 독일인의 도덕적인 오만에 항상 이 '열등한'이란 단어를 덧붙여 주어야 할 뿐, 그 이상의 아무것도 필요하지 않다.

여기서 니체의 논지는 오해의 여지가 없이 선명합니다. 앞서 보았던 두 독일어 단어를 들어 독일인들이 단순한/소박한

(schlicht) 인간을 나쁜/열등한(schlecht) 인간으로 간주하게 되었을 때, 그것은 자신은 단순/소박하지 않다는 가정하에 자신의 '도덕적' 지위를 과시하려는 도덕적 오만의 표현이지만, 이는 실은 위엄, 신분, 사치 등을 과시하려는 노예적 심성의 표현이라고, 그런 점에서 그런 독일적인 덕에 대해 '열등한/나쁜'이라고 말해 주어야 한다는 겁니다. 저는 『도덕의 계보』보다 앞서 쓰인 이 문장에 전적으로 동의합니다. 이해하기도 아주 쉽지요? 그저 습속일 뿐인 매너를 '문명'이라며 그걸 모르는 자들을 비난하면 자신의 도덕적 지위를, 고귀함을 과시하려는 도덕적 오만에 대한 비판으로서도 아주 적절합니다. 실로 니체적 비판이라는 생각입니다.

그런데 이 비판은 바로 『도덕의 계보』에서 니체가 어원학을 빌려 말하려는 '귀족의 도덕'에 그대로 되돌아가게 됩니다. 단순한 인간을 열등한 인간이라고 간주하려는 **'귀족적' 태도에서** 우리는 역으로 '신분'이나 '위엄' 같은 것을 얻고자 하는 **노예적 심성**을 읽어야 한다는 겁니다. 그런 점에서 schlicht와 schlecht가 같다는 말은 좋음과 나쁨이란 귀족의 도덕이 자기가 가진 것의 긍정에서 나온다는 주장을 증명하는 게 아니라 반증한다는 생각입니다. 자기 주장과 반대되는 걸로 자기 주장을 입증하려 하니 저 이해할 수 없는 문장이 나온 겁니다. 오히려 『아침놀』에 쓴 글이야말로 『도덕의 계보』에서 니체가 어원학을 통해 귀족의 도덕과 노예의 도덕을 구분하려는 시도가 이해하기 어려운 혼동을 야기했고 결국 성공할 수 없음을 보여 주는 게 아닌가 싶습니다.

아마 니체도 독일어 어원을 들어 설명한 것이 충분히 설득력이 없었다고 생각했던 거 같습니다. 하여 그다음엔 그리스어와 라틴어 어원을 동원해 귀족이란 단어에 진실함, 고귀함을 평민이란 단어에 천박함, 거짓말, 비겁함이란 속성을 부여하려 합니다. 이런 발상은 심지어 우리로선 당혹스럽기 그지없는 다음과 같은 문장으로 이어집니다.

> 라틴어 말루스(malus, 나쁜)란 말—이 말 앞에다 그리스어 멜라스(μέλας, 검은, 어두운)란 말을 놓고 싶다—에서 평민은 어두운 피부를 가진 사람들로, 특히 검은색 머리카락을 가진 사람들을 지칭하는 것이었으며, 지배자가 된 금발의, 즉 아리아계 정복 종족과는 피부색으로 가장 분명하게 구별되는 이탈리아 아리아계 이전 토착주민을 지칭하는 것이었다. (제1논문 5절)

어떻습니까? 갈수록 태산이지요? 첫 단추를 잘못 끼웠는데, 그걸 보충하려고 덧붙인다는 게 점점 더 난감한 곳으로 끌고 가는 겁니다. 어두운 피부와 검은 머리카락을 가진 자를 열등한 자, 나쁜 자의 지위에 할당하고 흰 피부와 금발을 가진 자를 고귀한 자, 좋은 자의 지위에 할당하는 이러한 주장은 솔직히 말해 어이없을 뿐 아니라 지극히 유치한 19세기의 통념을 그대로 반복하고 있는 것입니다. 흑인들이 읽는다면 분노할 만한 구절입니다. 그럼, 흑인들만 있던 곳에서는 고귀함의 윤리학이나 좋음의 윤리학은 있을 수 없단 말이냐고 항의할 만합니다. 니체는 여기에 더해 켈트어까지 덧붙이지만, 유럽인들이 사용하는 말들의 어원을 통해, 다시 말해 '유럽'의 고대인들의 통념을 통해 좋음과 나쁨의 윤리학을 발전시키겠다는 생각은 비유럽인, 검은 피부와 검은 머리카락을 가진 사람들이 보기엔 놀라운 정도로 어이없고 어리석은 것입니다. 유럽인의 언어를 보편적 윤리 개념의 근거로 삼겠다는 발상은 명백히 19세기 유럽인들의 식민주의적 발상, 그리고 그에 기초한 인종주의적 발상의 반복입니다.

2. 어원학과 문법의 환상

좀 더 근본적인 문제는 어원학을 통해 도덕에 대한 계보학적 분석을 하고, 그로부터 새로운 도덕을 끄집어내겠다는 발상 자체에 있습니다. 이는 "언어는 존재의 집"이라면서 고대의 언어에 대한 어원학적 해석을 근거로 존재의 본질을 언어에서 끄집어내려는 하이데거에게서 훨씬 극단적이고 '심오한' 양상으로 반복되었던 것입니다. 어원을 이용해 철학적 논증을 하려는 이들 ── 데리다가 특히 그랬지요 ── 이 지금도 적지 않기에, 단지 니체만의 문제는 아닙니다. 그러니 이 또한 충분히 살펴봐야 합니다.

우리는 언어에 기대어 말하고 생각합니다. 그래서 언어 안에 우리 생각이 갇혀 있다고도 하지요. 그러나 동시에 우리는 그 언어를 사용하면서 우리 생각에 맞추어 슬쩍 비틀고 바꾸고 없던 걸 끼워 넣기도 합니다. 안정된 단어를 해체하여 새로운 단어를 만들어 내기도 하지요. 지금 시대는 특히나 인터넷 문화로 인해 신조어와 은어, 유행어가 폭발적으로 증가하는 시대입니다. 지금 이렇게 만들어진 말들에는 지금을 사는 우리들의 통념이, 그 밑에 있는 삶이 스며들어 있습니다. 거기 스며든 건 단지 개인의 생각이 아니라 시대의 통념입니다. 개인의 생각일 뿐이라면 남들이 받아들여 같이 사용해 주지 않기에 새로운 말로 자리 잡기 어렵지요. 통념을 표현한다면 말도 안 되는 말조차 유행어가 되고 신조어가 됩니다.

이렇듯 언어에는 그 시대의 통념과 삶이 스며들어 있습니다. 그러나 그것은 '통념'(doxa!)이지 '진리' 같은 건 아닙니다. 존재의 진리와는 전혀 상관이 없습니다. 고대의 언어도 마찬가지겠지요. 살아남아 전해지는 말들에는 오래전 사람들의 언어적 용법이, 그들의 통념과 삶이 들어간 채 전해집니다. 그래서 말의 고대적 형태를 따져 **고대인들의 생각**을 추적해 볼 순 있습니다. 이것이 어원학을 통해 철학이 하려는 것입니다. 그러나 이는 그 말에 흔적을 새겨 넣은 고대인들의 '통념'이지 보편타당한 진리나 존재의 진리 같은 게 아닙니다. 하이데거는 이를 존재에 대한 고대인의 통찰이라고 하겠지만, 저는 그들의 삶 속에서 형성된 고대인의 사고방식과 통념이, **그 시대의 상식이** 배어 들어간 거라고 생각합니다. 우리 시대의 언어에 깃든 지금 우리의 통념을 '진리'라고 하거나 그걸 근거로 존재의 진리를 찾아내려 한다면, 웃기는 일이 되지 않겠어요? 고대인의 언어라고 다르겠어요?

예컨대 언어에 남아 있는 가장 오래된 흔적 중 하나가 구미의 언어에 널리 남아 있는 성과 수 같은 것일 겁니다. 동양에선 그런 걸 찾아보기 어려워요. 아마도 성과 수의 구별을 아주 중요하게 생각했던 사람들의 멘탈이 모든 것에서 성과 수를 구별하고자 했던 것이고, 그게 모든 것에 성과 수를 구별하여 붙이게 했던 것이겠지요. 특히 모든 것에 성을 구별하여 붙인 것은 지극히 원시적인 사고의 흔적입니다. 조선시대처럼 성의 구별이 극심했던 시대가 있었지만, 그게 우리의 언어에 성을 새겨 넣진 못했던 것을 보면 말입니다. 사람의 성은 '남녀유별'에 '남녀칠세부동석'으로 심하게 구별했지만, 사람 아닌 다른 것, 식물이나 사물에 성을 붙일 만큼 '원시적'이진 않았던 것이겠지요. 인간이란 자기가 생각하는 것을 자기가 보고 듣고 만지는 것에 부과하기 마련이지만, 그렇다고 아무 데나 그렇게 하진 않지요. 그런데 언어에 존재하는 성의 구별을 들어 성의 구별이 진리라고 한다면, 성의 구별 없는 언어를 사용하는 사람들은 그 뻔한 진리도 몰랐던 게 됩니다. 바위와 바람, 피자와 파스타에서도 성의 구별을 보는 이들은 쉽게 안 보이는 것을 본 통찰력을 가진 사람들이 되고요. 이런 걸 철학이라고 한다면 철학은 일종의 농담의 테크닉으로 재정의되어야 할 겁니다. 필로소피아(philosophy)가 아니라 필로조크(philojoke)가 되는 겁니다.

물론 과도하게 자기 생각을 투사하여 모든 것에 성의 구별을 붙여 버린 것이 때론 무언가 새로운 것을 산출하기도 합니다. 이는 특히 상상력과 밀접하게 결부되어 있습니다. 성이 없는 것에 성을 붙여 구별하면 그것을 성적인 이미지 속에서 상상하게 해주지요. 예컨대 '인생', 즉 삶 같은 말에 성을 붙인 것이 그렇습니다. 프랑스어에서 삶은 '라 비'(la vie), 즉 여성입니다. 그러면 이후 사람들은 그 성에 따라 다시 삶을 표상합니다. "삶이여, 나의 누이여!", "삶이여, 나의 신부여!" 멋있지요. 인생에 성적 구별을 붙이지 않는 동양에선 이런 식으로 생각하기 쉽지 않습니다. 삶을 신부나 누이라고 한 시는 찾아보기 어렵습니다. 그러니 성의 구별은 그게 없었으면 생각하지 못했을 것을 생각하게 해줍니다. 나름의 '진실'을 담고 있는 상상력을 가동시키지요. 그리고 삶의 진실을 포착하는 멋진 문장들을 낳습니다.

그런데 그렇다고 삶이란 정말 '여성적'이라고 말하면, 그게 언어에 함축되어 보존된 존재의 진리라고 말하면 바보짓이 됩니다. 심지어 서양에도 삶을 중성으로 보는 곳도 있고, 남성으로 보는 곳도 있으니까요. 가령 독일어에서 삶은 '다스 레벤'(das Leben), 즉 중성입니다. 이 경우 "삶이여, 나의 신부여", 이거 안 됩니다. 상상하기도 어렵습니다. 중성이니까요. 체코어에선 삶이 남성명사랍니다. 그러니 체코 시인은 이렇게 쓰겠지요. "삶이여, 나의 형제여!" "삶이여, 나의 신랑이여!" 삶의 '진실'이 전혀 다른 쪽에 있게 되는 겁니다.

더구나 삶에다 이런 식으로 성을 하나 붙여 놓은 것은 삶을 포착하는 어떤 방향이나 감각을 부여하지만, 그것은 다른 방향이나 다른 감각으로 포착할 길을 제거합니다. 공짜 점심은 없다는 말 그대로지요. 사유도 그렇고 사물도 그래요. 사실 우리가 보기엔 정말 동의하기도, 이해하기도 힘든 게 명사들에 고대인들이 붙인 '성'입니다. 의자는 왜 남성이고, 책상은 왜 중성인가? 버터는 왜 남성이고 수프는 왜 여성인가? 성은 아마 남녀의 구별이 지극히 중요하게 보였던 고대인들이 저것들에도 남녀가 있다는 '사유'에서, 그들의 존재에 대한 사유에서 붙이게 되었을 겁니다. 그렇게 붙이다 보니 여기저기 다 붙이게 된 거겠지요. 일단 붙이면 그렇게 쓰게 되지요. 그런 것일 뿐인데, 그게 존재의 집이니 사유의 태곳적 근원이 있다느니 하면서 그로부터 철학이나 도덕 같은 걸 끄집어내려 한다면, 그게 바보짓 아니면 뭐겠어요?

물론 어원학이 유효한 경우도 있어요. 가령 코뮌은 선물을 뜻하는 munus와 결합을 뜻하는 com이 결합되어 만든 말이라는 걸 지적하면서, 그 말이 만들어질 때 사람들이 그걸 어떻게 생각했는지를 지적하는 경우가 그래요. 그 당시 사람들은 그것에 대해 그렇게 생각했다. 그거야 맞는 말이고, 또 과거에 코뮌에 대해 사람들이 어떻게 생각했는가를, 지금 코뮌에 대해 생각할 때 참조하려고 한다면 어원학은 유용합니다. 그러나 코뮌조차도 그게 시대와 조건과 무관한 코뮌의 본성이라고 말한다면, 역시 바보 같은 얘기가 되고 맙니다. 한자의 어원을 따져서 '공동체'(共同體)란 함께-같은-몸이 되는 것이라고 하곤, 다른 생각을 하거나 이질성을 갖는 신체가 끼어드는 걸 공동체의 본성에 반하는 것이라고 비난한다면 얼마나 어리석은 짓이 되겠습니까? 어원학은 그 당시 사람들이 당시 갖고 있던 통념을 보여 줄 따름입니다. 지금도 많은 말들이 변형되며 만들어지지요. 가령 담임선생을 '담탱이'라 하고, '매우'란 부사 대신 '존나'라는 말을 사용하는 것은 이미 정착된 지 한참 되었습니다. 그런데 후일 어떤 철학자가 '존나'라는 단어를 들어서 무언가 강도 높여 한다는 건 '존나'의 어원인 '좆', 즉 생식의 힘을 동원하는 것을 뜻한다는 식으로 말한다면, 좆이야말로 강도의 진리라고, 존재의 숨은 진리라고 한다면 정말 웃기지 않겠어요? 그야말로 필로조크에 합당한 방법이지요.

그렇기에 언어에 달라붙은 과거의 통념, 현재의 통념은 그 시대 사람들의 편견만큼 매우 차별적이기도 하고 정치적이기도 합니다. 말콤 엑스에 대한 영화에서 본 것인데, 사고를 치고 감방에 간 말콤 엑스가 할 일도 없고 하여 사전을 넘기며 공부합니다. 그러다가 화이트와 블랙이란 단어에 부여된 의미를 보면서 열 받아 혁명적 투사가 되었다 하지요. 그런데 니체가 피부색과 머리카락 색깔에 대해 했던 말이 바로 그런 거 아닌가요? 누구는 그거 보고 열을 받아 일상 언어마저 그렇게 차별화된 적대적 세계를 향해 싸우겠다고 다짐하는데, 누구는 그거 보면서 여기 존재에 대한 사유가, 귀족과 노예에 대한 사유, 도덕에 대한 사유가 담겨 있다고 한다면, 얼마나 멍청한 짓이 되겠어요?

그렇다고 차별적인 말들을 중성적인 말들, 혹은 좋은 의미의 말들로 바꾸면 뭔가 달라질 것처럼 생각하는 것도 우습긴 마찬가지입니다. '장애인'을 '장애우'라고 쓰는 것도 솔직히 그렇죠. 장애인에 대한 현실적 차별은 그대로 둔 채 말만 곱고 좋게 바꾼다면, 그건 역으로 현실에 존재하는 차별을 보이지 않도록 가리는 일이 되지 않을까요? 노인을 '어르신'이라고 듣기 좋은 말로 바꾸어 쓰는 것도 그래요. 나이 든 사람들에 대한 실질적 차별은 노인 아니라 이미 중년에 접어들면서 시작되는데, 존경심이라곤 전혀 없으면서 그렇게 대단한 경어를 일상어로 사용하는 게 과연 좋은 일인지 우리는 되물어야 합니다. 어원학 좋아하는 후대의 철학자가 본다면, 노인이란 본질적으로 어르신이라면서 노인 공경의 보편성이라는 놀라운 존재의 진리나 새로운 귀족의 도덕을 끄집어낼지도 모르지요. 후대의 역사인류학자가 어원을 뒤지면서 2010년대 한국에선 노인들에 대한 대단한 존경심을 갖고 있었다는 연구결과를 발표하게 될지도 모릅니다. 이 모두가 '어원학'의 놀라운 힘 아니겠어요?

독일어에서 죄와 부채, 그리고 책임까지 모두 슐트(Schuld)라는 같은 말로 씁니다. 아마도 부채가 죄였던 시대에 만들어진 말이거나, 죄란 갚아야 할 채무라고 생각하던 이들이 만든 말이겠지요. 그렇게 말한 이유도 나름 쉽게 이해가 됩니다. 그러나 이를 들어 "부채는 죄다"라는 일반 명제를 만들고, 이를 "빚을 지지 말라"는 도덕적 명령으로 보편화한다면 어원학적 환상을 근거로 철학을 하게 될 겁니다. 문법의 환상, 바로 그게 어원학에 설득력을 제공해 주는 핵심적인 근거지요. 더구나 빚과 죄가 하나의 단어가 아니라 별개인 언어, 멀리 떨어져 있는 언어가 얼마나 많습니까? 가령 한자어권에서 부채(負債)와 죄(罪)는 어원상 아무 관련이 없는 말이지요. 이런 언어 사용자에게 독일어 단어의 동일성을 근거로 보편적 도덕적 명제를 만든다면, 그건 어느새 특정 언어를 다른 언어에 대해 특권화하는 오류를 범하는 것입니다.

'좋은/나쁜'이란 말과 다른 층위에서 니체는 '받는 자'의 입장에서 이익을 따지는 분석을 비판하며 '주는 자'의 입장에서 '좋음'의 개념을 포착해야 한다고 했었지요? 그러나 여기에서도 '주는 자', '받는 자'라는 말에 포함된 문법의 환상을 니체가 의외로 쉽게 놓치고 있다는 생각입니다. 물건을 주고받는 통상적 '인간'들의 가시적 표상을 벗어 버리지 못했다고 보이기 때문입니다. 그러나 음악회에 가서 음악을 들을 때, 주는 자와 받는 자는 누구일까요? 연주자가 음악을 주고 듣는 이는 그걸 받는 것일까요? 그건 맞지요. 그러나 역으로 듣는 자는 연주가에게 귀와 눈을, 돈을 주지요. 그걸 주지 않으면 연주를 할 수 없습니다.

연주-돈은 역시 좀 천박한가요? 그럼 '좋음'에 대한 미적 판단으로 바꿉시다. 연주회에서 '좋다'는 미적 판단은 누가 '주는' 걸까요? 우선 듣는 사람이 '오, 연주 좋네!' 하겠지요? 그렇게 듣는 이는 '좋다'는 판단을 연주자에게 '줍니다'. 그런 판단을 할 수 있는 취향 내지 안목을 그들에게 주는 겁니다. 감각이 예민한 평론가는 그래서 연주자에게 매우 큰 영향을 줍니다. 음반을 녹음하는 스튜디오에서라면 더욱더 그래요. 프로듀싱하는 사람의 감각이 음반의 색채 전체를, 연주의 양상 전체를 방향

짓습니다. 그러나 그것만은 아닙니다. 그 '좋은' 연주는 연주자가 듣는 이에게 '주는' 것입니다. 내가 좋아하는 곡을 스스로 잘한다 싶도록 연습해서 '들려주겠다'며 여는 게 연주회잖아요.

그런데 이 모두는 '받는다'란 동사로 바꾸어 다시 쓸 수 있습니다. 우리는 앉아서 그들이 연주해 주는 음악을 받는 것이고, 그들은 우리가 주는 평가와 판단, 돈을 받는 거라는 식으로 말입니다. 따라서 다시 물어야 합니다. 연주하는 자와 듣는 자, 과연 누가 주는 자인가요? 니체 말대로 주는 자가 강자라면, 과연 누가 강자인가요? 연주자? 평론가? 청중? 그거 아니지요. 연주가가 강자인 경우도 있고, 평론가가 강자인 경우도 있고, 청자가 강자인 경우도 있습니다. 반대도 마찬가지고요. '주는 자', '받는 자'는 강자, 약자와 동일한 개념이 아닙니다.

주는 자와 받는 자라는 말에 달라붙은 문법의 환상을 벗어나, 강자란 가시적으로 '주는 행위를 하는 자'라는 표상에서 벗어나야 합니다. 주다와 받다, 주는 자와 받는 자가 이처럼 쉽게 분할될 수 없을 때, 강자의 강함이란 **상대에게 제공하는 촉발능력의 강도**가 상대의 촉발능력보다 강한 자를 뜻한다고 해야 하지 않을까요? 물론 이는 상대적 비교의 차원입니다. 두 촉발자, 즉 연주자와 듣는 자가 모두 서로에게 각자가 생각지 못했던 촉발을 준다면, 생산적인 어떤 자극을 주었다면, 둘 다 힘의 질에서 능동적인 힘을 가졌다고, 따라서 둘 다 강자라고 해야 합니다. 반대로 서로에게 뻔한 촉발, 상대방을 기쁘게 하는 촉발을 주지 못했을 때, 그래서 듣는 자는 '이거 뭐야, 힘들여 돈과 시간만

낭비했네' 하게 하고, 연주자는 '저 사람은 평론가라는데 음악을 모르며 엄한 소리만 하고 있네' 하게 된다면, 둘 다 '나쁜' 촉발을 한 자들이니 둘 다 약자라고 해야겠지요.

요약하자면, 천한 자의 '이익의 도덕'에 대해 고귀한 자의 '자긍심의 도덕'을 대비하기 위해 니체는 어원학을 이용하려 했습니다. '좋음'이란 말에 대한 '공리주의적' 접근과 '어원학적 접근'이 여기서 대비되고 있습니다. 그러나 '이익'을 말하는 것이 정말 '공리주의적'이고 정말 '천한' 것인지, 어원학적 설명은 정말 고귀하고 타당한 것인지를 우리는 다시 물어야 합니다. 도덕의 기원을 '이익'으로 설명하려는 입장에 대한 이러한 비판은, 어쩌면 파울 레에 대한 '거리감'이 산출한 과도한 비판은 아닌지, 그로 인해 반대 방향으로 막대를 구부리면서 자신이 가고자 했던 방향을 놓치고 '고귀함'이나 '귀족'이란 말이 상기시키는 통념적 표상을 따라가게 되었던 것은 아닌지 물어야 합니다. 선악의 도덕을 넘어 좋음/나쁨의 도덕으로 가려는 니체의 문제 설정을 제대로 발전시키기 위해선 어떻게 해야 하는지 다시 물어야 합니다. 니체의 눈으로 니체를 비판적으로 읽는 내재적 비판이 필요한 지점이 바로 여기입니다. 그러기 위해서 일단 첫째 논문 전체를 밀고 나가게 했던 자긍심의 심리학에 대해, 그리고 그것을 떠받치는 어원학적 해석에 대해 다시 생각해 보아야 합니다. 계보학을 심리학이나 어원학으로 대체하려는 시도에 대해 근본에서 다시 살펴보아야 합니다.

'강자'와 '약자'의 문제는 주고받는 행동의 표상이 아니라 촉발의 질의 문제입니다. 주는 자가 강자고 받는 자는 약자란 생각은 니체답지 않은 어리석은 생각입니다. 여기서 이제 우리는 앞서 좋음/나쁨의 윤리학에 대해 말씀드리며 언급했던 '이익'이란 개념으로 다시 돌아가게 됩니다. 그런데 바로 이는 이 책 첫째 논문이 니체가 후주에서 언급했던 '생리학적 탐구'로 넘어가는 것이기도 합니다.

3. 생명의 자연학, 도덕의 생리학

『도덕의 계보』 첫째 논문을 다 쓰고 나서야 니체는 비로소 이를 자각한 것 같습니다. 그래서 그의 글 어디에서도 보이지 않는 「후주」를 이 글에 달았습니다. 사실 '단편'들로 쓰는 니체의 스타일에서 이런 주석은 어울리지 않습니다. 주석을 달고 싶은 게 있다면, 절을 하나 만들어 끼워 넣으면 되기 때문입니다. 가령 『도덕의 계보』는 드물게 에세이(논문) 형식으로 쓰였지만, 각각의 논문은 절로 분할되어 있습니다. 절들의 연결은 나름의 연속성을 갖지만, 그 연속성은 다른 것이 끼어들기 충분한 여백을 갖고 있습니다. 그러니 후주로 넣은 글은 첫째 논문 마지막 절인 17절 다음에 18이라고 숫자를 붙여 넣어도 되었을 겁니다. 그런데 왜 니체는 그렇게 하지 않고, 전에 없이 후주를 달았던 것일까요?

그건 이 후주가 **이 논문의 일부로 끼어들어 가기 어려울 만큼** 첫째 논문의 내용과 이질적이기 때문입니다. 즉 논문 마지막에 끼워 넣으면 앞서 한 얘기와 너무 다른, 최소한 앞에서 전혀 하지 않았던 분석의 필요성을 논문에 덧붙이는 것이 되어 버리기에, 논문에 반하는 글, 논문을 다른 식으로 쓰면 좋았을 것이라는 글이 논문의 일부가 되는 이상한 편성으로 귀착되기 때문입니다. 대체 왜 그런지 궁금하시죠?

내용을 보면 후주의 첫째 문단에서는 도덕 개념의 발달사에서 어원학적 연구가 어떤 의미를 갖는지를 묻는 독립된 문장으로 이어지며 끝납니다. 그런데 바로 다음 문단은 이 문제에 생리학자와 의학자들이 참여하도록 하는 것이 필요하다고 쓰고 있습니다. 중간의 한 문장을 보겠습니다.

사실 역사와 민속학적 연구가 알고 있는 모든 가치 목록, 모든 '너는 해야만 한다'라는 말에는 어떤 경우에도 심리학적 탐구나 해석**보다도 먼저** 생리학적 탐구나 해석이 필요하다.

이 문장에서 니체는 '생리학적'이란 말에 강조표시를 하고 있는데, 저는 그 앞에 있는, '보다도 먼저'라는 문구를 강조하고 싶습니다. 그것은 심리학적 탐구나 해석 이전에 생리학이 더 일차적이라는 생각을 명시하고 있기 때문입니다. 사실 니체는 수많은 저작들에서 심리학자를 자처하고 있습니다. '좋음'의 덕에 대한 이 논문의 분석 역시 고귀한 자의 '자긍심', 자기긍정의 심리학이었지요? 그러나 심리학적 분석이 '좋음'의 덕, '좋음/나쁨'의 도덕에 대해 충분하지 않음을 저는 집요하게 지적했던 셈입니다. 도덕적 가치, 특히 선악의 도덕과 결부된 개념들에 대해선 그것이 어떤 심리의 산물이며 어떤 심리를 만들어 내는지를 보여 주는 것이 가능하고 또 중요하지만, 그것을 대체할 새로운 덕, 선악의 저편에 있는 덕, 좋음의 덕은 그것으로 구성해 제시해 줄 수 없습니다. 좋음의 덕이란 단지 심리적 자긍심이나 긍정적 심리를 구성하는 것으론 정의될 수 없기 때문입니다. 어원학은 심리학적 분석을 개인의 심리에서 벗어나 언어를 공유하는 이들의 집단심리로 확장해 주지만, 이 역시 선악의 도덕에 대한 비판에는 유효할지 몰라도 좋음의 덕을 긍정적으로 구성해 줄 수 없습니다. 공유된 통념이 '좋음'의 덕을 산출할 수는 없기 때문입니다.

기존 도덕, 특히 기독교적 도덕에 대한 비판을 밀고 나간다고 새로운 도덕, 좋음의 덕과 윤리를 얻을 수는 없습니다. 그렇다면 좋은 덕이란 어떤 것인지를 어떻게 다룰 수 있을까? 이는 기존의 도덕을 비판하고 선악의 개념이 사람들의 심리를 잠식하는 것과 근본적으로 다른 지점으로 사유나 시선을 이동해야 합니다. 어디로 가야 하는가? 니체는 생리학이나 의학이 차라리 좋음의 덕을 탐색하는 데 더 좋을 것이란 생각을 하게 된 겁니다. 그리고 어쩌면 그것이 심리학적 비판의 출발점이 되어야 한다는 것, 그런 점에서 계보학에서 가장 일차적인 것은 생리학이란 생각에 이른 것입니다. 그래서 이 후주에서 그는 심리학적 **분석보다도 먼저** 생리학적 분석이 필요하다고 쓰고 있는 겁니다. 선악의 도덕에 대한 비판은 심리학으로 충분했지만, 좋음의 덕과 윤리는 생리학을 통해 사유되어야 한다는 것, 그리고 선악의 도덕 비판조차 실은 이 좋음의 생리학에 의거해 이루어져야 한다는 겁니다.

그러나 생리학 내지 의학적 분석은 줄곧 심리학적 분석에 매진해 온 자신으로선 좀 거리가 있는 것이라 생각한 듯합니다. 그래서 그는 마지막에 철학자의 미래의 과제, 가치의 문제를 해결하고 가치의 등급(좋음의 등급)을 정해야 한다는 이 과제를 과학이 준비해야 한다고 쓰고 있습니다. 자신이 이 논문에서 **하지 않았던 것**, 즉 생리학이 거기서 **했던 것**, 즉 심리학보다 더 필요했다는 뒤늦은 깨달음이 글을 다 쓴 뒤에 찾아온 것입니다. 논문에서 하지 않은 것의 필요성을 지적하는 글, 그리고 읽기에 따라선 그 논문에서 했던 것에 대한 유보로 읽힐 수도 있는 글이었기에 그걸 그 논문의 본문에 넣을 순 없었던 겁니다. 따라서 이 후주는 '좋음'의 긍정적 덕에 대한 탐구가 나아가야 할 '올바른 길'이 무엇인지를 **정정**하게 되었는지를 보여 주는 글이라 하겠습니다. 그러니 이 후주는 **어쩌면 첫째 논문 전체보다도** 더 중요한 글이라 해도 좋을 것이고, 니체가 '좋음/나쁨'의 도덕에 대한 사유에서 정말 중요한 게 무엇인지를 잘 보여 주는 글이라고 해도 좋을 거 같습니다. 어원학적 분석의 대안이 바로 생리학적 분석임을 뜻한다고 해석해도 좋지 않을까 싶습니다.

도덕에 대한 생리학적 분석, 그것은 자연학적 분석을 뜻합니다. 도덕의 생리학이란 **도덕의 자연학**이고, 그걸 통해 구성되는 것은 자연학적 도덕입니다. 스피노자가 하려고 했던 게 바로 이것이었죠. 니체는『선악의 저편』에서 스피노자가『에티카』에 사용한 기하학적 서술방법을 과학에 대한 환상을 주려는 것이라고 비판한 바 있지만, 어느 시기 이후 스피노자가 하려고 했던 것이 자신이 하고자 했던 것과 비슷한 것임을 깨닫게 됩니다. 생리학적 윤리학, 즉 자연학적 윤리학의 구성이 바로 그것이었던 겁니다.

이는 니체 사상의 핵심과 직결되어 있습니다. 니체는 수많은 주제에 대해 언급하고 썼지만, 도덕의 생리학이야말로 **그의 사유의 핵심에 이어져 있다**는 것인데, 이렇게 말하는 데는 명확한 이유가 있습니다. 앞서 제가 '니체의 사상에서 가장 중심적인 개념, 가장 근본적인 사유가 교란된 사유 아래에서 바닥을 뚫고 올라왔다'고 했었지요? 교란된 사유란 좋음의 도덕과 주는 자의 도덕의 혼동, 좋음의 윤리와 어원학적 방법의 뒤섞임을 뜻합니다. 그 혼동과 교란 속에서 니체 사상의 핵심이라 할 것이 바닥을 뚫고 솟아올라 온 겁니다. 자연과 생명, 생명의 힘과 그 생명력을 고양시키려는 **힘에의 의지**가 그거예요. 그것은 생리학과 의학이 생명체로서 개체의 신체적 능력과 결부되어 있고, 이 신체적 능력은 바로 '힘에의 의지'라고 하는 니체의 중심 개념과 결부되어 있습니다.

뿐만 아니라 '동일한 것의 영원한 되돌아옴', 질스마리아 호숫가에서 자신을 덮쳐 온 사상이라고 니체가 말했던 영원회귀 또한 바로 이 생명의 개념과 관련되어 있습니다. "나 다시 오리라. 나 새로운 생명이나 좀 더 나은 생명, 아니면 비슷한 생명으로 다시 오는 것이 아니다. 나는 더없이 큰 것에서나 더없이 작은 것에서나, 같은 그리고 동일한 생명으로서, 영원히 돌아오는 것이다"(『차라투스트라』 제3부, 「건강을 되찾고 있는 자」). 니체, 적어도 후기의 니체 사유 전체를 끌고 가며 그것을 방향 짓는 것이 바로 이것입니다. 이것이야말로 니체적으로 사태를 본다, 니체의 눈으로 세상을 보고 책을 읽는다 할 때, 가장 중요한 방향타입니다(뒤에 다시 말씀드리겠지만 이는 좋음의 덕이 '주는 자' **이상으로** '받는 자'를 통해 사고되어야 함을 함축합니다).

그러나 이 얘기로 넘어가기 전에 심리학적 해석보다 생리학적 해석이 더 일차적이라고 하는 이유를 좀 더 엄밀하게(!) 따져 보는 게 좋겠습니다. 왜 심리학적 해석이 그 자체로 충분하지 못한가, 왜 그에 앞서는 어떤 것을 필요로 하는가를 좀 더 분명히 할 필요가 있으니까요. 앞서 니체가 말한 '도덕의 심리학'에 따르면 '주는 자'의 자긍심이 '좋음'이란 덕으로, 또한 그들이 '약자'들에게 느끼는 '거리감'이, 대개는 경멸감으로 나타나는 심리적 감정이 '나쁨'으로 이어졌다고 했지요? 가령 클래식의 고귀함을 자긍하며 재즈나 록을 경멸하는 아도르노 같은 고상한 철학자와 그의 글을 읽고는 재즈나 록에 대해 아무것도 모르면서 헛소리를 하는 거라고 받아치는 대중음악 평론가를 생각해 봐도 좋습니다. 더 극적으로 '클래식 만세'의 고상한 자긍심과 '그래도 난 뽕짝이 좋아!'라는 '아재'의 자긍심을 비교해도 좋습니다. 어느 쪽이 더 '좋다'고 할 수 있나요?

자신이 '좋다'고 '심리적으로' 자긍하는 걸 기준으로 다른

걸 평가하는 것은 자신에겐 설득력이 있을지 모르지만 남들에
겐 설득력이 없습니다. '후루룩'이 싫다는 독일인의 평가는 습
속을 공유하는 같은 독일인이나 비슷한 습속의 유럽인들에겐
설득력이 있고 고상해 보이겠지만, 다른 습속을 갖는 비서구인
에게는 전혀 설득력이 없습니다. 자기의 속성이라 '좋다'고 자
긍한다는 건 '나는 내가 먹는 방식이 좋아, 왜냐하면 그건 바로
내가 먹는 방식이니까'라는 논리적 동어반복 내지 심리적 나르
시시즘만이 거기 있을 뿐입니다.

동어반복과 나르시시즘을 피하기 위해 두 입장 중 하나가
더 객관적으로 '고귀하고' '좋다'는 선판단을 하는 방법도 있습
니다. 사실 '주는 자'가 더 고귀하다거나 '귀족'이 더 고귀하다
는 식의 판단도 이런 경우에 속합니다. 말하는 자가 높은 자리
에 있는지 낮은 자리에 있는지, 고귀한 신분인지 천한 신분인지
에 따라 그 말이나 판단의 고귀함을 재려는 것인데, 이는 니체
식으로 말하면 **지위의 높고 낮음**으로 **판단의 높고 낮음**을 대신하
는 천한 자의 판단 방법입니다. 말하는 자의 지위를 보면서, 나
보다 위에 있으면 복종하고 낮으면 무시하려는, 복종에 길든 노
예들의 입에서나 나올 얘기란 점에서 그렇습니다. 어떤 작품의
예술성을 작가가 대학교수면 고귀하다 하고 작가가 직업도 없
고 명성도 없다면 후지다고 평가하는 사람을 두고 예술의 고귀
함을 아는 자라고 할 순 없지 않겠어요? 지위의 높음이 힘이나
의지의 '고귀함'과는 전혀 다르며, 많은 경우 뒤집혀 있다는 니
체의 생각을 안다면, 이 또한 철저하게 니체적 사유에 반하는

것이라 하겠습니다.

　나르시시즘이나 동어반복을 피해 두 입장을 두고 높고 낮음을 말하려면 두 입장을 벗어난 제3자의 입장, 초월적 평가자의 입장을 가정해야 합니다. 두 편 모두에 속하지 않은 심판 자리에 서야 한다는 말입니다. 이건 초월자로 가는 길입니다. 그 3자의 입장이 두 입장보다 어째서 더 정당한지를 다시 답해야 하기 때문이고, 이는 새로운 심판의 자리를 끌어들여야 합니다. 그러나 네 번째 입장이 더 정당한 이유에 대해 다시 그다음 심판을 끌어들여야 하며, 이런 식으로 심판의 심판은 무한히 늘어가게 됩니다. '무한소급'이라고 불리는 이 과정을 중단시키려면 '신' 같은 초월자를 도입해야 합니다. 이건 '신은 죽었다'는 사실을 알려 주려던 니체적 경로가 아닙니다. 신을 되살리는 반니체적 경로지요.

　요컨대 평가하는 자의 '심리'를 들어 좋음과 나쁨, 우열을 말하는 것은 이처럼 근본적 궁지를 벗어나기 어렵습니다. 어떤 심리가 다른 심리에 비해 좋고 고귀한지를 판단할 '근거'를 **따로** 갖지 못하면, 어느 것이 좋고 나쁘고를 말하기 어렵습니다. 상이한 입장에 대해 평가하는 것 자체가 불가능하다고 하는 '상대주의'는 어떨까요? 가령 독일인은 독일인대로, 한국인은 한국인대로 나름의 국수 먹는 방법이 있고, 이 모두는 각자에게 '좋고', '고귀하다'고 말입니다. 클래식도 뽕짝도 또한 그렇다고. 흔히 '취향'에는 우열이 없다고 하면서 취향에 간섭하지 말라고 하기도 하잖아요. 그러나 "무엇이든 다 좋다"라는 이런 식의 관점만큼 니체의 계보학에 반하는 것은 없습니다. 니체가 철학에 도입한 가장 중요한 태도는 어떤 것도 그 가치(value)를 묻고, 어떤 것도 그게 어떤 가치를 갖는지 평가(evaluation)하는 것입니다. '무엇이든 다 좋다'의 무정부주의나 '우열은 없다'의 상대주의는 니체가 가장 강하게 거부하는 입장입니다. 이런 입장에서는 '좋음/나쁨'을 말할 수 없으니, 좋음의 덕도, 좋음의 윤리학도 있을 수 없습니다. 취향에 우열이 없다는 말은 니체가 본다면 고귀한 것을 저열한 것과 동등한 것으로 끌어내려 평균화하려는 '무리의 도덕'이라 할 겁니다.

좋음의 윤리학을 위해선 가치평가가 가능하게 되는 기준이 있어야 합니다. 그 기준은 심리적 판단도 지위의 고저도 아닙니다. 또한 비교되는 것 바깥의 제3자를 상정하는 초월적 판단이 아니라 입장 자체에 '내재적인' 판단이 되어야 합니다. 그러려면 가령 나와 남을 비교하는 게 아니라 나 안에서의 두 상태를 비교하는 것이 되어야 합니다. 내가 이것을 먹는 게 내게 '좋은지 나쁜지', 먹기 전과 먹은 후의 두 상태를 비교하는 거지요. 이렇게 되면 기준은 나와 남 사이의 제3자에게 넘겨주지 않고, 비교와 가치평가를 포기하지도 않고 좋음과 나쁨을, 더 좋음과 덜 좋음을 비교하고 판단할 수 있습니다. 내가 판단의 원인이며 동시에 그 판단의 결과가 되기에 이 판단은 내재적 판단입니다. 하지만 내 바깥의 것과 내가 어떻게 만나는 것이 더 좋은가를 판단하는 것이란 점에서 외부에 의한 판단입니다. 내재적 판단이란 좋음과 나쁨을 나와 내가 만나는 것의 관계에 따라 판단하는 것입니다. 좋고 나쁨의 초월적 기준 없이, 사전적인 선판단도 하지 않고, 나와 나 아닌 것의 만남을 그 만남 이전과 비교하는 것입니다.

그런데 만남 이전과 이후 나의 상태를 무엇을 가지고 비교할 것인가 하는 문제가 여전히 남아 있습니다. 비교의 기준이 역시 필요한 겁니다. 거기서 기준이 되는 것은 그 만남의 결과 내 신체가 더 좋아졌는지 나빠졌는지가 되면 되겠지요. 내 신체의 상태가 내 판단의 기준이란 겁니다. 스피노자 말대로 좋다고 함은 신체의 능력이 증가하는 것이고, 나쁘다 함은 그것이 감소하는 것입니다. 그렇다면 좋음의 윤리학이란 신체적 능력의 증가를 지향하는, 그것을 판단의 잣대로 삼는 윤리학이라 할 수 있겠지요.

니체가 힘에의 의지와 생명이란 말로 하려는 게 바로 이겁니다. 우리가 생명체인 한 우리는 생명체의 자연적인 생존본능을 출발점으로 삼아야 합니다. 생존능력의 증가를 '좋은' 행동의 기준으로 삼아야 합니다. 힘에의 의지라고 할 때 '힘'은 이 경우 **생존능력, 생명력**을 뜻합니다. 생명체를 움직여 가는 힘에의 의지는 이 힘의 증가를, 생존능력의 고양을 추구합니다. 신체적 능력이 증가할 때, 생존능력이 고양될 때 기쁨이 느껴지는 것은 이러한 신체의 반응이고, 신체가 우리의 행동을 방향 짓는 본능적 반응입니다. 이 때문에 우리는 쾌감이나 기쁨을 주는 것을 얻고자 하며, 그것을 지향하게 됩니다. '지향성'이란 게 있다면, 그건 무엇보다 이 신체적 지향성입니다.

반대로 생명을 부정하려는 태도는 아무리 좋은 말로 치장해도 신체의 본능적 저항을 야기하고 두려움 속에 움츠러들게 합니다. 모든 감정의 출발점은 거기입니다. 그것은 의식이나 관념 이전에 신체가 원하는 것이고 신체가 살고자 하는 방향입니다. 살아 있는 것이 생존을 지속하려는 것은 당연한 것이고 자연스러운 일입니다. 생명의 지속에 유리한 것에 대해 신체는 '좋다'고 느끼고, 불리한 것에 신체는 '나쁘다'고 느낍니다. 쾌감과 불쾌감이 바로 그거죠. 생명을 부정하여 죽고자 하는 게 윤리적 덕의 방향이 될 수 없는 한, 좋은 '삶'을 추구하는 게 '좋은' 삶인 한, 신체가 자연적으로 느끼는 그 '좋음'이 윤리적 덕의 기준이 되어야 합니다.

생리학이란 바로 신체의 상태에 대한 관찰과 사유지요. 생리학적 해석이란 어떤 것이 좋고 나쁨을 그것이 신체에 야기하는 효과가 몸에 좋은지 나쁜지로 보는 해석입니다. 몸의 상태의 변화를 관찰하여 그것에 좋고 나쁨에 의해 도덕적 관념이나 습속의 가치를 평가하는 것이 바로 도덕의 생리학입니다. 이는 단지 도덕만의 문제가 아니니 다른 생리학도 있을 수 있습니다. 어떤 지식이 삶에, 신체에 미치는 효과와 가치를 보는 지식의 생리학, 예술작품이 삶 또는 신체에 미치는 효과를 보는 예술의 생리학 등등.

4. 생명의 무구성과 힘에의 의지

반복하지만, 우리가 생명체인 한 우리의 삶은 생명의 지속과 생명력의 고양을 추구한다는 '자연적' 사태를 기준으로 삼을 수밖에 없습니다. 니체가 '무구성' 얘기를 자주 하지요? 신체가 원하는 것을 정신이 원하고, 신체가 좋아하는 것을 '정신'이 좋아하는 것, 그것이 '자연적'인 무구성입니다. 이런 무구성에는 **어떤 번민도 없습니다.** 몸이 하자는 대로 하려고 하는 것이니까요. 갓난아기들의 행동이 바로 그렇지요. 그들에겐 아무 생각이 없습니다. 몸이 원하는 것을 하고자 하고, 그게 안 되면 울며 재촉하는 완전한 무구성만 있지요. 정확히 자연적 무구성이 그겁니다.

이 무구성은 생명력이 갖는 '능동성'의 표현이기도 합니다. 능동적인 힘은 시작하는 힘이라고 했던 거 기억나시죠? 생명체 안에 작동하는 힘, 생명력이라고 부르는 것은 바로 이 능동적인 힘입니다. 생명체가 살고자 하는 데는 **따로 이유가 없습니다.** 이 힘이 생명체를 움직입니다. 먹이를 찾아가게 합니다. 살아 있는 것이 살고자 할 때, 생명력을 지속하고 증가시키고자 할 때, 이를 위해 자신이 대면하고 있는 상황에 변화를 가하고자 할 때, 의지가 발동합니다. 이 의지는 생명체가 갖고 있는 힘을 좀 더 고양된 상태를 위해 투여하게 합니다. 갓 태어난 아기가 젖을 찾아 몸을 움직이고, 호랑이가 먹이를 찾아 사냥을 하며, 소나 토끼가 풀을 찾아 이동하는 것이 모두 그렇습니다. 이렇게 움직여서 무언가를 물거나 빨고 뜯는 방향으로 '힘의 종합'을 하게 됩니다. 이때 이 의지는 하고자 하는 것을 하려는 것이니 긍정적인 의지입니다. 생명체가 살기 위해 움직일 때, 능동적 힘과 긍정적 의지가 작용하고 있는 겁니다.

생명의 이러한 힘을 긍정하고 좀 더 고양된 힘을 위한 종합을 하는 것은 능동적 힘을 바탕으로 긍정적으로 사유하려는 니체로선 당연한 것입니다. 생명체에 대한 긍정적 사유란 생명 그자체가 갖는 힘을 긍정하는 것이고, 좀 더 고양된 능력을 향해 움직이는 것을 긍정하는 것입니다. 니체가 '자연'이나 '생명'을 말할 때, 그것은 낭만주의적 자연 예찬도 아니고 생명에 대한 미적 찬사도 아닙니다. 그것은 **생명의 자연학적 힘에 대한 긍정**입니다.

무구성이란 능동적인 힘을 긍정하려고 할 때 나타납니다. 능동적인 힘은 자연이나 생명체의 일차적 힘이지만 그 자체로는 잘 드러나지 않습니다. 그런 힘이 있다는 것은 그것을 가로막는 장애물과의 마찰을 통해서입니다. 마찰과 충돌을 보면서 우리는 아, 저걸 넘어서려는 힘이 있었던 거구나 하게 되는 거죠. 우리 몸의 건강함이란 생명이 갖는 능동적 힘의 표현인데, 건강할 때는 몸이 어떤지 모르지요. 건강에 신경 쓰지 않습니다. 병들면, 즉 세포나 기관의 능동적 힘이 무언가 난관에 봉착했음이 표면으로 드러날 때 비로소 우리는 내 몸에 눈을 돌리고, 건강에 신경 쓰게 되며, 건강했던 시절, 그 알지 못했던 시절이 '좋았음'을 알게 되지요.

우리가 사는 방식이 다 그런 거 같습니다. 젖을 찾지만 가까이 없어서 아기가 울 때, '아, 쟤가 배가 고프구나' 하고 생각하게 되는 거잖아요. 안 그러면 모릅니다. 아기가 무얼 원하는지 알 수 있는 것은 그가 하려는 걸 못 해서 울 때지요. 배설도 그렇지요. 아기에게 배설 그 자체는 자연적인 것이고 살기 위해 필수적인 것이며, 그렇기에 배설에는 쾌감이 동반됩니다. 잘 아시겠지만 아기들은 배설물이 더럽다는 생각을 하지 않지요. 그런데 그 배설물이 신체에 계속 달라붙어 있어서 무언가 불편하게 느껴질 때, 즉 계속 그대로 둔다면 피부 등 신체를 손상시킬 '장애물'이 될 때, 그걸 치워 달라고 아기는 웁니다. 그렇게 신체의 생명에 반하는 마찰이나 장애 같은 것과 충돌할 때 우리는 생명을 지속하려는 아기의 능동적 힘을 알게 되죠. 그리고 바로 그런 충돌을 통해서 생명체에 '좋은 것'과 '나쁜 것'을 알게 되고, 우리가 대면하고 만나게 되는 것들에 대해서 생각하게 됩니다. 그런 마찰이나 충돌 이전에 우리는 그런 것에 대해 생각하지 않습니다. 생명체란 그렇게 '생각 없이' 행하고 '생각 없이' 삽니다. 무구성이란 마찰 이전의 이 능동적 힘의 표현입니다.

그러나 삶이란 의미 있는 것, 고상한 의미로 충만한 것이어야 한다고 믿는 사람이라면 **아무 생각 없는** 이런 행동이, **그저 살겠다는 충동만으로 행동하는** 이런 행동이 얼마나 '생각 없고', '철없고' '의미 없어' 보이겠어요? '생각하는 동물'이라는 인간, 그 '생각하는' 능력이 어떤 다른 생명체에게도 없는 탁월한 능력이라고, 고귀한 자질이라고 믿는 사람일수록, 그렇게 생각 없이 충동에 따라 사는 삶이란 '동물적'으로 보일 거고, 제 생명만을 생각하는 행동이란 이기적이고 비속한 것으로 보일 겁니다. 고상한 머리가 이끄는 삶이 아니라, 비천한 허리 아래의 충동이 이끄는 삶이니까요.

그래서 고상한 의미나 고귀한 가치를 추구하는 태도가, 언제나 충돌로만 드러나는 생명의 이 능동적 힘을 겨냥하게 되면, 이 힘을 **동물적인 것, 더러운 것**으로 비난하게 됩니다. 저 살겠다고 악악대고 충돌하고 싸우는 삶의 동물성과 더러움이란 머리가 추구하는 고상한 가치에 반하기에 더럽고 추한 본능으로, '악'으로 보이게 됩니다. 그와 반대로 그 이기적이고 동물적인 행동을 거부하고 충돌 없는 삶을 추구하는 것은 그 동물적 이기성에 반하는 고상한 가치로, '선'으로 보이게 될 겁니다. 바로 이것이 눈에 보이는 '악'을 부정하며 그걸 '하지 않음'이라는 거듭된 부정의 방식으로 '악'과 '선'이란 개념이 도덕의 기반으로 자리 잡게 되는 발생학적 경로일 겁니다. 계보학적 경로지요.

그렇기에 능동적 힘의 '생각 없는' 무구성을 보지 못하고, 그것에 대한 '반동'이 야기한 충돌을 통해 세상을 보게 될 때, 그 무구한 생명의 힘을 부정하려는 의지가 발동하게 됩니다. '저렇게 소란스레 울고 아등바등 싸우며 먹고살겠다고 하다니!' 생명력 자체를 부정적으로 보고, 그 힘을 부정하는 방식으로, '하고자 하는 것을 하지 않는 것'을 미덕으로 간주하는 태도가 생겨납니다. 즉 몸이 원하는 것은 무엇이든 동물적이고 더럽고 천하며, 그걸 하지 않는 것이 인간적이고 깨끗하고 고상하다고 여기게 됩니다.

무구성이 생각 없이 사는 자연적 삶으로 인도한다면, 이 고상한 생각은 반대로 우리를 '생각 많은' 삶으로 인도합니다. 몸이 원하는 것을 천하다고 경멸하거나, 몸이 좋아하는 것을 죄악시하게 되면, 사사건건 우리의 영혼은 몸이 원하는 것과 고상한 선 사이에서 **번민에 시달리게 되기** 때문입니다. 생존을 지속하려면, 좀 더 낫고 좀 더 즐겁게 살려면 몸이 하자는 대로 해야 하는데, 몸이 하자고 하는 걸 하면 안 된다고 생각하니 잠시도 편할 날이 없는 거죠. 성욕을 죄악시하면 생명력으로 넘치는 신체는 틈만 나면 성욕에 이끌리는 끔찍한 죄악의 장소가 되지요. 무언가를 먹는다는 것은 남의 생명을 해치는 것이니 죄악이라고 생각하게 되면, 배가 고플 때마다 우리는 죄 많은 신체에 갇혀 있는 삶을 한탄하게 됩니다.

이처럼 신체와 영혼이 매시간 다투게 되니 삶이 번뇌에 가득 차게 됩니다. 그렇게 되면 산다는 것은 즐겁고 기쁜 것이 아니라 번뇌의 고통에 가득 찬 게 됩니다. 몸이 원하며 또 원할 수밖에 없는 삶은 죄 없는 '무구한' 삶이 아니라 **죄로 가득 찬 삶**이 되고, 삶의 순간은 아무 생각 없이 사는 '무구성'이 아니라 하나하나 **'죄 없이 살기 위한'** 생각과 **'결단'으로** 신체를 채찍질하는 억압의 삶이 됩니다. 죄를 짓지 않기 위해선 죄를 향해 가려는 신체의 힘을 약화시켜야 합니다. 하려는 것을 하지 못하게 해야 합니다. 신체가 원하는 것을 유죄화하는, 종교와 철학, 문화의 오래된 사고는 '뭐든지 하지 마!'라는 명령문으로 신체의 욕망(의지)를 꺾고 그래도 솟아올라 오는 신체의 힘을 무력화하려

합니다. 이럼으로써 영혼은 **부정의 의지**로 채색되고 신체의 힘에 반하여 무력화하려는 **반동적 힘**으로 가득 차게 됩니다.

그렇기에 삶을 긍정하고 즐겁게 웃고 춤추는 기쁨의 삶이야말로 사랑할 만한 삶이라고, 그런 삶을 사랑하라고 가르치고자 했던 니체로서는 신체의 힘과 욕망(의지)을 긍정하는 것이야말로 삶을 사랑하는 사유와 문화의 출발점이 된다고 확신합니다. 힘의 능동성과 의지의 긍정성을 보고 긍정하는 게 중요하다고 생각했던 것은 이 때문입니다. 니체가 기독교를 비판했던 가장 일차적인 이유 또한 바로 이것입니다. 신체의 욕망이나 충동을, 신체가 하자고 하는 것을 죄악시하고, 원죄라는 개념으로 삶 자체를 죄악화하는 것, 그래서 죄 없는 무구한 삶 대신 출생부터 죄악인 삶을 속죄하는 삶을 제안하고, 이를 위해 삶의 추동력인 신체와 생명의 힘을 무력화하는 것, 신체가 하려는 건 '뭐든지 하지 마!'라며 억압하게 된다는 것이 그것입니다.

그래서 니체는 『안티크리스트』라는 책 마지막에 「그리스도교 반대법」 조문 7개조를 제시하면서 그 첫 번째 항목을 이렇게 시작합니다. "모든 종류의 반자연은 악덕이다. 가장 악덕한 인간은 사제다. 그는 **반자연**을 가르치기 때문이다." 이러한 반자연적 악덕이 가장 두드러진 것은 바로 성욕이나 성생활에 대한 것입니다. 니체는 「반대법」 제4조에 이렇게 쓰고 있습니다. "순결에 대한 설교는 반자연을 공공연히 도발한다. 성생활에 대한 모든 경멸, 성생활을 '불결하다'라는 개념으로 더럽히는 것은 삶의 성령을 거스르는 진정한 죄다." 그리고 니체는 이 7개의

조문 모두에 「반대법」 전체를 방향 짓는 문구를 넣습니다. "범죄와의 사투: 그 범죄는 그리스도교다." 이 문장은 아이러니(반어)인데, 왜냐하면 기독교의 관점에서 삶이란 그 자체가 처음부터 '범죄와의 사투'이기 때문입니다. 기독교의 그 주장에다 '그 범죄는 기독교'라고 덧붙임으로써 삶을 범죄화하는 기독교야말로 삶에 대한 범죄라고 뒤집어 버리고 있는 겁니다.

니체가 소크라테스 이후 서양의 철학 전체를 비판하려 했던 것도 이 때문입니다. 드문 예외 몇몇을 빼고는 모두 현세적인 삶을 비난하고 피안의 삶을 동경하며 이른바 '허리 아래의 형이하학'에 대해 '머리 위의 형이상학'을 고귀한 삶의 방향으로 오도했던 것, 내 맘대로 되지 않는 신체에 대한 두려움 속에서 이성의 힘으로 그것을 통제하는 계몽의 삶을 찬양하며 신체에 대한 억압을 이성의 이름으로 격상시키는 것이 그것입니다. 역시 「반대법」 2조에서 니체는 이렇게 말합니다. "그리스도인에게 있는 범죄적 요소는 사람들이 지식에 다가서는 정도에 따라 증가한다. 따라서 범죄자 중의 범죄자는 철학자다."

『선악의 저편』에서, 또 다른 곳에서도 니체가 '이기주의'를 공공연히 찬양하고 '이타주의'를 비판하는 것도 정확히 이런 이유에서입니다. 생명체는 자신의 생명을 지속하고자 하기 마련이고, 생명의 지속을 위해서는 무언가를 먹어야 하는데, 먹는다는 것 자체가 이미 다른 생명체의 생명을 침해하여 내 것으로 섭취하는 것이고, 본질적으로 이기적인 것이란 겁니다. 다른 것의 '침해'를 비난하고 이기주의에 반하여 이타주의 도덕을 설교하는 것은 생명의 이러한 본성, 생명체 안에 존재하는 힘을 무력화하는 도덕이기 십상이기에 생명의 본성에 반하는 '나쁜' 도덕이라는 겁니다.

물론 자신의 생명에 이로운 것이 어떤 것인지는 생각보다 단순하지 않습니다. 우리의 신체는 독자적 생명체였던 수많은 세포들의 복합체고, 여러 기관들의 결합체인지라, 입에는 좋은 것이 위장이나 심장에는 안 좋은 경우가 비일비재하지요. 이기주의도 그렇습니다. 자기 이익만 챙기는 이기주의자들, 열심히 잔계산하는 사람들이 옆에 있으면 어떠신가요? 짜증 나고 미워지지요? 그러면 엔간하면 그냥 줄 수 있는 것도 주기 싫어지고, 나도 같이 계산하게 됩니다. 그 결과 그의 이기주의는 자신에게 이로운 방향과는 반대 결과로 이어지게 됩니다. 반대로 자신은 가진 것도 별 게 없고 가난하면서도 남들 챙겨 주는 이들, 이른바 '이타주의적'인 분들이 옆에 있으면 어떠신가요? 그 사람이 자기 생존 고민 안 하는 대신, 옆에 있는 이들이 고민하게 됩니다. '야, 너 그러다 어쩌려구!' 그리고 걱정이 되어 내게 긴요한 것이라도 그가 필요하다면 주게 됩니다. '이타주의'가 자신에게 이로운 방향으로 귀착되는 거죠. 자기에 대한 가장 좋은 배려의 방식은 남들을 최대한 배려하는 것이라는 역설이 성립합니다. 『사랑할 만한 삶이란 어떤 삶인가』에서 말씀드렸듯이 잡아먹었으나 소화불량인 채 살아남아 시작된 공생진화는 이기적인 것과 이타적인 것의 대립이 생명의 본성을 다루기에 부적합함을 보여 줍니다. 오히려 공생이야말로 생명의 본성임을 보여 주죠.

그러니 '이기주의'나 '이타주의'에 대한 니체의 말들은 말에 매여선 오해하기 쉽습니다. 그 비판으로 무엇을 말하려고 하는 건가를 보아야 합니다. **생명이라는 자연적 본성에 따라 사는 삶을 부정하려는 도덕에 대한 비판**이라는 맥락을 잊어선 안 됩니다.

중요한 것은 생명의 관점, 혹은 생리학의 관점에서 신체에 '좋다'고 하는 것이 '좋음'의 덕을 구성한다는 사실입니다. 생명체의 힘을 고양시키고 생존능력을 증가시키는 것을 통해 '좋음'의 덕을 정의하고 그것을 근거로 도덕의 가치를 평가하는 것, 그것이 바로 도덕의 생리학입니다. 여기서 '좋음'이란 앞의 개념을 다시 써서 말하면 '좋은 종합'이란 말입니다. 힘의 고양을 야기하는 힘의 종합이 '좋은 종합'이라는 긍정의 의지가 그 개념 아래 있는 겁니다. 그 좋은 종합을 향해 힘을 사용하려는 의지, 그게 바로 긍정적 의지입니다. 그렇기에 '좋음'의 생리학이란 생명력의 능동성에 대한 긍정 위에서 생명력의 고양을 향해 작동하는 긍정적 의지를 표현합니다. 도덕의 생리학이란 이처럼 긍정적 의지를 통해 도덕적 개념들의 가치를 평가하고 긍정적 도덕을 구성하기 위한 사유를 말합니다.

5. 기쁨의 윤리학과 웃음

배고픈 신체가 음식을 먹을 때, 의식이 아무리 비난을 해도 몸은 '좋다'고 느낍니다. 짝을 찾는 신체가 짝을 만났을 때, 아무리 육욕을 비난해도 신체는 기쁨을 느끼지요. 기쁨이란 바로 신체가 '좋다'는 느낌을 표현하는 감응입니다. 반면 아무리 배가 고파도 상한 음식을 먹었을 때 우리의 신체는 불쾌감을 느낍니다. 이건 내 몸에 '나쁘다'는 느낌을 표현하는 반응이지요. 소리에 민감한 신체가 아름다운 소리를 들었을 때는 '쾌감'을 느끼며 이 소리 '좋다'는 반응을 표시합니다. 지치고 힘든 신체인데 소음 섞인 시끄러운 음악이 들리면, 그게 아무리 멋진 개념으로 정당화되는 음악이라도 신체는 '그만!'이라는 말을 입을 열고 토해 내게 합니다. '나쁘다'는 반응이고 '싫다'는 의지의 표현이지요. 불쾌감이 그 밑에 있습니다.

여기서 니체가 말하는 도덕의 생리학은 스피노자가 말하는 감응의 윤리학으로 그대로 이어지게 됩니다. 이미 말씀드린 적 있지만, 스피노자는 어떤 자극이 내 신체의 능력을 증가시킬 때 나는 거기서 '기쁨'을 느낀다고 했지요. 그처럼 내 신체의 능력을 증가시키는 것을 '좋다'고 한다고. 반면 어떤 자극이 신체의 능력을 감소시킬 때, '슬픔'이 느껴지지요. 슬픔이란 말은 감정을 표현하는 말이라 오해의 여지가 있으니 불쾌감이라고 바꾸어 씁시다. 그처럼 신체의 능력을 감소시키고 불쾌감을 주는 것에 대해 나는 '싫다'고 하게 되는데, 이는 내 몸에 '나쁘다'는 뜻입니다.

이처럼 어떤 자극에 의해 내 신체에 발생하는 능력의 증감을 표현하는 것을 스피노자는 '감응'(affect)이라고 합니다. 이 감응에 따라 우리는 의식 이전에 '생각'하고 사고 이전에 사유합니다. 즉 의식이나 사고는 바로 이 감응에 의해 방향 지어지며, 지성은 이 감응의 원인을 찾게 됩니다. 좋은 감응을 준 원인을 알아서 그 감응을 다시 얻기 위해서, 또 나쁜 감응을 준 원인을 알아서 그걸 피하고자 하기 때문입니다. 이것이 신체적 감응의 생리학입니다. 스피노자는 좋은 감응을 최대화하는 방향을 우리가 추구하며, 또한 그렇게 해야 한다고 믿습니다. 그의 윤리학을 기쁨의 윤리학이라고 하는 것은 이 때문입니다.

스피노자의 용어를 사용하여 말하면, 좋은 자극이 '좋고', 기쁜 감응이 쾌감을 주는 것은 그것이 '실존능력'(생존능력)을 증가시키기 때문이고, 신체의 더 큰 완전성을 향해 신체를 변용시키기 때문입니다. 니체의 용어를 사용하여 다시 말하면, 좋은 자극을 주는 것은 생명체가 갖고 있는 힘을 증가시키기 때문이고, 힘이 증가되는 방향으로 의지를 움직이게 합니다. 힘에의 의지가 나 아닌 것들에게 '복종을 요구'하고 '명령하며', 그들의 생명마저 침해하기도 하는 것은 모두 내 신체가 갖고 있는 힘을, 생명력을 증가시키기 위함입니다. 생명력이란 내가 존재를 지속할 능력, 즉 실존능력입니다. 힘에의 의지를 핵심으로 하는 니체의 도덕이 추구하는 방향은 생명체가 자연적으로 갖는 이 본능, 좀 더 큰 생명력을 얻고자 하는 것을 향해 있습니다. 이를 위해 남은 물론 자신에게도 복종을 요구하는 것입니다. '이기성'을 추구하는 것입니다.

『차라투스트라』를 읽어 보면 기쁨과 즐거움, 웃음과 명랑함, 춤과 노래에 대한 예찬이 자주 나옵니다. 중력이 상징하는 무거움과 반대로 가벼움의 미덕을 칭송합니다. 그것은 기쁨과 즐거움이 바로 생명력의 고양, 실존능력의 증가를 표현하는 감응이기 때문입니다. 반면 생명의 본성을 부정하는 자들은 신체가 느끼는 기쁨은 물론 웃음마저 적대시합니다. 움베르토 에코의 『장미의 이름』에서 호르케 수도사가 연쇄살인을 저지르는 것은 바로 '웃음' 때문이었죠. 코미디에 대한 아리스토텔레스의 저작, 정말 있었는데 망실된 건지 아니면 쓰지 않은 건지 논란이 되던 그 책이 있었다고 가정하곤, 그 책을 찾아 읽으려는 이들을 죽이는 역을 호르케 수도사에게 맡긴 겁니다. 그는 대단히 진지하고 엄숙한 수도사였기에, 그리고 일상에서의 가벼운 '웃음'이 결국은 신이 내린 중요한 가치를 쉽게 웃어넘기게 하리라는 생각에서 웃음에 대한 책을 읽는 이들을 죽이는 겁니다. 그러곤 결국 그 책마저 불살라 버리죠.

'고귀함'에 대해 쓰고 있는 『선악의 저편』의 말미에서 니체는 웃음을 비난하는 철학자를 비판하면서 웃음의 능력에 따라 철학자들의 순위를 매기고 싶다고까지 말합니다. 여기서 그는 홉스의 말을 인용하는데, 아주 인상적입니다. "웃음은 인간 본성이 지닌 나쁜 결함이니, 사색하는 모든 인간은 이를 극복하려고 해야 한다." '인간 본성'에 속하는 것인데, 그게 '나쁜 결함'이니 이성을 통해 이를 극복해야 한다는 말이니, 신체의 생리학, 생명의 자연학에 반하는 서양의 전통적 입장을 아주 잘 보여 준다 하겠습니다. 이에 대해 니체는 이렇게 씁니다.

나는 그 웃음의 등급에 따라―황금의 웃음을 웃을 수 있는 사람들에 이르기까지 ─ 심지어 철학자들의 순위가 있음을 인정하고 싶다. […] 만일 신들도 철학을 한다면 그들도 또한 그때 ─ 모든 진지한 것들을 희생해서라도 ─ 초인적이고 새로운 방식으로 웃을 수 있다는 사실을 나는 의심하지 않는다. (『선악의 저편』, 294절)

이러한 웃음의 찬양, 기쁨의 찬양이란 바로 신체적 능력의 증가를 지향하는 생리학적 덕의 찬양입니다. '좋음'의 윤리학이 기쁨의 윤리학이 될 수밖에 없는 것은 이 때문입니다. 어떤 심리적 태도가 '좋은지 나쁜지'는 바로 이 생리학적 감응에 따라 판단해야 합니다. 아니 실은 심리적 태도 자체가 이미 신체적, 생리학적 감응에 따라 드러납니다. "도덕에 대한 심리학적 해석 **보다도 먼저** 생리학적 해석이 필요하다"고 했던 것은 바로 이런 이유에서입니다. 도덕의 심리학보다 도덕의 생리학이 일차적이며, 전자가 후자에 의거해야 한다는 말도 이런 이유에서 할 수 있을 겁니다.

다만 선악의 도덕이 그 반응에 대해 '선하다', '악하다', '깨끗하다', '불결하다' 등의 개념들을 덧붙여 놓고 문화적 습속들이 그 반응에 대해 칭찬과 비난, 권유와 강제를 가하기 때문에 우리는 신체의 반응과 반대되는 도덕적 판단들을 하게 되는 거지요. 그리고 이게 바로 니체가 생리학의 편에서 선악의 도덕에 대해 비판하고자 하는 이유인 것입니다. 그러나 문제가 단순하지 않은 것은 앞서 말씀드렸듯이 **우리의 신체가 복합적이어서** '좋다'와 '나쁘다'는 판단이 명료하고 뚜렷하지 않은 때가 많다

는 것, 특히 우리의 의식은 자신이 의식하는 판단을 전체의 판
단으로 생각하는 경향이 있는 데다, 습속과 도덕적 관념에 의해
판단하는 경향이 강하다는 점 때문입니다.

6. 공리주의와 천민의 도덕

여기서 다시 앞으로 돌아가 받는 자의 '이익'에 의해 도덕을 설명
하는 영국적 가설, 이른바 '공리주의적' 태도에 대해 다시 생각해
봅시다. 도덕의 생리학적 해석이 생명을 중심으로, 신체적 능력의
증감에 의해 좋고 나쁨을 판단한다고 할 때, '좋음/나쁨'을 판단하
는 자는 누구일까요? 그렇습니다, '주는 자'가 아니라 **받는 자**입니
다. 내 신체에 좋은 변용을 야기한 음식이나 소리에 대해 '좋다'고
판단하는 것은 자극을 준 음식이나 소리가 아니라 그 자극을 받은
제가 하는 겁니다. 누군가를 '잡아먹는' 경우에도 그래요. 호랑이
가 토끼를 잡아먹고 소가 풀을 뜯어 먹는 것은 생명의 본성에 속하
는 일이고 자연적 무구성을 갖는 일입니다. 이때 토끼를 잡아먹는
다 함은 토끼의 신체를 해체시켜 호랑이 신체 안으로 **받아들임**이
고, 소가 풀을 먹는다 함도 풀의 신체를 해체시켜 소의 신체 안으로
받아들임입니다. 쉽게 '강자'의 이미지를 떠올렸을 호랑이도 이 관
계에서는 주는 자가 아니라 받는 자입니다. 호랑이도 소도 먹는 자
는 곧 '받는 자'입니다. 물론 그들을 '주는 자'로 말할 수도 있습니
다만, 그 경우 호랑이는 토끼에게 무얼 주지요? 맞습니다, '죽음'

을 줍니다. 소는요? 역시 '죽음'을 줍니다. 아, 풀이 먹을 똥을 준다고요? 그것도 그래요. 그러나 소가 주는 똥이 '좋다' '나쁘다'를 판단하는 것은 살아남아 그걸 '먹는' 풀의 신체지 소의 신체는 아닙니다. 어느 경우든 '좋다/나쁘다'는 주는 자가 아니라 받는 자가 판단하는 겁니다. 여기서 받는 자는 약자고, 주는 자는 강자라는 말처럼 사태에서 벗어나는 것은 없습니다. 맹수나 귀족 같은 강자의 통념적 표상을 동원한다 해도 강자, 약자는 주는 자, 받는 자와 같은 것이 아닙니다. 자긍심의 도덕은 주는 자에 의해 '좋다/나쁘다'를 규정한다 하겠지만, 좋음의 윤리학은, 생리학적이고 자연학적 윤리학에서 좋다/나쁘다를 판단하고 평가하는 자는 받는 자입니다. 니체가 강자에 대한 인격적 표상으로 인해 헷갈리고 있다는 말은 이런 점에서 이해할 수 있을 겁니다. 주는 자, 받는 자의 표상, 강자와 약자의 표상 대신 힘의 질, 의지의 질에 대한 분석이 중요하다는 걸, 니체 자신의 혼동이 보여 주고 있는 것이란 생각입니다.

다음으로, 니체는 받는 자의 이익으로 '좋음'의 덕을 설명하는 걸 천한 공리주의라고 했는데, 어떨까요? 호랑이와 토끼 얘기를 다시 하자면, 호랑이가 토끼와 만나 그놈을 먹고 신체적 능력의 증가를 얻고 그걸 '좋다'고 느꼈을 때, 그가 '좋다'고 느낀 이유는 무엇인가요? 자신이 가진 힘이 역시 인생에 도움이 되는 '좋다'는 자기긍정이었을까요? 뭐 그렇게 느꼈을 수도 있지요. 그러나 그게 '좋음'의 덕을 정의해 주는 것일까요? 좋게 말해도 그건 토끼를 잡아먹는 사태 다음에 오는 겁니다. 놓쳤을 때는 '야, 이거 이리 큰 몸을 갖고 토끼 하나 못 잡나!' 했을 테니, 자기 능력을 긍정하긴 어려웠을 겁니다. 거기서 문제는 토끼를 잡아먹을 때 발생하는 신체의 변화지, 스스로의 능력에 대한 자찬이나 자탄이 아닙니다. '토끼를 잡아먹으니 배부르고 좋다', 이게 핵심이지요. 그렇다면 이 '좋다'는 어디에서 기인하나요? 토끼를 먹음으로써 신체적 능력이 증가하는 것, 즉 토끼를 먹어 **내 신체가 얻은 '이익' 때문**이지요?

토끼라는 약자와 호랑이라는 강자의 만남에서, 니체 예를 따라 늑대라는 강자와 양이라는 약자로 바꾸어도 그렇습니다만, 그 만남에서 좋음/나쁨의 덕은 발생합니다. 거기서 좋음의 덕은 상대방으로 인해 얻은 내 신체적 능력의 증가에서, 내 신체의 이익에서 나오는 겁니다. 정확하게 받은 자의 이익으로부터 '좋음'의 덕이 발생하는 겁니다. 이는 약자의 입장이 아니라 강자의 입장에서 그런 겁니다. 약자 입장에선 자기 목숨을 가져가는 호랑이나 늑대는 니체가 아무리 찬양을 해도 '나쁜 놈'이지요. 그의 행위는 힘없는 자를 괴롭히고 죽이는 '악행'이고 그렇게 하지 않는 자신들은 '선한 자'라 할 겁니다. 이게 니체가 '선악의 도덕'을 설명하는 방식이었지요. 그건 좋습니다. 그러나 반대로 강자의 도덕이란 **주는 자의 자긍심에 대한 심리학**에서 나오는 게 아니라, **받은 자의 이익에 대한 생리학**에서 나오는 것입니다. 이것이 생명과 힘에의 의지라는 니체의 중심개념을 통해서 좋음의 덕을, 좋음의 윤리학을 사고하는 방식입니다.

'이익'이란 말 자체가 천하거나 비속하다 할 순 없습니다. 생명체의 '이기주의'란 자신의 이익을 위해 남을 죽이기도 하는 자연의 비정한, 그러나 무구한 섭리에 속합니다. 신체적 능력의 증가와 그로 인한 기쁨을 추구하는 윤리학은 '이익'을 추구하는 본성을 자연에 속하는 것으로 간주하지만, 니체 말로 그것을 천하다고 할 순 없습니다. 그걸 천하다고 비난하면서 고상한 도덕을 발명할 때, 나의 생존을 위해 남의 생명을 죽이고 먹는 잔혹을 매일 행해야 하는 삶/생명과 등지게 된다는 걸 지적했던 게 바로 니체였으니까요. 여기서 '이익'이란 말에 대한 통념적 표상이 니체의 사유를 헷갈리게 하고 자신의 문제의식에서 벗어난 길을 가게 하고 있습니다.

그렇다면 영국적 공리주의는 어떤가요? 그건 니체가 보기에 분명히 비천합니다. 『아침놀』에서 공리주의에 대해 썼던 문구를 생각하면 니체는 아마도 공리주의를 염두에 두고 '이익'의 계산을, '이익'의 도덕을 천하다고 했을 겁니다. 그러나 여기서도 좀 더 우리는 세심해져야 합니다. 왜냐하면 공리주의는 '이익의 추구'로 정의되지 않기 때문입니다. 공리주의(utalitarianism)란 말 그대로 '유용성'(utility)을 추구하는 게 공리주의라고 생각하기 쉽지만, 그건 아직 공리주의라 하기 어렵습니다. 벤담을 극단적 대표자로 하는 공리주의는 한마디로 말해 최소 비용으로 최대 효과(유용성)을 얻으려는 입장입니다. 니체도 『도덕의 계보』 후주에서 '다수의 복지와 소수의 복리'에 대해 언급하는데, '최대 다수의 최대 행복'이란 슬로건 앞에 '같은 비용이면'을 넣은 것이 공리주의의 요체입니다. 즉 같은 비용으로 최대 효용성을 얻는 것이 공리주의란 겁니다.

그러니 공리주의를 요약해 주는 개념은 '이익'이 아니라 '효용성'이며, 효용성 극대화를 모든 일의 원리로 삼는 것입니다. 가령 최소 비용으로 최대 이익을 얻고자 하는 것, 투입량에 대해 산출량을 극대화하는 것, 비용 대비 이윤을 최대화하려는 것이 바로 공리주의입니다. 가령 생산성 극대화를 추구하는 경제학은 정확하게 공리주의에 속합니다. 호랑이가 토끼를 잡아먹어 **신체적 이득**을 얻으려 할 때가 아니라 어떻게 하면 **최소한의 동작으로 최대한 많은 토끼를** 잡아먹을 수 있을까를 계산할 때 그는 공리주의자가 됩니다. 소가 풀을 먹어 신체적 이득을 얻고자 할 때가 아니라, 최소한의 동작으로 최대한의 풀을 얻기 위해 그런 풀을 찾아 나설 때, 그것이 공리주의적인 겁니다.

공리주의는 확실히 비천하다 할 만합니다. 비용 대비 최대 효율성을 찾는 것은 역으로 말하면 같은 결과, 같은 물건이면 최대한 싼 것을 찾는 것이기 때문이죠. 즉 공리주의란 '이익'을 추구하는 게 아니라 **싸구려**를 추구하는 겁니다. 이왕이면 값싼 노동자를 찾고, 이왕이면 값싼 재료를 사용하려는 것, 그래서 이왕이면 값싼 물건을 생산하려고 하는 것, 아주 흔히 보시는 거죠? 이는 자본가가 모두 추구하는 것이고, 경제학자들이 모두 '좋은 것'이라고 칭찬하는 것이지만, 냉정하게 말해 '싸구려'를 추구하는 것이니 천박하다 할 수 있지요. 이익의 생리학이 아니라 생산성의 경제학이 공리주의에 속하는 것이고, 바로 그것이 싸구려를 추구하는 비천함과 비속함에 속하는 것이지요.

제5장

인간은 어떻게
약속할 수 있는 동물이 되었나?

자, 이제 『도덕의 계보』 둘째 논문으로 넘어가겠습니다. 둘째 논문의 제목은 '죄', '양심의 가책' 및 그 친족들입니다. '친족'이란 말은 Verwandtes를 번역한 것인데, '유사한', '근친의', '종족의' 같은 의미를 갖는 형용사를 명사적으로 사용한 말입니다. 그러니 '유사한 것들'이라 번역해도 좋겠지만, 죄나 양심의 가책 같은 것과 동족인 개념들을 다루는 것이기에 친족들이라 번역하는 게 더 좋을 듯합니다. 어떤 것이 다루어지는가? 죄와 벌, 정의, 법, 채권, 채무, 복수와 원한, 양심과 자긍심, 양심의 가책 등입니다. 이는 도덕과 결부된 핵심적인 개념들이라 하겠지요? 그리고 이런 개념들에 대한 가치평가를 위해 망각과 기억을, 그것의 거점인 신체를 언급하며 시작합니다. 도덕적 개념을 신체를 거점으로 다룬다는 것은 앞에서 길게 다뤘던 생리학적 관점을 바탕으로 하고 있음을 뜻한다 하겠습니다. 반면 이 논문에서는, 그리고 다음 논문에서도 어원학은 '죄'와 '부채'에 대해 언급할 때 말고는 별로 동원되지 않습니다. **어원학에서 생리학으로** 도덕 비판의 방법이 바뀌었음을 보여준다 할 수 있겠지요.

1. 약속할 수 있는 동물

죄나 양심의 가책을 표제로 내건 둘째 논문의 첫 문장은 '약속할 수 있는 동물을 기르는 것'으로 시작합니다. 그 문구에 문장은 이렇게 이어집니다. "이것이야말로 자연이 스스로 인간에게 부여한 바로 그 역설적인 과제 자체 아닐까? 이것이야말로 인간에 대한 본래적 문제 아닐까?" 무슨 말일까요? 약속할 수 있는 동물을 기르는 게 왜 **역설적** 과제이고, 왜 그게 인간에 대한 **본래적** 문제라는 걸까요? 미리 말씀드리자면, 그 과제가 자연의 본성에 반하는데, 자연이 인간에게 부여한 과제란 점에서 역설적 과제고, 동물이나 식물 등 다른 생물에게선 찾아볼 수 없는 것이란 점에서 인간에 고유한 과제, 본래적 과제란 것입니다.

통상의 '자연'은 약속하지 않습니다. 식물도 동물도, 미생물도 약속 같은 건 하지 않습니다. 봄이 되면 어김없이 꽃이 피지만, 그것은 알다시피 약속과 무관합니다. 수사적 표현을 써서 '약속이나 한 듯 흐드러지게 올해에도 벚꽃이 흐드러지게 피었다'고 말할 때에도 벚꽃은 약속 없이 핀 것입니다. 동물들에 대해 약속을 말하는 건 더더욱 어려운 일입니다. 동화나 신화에서라면 그런 얘기들이 나오지만 어떤 동물도 약속하지 않습니다. 이른바 '반려동물'도 그렇습니다. 주인이 오면 알아보고 짖는 개가 그렇게 약속해서 짖는 것은 아니지요. 그러나 인간은 약속을 하고, 약속을 지킵니다. 물론 약속을 어기기도 하지요. 그러나 어길 때에도 그저 잊어버린 게 아니라면 대부분 약속을 지켜야 한다는 생각을 합니다. 다른 동물보다 잘하는 걸로 인간을 정의하기 좋아하는 사람이라면 얼른 이리 말할 만합니다. "인간은 약속하는 동물이다." '생각하는 동물'보다 차라리 더 설득력 있는 정의 아닐까 싶습니다.

그런데 약속은 인간의 본성(nature)에 속하는 걸까요? 본성이라면 어린아이, 아니 갓난아기에게서도 발견할 수 있어야 합니다. 가령 웃음과 울음, 기쁨과 슬픔, 쾌감과 불쾌감은 '본성'에 속한다고 할 수 있습니다. 갓난아기에게서도 쉽게 발견되니까요. 물론 그것은 인간 아닌 다른 동물에게서도 발견되기에 인간만의 본성은 아닙니다. 동물의 본성이지요. 그러나 쾌감이나 불쾌감(고통)이 생명체의 존속에 필요한 것임을 생각하면, 동물만의 본성이라 하기 어렵습니다. 생명을 지속하려면 몸을 상하게 하는 것, 신체적 능력을 저하시키는 것에 대해 감지하여 그 상태를 피하려 해야 마땅하니까요. 그래서 식물에겐 고통이 없다거나 미생물은 감각이 없다거나 하는 얘기는 당연한 게 아니라 증명되어야 할 얘기입니다. 우리가 그들의 감각방식을 알지 못하기에 없다고 가정하고 있는 것이지요. 물론 식물은 동물과 달리 움직이지 않아도 생존할 수 있는 능력이 있고, 열매나 신체의 일부분을 동물에게 주는 방식으로 번식하는 놀라운 능력을 몸에 지녔기에, 신체 일부분이 손상되거나 분리되는 것에 대해 느끼는 감각이 동물과 같을 리는 없을 겁니다. 고통이나 불쾌감을 느끼는 방식이나 지점이 동물과 아주 다른 것일 수 있습니다. 그러나 생명을 지속하기 위해 유리한 자극과 불리한 자극을 구별하지 못한다면 생존할 수 없으니 어떤 식으로든 그 자극을 감지하여 반응하는 감각이 있으리라고 해야 할 겁니다.

약간 옆길로 새는 얘기지만, 인간의 감각에는 예민하게 배려하는 철학조차 동물의 고통에 대해서는 배려할 줄 모른다면서, 인간의 생존을 위해 동물을 먹고 고통을 주는 것은 피할 수 없겠지만, 그 고통을 최소화해야 한다며 '동물권'을 주장하는 이들, 가령 피터 싱어 같은 사람도 식물의 고통에 대해서는 놀랄 만큼 사고의 여지를 두지 않습니다. 『동물 해방』이란 책에서 그는 식물이 고통을 느낀다는 걸 부정하면서 식물에게 감각이 있으리라는 발상을 쉽게 일축합니다. 이는 채식주의 비판을 반박하기 위한 것이라 나름의 이유는 있다 하겠지만, 인간들이 자신과 다른 동물 종들 사이에 넘을 수 없는 '위계'를 설정하는 '종차별주의'를 비판하는 사람마저 식물이란 종에 대해서는 또 다른 종차별주의를 행하고 있는 겁니다. 자신이 비판하는 '인간중심주의'에서 여전히 벗어나지 못한 겁니다. 인간중심주의의 확장으로서 동물중심주의에 머물러 있는 것이니까요. 인간중심주의를 벗어나기는 정말 얼마나 어려운 것인지 모릅니다.

다시 갓난아기와 약속으로 돌아가죠. 갓난아기는 약속을 할 줄 모릅니다. 어린아이들은 애써 약속하는 법을 가르치고 다그쳐서 약속을 받아 내기도 하지만 약속을 잘 지키지 않습니다. 약속을 지키지 않은 것에 별로 미안해하지도 않습니다. 그래서 그들이 약속을 지키게 하려면 약속이란 걸 가르쳐야 하고, 그걸 지켜야 한다는 걸 가르쳐야 합니다. 이를 위해 종종 야단을 치기도 하고 심할 경우에는 벌을 주기도 하지요. 조금 더 나이가 들어 학교를 가게 되면, 학교에서 가르치는 게 바로 그겁니다. 약속을 지키는 것, 그리고 약속하는 것, 아니 약속을 받아들이는 것이라 해야 더 정확하겠네요. 등교시간에 맞춰 학교에 온다는 것, 수업시간엔 교사의 언행에 주목해야 한다는 것, 시험을 볼 때는 배운 대로 쓰겠다는 것 등등. 이건 학생들이 스스로 한 약속은 아니지요. 학교에서 정한 약속입니다. 이걸 받아들여야 학교에 들어가고 학교를 다닐 수 있습니다. 그러니 지키겠다고 약속을 할 수밖에 없습니다. 그리고 학교를 마칠 때쯤 되면 모두는 아니라 해도 약속을 지키는 법을 몸에 익히게 되지요. 약속에 따라 행동하는 법이 몸에 스며들게 됩니다. 어기는 일이 많다고 해도 지켜야 한다고 생각하며, 지키지 못하면 미안함을, 강하게 말하면 죄의식을 갖고 스스로 가책하기도 합니다.

이제 왜 니체가 둘째 논문을 약속에 관한 것으로 시작했는지 아시겠지요? 죄의식와 가책이란 말이 나왔으니까요. 죄의식과 가책은 약속과 결부된 것입니다. 죄란 법이나 규칙을 어기는 것이지만, 규칙을 어긴다고 항상 죄의식을 느끼는 건 아닙니다.

가령 부당한 법, 규칙이라고 생각되는 것은 어겨도 죄의식을 낳지 못합니다. 정당한 법이라 해도 그런 법이 있었는지 알지 못하고 있었다면 — 사실 우리가 모르는 법이 얼마나 많습니까 — 법을 어겼다고 해도 죄의식을 느끼지 않습니다. 심지어 아는 법을 어겼다고 해도 죄의식을 언제나 느끼진 않습니다. 죄의식은 법이나 규칙을 어기는 데서 나오는 게 아니라 자신이 지키겠다고 생각한 것, 지키겠다고 약속한 것을 어겼을 때만 나타납니다. 즉 죄는 **법을** 어기면 발생하지만, 죄의식은 **약속을** 어겼을 때 나타나죠. 그래서 법을 지키게 하려면 약속하고 그걸 지키려는 의지를 만들어 내야 합니다. 그게 없으면 어떤 법도 힘을 갖기 어렵습니다. 그래서 근대 이후에는 시민들을 '입법자'라고 추켜세우지요. 네가 스스로 만든 법이니, 지켜야 하지 않겠냐고. 그런 법이 있다는 것은 네가 지키겠다는 약속을 했다는 증거라고. 심지어 네가 들어 본 적도 없는 법, '뭐 이따위 법이 있어'라고 생각하게 하는 법에 대해서도 그렇습니다. 반면 어떤 법이나 규칙도 내면화될 때 준수됩니다. 내면화한다는 것은 그 규칙을 지키는 것을 스스로 약속했다고 믿게 되는 것입니다.

그렇기에 '약속할 수 있는 동물을 기르는 것'은 법과 규칙이 있는 집단이 집단으로서 계속 존속하기 위해선 필수적인 일입니다. 약속하는 동물이 될 때, 우리는 내게 주어지는 '약속'을, 규칙이나 법을 지키게 됩니다. 법이나 규칙은 우리를 직접 설득하지 않습니다. 우리는 많은 법들을 모르는 채 삽니다. 그래도 그것을 준수하거나, 어겼을 때 자신의 잘못으로 받아들이고 규칙을 가슴에 새기게 되는 것은 '약속'을 하고 지키게 하는 일상적인 행위를 통해서입니다. 이미 존재하는 습속이기에 나의 사고나 언행의 기준이 되어 버린 것들을 지키는 반복적인 행위들을 통해 우리는 약속할 수 있는 동물이 되어 갑니다. 습속(ethos)을 내 행위의 준거인 윤리(ethos)로 바꾸는 소리 없는 변환이 '문화'나 '관습'을 통해 진행되는 겁니다. 물론 여기에 더해 명시적인 가르침이 행해지기도 하고, 사회적 강제가 부여되기도 합니다. 이로써 인간은 예측할 수 있는 동물이 됩니다. "인간은 습속의 도덕과 사회적 강제라는 의복에 힘입어 실제로 예측할 수 있게 만들어졌다"(제2논문 2절).

앞서 선악의 도덕이란 지켜야 한다고 미리 가정된 계율을 전제한다고 했지요? 법이나 규칙이 그런 겁니다. 물론 많은 법이나 규칙은 다툼이나 쟁투가 일어날 일을 막기 위해 만들어지며, 바로 그것이 잘 몰랐지만 '그게 법'이라고 하면 쉽게 받아들이게 되는 이유기도 하지요. 법과 선을 관계 지으면서 어떤 이는 선이 법이 되는 거라고 설명하기도 하지만, 그 경우 '선'이란 무엇인지에 대해 사람마다, 집단마다, 조건에 따라 달라집니다. 즉 단일한 법, 보편적 법이란 있을 수 없게 됩니다. 그래서 칸트는 선한 것이 법이 된다는 생각을 뒤집어 말합니다. 법을 지키는 게 선이라고. 계율을 지키는 게 선이라는 유대적 도덕 개념을 법과 선 개념에 도입한 거죠(들뢰즈, 『칸트의 비판철학』, 민음사, 2006). 그래서 이는 '도덕' 철학의 가장 강한 형태가 됩니다.

이런 의미의 법은 실상 나의 동의나 '약속' 이전에 도입되는 겁니다. '해야 한다'의 의무로 주어지는 겁니다. 그걸 나는 받아들이는 수밖에 없게 되지요. 강제되고 강요되는 겁니다. 그저 강제되는 것은 스스로 지켜야 한다고 생각하게 하지 못합니다. 처벌을 피할 수만 있다면 지키지 않으려 하게 됩니다. 이런 법과 규칙을 지키게 하려면 그게 '스스로' 만든 것이라고 생각하게 해야 합니다. 자신이 만든 것이니, 스스로 지키겠다고 약속한 것이라고 말입니다. 그래서 필요한 게 바로 도덕입니다. 법을 지키는 게 '선'이라고 믿게 만들고, 나의 이득이나 계산과 무관하게 지키는 게 미덕이라고 가르치는 것, 그게 칸트가 말하는 도덕입니다. '해야 하기에 할 수 있다'(Ich kann, wenn ich soll)는 칸트의 말이 가슴속에 도덕률로 자리 잡게 되면, 이젠 역으로 **나의 '이익'을 따지는 것**은 찌질한 짓이 되고, 이익과 무관함에도 '해야 하기에 하는' 것은 이 찌질하고 천한 지상의 세계를 떠난 고귀한 '자유'로 간주되게 됩니다. 살아남기 위해 이익을 계산하고 굴복하는 찌질한 세인과 달리, 큰 손상이나 심지어 죽음이 기다리고 있음을 알면서도 '해야 하는 것'을 하겠다는 결단이 자유의 본질이라고 가르치는 것, 그게 칸트의 도덕철학입니다. 죽음이 기다리는 줄 알지만, '해야 할 일은 해야 한다'는 생각에서 죽음이 기다리는 곳으로 들어가는 고전적 비극의 영웅이 나를 부른다고 믿게 됩니다. 칸트만 그런 게 아닙니다. 『존재와 시간』에서 하이데거는 이 내면의 소리를 '양심'에 연결하고 있습니다. 그가 "어찌할 수 없는 상황을 견디어 냄"이 자유라고 하는 것도, 그 자유를 위해 죽음으로 (미리) 달려가 보는 결단을 함으로써 존재의 부름에 답해야 한다고 하는 것도 이런 맥락에서입니다.

멋있는 말이지요? 조국이 부른다, 대의가 부른다, 이념이 부른다면서 죽음으로 미리 달려가 보는 결단을 통해 멋진 자유의 비상을 한다는 생각은 지금도 흔히 만날 수 있습니다. 그 결단의 '고독함'에 대한 예찬 또한 마찬가지입니다. 그러나 이는 좋게 말한다 해도 '멋지다'는 **미감 판단을 위해** 삶의 기쁨이라는 가장 소중한 것을 바치는 것입니다. 그래서 이런 목소리는 대개 비장하고 숭고하며 엄숙한 비감으로 가득 차 있습니다. 자신의 목숨마저 내던지는 고귀한 희생, 나의 이익을 아낌없이 내던지는 '이타주의'에 대해 니체가 반복하여 강하게 비판하는 것은, 아직도 우리를 포위하고 있는 **이 '멋진' 도덕만큼** 삶을 오해하게 하는 게 없다는 생각 때문입니다. 죄의식이나 가책은 이런 도덕의 그림자입니다. 해야 한다면 해야 하는 것인데, 이런저런 이유로 하지 못했을 때 발생하는 '내면의 소리'가 바로 그것이지요. 이 내면의 소리는 약속을 지키지 못했을 때 발생하는 자의식으로부터 자라 나옵니다.

2. 망각의 무구성

약속하고 지키는 것은 인간의 본성(nature), 즉 자연(Nature)에 속하지 않습니다. 결코 자연적이지도 않고 인간의 본성에도 어긋나는 이런 태도는 당연히 '자연/본성' 밖으로부터 주어진 것이고 강요되고 훈련된 것입니다. '문화'란 습속의 도덕을 가르치고 훈련시켜 내면화하는 장입니다. 그러나 약속을 하고 지키겠다고 다짐을 해도 약속을 지키는 것은 쉽지 않습니다. 여러분은 어떠신가요? 약속 잘 지키시나요? 출판 계약을 하고서도 원고 마감이 없으면 원고를 쓰기 시작하지 않으며, 독촉 전화가 반복되지 않으면 원고를 끝내지 못하는 게 지식인이고 문인인데요… 약속할 줄 아는 동물을 기르는 것은 쉽지 않으며, 약속할 줄 아는 동물은 흔하지 않습니다.

왜 인간은 약속을 해놓고도 지키지 않는 걸까요? 길러도 길러도 인간이 약속하는 동물이 되지 못하는 이유는 무엇일까요? 힘써 가르쳐도 자신이 한 약속마저 지키지 않는 이유는 무엇일까요? 니체는 이를 '망각' 때문이라고 봅니다. 약속할 수 있음은 기억과 결부되어 있습니다. 약속이란 기억이 없으면 불가능한 것이고, 기억이 없으면 무의미한 것입니다. 약속이란 **미래 시제의 기억**이라 해도 좋을 겁니다. 망각이란 기억과 반대로 약속한 것도 지우는 것입니다. 그런데 그 망각에 대해 니체는 이렇게 말합니다.

> 망각이란 천박한 무리들이 믿고 있는 것 같은 단순한 관성적인 힘(vis inertiae)이 아니다. 오히려 이것은 능동적인(aktives), 엄밀한 의미에서 긍정적인(positives) 제동능력이다. 이 능력으로 인해 우리가 체험하고 경험하고 우리 안에 받아들이는 것은 그것

이 소화되는 상태('정신적 동화'라고 해도 좋다)에 있는 동안은, 우리의 육체적 영양, 이른바 '육체적 동화'가 이루어지는 수많은 과정과 마찬가지로, 우리의 의식에 떠오르지 않게 된다. (제2논문 1절)

전에 생명의 무구성에 대해 했던 말 기억나시죠? 능동적인 힘이란 장애물에 부딪치기 전에는 드러나지 않는다고, 건강한 신체는 건강에 대해 생각하지 않는다고 했던 거. 먹은 뒤에 먹은 것에 대해 우리가 의식하게 되는 것은 소화가 안 되거나 체했을 때고, 마신 걸로 몸에 탈이 났을 때입니다. 멀쩡할 때는 먹었다는 것을 의식하지 않으며, 먹었다는 사실도 어느새 잊고 맙니다. 니체는 이를 망각의 작용이라고 봅니다. 생리학적 의미의 망각인 셈인데, 사실 그런 거 의식하고 생각하고 있으면 뇌가 제대로 일하기 힘들지 않겠어요? 그래서 먹었다는 것도 지워 버린다는 겁니다. 그래서 망각이란 능동적인 힘, 아니 **신체가 좀 더 낫게 움직일 수 있도록 하려는** 종합작용이란 점에서 긍정적 의지의 작용이라고 보는 겁니다. 기억이 어떤 걸 계속할 수 있게 해준다면, 망각은 하던 걸 계속하려는 관성에 제동을 걸어 다른 방향으로, 다른 걸 할 수 있게 해주는 긍정적 의지의 작용이란 거지요.

먹는 걸 두고 좀 더 밀고 가자면, 먹은 것에 남은 **기원이나 흔적을 지우는 작용**이라고 하는 게 더 좋을 거 같습니다. 돼지고기를 먹었는데 배에 들어간 것이 돼지고기인 채 남아 있으면,

소화한 것에 돼지라는 흔적이 남아 있으면, 그걸 흡수한 신체에 돼지의 신체가 섞여 들게 됩니다. 그걸 계속 그렇게 먹다 보면 우리의 몸은 부분적으로 돼지가 될지도 모릅니다.^^ 그러지 않으려면 먹은 것의 흔적을, 돼지의 신체라는 '기원'을 모두 깨끗하게 지워 내 신체의 일부로 만들어야 합니다. 사실 인간이 먹는 게 모두 깨끗하게 지워지는 건지는 모를 일입니다. 제 아들을 보면서 느낀 건데요, 요즘 아이들의 신체를 보면 저와 '육질'이 다르다는 느낌이 확연하게 듭니다. 유심히 관찰해 보세요. 닭가슴살 같은 육질이 느껴지지 않던가요? 하도 '치킨'을 많이들 먹어서 그런 거 아닐까요? 제 세대보다 요즘 아이들이 키도 크고 몸도 훨씬 큰 것은 고기들마다 스며들어 있는 성장촉진제가 제대로 지워지지 않아서 그런 거 아닐까요?

몸이든 영혼이든 우리가 먹은 것은, 그 과거의 흔적을 지워 버려야 합니다. 그 흔적들이 지워질 때 제대로 우리 몸의 일부가 되기 '시작'합니다. 이렇게 지우는 작용이 생리학적 의미의 '망각'이라고 할 수 있을 겁니다. 이렇게 말하면 '망각'이란 능동적 능력이고 긍정적인 종합이란 말이 확 다가오지요? 니체에게 능동적 능력이란 '시작하는 능력'을 뜻하니까요. 이전 흔적을 모두 지워 새로운 신체의 일부로 다시 시작하게 하는 겁니다. 망각이란 기억하고 싶은 데 기억하지 못하는 게 아니라 지우고 삭제하는 작용입니다. 사람이나 동물만 그런 건 아닙니다. 컴퓨터의 저장장치나 램을 생각해 보세요. 거기에 기억된 걸 지우지 못하면 다른 작업을 '시작'할 수 없지요. 이때 지워서 무로 돌리는 것은 컴퓨터가 여러 가지 일을 하는 '범용 기계'가 되는데 대단히 중요한 능력입니다.

이처럼 어떤 것을 지워 백지로 만들고, 무로 돌릴 수 있을 때, 우리는 그것을 정작 필요한 기관이나 기능을 위해 사용할 수 있습니다. 이는 단지 신체 안에서의 생리적 작용에 국한되지 않습니다. 의식을 갖고 신체를 움직이며 사는 '나'의 구체적인 삶에서도 망각의 지워 버리는 작용은 매우 중요합니다. 그래서 좋음의 윤리학을 직조하는 개념이 되는 겁니다. 세포나 기관들의 작용일 뿐이라면, 컴퓨터의 작동방식일 뿐이라면 윤리학이 되긴 어렵죠. 윤리학이란 사람들 들으라고 하는 얘기니까요.

여러분의 삶을 생각해 보세요. 기억되어 있으면 기억되어 있는 것에 따라 하게 되잖습니까. 기억에 매여서, 기억된 것에 '반작용'하게 되는 경우가 사실 우리에겐 많습니다. 싸우고 헤어진 사람들과 만나기 싫지요? 만나고 싶은 생각이 잘 안 들고, 만나도 쑥스럽거나 민망하여 계면쩍은 표정으로 견디거나 어떻게든 피해 보려고 하게 됩니다. 왜 그러는가? 전에 있었던 일이 기억에 지워지질 않아서 그런 겁니다. 잊질 못해서 그런 겁니다. 기억에 의한 반동적 감정이 무언가 하고 싶은 걸 하지 못하게 저지합니다. 망각 능력은 그런 것들을 쉽게 쉽게 지우는 겁니다. 무언가를 잊어버릴 때에만, 어떤 것을 새로 시작할 수 있습니다.

지우고 싶어도 지워지지 않는 기억, 지웠음에도 지워지지 않는 기억도 있습니다. 프로이트가 말하는 트라우마가 그렇지요. 군이 엄격한 의미의 트라우마란 개념을 말하지 않아도 '상처'라고 불리는 과거의 기억, 지워지지 않는 기억 때문에 무언가를 할 수 없는 경우가 많이 있지요. 폐소공포증, 광장공포증, 고소공포증 같은 거 말입니다. 반대로 의미도 잘 모르는 채 지워지지 않는 기억에 매여 어떤 행동을 반복하게 되기도 해요. '증상'이라고 불리는 행동이 그렇습니다. 영화 「박하사탕」에서 영호(설경구 분)는 과거의 무언가를 상기시키는 것이 나타날 때마다 다리를 절지요. 외상성 히스테리라고 하지요? 기억에 사로잡혀 앓게 되는 '병'입니다.

이와 반대되는 걸 아이들에게서 발견할 수 있습니다. 자식이나 조카 봐준다고 애들 놀이터 같은 데 데리고 가 보신 분들이라면 알 겁니다. 애들 데려다 놓고 조금 있으면 어느새 처음 보는 애들끼리 친해져서 잘 놀지요. 누구인지도 묻지 않고, 뭐 하는 애인지도 묻지 않고 말입니다. 아, 요즘엔 비싼 집 사는지, 임대 아파트 사는지 가려서 논다고 들었는데 그건 아이들이 이미 늙은(!) 겁니다. 어른들 하는 짓이 어느새 아이의 영혼에 배어들어 가 그려진 거지요. 어쨌건 비슷한 아이들끼리만 어울려 노는 늙어 버린 아이들 말고, 건강하고 멀쩡한 아이들 생각을 해보세요. 그런 애들 놀이터에 풀어놓고 조금 있으면 '애앵~!' 울음소리가 나지요. 가 보면 티격태격 싸우고, 한 아이는 울고… 그래서 얼른 달래서 데리고 나오지요. 그런데 며칠 안 되어 다시 거기 갖다 풀어놓으면, 며칠 전 싸웠던 건 어느새 까먹고 같이 잘 놉니다. 정말 탁월한 망각능력 아닌가요? 어쩜 이렇게 애가 철이 없을 수 있을까 싶을 정도로. 싸운 지 얼마 됐다고 어느새 같이 어울려 놀고 있는 겁니다. 이게 망각능력의 힘입니다. 싸운 건 어느새 잊어버린 겁니다. 이런 게 '아이'들의 '무구성'입니다. 그러나 능동적 힘의 작용으로서 망각이란 잊는 '능력'이지 기억하고 싶으나 그러지 못하는 '무능력'이 아닙니다. 아이들도 어제 쟤랑 싸웠잖아 하고 말하면 기억해 낼 겁니다. 그러나 '그래도 그냥 쟤랑 놀래' 할 겁니다. 기억이 있지만, 그 기억이 갖는 '관성'을 망각능력이 지우고 그 기억이 밀고 가는 방향에 제동을 건 겁니다.

망각이란 그 기억을 넘어서, 기억된 것에 매이지 않고 생각하고 행동하는 능력입니다. 그것은 기억과 대립되는 어떤 상태를 표시하는 말이 아니라, 기억 안에 있는 반동적 힘을 지워 버려 더 이상 작용하지 않게 하는 힘입니다. 사실 기억이 없으면 사람의 얼굴도 알아볼 수 없고 하려고 하는 것도 할 수 없습니다. 단순한 지각조차 기억을 경유하지요. 기억 그 자체가 '반동적 힘'과 동일한 건 아닙니다. 기억과 반동적 힘을 연결하는 것은 차라리 반동적 힘에 사로잡히게 만드는 기억, **반동적 힘에 사로잡힌** 기억입니다. 그런 기억이 있는가 하면, 그런 힘과 무관하게, 좋고 싫음도 없이 남아 있는 기억도 있잖아요. 그런 기억은 이후 하려는 행동을 가능하게 해주며 동시에 그 행동을 구성하는 뇌의 작용에 끼어들어 재조합되고 변형됩니다. 이런 삭제 및 변형능력이 없으면 기억이란 과거에 나를 묶는 끈에 지나지 않습니다. 반대로 변형능력은 모든 기억을 요소들로 분해하고 재조합하여 현재와 미래 속으로 스며들게 합니다. 이때 중요한 것은 기억된 요소들을 단단하게 묶어 과거처럼 '반응'하게 하는 힘을 지우고 제거하는 능력입니다. 비우는 능력이고 재결합하는 능력이지요. 이처럼 과거에 묶는 끈을 지우고 비워 재결합하여 사용할 여백을 만드는 능력이 바로 망각입니다. 능동적 힘의 작용으로서의 망각이지요.

다시 말씀드리지만 망각이란 기억 못 하는 무능력이 아니라 반동적 힘에서 벗어나 기억을 사용하는 능력입니다. 망각능력이 없다면 기억되어 있는 것을 벗어나지 못합니다. 망각에 의해서 기억된 요소들을 묶는 끈이 지워지고 반동적 힘이 무력화될 때, 기존의 기억들은 다른 '배치' 속으로 들어가게 되고, 이전과 다르게 재분배되면서 새로운 것들을 할 수 있게 되지요. 망각이 있을 때 기억은 능동적 힘이 될 수 있어요. **기억마저 능동적인 것으로 바꾸는 힘**, 그게 망각 속에 작동하는 능동적 힘인 거지요. 그러니 능동적인 힘으로 묶어 말할 때조차, 기억보다는 망각이 더 일차적이라 해야 합니다.

3. 반동적 기억

과거의 기억, 아픈 상처가 됐든 '오, 시간이여 그대 멈추어라!' 하고 싶은 최고의 장면이든, 잊지 않으면 새로운 걸 할 수 없습니다. 오토모 가츠히로의 「메모리즈」라는 영화는 세 편의 에피소드로 된

애니메이션인데, 그중 첫째 편은 바로 그 '이 순간을 영원히!' 지속하고 싶은 그 기억에 대한 영화입니다. 아무리 아름답고 멋진 것도 시간이 지나면 시들고 변해 가기 마련이지요. 영광을 주던 가수의 목소리는 금이 가고, 고운 얼굴에는 주름이 들어앉고, 사랑하던 남자는 변심을 하고… 그래서 그 기억을 홀로그램과 기념물에 담다 고정시키곤 그 기억 속에서 사는 사람 얘기입니다. 그렇게 지워지지 않고 멈춘 기억은 어떤 것이든 죽음을 불러들입니다. 왜냐하면 그것 자체가 죽음이기 때문입니다. 변하지 않고 멈추어 선 것, 그런 것은 살아 있는 것과는 거리가 멉니다. 그런 소망 자체가 살아 있는 세계를 부정하며 저편으로, 멈추어선 죽음의 세계로 우리를 데려갑니다. 상처만이 아니라 좋은 기억도 멈추고 고정되면 죽음으로 이어집니다.

아픈 상처와 관련해서 보자면 기억은 대개 반동적이고 부정적입니다. 반동적 힘으로 우리를 사로잡고, 부정적인 방식으로, 하려고 하는 걸 하지 말라는 의지를 가동시킵니다. 미운 사람들, 화가 치밀었던 사건의 기억, 이런 것은 그렇게 화를 나게 했던 사람과 나를 분리시키려는 의지를 발동시킵니다. '다신 만나고 싶지 않아!' '꼴도 보기 싫어!' 몇 년을 기쁘게 잘 지내다가도 그런 일이 대차게 한 번 닥치면 사랑도 우정도 절단 나고 말지요. 좋은 일이 수없이 많았어도, 그 나쁜 일 한 번을 이기지 못합니다. 가령 5년 동안 사귀었으면 5년 동안 좋았던 일이 얼마나 많았겠어요? 그러나 그렇게 싸우고 헤어지면, '나.쁜.놈.' 이 기억 하나만 남아서 다시는 만날 수 없게 합니다. 사실 수많은 좋은 일들이 있었던 것이니 그거 하나 지우면 다시 만날 수 있고, 다시 관계를 만들 수 있을 텐데, 그걸 지우지 못하는 거죠. 이 경우 망각이 제공하는 긍정적 의지만큼 소중한 게 없죠.

화가 나서 헤어지고 마는 경우와 반대로 분노 때문에 잊지 못해 복수를 하거나 원한의 감정을 갖게 되는 경우도 마찬가지입니다. 이 책 첫째 논문에 보면 고귀한 자의 원한에 대해서 쓰고 있어요. 고귀한 영혼으로선 분노, 사랑, 감사, 복수 등을 순간적으로 분출하는 것이 중요하다고, 그것은 반동적인 힘이지만 분출되고 **남지 않은 채 사라지기에** 해독을 끼치지 않는다고 말입니다(제1논문 10절). 여기서 니체는 분노를 원한, 양심의 형태로 마음속에 담아 두는 것과 대비하여 그것을 즉각 드러내 해소하여 반동적 감정을, 그런 기억을 남기지 않는 것의 긍정적 측면을 강조하려는 겁니다. 표출하고 나서는 다 잊어서 어쩌다 다시 상기하게 되면 '아, 그랬었지?' 하고 웃어넘기게 된다는 겁니다. 이와 대비하여 약자들은 그렇게 즉각적으로 표출하지 못하면서 그 기억이나 감정을 지우지도 못해 속으로 '나쁜 놈', '죽일 놈, 언젠가 두고 보자!'라며 원한의 감정으로 간직합니다.

확실히 원한의 감정을 잊지 못해 평생 끌고 다니는 것보다는 즉각 표출하고 잊어버리는 것이 훨씬 낫지요. 후자는 한순간 그 반동적 힘에 사로잡히는 것이지만, 전자는 평생을, 기억하는 시간 만큼 그 반동적 힘에 사로잡혀 사는 것이니까요. 여기서 중요한 것 역시 '망각'입니다. 분노는 얼른 표출하여 복수를 하라는 말이 아니라, 망각하지 못한 채 평생 지고 가는 것보다는 차라리 즉각 표출하는 게 낫다는 거지, 분노는 표출해야 한다는 게 아닙니다. 실제로 그렇게 분노를 즉각 표출하면, 상대방이 그에 대해 해명을 하든 사과를 하든 할 것이고, 그러면 다시 관계를 지속할 수 있을 수 있지요. 아, 물론 상대방이 그에 반동하는 감정을 일으켜 쟁투가 벌어지거나 아니면 상대의 가슴속에 원한이 자리 잡을 수도 있으니 상대방을 가려 그에 맞는 행동을 해야 합니다. 어쨌건 분명한 건 가슴속에 깊이 원한으로 감추어 두면 관계가 지속되어도 잘 되지 않습니다. 관계가 지속되는 만큼 고통이 지속되지요.

그렇긴 하지만 분노든 복수든 반동적 힘의 표출인 건 틀림없고, 그 힘은 상대방을 무력화하는 부정적인 의지를 가동시킵니다. 남 잘되라고, 남의 능력 증가하라고 복수하는 일은 없을 테니까요. 정면에서 때리든, 다리를 걸어차든 신체적 능력의 감소를 겨냥한 부정적 의지입니다. 더 문제가 되는 것은 반동적 힘은 대개 되돌아오는 반동적 힘을 야기하고 그 힘을 따라 오는 부정적 의지를 가동시킨다는 겁니다. 영화나 소설은 주인공의 복수의 완수에서 끝나지만, 현실에선 그 복수는 반대편의 복수를 발동시킵니다. 반동적 힘이 되먹임되며 순환적으로 증가되는 악순환이 발생하죠. 그래서 나는 분노를 표출하고 잊었다고 해도 상대방으로선 잊을 수 없는 분노가 되어 되돌아와서 잊고 싶어도 잊을 수 없고 지우고 싶어도 지울 수 없는 기억으로 지속될 가능성이 대단히 큽니다.

고귀한 자의 분노라고 해도 **모든** 분노는 반동적인 힘에 사로잡혀 있고, 고귀한 자의 복수라 해도 **모든** 복수는 부정적인 의지의 작용이라는 사실은 달라지지 않습니다. 어떤 미움이나 분노, 누구나 들으면 다 '그럴 만하네'라고 하는 미움이나 분노도 그 자체로 반동적이며, 반드시 상대방을 갖기에, 그 상대방의 반동을 야기합니다. 그 반동적 힘의 순환 속에 고귀한 자는 없다는 생각입니다. 반동의 힘과 부정의 의지에 사로잡힌 약자들, 천한 자들만 있을 뿐입니다. '고귀한' 자의 원한도 **원한은 원한일 뿐**이에요. 고귀한 자가 따로 있는 게 아닙니다. 나쁜 질의 힘과 의지, 즉 반동과 부정에 사로잡히면 아무리 높은 귀족이라도 천한 자고, 좋은 힘과 의지, 즉 능동과 긍정을 산출하면 아무리 헐벗은 빈민, 하층민이라도 고귀한 자인 겁니다. 고귀한 자, 천한 자가 따로 있고, 그들은 뭘 해도 고귀한 자로서 하는 것이라는 말은 니체가 데카르트나 쇼펜하우어에 대해 반복해서 비판했던 '주체철학'의 환상, 주체를 실체화하는 환상에 사로잡힌 것입니다. **고귀한 행동을 할 때, 고귀한 자가 되는 거**예요. 똑같은 사람이라도 천한 행동을 할 때 천한 자가 되는 거고, 고귀한 행동을 할 때 고귀한 자가 되는 거예요.

이런 관점에서 보자면, 싫어하는 거, 천하게 보이는 게 많으면 자신의 눈을 돌아봐야 합니다. '고귀함'에 대한 가장 흔하고 천한 오해는, '난 이거 싫어!', '이건 고귀하지 않아, 천박해!'라는 판단을 남발하는 걸 고귀한 거라고 생각하는 겁니다. 이런 식으로 천한 걸 지적함으로써 자신의 취향이 고귀함을 드러내는 것이라고 생각을 하는 사람들을 종종 보게 되지 않나요? 그러나 '나쁜 거'를 싫다고 하는 걸로 고귀함을 보여 줄 수 있다는 것은 부정의 부정이 긍정이라고 생각하는 것입니다. 나쁜 거, 싫어하는 것을 지적하는 방식으로 자신이 선 자리를 '높이려는' 태도야말로 노예근성이라고 했던 『아침놀』의 문장이 생각납니다. 이런 식으로 **싫어하는 것이 많으면** 인생이 힘들고, 불행하게 됩니다. 그런 걸 만날 때마다 힘들고 불쾌하니 불행한 삶이 될 겁니다. 싫어하는 사람이나 싫어하는 일, 싫어하는 것은 적을수록 좋습니다. 고귀함이란 천한 걸 내치는 게 아니라 **잘 보이지 않는 곳에서도 고귀한 것, 좋은 것을 알아보고 찾아내는 감각과 능력**입니다. 이렇게 좋아하는 것이 많으면 많을수록 인생은 즐겁겠지요. 좋아하는 걸 만날 기회가 늘어날 테니까요.

4. 고귀한 눈과 천한 눈

고귀함은 천한 것의 부정이 아니라 순수 긍정입니다. 더러워 보이는 것을 더럽다 하고 추한 것을 추하다 하는 것은 누구나 하는 일입니다. 더러워 보이는 것 속에서 깨끗함을 볼 줄 알고, 추해 보이는 것 안에서 아름다움을 보는 것이야말로 고귀함이라 해야 하지 않을까요? 가령 화사하게 핀 벚꽃을 보고 감탄하고, 물 위에 곱게 떠서 우아하게 헤엄치는 백조를 보고 아름답다고 하는 건 특별한 안목을 필요로 하지 않습니다. 아무나 다 그렇게 생각합니다. 그걸 아름답다고 하면서 자신의 안목이 고귀함을 인정받고자 한다면 바보짓입니다. 역으로 물기 없는 도시의 포도(鋪道) 위를 뒤뚱거리며 걷는 더러운 백조를 보고 추하다고 하는 것 역시 누구나 하는 판단입니다. 이렇게 말하는 이를 두고 딱히 안목이 있다고는 하지 않습니다.

반면 그 도시의 더러운 백조를 보고 그 안에서 아름다움을 보는 것은 결코 흔치 않은 안목이 있을 때나 가능합니다. 노파들의 찌그러진 눈을 보고 추하다고 하는 느끼고 '싫다'며 물러서는 것, 그래서 늙음을 저주하며 영원한 젊음을 얻고자 하는 것 역시 누구나 하는 짓이니 이를 두고 고귀하다 한다면 개도 웃을 겁니다. 반대로 보들레르처럼 그 늙고 찌그러진 눈에서 "수백만 눈물로 만들어진 우물"을 보고, "혹독한 불운 속에서 자라난 매력"을 볼 때(「가여운 노파들」), 그 눈을 두고 고귀한 안목이 있다고 할 수 있지요. 늘어진 피부의 노파들에게서 "신의 무서운 손톱에 짓눌린 팔순의 이브"를 보는 눈은 정말 스피노자 말대로 "어렵고도 드물다" 해야 합니다. 이런 안목이 있다면 길가에 버려진 물건들마저도 좋아할 수 있고 늙음마저도 긍정할 수 있을 것이니, 불쾌할 일이 별로 없는 행복한 삶이 되지 않겠어요?

남의 단점을 잘 찾는 사람도 마찬가지로 천한 자들입니다. 오래전에 로맹 롤랑의 소설 『장 크리스토프』에서 읽은 거 같은데, 사람들 모여 수다 떠는 얘기의 반은 남의 욕이고 반은 자기 자랑이라고 하는 글을 본 적이 있어요. 사실은 이 둘이 같은 거죠. 남의 욕 하는 건, 그와 대비하여 자기가 잘났다는 얘기를 하려는 거니까요. 살다 보면 사람들 단점 잘 찾아내는 분들 자주 만나게 됩니다. 이런 분들의 또 하나 중요한 공통점은 그 단점을 들어 이른바 '뒷담화'를 한다는 거, 그런 식의 수다를 즐긴다는 겁니다. 그래서인지 사람들 일에 대한 정보에 아주 민감하고 밝습니다. 결국 이런저런 정보를 끌어모아 수다와 뒷담화로 퍼뜨리는 작은 '방송국' 같은 일을 하는 분들입니다. 남의 단점을 찾는 것은 그를 누르고 올라서려는 '본능'의 작용이겠지요. 이런 게 '힘에의 의지'라고, 지배하고 명령하려는 의지라고 니체 말을 빌려 할 수도 있겠습니다. 맞습니다. 그러나 그것은 남을 무력화하는 방식으로 이기려는 부정적인 의지지요.

남이 무능함을 보여 준다고 나의 유능함이 입증되는 건 아니죠. 그러나 비교하고 경쟁하는 게 몸에 밴 분들은, 그러면 자신이 '이겼다'고 생각하기에 자신의 유능함이 확인되었다고 믿는 겁니다. 우리는 여기서 '이기다'와 '유능함', '승리'와 '강함'이 같지 않음을 보게 됩니다. 남 욕 잘하는 분들 가까이하면 인생이 피곤해집니다. 처음에야 남들 웃음거리 만들며 어울려 수다를 떠는 즐거움을 주겠지만, 단점을 찾는 눈은 머지않아 나를 향할 거고, 결국 어디 가서 내 욕을 하고 수다를 떨며 자신의 '능력'을 과시하게 될 겁니다. 이는 고귀한 자의 행동과 어떻게 봐도 거리가 멀지요. 남다른 거 욕하기 좋아하는 무리 근성으로 사는 비천한 분들입니다.

고귀한 분이라면 사람을 볼 때 장점을 볼 겁니다. 별거 없어 보이고 약해 보이는 가운데서도 장점을 찾을 겁니다. 그리고 경쟁을 해도 그 장점과 경쟁할 겁니다. 그럴 경우에만 경쟁은 유능함의 경쟁, 능력을 서로 고양시키는 경쟁이 됩니다. 상대방을 단점투성이의 소인배로 만들어 놓고 그와 경쟁하여 승자가 되어 봐야 키 큰 도토리가 될 뿐이지요. 누군가의 약점이 아니라 강점과 경쟁하는 자, 상대방의 최소치와 대결하는 게 아니라 최대치와 대결하는 자야말로 제대로 된 승자고 강자라 할 수 있지 않겠어요? 남의 단점을 찾고 무력화시키는 식의 경쟁이 '안타곤' ─ 적대란 말이지요 ─ 이라면 이처럼 장점을 찾아 그걸 이겨 보려는 경쟁은 '아곤'입니다. 니체가 좋아하는 경쟁은 바로 이런 경쟁, '아곤'의 경쟁입니다. 능력의 경연입니다.

나쁜 거나 싫어하는 거 늘리지 마시고 좋은 거, 좋아하는 거를 늘리시는 게 좋습니다. 단점 같은 거 찾지 마시고 장점을 찾으세요. 그러면 인생이 행복해집니다. 좋은 거, 장점들로 둘러싸인 인생이 됩니다. 그러나 불행히도 인간의 기억력이라는 게 대개 나쁜 것을 기억하는 방향으로 진화되어 있는 듯합니다. 동물들이 다 그래요. 좋은 일은 잊어도 생존에 별 상관이 없지만, 나쁜 일, 특히 천적과의 만남처럼 치명적인 일은 한 번 잊는 것만으로도 죽기 쉽지요. 그래서 그걸 잊지 않은 넘들이 살아남았을 것이고, 그런 능력이 전해지고 진화되었을 겁니다. 그래서 좋은 일은 쉽게 잊어도 나쁜 일은 쉽게 못 잊는 것이고, 좋은 일이 아무리 많이 있었어도 나쁜 일 한 번 크게 겪으면 다시는 만나고 싶지 않다는 감정을 갖게 되는 것일 테지요.

그러고 보면 무구한 망각능력만 자연에 속하는 건 아니라 해야겠네요. 나쁜 거 기억하는 능력도 생명의 지속을 위해 필수적인 것이었으니 자연에 속한다 해야 하겠네요. 물론 장애물에 부딪쳤을 때 발생하는 사태의 기억이니 망각에 비해 이차적이라고 해야겠지만, 반동적인 힘과 부정적 의지 또한 **생존에 필요했던 것**이고, 그래서 어쩌면 능동적 힘과 긍정의 의지를 초과하는 강력한 크기를 갖게 되었던 거 아닌가 싶습니다. 공포와 분노 같은 감정은 이성이니 감각이니 하는 것을 모두 무력화시킬 만큼 즉각적이고 강력하게 우리를 사로잡지요. 그래서 더더욱 그런 힘에 내가 사로잡힌 건 아닌지 세심하게 살펴보아야 합니다. 그래서 더더욱 능동적인 힘을 증장시키고 긍정의 방식으로 살아가려 해야 합니다.

제가 스스로 생각해도 대견하게 느껴져서인지, 능동과 긍정에 관한 말할 때 자주 하는 얘기가 있습니다. 제가 굉장히 좋아하는 선생님이 한 분 계신데, 인상도 좋고 성격도 좋고, 신념에 삶을 걸고 열심히 사는 분이에요. 그런데 이 여러 가지 장점보다도 더 좋은 건, 권위의식 같은 게 전혀 없다는 겁니다. 일단 웃음소리부터 "헤헤헤"예요. 권위라고는 전혀 느껴지지 않는 애들 같은 웃음소리죠. 머리는 일찍부터 새하얀 백발인데도 웃음도 흔해서 언제나 "헤헤헤" 하십니다. 그래서 그저 이유 없이 좋아지는 분인지라, 언젠가 이분 하시는 일은 어지간하면 도와드려야겠다고 결심했고, 그래서 하자고 하는 일은 엔간하면 같이 하려고 했지요. 그런데 중요하다 싶은 건 다 하고 싶어 하시는지라, 일을 상당히 많이 벌이고 다니시는 거예요. 당연히 시간이 좀 지나면 그렇게 벌인 일들을 유지하는 것 이상을 하기 힘들어지지요.

저도 한가한 사람은 아닌지라, '안 되겠다' 싶어 몇 개 '정리'를 하고서 안 나갔지요. 그런데 어느 날 만났는데 평소와 달리 얼굴을 외면하시더라고요. 시쳇말로 '삐진' 거지요. 이런 게 '반동적 감정'이지요. 너무 좋아하고 존경하는 분인지라, 약간 당황했어요. 이런 일이 벌어지면 대개는 저도 얼굴을 돌리게 되지요. 같이 삐지는 겁니다. 반동적 감정이 다른 반동적 감정을 낳는 거예요. 그렇게 되면 아마 그다음부터는 그분 볼 일은 어지간하면 없어지게 될 겁니다. 만나도 적절히 거리를 두거나 의례적인 인사를 하고 돌아서게 될 거고, 어지간하면 만나려고 하지 않게 되죠.

그런데 생각해 보면 제가 굉장히 좋아하던 선생님인데, 그 관계가 이렇게 '정리'되어 버리는 건 참으로 안타까운 일이죠. 이런 일이 반복되면 인생이 힘들어집니다. 소중한 것을 계속 잃어버리게 되니까요. 꼭 이런 걸 의식해서 그런 건 아니었지만, 저분이 왜 얼굴을 돌리시는지 이유도 잘 알겠고, 또 워낙 좋아했던 분이어서일 텐데, 평소의 속 좁은 제 심성에 반하여^^;; 돌린 얼굴 쫓아가서 되도 않은 헛소리를 몇 마디 했어요. 어색하게 웃으시더군요. 그다음에 또 만났는데 또 얼굴을 돌리시더라구요. 그래서 다시 돌린 얼굴 쫓아가서 헛소리 몇 마디 했지요. 그랬더니 그다음에 다시 만났을 땐 다시 "헤헤헤" 하고 웃으시더라고요. 덕분에 그다음부터 만나는 게 다시 편해졌어요.

그런데 나중에 생각해 보니, 이제 니체적인, 대단히 니체적인 언행이었다 싶은 겁니다. 제 안에서 고개를 드는 반동적 감정의 힘을 제압하고 긍정적 의지를 발동시켜 능동적 힘을 산출해 낸 것이니까요. 좋은 관계가 반동적 힘에 사로잡혀 망가지는 것에 제동을 걸고, 능동적 힘이 작용하는 관계로 바꾼 거라고 해도 좋을 거 같습니다. 아, 나 같은 사람이 이럴 수가 있다니! 제가 생각해도 대견한 거예요.^^ 이거야말로 자기를 '넘어섬' 아닌가, 내가 그때 잠시지만 '초인'이 되었던 거야 하며 자화자찬을 했지요. 전에 『삶을 위한 철학수업』(문학동네, 2013)이란 책을 쓸 때 니체를 설명하면서 이 일이 다시 떠올랐어요. 사실 반동적 힘이나 그런 힘에 사로잡힌 일은 설명하기도 쉽고 예를 들 것도 많은데, 능동적 힘이나 행위는 설명하기도 어렵고 예를 들기도 쉽지 않거든요. 그런데 이 일이 딱 떠올랐죠. 이보다 좋은 예가 어디 있겠나 싶어서, 지금 또 이 민망한 얘기를 다시 하고 있는 겁니다.

우리는 반동적 감정에 사로잡히기 쉽습니다. 그렇게 되면 반동적 힘의 노예가 됩니다. 노예적 삶을 살게 됩니다. 그것을 넘어서려면 힘이 작용하는 양상을 바꾸어야 합니다. 새로운 힘의 종합을 산출해야 합니다. 반동적 힘을 이겨내는 능동적 힘을 가동시켜야 합니다. 아니, 그 이전에 내가 반동적 힘에 사로잡힌 건지 아니면 능동적 힘에 의해 행동하고 있는 건지를 잘 관찰하고 살펴보아야 합니다. 나쁜 일, 싫은 일이란 피할 수 없이 일어나게 마련인데, 혹시라도 그로 인해 **미움과 앙심, 원한의 감**

정을 갖게 된 건 아닌지, 그 감정이 남아서 지금 **부정적 의지를 따라가고 있는 건 아닌지** 유심히 살펴보아야 합니다. 그리고 반동적 감정 같은 게 남아 있다면, 능동적 힘이 그걸 이길 만큼 강하지 않다면, 차라리 하려고 하는 행동을 잠시 멈추고 감정이 가라앉길 기다리는 게 현명한 일입니다. 휘저어 놓은 흙탕물도 그냥 두고 기다리면 흙이 가라앉아 다시 맑아지지요. **반동적 감정이 가라앉은 뒤에** 생각하고 판단하는 게 좋습니다. 감정이 일어났을 때 하는 생각은 모두 망상이고, 그때 하는 행동은 모두 좋지 않은 일로 되돌아옵니다. 또 다른 반동적 감정을 일으키게 할 것이고, 그건 필경 내게 되돌아옵니다. 다른 게 아니라 바로 이런 게 '자업자득'(自業自得)이고 '자작자수'(自作自受)지요.

5. 잔혹, 기억의 테크닉

"망각이란 강건한 건강의 한 형식"입니다. "망각이 없다면 행복도, 명랑함도, 희망도, 자부심도, 현재도 있을 수 없다"고 니체는 말합니다(제2논문 1절). 이에 반해 기억은 반동적인 힘을 포함하고 있습니다. 그러나 기억이 단지 반동적인 것만은 아닙니다. 상처나 나쁜 일에 대한 반동과 다른 기억이 있습니다. 망각을 넘어서 무언가 하고자 할 때, 다시 말해 남에게나 자신에게 무언가 하겠다고 약속하는 경우에 망각을 제거하여 그 약속이 지워지지 않게 하는 것이 필요합니다. 하겠다고 맘먹은 것을, 자신의 의지 자체를 기억해야 합니다.

이러한 기억은 어떤 자극에 대한 반동적 반응의 기억이 아니라, 자신이 하고자 하는 것을, **하려는 의지를 기억하는 것이란 점에서** "능동적인 의욕 상태"이며 **무언가 할 수 있도록 만들려는** 기억이란 점에서 긍정적 의지의 기억입니다. 그 의지에 포함된 능동적 힘의 기억입니다. 물론 이런 기억은, 앞서 말씀드렸듯이 '자연적으로는' 만들어지지 않습니다. 능동적인 힘은 그냥은 의식되지 않고, 자연은 망각 속에 작동하게 합니다. 자신의 의지를 기억하려면 자연적 망각을 넘어서는 어떤 종류의 힘이 있어야 합니다. 그것은 쾌감을 주는 자극에 이끌려 행하는 습관적 반복을 통해서 이루어지기도 하고, 신체에 고통을 가하여 잊을 수 없게 만드는 불쾌한, 대개는 고통스러운 자극을 가하여 이루어지기도 합니다. 고통스러운 자극을 이용하는 것도, 이 경우에는 고통이라는 부정적 자극에 대한 즉자적인 반응이 아니라, 그런 반동적 반응을 **이용하여** 기억하게 하는 것이란 점에서 단순한 반동을 넘어선 것입니다. 상처받은 자극의 기억이라든지, 그냥 남아 있는 것들의 잔영 같은 게 아니라, "나 이거 해야지"를 기억하기 위해 그런 자극을 이용하는 것입니다.

이런 맥락에서 의지를 기억하게 하는 기술이 필요했다고 니체는 말합니다. 그저 부드러운 대답과 수단만으론 그게 안 된다는 겁니다. 그래서 인간의 기억술만큼 무섭고 섬뜩한 게 없다고 해요. "기억 속에 남기기 위해선 무엇에 달구고 찍어야 한다. 끊임없이 고통을 주는 것만이 기억에 남는다." 고대 이래의 형법이 잘 보여 주듯이 신체에 고통을 가하는 잔혹한 기술이야말로 망각을 넘어서 무언가를 기억하게 했다는 겁니다. 「함무라비 법전」에 나온다죠? 도둑질한 자는 손목을 자르고 강간한 자는 거시기를 자르고. 춘향에게 복종을 가르치기 위해서 변학도가 젊은 여자의 엉덩이에 매질을 했다는 얘기를 모르시는 분은 없지요? 학생들에게 규칙을 가르치기 위해 학교에선 등교하는 시점부터 하교하는 시점까지, 아니 처벌을 동반하는 과제의 강제와 '능력'에 까지 점수를 매기는 잔혹한 시험 등을 통해 하루 종일 고통으로 학생들의 신체를 포위하고 있음 또한 모두 겪어 본 바일 겁니다. 이것이 '자연'에 반하는 '이성'의 기원이라고 니체는 말합니다. "이러한 기억 덕분에 사람들은 마침내 '이성'에 이르렀다." 진지함, 감정의 통제, 숙고라는 '음울한 일 전체'가 이로부터 기인했다고 하지요(제2논문 3절). 주권적 인간, 약속할 수 있는 동물은 이 잔혹한 기억술의 역사로 인해 나올 수 있었던 겁니다.

그러나 기억의 기술이 '하지 마!'라고 외치는 **잔혹한 부정의 의지에 의해 만들어진** 것이라고 해도, 기억이 언제나 그 의지가 산출한 반동적 힘에 사로잡혀 있는 것은 아닙니다. 의지를 통제하는 그 힘은 다른 의지, 무언가를 하려 하고 그것을 하겠다고 **스스로 약속하는 의지를 위해 사용될 수** 있습니다. 무언가를 하려는 그 새로운 힘의 종합 안에서, 힘의 질은 달라집니다. 긍정적 의지의 작용으로 인해 능동적 성분으로 바뀌는 겁니다. 처벌을 동반하는 강제를 통과하면서 우리는 자신의 신체를, 자신의 삶을 그저 편한 것을 넘어서 움직이고 단련시키며 목적하는 바를 이룰 수 있게 됩니다. 고통이 예견되는 사태를 의연히 통과하거나 돌파할 수 있게 됩니다.

물론 타의에 의해, 잔혹스레 가해지는 신체적 고통을 피하기 위해 약속하고 기억하게 될 뿐이라면, 이런 사람은 고통에 대한 두려움이라는 반동적 힘에 복속된 자이고 주인 아닌 노예입니다. 앙심이나 복수심 같은 반동적 감정 안에서 자신의 약속(다짐)을 기억하고 실행하려 한다면, 이때 의지는 부정적이며 그 안에서 힘은 반동적인 게 됩니다. 반면 생존을 위해서 고용주의 의지에 복종해야 하는 조건 속에서도, 다른 삶을 구성하기 위해 자신을 움직이려는 의지가 있고, 그 '약속'을 실행할 힘이 있다면, 그걸 위해 기억을 이용한다면, 거기에는 긍정의 의지와 능동적 힘이 지배적이라고 할 수 있겠지요. 힘과 의지는 이처럼 그것을 어떻게 배치하고 어떻게 사용하려는가에 따라 그 질이 달라집니다. 개인 안에서조차 말입니다. 수많은 힘과 의지들이 유기체 안에 있다는 말 기억하시죠? 그렇게 상이한 질의 여러 힘들이 공존하고 있는 겁니다. **그 전체를 지배하는 힘과 의지가 무언인지에 따라**, 우리는 하나의 질로 포착하는 것이고, '주인'이니 '노예'니 하는 하나의 개념을 사용하는 것입니다.

제6장

주권적 개인과 공동체의 정의

1. 주권적 개인

약속할 수 있는 동물이란 길든 동물입니다. 그러니 그 자체론 긍정
적인 가치를 갖지 않습니다. 자신의 신체를 지배하려는 사회적 힘
과 습속에 복속된 인간입니다. 그러나 거기서 끝나지 않습니다. 약
속할 수 있다는 것은 약속하는 자신의 신체를 자신의 뜻대로, 자신
이 의욕하는 방식으로 움직일 수 있음을 뜻합니다. 자신의 신체 안
에 존재하는 수많은 의지들, 쉬려 하고 도망치려 하고 달려들려 하
고 변형시키려 하는 등 수많은 방향을 가진 수다한 의지들을 장악
하여 '내'가 원하는 바, '내'가 약속한 바를 행하도록 하는 능력을
갖고 있음을 뜻합니다. 이런 능력이 없으면 약속은 해 봐야 소용없
습니다. 약속하는 동물이 되지 못합니다. 즉 약속할 수 있다 함은

자신의 신체를, 그 안에 있는 수많은 힘과 의지를 자기 뜻대로 움직일 수 있는 자, 자기 신체의 주인이고 자기 영혼의 주인임을 뜻합니다. 자기 신체를 약속을 지킬 수 있는 상태로 움직이고, 약속을 실행함으로써 목적을 이루었을 때 획득될 수 있는 기쁨을 얻을 수 있음을, 그렇게 신체와 영혼의 능력을 고양시킬 수 있음을 뜻합니다. 그러니 이런 의지는 긍정적인 의지이며, 그 의지가 부리는 힘은 스스로가 원하는 방향으로, 또 원하는 강도로 투여되는 것이란 점에서 능동적이라고 해야 합니다. 따라서 이런 의미에서 약속할 수 있는 동물은 힘과 의지의 질이란 관점에서 볼 때 대단히 긍정적인 가치를 갖습니다.

이처럼 긍정적인 의미에서 '약속할 수 있는 동물'을 니체는 '주권적 개인'(das souveraine Individuum)이라고 부릅니다(제2논문 2절). 습속의 도덕과 사회적 강제를 통해 인간을 길들이는 것은 그 자체로만 보면 부정적이지만, 그런 길들임의 과정을 통해 인간은 비로소 자신의 의지를 기억하고 그 의지에 따른 신체의 움직임을, 힘의 분포를 만들어 낼 수 있게 된다는 점에서 보면 극히 긍정적입니다. 습속이든 강제든 자기 자신을 자신의 주인으로, 자신 안에 존재하는 수많은 힘과 의지를 복속시켜 자기 뜻대로 움직일 수 있는 주인으로 만드는 데 이용될 수 있다면 그건 주권적 인간을 만들어 내는 좋은 수단이 되는 겁니다.

뒤집어 말하면, 우리는 자신을 자신의 주인으로, 주권적 개인, 지고한 개인으로 만들기 위해 이유 없는 습속을 따르고 잔혹한 강제에 복종하는 것조차 이용해야 한다는 겁니다. 그런 습속과 강제는, 그것을 통해 만들어지는 기억은 이때 주권적 개인, 지고한 개인을 만들어 내는 수단이 됩니다. 기억이든, 습속이든, 잔혹이나 강제, 길들임과 복종조차 '가치'가 하나로 정해져 있지 않으며, 무엇을 위해 어떻게 작용하는가에 따라 가치가 크게 달라질 수 있음을 기억해야 합니다. 중요한 것은 어떤 이유에서 발생한 것이든, 어떤 이유에서 존재하고 작용하게 된 것이든, 자신을 자기 자신의 '주인'으로 만드는 것, 자기 신체와 자기 영혼 안에 있는 수많은 힘과 의지에 대해 명령하고 그것들을 자신의 의지, 자신이 한 약속에 복속시키는 것입니다. 그렇게 되면 **반동적인 기원을 갖는 것도, 부정적 발생인으로 작용하던 것도** 모두 능동적인 힘을 부리는 긍정적 의지 안에서, 긍정적 가치를 갖게 됩니다.

그렇기에 '주권적 개인'이란 대단히 중요한 개념입니다. 여기서 '주권적'이란 말은 프랑스어 수브랭(souverain)이란 말을 그대로 사용하고 있는데, 이 말은 '지고한', '최고의', '최종의'란 의미를 동시에 갖고 있습니다. 약속할 수 있는 자, 자기 자신의 주인이 된 자가 '최고의 개인', '지고한 개인'이란 의미라고 생각할 수 있겠지요? 아마도 통상은 그런 의미로 이해하는 듯합니다. 그러나 그런 의미뿐이라면 가령 '최고'를 뜻하는 회흐스트(höchst)나 탁월함, 고귀함, 지고함을 뜻하는 오버스트(oberst)를 써도 되지 않았을까 싶습니다. 특히 oberst는 고귀함, 탁월함에 패자(霸者)나 지도자를 뜻하니 니체가 '귀족'이나 고귀한 자에 대해 했던 말과 이어지기도 합니다. 그런데 니체는 프랑스어에서 온 단어를, 그것도 독일어 표기법 souverän이 아니라 프랑스어 표기법 그대로 수브랭(souverain)이라 쓰고 있습니다. **일부러** 그렇게 쓴 것이란 듯이요. 왜 굳이 그랬을까요?

이 수브랭이란 말은 아시다시피 영어 소브린(sovereign)에 해당되는 말인데, '주권국가'(sovereign state) 같은 정치학 용어로 주로 사용되지요. 프랑스어에는 '지고함'을 뜻하는 말이 지고한 왕권을 표기하면서 '주권'이란 말이 생겨났을 겁니다. 그리고 그 말이 독일어나 영어로 넘어가서 '주권'을 일차적인 의미로 갖는 단어가 되었을 거구요. 그래서 영어의 소브린에는 '지고한'이란 뜻은 없지요. '주권적인'이란 뜻이고, 그로 인해 파생된 '자주적인'이란 뜻이 있을 뿐입니다. 그렇기에 여기서 니체는 단지 '지고함'이나 '최상'을 뜻하는 말이 아니라 '주권'이란 의미를 표기하기 위해 höchst나 oberst를 피해 일부러 프랑스어 단어를 그대로 써서 수브레네 인디비디움(souveraine Individuum)이라고 썼다고 보입니다. 그러니 이 말은 '주권적 개인'이라고 번역하고 그런 의미로 이해해야 합니다. 물론 그런 개인이 '지고한 개인'이고 '최상의 개인'이라는 의미를 함축하고 있음은 분명하지만 말입니다.

그렇다면 이때 개인 앞에 붙은 '주권적'이란 말은 대체 어떤 의미인지 다시 물어야 합니다. 왜냐하면 주권이란 말은 국가권력에 대해, 왕정 시대에는 왕의 권리를, 시민혁명 이후에는 '인민주권' 등에 사용되는 말인데, 니체는 이를 전혀 어울리지 않아 보이는 '개인'이란 말과 결합해 사용했기 때문입니다. 왜 그랬을까요?

이 강의 앞부분에서 니체가 말하는 '의지'(힘에의 의지)의 개념이 쇼펜하우어의 의지 개념과 어떻게 다른지 꽤나 길게 강조해서 얘기했던 거 기억하시죠? 주권적 개인이란 말은 바로 그걸 염두에 두어야 제대로 이해될 수 있습니다. 기억하시겠지만 하나의 유기체를 하나의 주체, '나'라고 명명되는 의지의 단일한 주체라고 생각하는 것과 달리, 여러분도 저도 수많은 의지들의 복합체입니다. 혀는 혀대로, 위장이나 창자는 그것대로, 또 간이나 허파는 그것들대로 자신이 하고자 하는 걸 하려는 의지를 각자 갖고 있습니다. 다리 근육도, 그 근육을 이루는 근섬유들도, 그 근섬유 속의 세포들도 모두 각자의 의지를 갖고 있습니다. 내가 화장실에 가고자 하는 것은 나의 의지, 나란 유기체의 '자유의지'에 따른 것이 아니라 신장이나 방광의 명령에 내가 복종하는 것이란 얘기도 기억나시지요? 이런 의미에서 '자유의지' 같은 것은 없다고 했지요. 내가 나의 근육에 화장실로 가라고 명령하는 것은, 방광의 명령에 '내'가 복종한 것일 뿐입니다. 물론 가지 않고 참을 수도 있습니다. 눈앞에 있는 음식이 그새 남의 손에 넘어갈까 두렵다면 화장실 가는 거 정도는 좀 참아야죠. 그러나 그것은 음식에 쏠린 눈과 위장의 명령, 달콤함을 기대하는 혀의 명령, 혹은 좋은 영양소를 기대하고 있는 세포들의 명령에 따라, 방광의 명령에 대해 '잠시 기다려 줘'라며 타협토록 하는 겁니다. 수업시간이라 참아 보자 한다면 "수업시간인데 어딜 가나?"라며 비난의 질문을 할 타인의 압력과 방광의 명령 사이에서 조정과 타협을 하는 것일 수도 있지요.

우리의 신체 안에는 세포수보다 많은 의지들이 있습니다. 각자는 자신이 하고 싶어하는 걸 하려 하고 그리하자고 신체에 명령을 내리고자 합니다. 그래서 산에 가고 싶다고 생각하면서도, 힘들 거 생각하니 가고 싶지 않다는 마음이 반대쪽에서 일어나고, 맛있는 음식을 향해 손이 가려 하지만, '안 돼, 이거마저 먹으면 내일은 두 끼 정도 굶어야 할 거야!'라며 망설이지요. 우리의 신체 안에는 이렇게 많은 의지들이 있고, 그 의지들을 밀고 가는 힘들이, 그리고 그 의지에 의해 발동하는 힘들이 있습니다. 그대로 방치된다면 대체 무엇을 할 수 있을까 싶을 정도로. 더구나 이 의지들은 특별히 아프거나 탈이 난 게 아니면, 하고자 하는 거 말고는 모두 쉽게 잊는 망각능력을 갖고 있습니다. 과음으로 탈이나 고생한 게 엊그제인데, 어느새 혀와 신경세포들은 다시 술병을 향해 눈을 돌리게 하고 있습니다. 나날이 커져 가는 배를 생각하며 음식 앞에서 이를 악물지만 어느새 손은 그리 나가고 있습니다.

내가 나 자신의 주인이 된다 함은 내가 내 신체를 내 뜻대로 움직이는 것이고, 내 신체 속의 많은 의지들에 내가 하고자 하는 바를 따르도록 명령하는 것입니다. 내 명령에 신체가 복종하도록 하는 것입니다. 그 복종은 힘들고 고통스러운 경우도 있습니다. 담배 피우는 분이 담배를 끊는 것도, 술 좋아하시는 분이 술을 안 마시는 것도 쉽지 않으며, 운동하지 않으면 안 된다는 의사의 권고를 따르고 싶지만 몸을 움직이는 건 힘이 들기에 쉽지 않습니다. 저항하는 기관과 세포들이 있는 겁니다. 그냥 편하게 있고 싶어, 다시 취하고 싶어 등등의 의사를 생리학적으로 표시하고 있는 겁니다. 그래서 연초마다 '올해에는 이걸 꼭 해야지' 결심하지만, 얼마 안 가는 경우가 많지요. 자신이 하고자 하는 것을 해내는 사람은 결코 흔하지 않습니다. 외부의 강제, 규칙의 강제를 따르는 것보다 훨씬 어려운 게 **자신이 하고자 하는 것을 하는 것**입니다. 자신이 약속한 바, 자신에 대해 약속한 바를 지키는 게 훨씬 어렵습니다. 약속할 수 있는 자가 된다 함은 무엇보다 자신의 미래를 자신의 약속에 따라 만들어 가는 것이고, 자신이 하고자 하는 바를 잊지 않고 기억하며 그 기억에 따라 몸을 움직이는 것입니다.

니체가 '주권적 개인'에 대해 말하면서 '자유의지를 갖고 사는 자'가 아니라 '자유의지를 **지배하는** 자'라고 하는 것은 바로 이런 의미에서입니다(제2논문 2절). 자기 안에 존재하는 수많은 자유의지들을 지배하지 못한다면, '자유의지'란 말은 무의미합니다. 신체 기관의 명령에 복종하는 자이니, 자유의지란 말은 듣기 좋은 허상에 지나지 않습니다. '내 맘대로 할 거야', '나하고 싶은 대로 할 거야'라는 말은 흔히 하고 또 듣는 말이지만, 그 말처럼 어려운 게 없습니다. 그런 말 쉽게 하는 이들, 대개는 자기 맘대로 하지 못하는 분들입니다. '주권적 개인'이 되라는 말은 쉽게 말해 **내 맘대로 하는 자**가 되라는 겁니다. 자기 몸도 자기 맘대로 못하는 자가 세상일을 자기 맘대로 할 수 있을 리 없습니다. 내 맘대로 살려면 내 몸부터 내 맘대로 할 수 있어야 합니다. 약속할 수 있는 자가 되어야 합니다.

약속할 수 있는 자가 된다 함은 이처럼 **제각각 하려는 게 다른 수많은 의지들을 하나의 의지에, 자신이 하려고 하는 것, 하겠다고 약속했던 것에 따르도록 복속시키는 것**입니다. 내 몸 안의 그 많은 의지들에게 명령하여 복종케 하는 것입니다. 이는 한 나라 안에서 제각각의 의지를 갖고 있는 개인들에게 명령하여 하나의 의지에, 최고의 의지에 복종케 하는 것과 다르지 않습니다. 한 나라는, 왕정이나 독재국가든, 아니면 민주주의 국가든 각자의 생존을 위해 각자 하려는 게 다른 수많은 개인들의 의지들로 가득 차 있습니다. 주권이란 **이 제각각인 의지를 하나로 모으고 통합하는 것**입니다. 하나의 의지 아래 다른 많은 의지들을 따르게 하는 겁니다. 그 의지가 왕의 의지면 왕정국가가 되고, 그 의지가 독재자면 독재국가, 그 의지가 대중이면 민주주의국가가 됩니다. 어느 경우든 주권이란 인민들의 다양한 의지를 하나의 의지로 통합하고 그 의지에 복속시키는 겁니다. 수많은 미시적 의지들을 하나의 거시적 의지로 바꾸는 것입니다.

이런 점에서 **개인 안에** 존재하는 수많은 의지들, 다양한 의지들을 '나'의 의지 아래 통합하고 복속시키는 것과 **국가 안에** 존재하는 수많은 의지들, 다양한 의지들을 하나의 의지 아래 통합하여 복속시키는 것은 다르지 않습니다. 이렇게 상이한 의지를 하나로 모으는 능력, 하나의 의지에 따르도록 만드는 작용이 바로 '주권'이란 말로 표현하려는 사태입니다. 그러니 사회에 주권이 있듯이 개인에게도 주권이 있는 것이고, 주권적인 국가가 있듯이 주권적인 개인이 있는 겁니다.

하나의 의지에 다른 의지들을 **명령하고 복속시킨다**는 말이 불편하게 들릴 수도 있습니다. 명령과 복종이란 말부터 귀에 거슬리는 분들도 있을 겁니다. 이게 니체에 대한 반감이 드는 중요한 이유 중 하나고, 이게 또 니체에 대한 오해의 가장 흔한 이유 중 하나입니다. 그러나 그 명령의 대상이 일차적으로 내 안의 의지들, 내 몸 안의 신체들임을 안다면, 그 반감은 설 땅을 잃게 되지 않을까요? 명령하고 지배하고 복속시킨다는 말에서 파시즘이니 전제권력이니 하는 걸 떠올리는 게 적어도 이와는 무관하다는 걸 쉽게 이해할 수 있지 않을까요?

사실 익숙해서 별 반감 없이 쓰는 '주권'이란 말 자체도 절대왕정 시대에 왕의 권리를 설명하기 위해 탄생한 개념이었습니다. '주권'에 대한 정치학적 저작 가운데 가장 고전적인 책의 저자는 장 보댕인데, 이 책은 절대왕권을 이론적으로 정립하는 데 결정적으로 기여한 책이지요. 사실 그 이전에 주권이란 기독교에서 신의 권리를 표현하기 위해 사용되던 말이기도 했어요. 보댕이 정립한 이론이 알다시피 이른바 '왕권신수설'인데, 왕의 주권은 신에게서 받은 것이라는 걸 요체로 하고 있지요. 신의 주권을 넘겨받은 것이란 말이지요. 이런 점에서 주권 개념에 기초한 정치학이란 본질적으로 '정치신학'이라고 했던 이도 있었습니다(칼 슈미트, 『정치신학』, 김항 옮김, 그린비, 2010). 이러한 주권 개념이 근대에 이르러 주권의 일차적 소재가 인민에게 있다면서 인민주권론이 탄생한 것인데, 인민에게 주권이 있다는 것은 명목상 그렇다는 겁니다. 인민주권을 말하는 사람, 가령 루소 같은 사람조차 주권의 근원이 자연권의 주체인 개인에게 있다고 해도, 주권이란 본질적으로 그것들이 **하나로 통합되어** 하나로서 작동하는 것임을 명시합니다. 안 그러면, 세상은 만인에 대한 만인의 전쟁터가 될 거라고 홉스는 주장했고, 결국 자신들이 인정한 어느 한 사람의 명령에 따르기로 계약하게 된다고 했지요. 그렇기에 인민주권의 이론이란 본질적으로 '독재'의 이론이라고 슈미트는 말하기도 합니다(『독재론』).

주권 개념의 기원이 이렇다고 해도 민주주의 사회의 우리도 주권 개념 자체를 거부하지는 않지요. 근대 국가는 어디나 '영토, 인민, 주권'을 그 기본요소로 한다는 것은 근대 사회의 상식에 속합니다. 민주주의와 동일시되는 근대 사회도 '주권'이라는 개념이 작동합니다. 이에 비하면 자기 신체의 각 부분에 대해 '주권'이란 개념을 사용하는 건 비난할 이유가 훨씬 적지 않나요? 약속할 수 있는 자, 주권적 개인이 되어야 한다는 말은 내가 내 신체의 주인이 되어야 한다는 말이니, 오히려 당연한 말이라 생각하시지 않나요? 문제는 내가 내 신체의 주인이라고 하는 생각이 생각과 달리 현실이 아닌 경우가 많다는 것이고, 내 신체에 대해 그런 주권을 형성하고 행사하려는 생각을 하기가 어렵다는 것이지요. 그렇기에 주권적 개인은 어렵고도 드뭅니다. 주권적 개인이야말로 지고의 개인이고 최상의 개인이라고, 고귀한 자라고 하는 것은 이 때문입니다. 주권적 개인으로 자신을 만들기 위해 자신의 의지를 기억하고 자신의 약속을 기억하기 위한 '기술'이 중요하다는 것, 그래서 때론 고통스럽고 때론 잔혹하기도 한 습속이나 강제마저 매우 소중한 것이 될 수 있다는 것입니다.

2. '자유로운 인간'의 징표들

'자유로운 인간'이란 약속할 수 있는 자입니다. "오랫동안 지속되어 부수기 어려운 의지를 갖고 있는 자"입니다(제2논문 2절). 자신이 좋아하는 일, 혹은 이건 자기에게 좋다고 생각하고 삶의 일부로 삼겠다고 했던 일, 그리고 그것을 실제로 행하며 사는 일조차 오래 지속되기 힘들지요? 자신의 약속을 오래 기억하지 못한다는 말입니다. '해야지!' 맘먹은 일 가운데 10년 이상 하신 일이 뭐가 있나 한번 살펴보세요. 어떤 일이 있나요? 운동하겠다고 기구 사 놓고 일 년, 아니 한 달도 못 되어 옷걸이로 사용하시는 분, 헬스클럽 끊어 놓고 두 달도 못 가는 분, 심지어 공부가 좋다고 시작했지만 논문 쓰고 취직하고 나니 어느새 편한 생활에 익숙해져 멀어진 분들도 적지 않습니다. 좋아서 하는 일을 하는 것, 긍정적 의지가 선택하게 하는 것이 중요한 건 이 때문이기도 합니다. 좋아서 하는 일은 그래도 오래 할 수 있고, 하고자 하는 것에 몰두하기 쉬워서 잔혹한 기억의 기술을 애써 동원하지 않아도 되니까요. 힘들어도 밤새워 책을 읽고, 밤새 영화 보고 하는 게 그렇지요. 정말 좋아하는 일은 아무리 힘들어도 하기 쉽고 지속하기 쉽습니다. 그러나 '좋다더라'

라고 하여 시작한 일은 결코 오래가지 못합니다. 그렇게 시작했더라도 자신이 정말 좋다고 절감하면 오래가지요. 하겠다고 다짐하고 그걸 지키기 위해 스스로의 일상을 가혹하게 단련할 수 있다면 그것도 오래갈 겁니다. 그것도 훌륭한 일이지요. 무언가를 오래 지속하는 건 '좋아'라는 한때의 판단만으론 유지되기 힘드니까요.

주권적 인간은 **자신의 가치척도**를 가지고 있습니다. 자신이 하고자 하는 것에 대한 가치판단이, 그것이 좋은 것, 혹은 '옳은 것'이라는 판단이 없다면, 그렇게 자신의 삶에 좋고 나쁨을 판단하는 강력한 척도가 없다면 어떤 행동을 오랫동안 지속하는 것은 불가능하기 때문입니다. 이 말은 능동적 힘과 긍정적 의지에 의해 스스로를 지배하는 자임을 뜻합니다. 스스로 좋다고 느끼는 것을 행함은 그 자체로 하고자 하는 것을 하는 긍정적 의지의 작용이며, 이 의지를 통해 작동하는 힘은 스스로 안에 '원인'을 갖는 힘, 자기 안에 '동인'(동력)을 갖는 힘이니 능동적인 힘이니까요. 이런 자들은 당연히 자신을 기준으로 타인을 보고 세상일을 바라보지만, 그보다 중요한 건 그런 기준으로 자신을 본다는 점입니다. 그렇기에 그 기준에 입각한 언행은 겉돌지 않습니다. 자기 스스로 하려는 것이니 몸에 배인 것이고, 자기 자신에게 먼저 행하게 하는 것이니 진실하다 하겠습니다.

약속을 했는데 계속 어기는 사람. 그리고 약속하자마자 어길 생각부터 하는 사람. "난 못 지킬 거야" 하면서 약속도 못 하는 자. 이런 이들이 바로 니체가 말하는 약자예요. 남은커녕 자기를 지배할 능력도 없는 자니, 자신에 대한 주권을 갖지 못한 자예요. 스스로의 행위를 약속하고 지키지 못하는 이들은 필경 자신의 행위에 대한 판단이나 판단기준을 남한테 맡겨 버리게 됩니다. 물론 남이 시키는 것을 잘한다는 말은 아닙니다. 잘하지 못할 겁니다. 그래도 해야 하는 일인 경우 하지 않을 수 없을 겁니다. 강제에 쫓겨, **하지 않을 수 없기에** 하게 될 겁니다. 행동의 원인과 동력이 자기에게 없는 자, 남의 의지에 복종하는 자, 남이 시키는 것을 두려움 등을 이유로 행하는 자가 바로 노예지요. 약자는 그렇기에 노예입니다. 강자가 일차적으로 자신의 주인이라면 약자는 일차적으로 남의 노예입니다. 먹고살기 위해서 남에게 자신의 신체를, 활동능력을 맡겨야 하는 세상, 돈을 받는 대신 고용주가 시키는 것을 해야만 하는 이 자본주의란 세상은 주권 없는 개인의 시대, 보편화된 노예의 세상이라 해야 하지 않을까요?

니체도 말하듯, 강한 자는 "자신과 동등한 자, 강한 자, 신뢰할 수 있는 자(약속할 수 있는 자)를 존경"합니다. 당연하지 않겠어요? 약속할 수 있는 자는 강한 자입니다. 자기 안에 이유와 동력을 갖고 자기 스스로 그걸 행하는 자, 능동적인 자가 강한 자의 정의하고 했잖아요? 약속할 수 없는 자를 신뢰하기는 어렵습니다. 약속을 지키지 못하는 자는 있던 신뢰마저 사라지게 하지요. 약속할 수 있는 자가 자기와 다른 자, 즉 약속할 수 없는 자를 어찌 존경할 수 있겠습니까? 약속할 수 있는 자는 역으로 남에게 믿음을 주는 자이고, 자신에 대한 믿음을 아끼는 자입니다. 그렇게 **약속할 수 있고 그걸 지킬 수 있는 자신을 신뢰하고**

믿는 자, 그런 자신을 자긍하는 자입니다. '자중자애'(自重自愛)란 이처럼 약속할 수 있는 자로서 자신을 존중(尊重)하고 그에 대한 믿음을 아끼는[愛] 자, 그런 식으로 자신을 사랑하는[愛] 자의 태도라 하겠습니다. 약속할 수 있는 자가 '책임'을 자신의 특권처럼 생각하는 것은 이 때문입니다. 책임을 진다 함은 약속을 지키는 것입니다. 이렇게 약속한 것을 지키고 책임지겠다는 생각, 자신의 신체를 지배하고 자신의 행동을 책임지려는 이러한 의식을 니체는 '양심'이라고 합니다. 주권적 개인의 양심입니다.

주의할 것은 **책임을 지는 것**과 **책임감에 시달리는 것**, 혹은 책임감 때문에 무언가를 하게 되는 것은 본성을 달리한다는 사실입니다. 책임감에 시달린다 함은, 했어야 하지만 하지 못한 것에 대한 가책입니다. 약속할 수 있는 자는 약속한 것을 지키는 자고 책임지는 자이지만, 그렇기에 지키기 위해 최선을 다했으나 이루지 못한 것에 대해 가책하거나 책임감에 시달리지 않습니다. 최선을 다했으나 이루지 못한 것은 자신의 힘을 벗어난 일이기 때문입니다. 세상일이 어떻게 내 뜻대로만 되겠어요? 수많은 사람, 수많은 요인들이 얽혀 있는데. 약속을 지키기 위해 최선을 다하지 못했다면, 더 잘할 수 있었을 텐데 못했다는 책임감에 시달리겠지만, 최선을 다했는데 안 된 일이라면, 그건 내가 할 수 있는 것 바깥에 있는 일이니 책임감에 시달릴 게 없습니다. 책임감 때문에 하고 싶지 않은 일을 하는 것도 약속할 수 있는 자의 행동과는 거리가 멉니다. 약속할 수 있다 함은 하고자 하는 일, 해야 마땅하다고 평가하는 일을 하는 것입니다.

책임이란 그렇게 판단하여 약속한 것을 지키는 것이지, 그다지 약속하고 싶지 않은 일, 중요하다 싶지만 내가 굳이 하고 싶다고는 생각하지 않은 일을 책임감에 끌려 떠맡는 게 아닙니다.

주권적 개인이 '자신의 운명에 대항해서 자신의 말을 지킬 만큼 충분히 강하다'는 얘기는 이런 맥락에서 이해해야 합니다. '운명'이라는 것은 내게 덮쳐 오는 것, **내 의지 바깥에서 오는 것**입니다. 여러 가지 우연들이 겹치면서 뜻하지 않은 방식으로 덮쳐 오기에 내 뜻대로 안 되는 것이지요. 약속할 수 있는 자는 자신이 약속할 수 있는 것을 알고, 약속할 수 없는 것도 압니다. 약속하지 않은 것들, 운명처럼 바깥에서 오는 것들 속에서도 약속할 수 있는 삶을 살고자 최선을 다하는 것, 그게 운명을 헤쳐 나가는 겁니다. 그건 '운명'으로 오는 것을 그저 따르는 것도 아니고, '왜 내게 이런 일이 일어나는 거야!'라고 한탄하는 것도 아닙니다. 그렇다고 운명을 내 뜻에 맞추려 하며 내 뜻을, 나의 약속을 막무가내로 고집하는 것도 아닙니다. 우연의 바람을 타고 바깥에서 오는 것에 맞추어 돛을 움직이면서, 약속했던 방향을 향해 가는 겁니다. 비록 그렇게 해서 도달한 지점이 애초에 뜻하던 것과 달라졌다 해도 그렇게 도달한 것을 받아들이는 겁니다. **최선을 다했다면** 그것을 받아들이는 것에서도 후회나 한탄 같은 게 일어나지 않습니다. 여기가 내가 최선을 다해서 도달할 수 있는 지점이야 라며, 그렇게 최선을 다한 자신에 대해 자긍하고 그렇게 자신이 도달한 결과를 자긍할 수 있을 겁니다.

약속한다는 것은 자신에 대한 긍지를 갖고, 자신이 스스로를 보증할 수 있음이고, 자신 스스로를 긍정할 수 있음입니다. 자긍심이란 강자들의 자기긍정입니다. 책임과 책임감, 양심과 양심의 가책이 다른 것처럼 자긍심은 자존심하고 비슷해 보이지만 아주 다릅니다. 자존심은 기본적으로 방어기제예요. 타인들의 시선 속에서, 남들이 나를 이렇게 보지는 않을까 하는 근심 속에서 자기를 방어하기 위한 마음의 작용입니다. 자기에 대한 긍정이 아니라 자기를 부정하려는 시선을 부정하려는 마음입니다. 긍정 아닌 부정의 부정이고, 능동 아닌 반동적 힘이 거기 있습니다. 그래서 조금만 맘 상한 일을 만나면 팍 튀어 나가는 반동적 공격성을 보여 주지요. 이는 약한 자들이 자기를 방어하기 위해서 만들어 낸 겁니다.

강자에게는 이런 방어기제가 필요 없습니다. 자긍심을 가진 자는 자신의 행동에 대한 가치척도를 자기가 갖고 있기에 남들이 뭐라고 평가하는지에 별 관심이 없고, 그 척도에 따라 자신이 약속한 바를 위해 최선을 다하기에 심지어 실패한 것에 대해서도 남들의 비난에 의연하기 마련입니다. 자기가 하려는 것에 자신이 최선을 다했기에, 남들이 자기를 어떻게 말하고 하는 시선 같은 게 전혀 중요하지 않아요. 남들의 비난에 대해서 특별히 변명할 필요를 느끼지도 않고, 시달리는 게 귀찮아 해명하는 경우에도 굳이 애써 설득할 필요도 못 느끼지요. 내가 중요하다고 믿는 것을 얘기하지만, 못 알아들으면 '할 수 없지 뭐' 하고 웃으며 넘어갑니다. 애써 남에게 이기려 드는 것은 자긍심이 아니라 자존심에 속한 것입니다. 평판을 위한 언행도 마찬가지지요. 자존심은 **남들의 시선이나 평가에 흔들리는 자신을 감추기 위한 반동적 힘의 산물**이라면, 자긍심은 **남들의 시선이나 평가에 흔들리지 않는 능동적 힘의 표현**입니다.

3. 인간은 어떻게 자신의 가책에서 쾌감을 얻게 되었나?

그 자체로 능동적 힘인 망각능력이 있고, 그것을 넘어서 약속하고 기억하는 능력을 위한 잔혹한 기술들이 있었습니다. 그리고 그 기억술을 '약속'을 지키기 위해 사용할 수 있게 될 때, 주권적 개인이 출현할 수 있게 됩니다. 스스로의 주인이자 자기 운명의 주인인 주권적 개인이야말로 어쩌면 '문화'와 습속이 만들어 낸 반동적 힘들을 능동적 힘으로 변환시킴의 최대치를 표시한다고 하겠습니다. 약속과 책임, 신뢰와 양심, 그리고 자긍은 그로부터 나옵니다.

하지만 습속을 강제하는 문화나 제도는 자신을 지배하고 운명을 헤쳐 가는 이 강자로 가는 길 이상으로 넓은 또 하나의 길을 열어 두고 있습니다. 망각한 채 사는 길이나 삶의 주인으로 사는 길과 정반대 편에 있는 길이 그겁니다. 그것은 해야 한다는 약속을 하긴 하지만 그걸 지키지 못하는 자들에 빠져들어 가는 길입니다. '내 탓이오, 내 탓이오, 내 탓이로소이다!'의 죄의식과 하고자 하는 것에 대한 가책이자 그런 본능에 대한 책망인 '양심의 가책'이 그 길에 있습니다. 니체는 이를 '이성, 감정의 통제, 숙고'라는 '음울한 사실'과 짝이 되는 '또 하나의 음울한 사실'이라고 말합니다(제2논문 4절). 어쩌면 훨씬 더 많은 인간이 가고 있는 이 길을 해명하는 것, 그것 또한 '비판'으로서의 도덕의 계보학이 수행해야 할 분석이라 하겠지요.

이제 여기서 먼저 문제가 되는 것은 '죄'와 '죄의식'입니다. '부채', 즉 채권-채무관계입니다. 독일어에서 '죄'를 뜻하는 말은 슐트(Schuld)인데, 이 말은 동시에 '빚', '부채'를 뜻하는 말이기도 합니다. 이 책에선 복수로 슐덴(Schulden)이라고 쓰고 있지요. 죄라는 도덕적 개념이 부채라는 경제학적 개념에서 나왔다는 겁니다. 그러나 여기서 니체는 어원학에 대한 얘기로 얘기를 더 끌고 가진 않습니다. 그 부채를 형벌이란 개념과 연결하고, '되갚음'을 뜻하는 '보복'과, 그리고 '채무'와 연결하여 분석합니다. 죄란 그에 상응하는 대가를 '갚아야' 할 것이란 점에서 '부채'고, 형벌은 죄를 '갚도록' 강제된 처벌이란 점에서 채무의 변제와 죄의 처벌은 기원을 갖는다는 겁니다.

그러나 비슷해 보이지만, 돈을 받는 것과 고통을 주는 것은 결코 같은 게 아닙니다. 부채를 돈이나 노역으로 갚는 것은 빌려 간 것을 되돌려 주는 것이고 '원래 상태로 되돌려 놓는 것'입니다. 그러나 죄의 대가로 치러야 할 형벌은 죄지은 자에게 신체적 고통을 가하는 것인데, 아무리 고통을 가해도 돈이 돌아오는 것도 아니고 다친 사람의 신체가 회복되지도 않으며 죽은 사람은 되살아나지 않습니다. 즉 형벌은 '원래 상태로 되돌려 놓는 것'이 되지 못합니다. 그러니 빚을 갚는 것(변제)과 고통을 주는 것(형벌)은 같다고 할 수 없습니다. 그게 같다고 생각하려면 경제적 손해와 신체적 고통이 같다고 하는 새로운 종류의 등가 관념이 있어야 합니다. 가해자에게 고통을 줌으로써 자신이 입은 손해에 대해 배상을 받는다는 느낌이나 관념 말입니다. **변제와 보복 사이에 등가관계** 말입니다.

이런 관계가 도입된다 함은 빚을 진 자와 빚을 준 자, 즉 채무자와 채권자 사이의 관계와 죄를 진 자와 형벌을 주는 자 사이에 등가관계가 도입되는 것이기도 합니다(제2논문 4절). 형벌이 만약 일종의 '사회 계약'에 의해 성립되는 것이라면, 그것은 시장에서의 교환관계가 아니라 이 채권-채무관계를 모델로 하는 계약이라 해야 합니다. 빚을 진 자는 돈으로 갚아야 하고, 죄를 지은 자는 고통으로 갚아야 한다는 계약 말입니다. 여기서도 약속이 중요합니다. 계약은 **약속**입니다. 채권-채무의 경제적 계약은 빚을 지면 갚겠다는 약속, 죄를 지으면 벌을 받겠다는 '약속'이고 그 약속의 강제입니다. 계약을 한다는 것은 그 약속을 자신의 기억 속에 새기는 것이고, 상환의 의무를 자기 양심에 새기는 것입니다(제2논문 5절). 죄와 벌의 사회적 계약은 죄를 지으면 자신의 고통으로 그 죄를 갚겠다는 약속입니다.

약속을 강제하기 위해선 담보가 필요하지요? 빚을 지면서 어떤 물질적 담보물을 저당 잡히는 것처럼, 그 약속을 위해 신체나 목숨, 혹은 자유를 저당 잡히는 것입니다. 이 저당은 약속을 잊지 못하게 강제하는 물질적 담보입니다. 망각의 대가는 물질적 고통임을 상기시켜 약속을 잊지 못하게 하는 기억술이 빚의 담보물이라면, 죄의 대가가 신체적 고통임을 상기시켜 약속을 잊지 못하게 하는 기억술이 처벌의 담보물인 거지요.

그런데 이 두 가지 상이한 물질적 담보 간에 교환 가능한 등가성이 새로이 생겨났다는 겁니다. 니체는 가령 이집트에선 빚을 갚지 못한 경우, 가진 게 없어서 경제적 담보를 가져갈 수 없을 경우에 채권자가 채무자의 신체에 온갖 종류의 고문과 능욕을 가할 수 있었다고 씁니다(제2논문 5절). 아마도 "빚을 갚지 않으면 죽는 수가 있어!"라는 위협이 법이 된 거 아닌가 싶지요? 신체적 고통의 위협으로 경제적 채권을 확보하려는 건데, '빚을 받아드립니다'라며 광고하는 조폭들이 바로 이런 식의 관계를 실행하는 거, 영화에서 종종 보시지요? 신장 같은 장기를 팔아 빚을 갚게 만드는 무시무시한 얘기를 우리도 종종 농담 삼아 하잖아요.

이게 역으로 경제적 채권을 신체적 고통으로 바꿀 수 있다는 등가관계를 만들어 낸 것이 이집트의 경우 아닌가 싶습니다. 빚을 갚을 수 없게 된 채무자를 노예로 만드는 것도 이런 경우라 하겠지요. 노예를 생각해 보면, 채무자의 신체를 강제해서 경제적 이득을 얻을 수 있다는 것과 그 신체를 내 맘대로 하여 심리적 이득을 얻을 수 있다는 것은 채무와 죄를 쉽게 연결하게 해주는 듯하지요? 니체도 경제적 손해를 갈음하는 직접적 이득 대신, 신체에 고통을 가해서 얻는 쾌감을, 그런 쾌감을 얻을 권리를 '같다'고 생각함에 따라 그런 등식이 성립되었다고 말합니다. 이러한 분석을 통해 우리는 채무자와 노예가 아주 인접해 있음을 보게 됩니다.

여기서 약속이 아주 다른 삶의 갈림길이 됨을 보게 됩니다. 고통의 기억을 이용해 자신을 약속하고 지키는 자로 만드는가, 아니면 기억된 고통을 예상함으로써 강요된 약속에 따르는가, 약속을 지킬 수 있다는 자긍심을 타고 자신을 좀 더 고양된 능력으로 밀고 가는가 아니면 못 지킨 약속으로 자책하면서 스스로에게 가한 죄의 고통 속에서 무력화되는가의 갈림길입니다.

처벌은 죄지은 자에게 가하는 고통이고 채무자에게 고통을 가해 얻는 쾌감을 줍니다. 이는 자기 바깥의 신체를 향해 뻗어 나가는 채권자의 힘의 표현입니다. 이런 점에서 처벌은 쾌감을 주는 '축제'의 성격을 갖는다는 게 니체의 생각입니다. 도취의 힘으로 신체를 손상시키는 고대의 디오니소스적 축제를 생각하고 있는 것일까요? "잔인함 없는 축제는 없다. [⋯] 형벌에도 축제적인 것이 많이 있다"라고까지 말합니다(제2논문 6절). "고통도 오늘날처럼 고통스럽지 않았다"고 합니다(제2논문 7절). 어쨌건 이렇게 인류가 자신의 잔인함을 부끄럽게 여기지 않고 직접 표현하던 시절은 오히려 지금보다 지상의 삶이 더 명랑했다고 합니다. 죄의식도 없고 양심의 가책도 없었다고 해요. 처벌받은 자는 처벌을 받은 후 채무가 상환되었다 생각할 터이니 죄의식을 가질 일이 없었고, 그런 일을 하고자 하는 자신에 대해 가책할 일도 없었을 겁니다. 채권자 또한 당연한 권리를 행사한다는 생각에서 고통을 가하는 일이니, 그 '가해'에서 쾌감을 얻는 것에 대해 죄의식도 없고, 그런 자신을 가책하는 일도 없다는 겁니다. 채무와 채권의 '교환'을 통해 서로 죄의식 없이,

양심의 가책 없이 채권-채무 관계를 해소한 셈이니까요.

　그래서인지 형벌을 강제하는 곳인 감옥만큼 '양심의 가책'이나 죄책감 없는 곳이 없다고 니체는 말합니다(제2논문 14절). 이는 사실입니다. 한때 유행하던 어법으로 말씀드리자면, '제가 봐서 아는데', 정말 그렇습니다. 감옥에 가 보면, 죄책감에 시달리는 사람, 찾기 힘듭니다. 억울하다고 하는 사람들만 있지요. 양심의 가책, 거기선 그런 거 정말 보기 힘듭니다. 심지어 자신이 죄지어서 왔다고 하는 이도 별로 없어요. 자신이 '죄'를 범한 것에 대해 다들 '이유'을 갖고 있습니다. 이유가 있기에 자신이 여기 있는 것은 부당하다고 말합니다. 자신이 범한 것에 비해 과도한 처벌을 받고 있다고 하죠. 빚보다 많은 걸 상환토록 갇혀 있다고 생각하니, 채무의식도, 죄의식도 있을 리 없고, 양심의 가책도 보기 힘든 거죠. 니체 말대로 형벌이야말로 죄책감 발달을 가장 억제해 왔다 할 수 있습니다. 또 니체는 범죄자가 법이나 재판절차를 접하게 될 때 그들은 자신이 했던 것과 같은 종류의 행동이 정의나 선의 이름으로 행해지는 것을 보게 된다고 지적합니다. 밀정을 심고, 계략이나 모함을 사용하고, 매수를 하기도 하는 경찰이나 검찰의 술수가 그런 경우라고 말입니다.

　오히려 난감한 사태는 '고통의 무의미성'이 부각되면서부터 시작되었다고 합니다. 이는 니체가 말하는 양심의 가책과 관련된 것인데, 흔히 말하는 양심의 가책과 비슷하긴 하지만 내용이 좀 다릅니다. 흔히 말하는 양심의 가책은 일종의 죄의식인 반면, 니체가 말하는 양심의 가책은 자신의 본성을 가책하며 쾌감을 얻는 것입니다. 죄의식보다 한 걸음 더 나아간 거죠. 이를 이해하려면 고통의 무의미성을 따라가야 하는데, 실제로 양심의 가책이 현행화되는 건 국가라는 게 등장하면서지만, 일단 논리적으로 고통의 무의미성과 양심의 가책이 어떻게 연결되는지를 먼저 살펴보기로 하지요.

고통의 무의미성이란 가령 죽을 병이 걸리거나 가족이 큰 재난을 당했을 때, '내가 뭘 죄를 지었다고 이런 고통이!'라고 하는 경우가 많지요. 큰 고통이 내게 온 이유를 묻는 것인데, 그 질문은 이미 갖고 있는 답에서 나온 거죠. 내가 이런 고통을 받을 이유가 없다는 생각이 그겁니다. 고통보다 더 참기 힘든 게 바로 이런 **고통의 무의미성**이라고 합니다. 그렇기에 고통을 견디기 위해 **고통에 의미를 부여**하게 됩니다. 이 고통에 뭔가 이유가 있을 거야! 그러나 사고나 재난에서 직접 그 이유를 찾을 길 없으니 그와 멀리 떨어진 어딘가에서 이유를 상상해야 합니다. '신에 대한 믿음의 시험에 든 거야!' 사랑하는 아들을 바쳐야 하는 아브라함의 고통이 그랬지요. 아들이 죄를 지은 것도 아니고, 아브라함이 죄를 지은 것도 아닙니다. 그저 그건 시험을 위한 무의미한 고통이었지요. 그게 아니면 나도 모르게 지은 어떤 죄를 고통의 이유로 상상할 겁니다. '남몰래 쾌락을 추구하고, 나의 욕망을 따라간 일이 어디 한두 번인가!' 그러니 이 모든 고통이 '내 탓이야, 내 탓이야, 내 탓이로소이다!'라고 하며 스스로 죄인임을 받아들이는 겁니다. 그러면 고통의 이유와 의미가 분명해지니까요. 그리고 그런 쾌락을 탐하고 욕망을 따라

가려는 '본능'에 대해 가책을 하며, 그로부터 거리를 두려는 **자신의 '양심'을 확인하는 기쁨**을 얻을 수 있게 될 겁니다. 시험에 든다는 것은 이처럼 원인을 자신의 죄에서 찾지 않고 의미 없는 고통을 주는 신을 원망하는 건 아닌지 하는 것이겠지요. 이처럼 무의미한 고통 앞에서 **자신의 내면에서 죄를 찾고 그것을 채찍질하는 것**이 바로 니체가 말하는 '양심의 가책'입니다.

이는 고통을 받는 자의 입장에서 양심의 가책이 발생하는 심리적 경로인데, 고통을 주려는 자에 대해서도 그런 경로를 생각해 볼 수 있습니다. 가령 채무자(가해자, 범죄자)에게 고통을 주어 봤자 아무 이득이 없으며 그걸로 내가 입은 손실이 회복되지 않는다는 생각, 고통을 주는 데서 오는 쾌감은 단지 나의 쾌감일 뿐이라는 생각이 들 때 그러지 않을까요? 실질적으로 상환될 수 없는데도 누군가에게 고통을 가한다는 게 실은 의미 없는 짓이라는 생각이 채권자(피해자)의 '양심'을 파고들면 '가책'의 이유가 될 겁니다. 하지만 채권자 자신이 이렇게 생각할 가능성은 많지 않습니다. 대개는 국가가 가해자와 피해자 사이에 개입하여 복수하듯 고통을 가하려는 태도를 저지하려 할 때 이런 식의 논리가 제시될 겁니다. 이를 진지하게 받아들여 고통을 주려는 자신의 내면을 보게 되면, 고통을 주며 쾌감을 즐기려는 잔인한 본능을 보게 될 겁니다. 고통을 가해서 쾌감을 얻는 동물적 즐거움을 역겨워하게 되고, 그 쾌감 밑에 있는 **동물적 본능**을 발견하고 부끄러워하게 될 겁니다. 동물적인 삶 자체를 혐오하게 되면서 혐오하는 것의 목록을 만들게 될 겁니다. 야만성의 목록, 야만적인 동물적 본능이 목록이 되겠지요.

이제 인간은 그 야만적 본능에 반하는 곳에 서야 한다고 생각하게 됩니다. 인간적인 어떤 도덕의 거점, 그게 바로 '양심'이라 하겠지요. 동물과 인간, 자연과 문명의 대립이 잘 보여 주듯, 문명이나 도덕이란 이 동물적 본능과 반하는 것, 이를 억누르는 것이 될 겁니다. 이럼으로써 도덕은 자연과 등지게 되고 인간의 행동은 유약화되게 된다고 니체는 생각합니다(제2논문 7절). **본능적 삶 자체를 유죄화**하게 되고 그런 본능을 가진 자신에 대해 죄의식을 갖게 될 겁니다. 신체적 고통보다 더 고통스러운 영혼의 고통이 삶 자체 안에 자리 잡게 되겠지요. 유약한 도덕, 잔인성을 비난하는 약자들의 도덕, 고통을 가하는 잔인한 자들을 악이라고 비난하면서 그렇지 않은 자신들을 선한 양이라고 믿는 선악의 도덕이 여기서 탄생합니다.

이로써 밖으로 뻗어 나가던 가책의 힘은 내부로, 내면으로 향하게 됩니다. 타인을 가책하여 얻던 쾌감을 대신하여, 자신을 가책하여 얻게 되는 새로운 쾌감이 탄생하게 됩니다. 이게 '양심의 가책'입니다. 양심이라는 내면에 대한 채찍질이자, 양심이란 이름으로 자신의 내면에 가하는 채찍질, 양심이 행하는 채찍질입니다. 채찍질을 하면서 자신의 양심을 보고, 채찍질하는 자신이 양심적이라는 자의식 속에서 스스로의 선함을 확인하는 것, 이게 양심의 가책입니다. 그러니 이는 명백히 **가책의 쾌감**에서 연유하는 것입니다. 자신의 가책에서 오는 쾌감이지요. 마조히즘을 연상하게 하는 기이하고 '변태적인' 쾌감입니다. 내 바깥의 무언가에 고통을 주며 얻는 쾌감은 나 아닌 것을 먹어야 하는 생명체의 본능에 속하지만, 나 자신의 내면에 고통을 가하며 얻는 쾌감은 그런 본능에 반하는 것이니까요. 그러나 죄의식이 본능적 삶의 무구성을 유죄화하는 데서, 본능에 대해 혐오감에서 자라나온 것임을 안다면, 그 본능에 대해 가책하는 데서 얻는 기이한 쾌감도 차라리 일관성이 있다 싶지요?

이 기이한 쾌감 역시 인간의 자연적 본능의 산물입니다. 무구한 본능이 가치를 잃고 혐오대상이 되면서, 밖으로 발산되지 못하는 본능이 자기 안으로, 내면으로 향하게 된 것이니까요. 이로 인해 내면은 확대되면서 '영혼'이라고 불리는 하나의 세계가 탄생하게 됩니다(제2논문 16절). 인간이 동물로부터, 자연으로부터 자신을 떼어 내고 **본능에 대해 선전포고를 함으로써** 발생한 '하나의 병'이 바로 양심의 가책이라는 겁니다(제2논문 19절). 그런 점에서 그 자체로는 무구한 능동적 힘이었던 본능이 출구를 찾지 못하게 되고, 역으로 그 힘이 발생하는 자기 자신을 겨냥하면서 **반동화**된 것이 바로 양심의 가책이라 할 수 있을 겁니다.

가책하는 양심은 본능의 자연학에 반하는 방식으로 본능을 혐오하고 억압하며, 본능을 등지는 도덕적 내면세계를 만드는 부정적 이상과 이어져 있습니다. 부정적 의지가 본능의 능동적 힘을 역전시켜 반동화하고, 그 반동적 힘을 통해 부정적 의지가 새로운 세계를 만들어 내고 있는 겁니다. 자기부정이나 자기희생에서 기쁨을 얻는 뒤집힌 본능의 세계, 자신의 생명과 신체에 적극적으로 해를 가하는 데서 쾌감을 얻는 부정적 세계를 (제2논문 18절). 이는 삶에 대한 하나의 이상을 형성하기도 합니다. 이것이 다음 논문에서 다루는 금욕주의적 이상입니다. 미리 말씀드리지만 여기서도 금욕과 금욕주의적 이상은 아주 다른 것임을 잊어선 안 됩니다.

4. 공동체와 정의

니체는 채권자와 채무자의 관계, 그리고 준 것과 받을 것을 비교하는 행동이 가장 오래되고 근원적인 개인 관계라고 봅니다. 개인이 자신과 만나 자신에게 하는 누군가에 대해, 그의 행동에 대해 이익과 손해를 '계산'하는 것은 앞서 말씀드렸듯이 신체적 능력의 증가를 '좋은 것', 감소를 '나쁜 것'이라고 느끼는 생명체가 비교하고 계산하는 능력을 갖게 되는 순간 시작되는 것일 테니, 이렇게 말할 충분한 이유가 있습니다. 물론 이때 계산은 꼭 산술적인 형식을 동반하지 않습니다. 내가 만난 저것이 내게 능력의 증가를 야기했는지 감소를 야기했는지, 즉 좋았는지 나빴는지를 판단하는 것이, 내가 그에게 준 게 그의 능력을 증가시켰는지 감소시켰는지를 판단하는 것으로 확장되게 되면, 이제 주고받은 것을 비교할 수 있게 될 겁니다. 채무감이란 가령 우리가 선물을 받았을 때 느끼는 고마움과 미안함이 섞인 마음처럼 내가 받은 게 더 많다는 느낌이고, '채권감' ─ 이런 말을 써도 좋겠지요? ─ 이란 그 반대의 느낌입니다. 그러니 이를 '파는 자'와 '사는 자'라고 표현(제2논문8절)한 것은 '주는 자'와 '받는 자'로 정정될 필요가 있습니다. 주고받는 게 너무 쉽게 사고파는 교환으로 간주되고, 선물의 증여마저 선물의 교환으로 간주되는데, 이렇게 되면 채권-채무마저 교환의 일종, 빚의 교환으로 오해될 수 있기 때문입니다.

이는 인류학이나 사회학에서 종종 나타나는 이론적 오류와 관련되어 있기도 한데, 이론적 주제인지라 간단히만 언급하지요. 가령 『증여론』이란 유명한 책에서 마르셀 모스는 이른바 '원시사회'에서 선물이 의무가 되고 있음을 발견하고 선물을 주고받는 증여를 통해 근대 이전 사회를 설명하고자 합니다. 그런데 선물이 의무라 함은 대개 선물을 주는 것도 의무고, 그에 대해 다시 선물을 주는 답례 또한 의무임을 뜻하는데, 이 두 번의 선물을 모스는 한 번의 '선물의 교환'으로 간주합니다. 그리고 이를 두고 레비스트로스는 '선물'이라는 보이는 것 사이에서 '교환'이라는 보이지 않는 것을 발견했다고 칭찬합니다. 보이지 않는 원리 내지 구조를 찾아냈다는 겁니다. 그러나 두 번의 선물과 한 번의 교환은 결코 같지 않습니다. 선물을 주고받는 것은 의도적으로 등가성을 깨려 하는데, 심지어 가치가 계산되는 것 자체를 저지하려 하며, 그래서 선물마저 상품의 선물이 된 지금도 가격표를 일부러 떼 버리지요. 교환은 화폐가 끼든 말든 등가성을 전제로 합니다. 그래서 선물을 교환으로서 설명한 이 책에서 '선물'이라고 하는 것을 볼 수 없다는 아이러니를 데리다는 지적한 적이 있어요.

선물의 증여를 교환의 일종으로 간주한 것을 레비스트로스가 칭찬했던 것은 그만의 이유가 있는데, 왜냐하면 그는 모든 걸 '교환'으로 설명하려는 관점을 갖고 있기 때문에 그게 '놀랍고' 좋아 보였던 겁니다. '소통이론'의 영향 아래서 레비스트로스는 경제란 재화의 교환, 언어란 메시지의 교환, 결혼이란 두 집단 간 여자의 교환이라고 봅니다. 이를 두고 클라스트르라는 인류학자는 교환으로 세상을 보는 이런 관점은 세상에 존재하는 비대칭성을 놓치게 된다고 비판해요(『폭력의 고고학』, 울력, 2002, 11장). 주는 자와 받는 자, 말하는 자와 듣는 자, 승리자와 패배자, 채권자와 채무자는 단지 재화나 말, 폭력, 빚을 대등하게 교환하지 않는다는 거죠. 그래서 교환처럼 보이는 것조차 대등하지 않은 관계를 다룰 수 있으려면 니체 말대로 채권-채무 관계로 봐야 한다고 주장합니다. 교환이란 주고받는 게 동등하다고 하는, 주고받음의 아주 특별한 경우, 근대 이전이라면 거의 보기 드문 경우에나 사용할 수 있는 말이라 하겠습니다.

우리는 물건을 사고팔 때 주고받는 것의 등가성이란 가정 하에 계산합니다. 그래서 **계산은 교환으로부터 발달했다**고들 생각합니다. 그러나 그건 우리가 익숙한 걸 오래된 과거에 투영하는 것입니다. 차라리 반대입니다. 계산을 하지 않으면 등가성은 나올 수 없습니다. 등가성 때문에 계산한 게 아니라, 계산하다 보니 등가/부등가라는 게 나온 겁니다. 계산하려면 가치를 재는 잣대가 있어야 하는데, 그 잣대는 가치를 매기고 그걸 측정하려는 태도가 있어야 만들어질 수 있습니다. 그러니 등가성보다 계산이 먼저입니다. 또 주고받는 여러 관계 중 양자가 동일한 양을 주고받는 특별한 관계가 등가교환입니다. 교환이라는 특별한 관계 이전에, 부등가의 주고받음, 계산 없는 주고받음이 있었다고 해야 합니다.

등가성과 교환은 이 모든 걸, 너무 많은 걸 자명하다고 부당하게 가정하고 있는 겁니다. 니체는 주고받은 것의 가치를 평가하고 그것을 비교하는 것이 없을 만큼 '저급한' 문명은 없었다고 해요. **가치를 매기고 비교·평가하는 것은 바로 채권-채무관계에서 나왔다**고 합니다. 인간이란 가치를 재고 평가하고 측정하는 존재, 즉 **평가하는 동물**이며, 가장 원시적 형태의 '사유'나 가장 오래된 종류의 '명민함', 그리고 다른 동물에 대한 긍지나 우월감은 모두 이처럼 가치를 평가하는 행위로부터 나왔다고 말입니다(제2논문 8절). 이 모든 것의 근저에는 좋고 나쁨을 판단하려는 자연학적 본성이 있겠지요. 다만 인간은 상대와의 만남을 통해 그렇게 준 것과 받은 것을 재서 비교하려 했고, 특히 다른 인간에 대해 그것을 재서 준 게 많은지 받은 게 많은지를 판단하려 하면서, 좋고 나쁨에 '가치'와 '계산'을 끌어들이게 되었다 하겠습니다.

개인적 관계에서 '정의'라는 것은 바로 이로부터 나옵니다. '어느 것이나 가치를 지닌다. 모든 것은 대가를 지불받을 수 있다'라는 발상을 일반화한 게 행위의 기준으로, 도덕 내지 윤리의 기준으로 자리 잡게 될 때, 그것이 정의라고 불리게 된다는 겁니다(제2논문 8절). '호의'와 '공정성', '선한 의지'와 '객관성'

의 발단 또한 그것이라고 해요. 받은 것보다 많이 주려고 하는 것이 '호의'일 것이고, 그런 호의를 가진 태도를 '선한 의지'라 했을 것이며, 주고받은 것이 동등할 때 '공정하다' 했을 것이고, 그러한 가치판단에 서로 동의할 수 있을 때 '객관적'이라고 했을 겁니다. 정의의 여신상이 저울을 들고 있는 것은, 정의란 말을 '공정성'이란 말로 이해하는 것은 모두 이런 맥락에서 이해할 수 있을 겁니다.

하지만 이건 실제로 '정의'라는 관념의 기원이라 하기 어렵습니다. 우리가 흔히 말하는 '정의'란 사회적인 것이지 개인적인 것이 아니기 때문입니다. 다시 말해 개인적인 정의의 관념이 확산되어 사회에서 말하는 정의란 개념이 된 게 아니라, 한 사회가 갖게 된 정의의 개념을 개인들이 받아들이게 된다는 겁니다. 개인적 관계를 넘어서 집단적인 관계에서 정의를 다루려면 공동체를 새로이 고려해야 합니다. 니체는 **공동체와 구성원의 관계 또한 채권자와 채무자 관계 속에 있다**고 합니다. 개인이 공동체 안에 있고자 하는 것은 공동체로 인해 이익을 누릴 수 있기 때문입니다. "침해나 적의를 걱정하지 않고 평화와 신뢰 속에서 보호받고 보살핌을 받으며" 살 수 있다는 것이 그것입니다. 이러한 **이익을 얻는 한 개인은 공동체에 대해 채무자**입니다. 그래서 자신을 공동체에 저당 잡히게 됩니다. 공동체 유지에 필요한 일을 하고 세금을 내고 때론 목숨을 걸고 전쟁에 나가는 것이 그것이죠. 공동체가 구성원에게 복종하라고 요구하는 법이나 규칙은 공동체의 유지를 위해 개인이 따라야 할 의무를 뜻하는데,

이 점에서 의무란 공동체에 진 채무의 다른 형태인 셈입니다.

　이러한 의무를 제대로 수행하지 않는 자, 법과 규칙을 어기는 자는 자신이 진 채무를 갚지 않는 자입니다. 범죄자는 곧 채무자라는 거죠. 채권자와 채무자 간의 약속을 어긴 자, 계약을 파괴한 자이고, 자신에게 이익을 준 공동체를 파괴한 자가 됩니다. 채무의 집행으로서의 형벌이 범죄자에게 가해지게 되는데, 이 형벌의 가장 일차적 형태는 개인이 받았던 보호에서 벗어나 '야만'의 상태로 되돌려 보내는 것입니다. 범죄자에 대한 공동체의 분노가 대부분 '추방'이라는 양상으로 표현됨을 우리는 잘 알고 있지요. **추방은 채권-채무관계의 파기이고 보호하겠다는 '약속'의 파기**입니다. 여기에 더해 추방된 자에 대해 적의를 표시하고 적대행위를 하게 됩니다. '형벌'이란 대체로 저항할 능력을 잃은 굴복당한 적에 취하는 통상적인 조치를 모사하고 흉내 낸 것이라고 니체는 덧붙입니다.

　그러나 실제로 공동체가 개인의 위법 행위가 있을 때마다 이렇게 하지는 않지요. 그런 행위에 일일이 처벌하지 않아도 공동체의 존속에 별문제가 없기 때문입니다. "공동체는 **힘이 강해짐에 따라** 개인의 위법행위를 더 이상 그렇게 중요하게 여기지 않는다. 왜냐하면 그러한 위법행위는 그전만큼 공동체 전체가 존재하는 데 위험하고 전복적인 것으로 간주되지 않기 때문이다." 그래서 범죄자를 추방하지 않고 공동체 안에 있도록 합니다. 오히려 그 행위로 인해 피해를 입은 직접적 피해자의 분노로부터 범죄자를 신중하게 방어하고 보호합니다. 직접적인 가해를 통한 상환 대신 다른 변상의 방법을 찾아내 피해자의 분노를 진정시킬 타협의 방법을 찾아 주려 합니다.

건강함이나 부유함의 정도는 그것에 대한 침해를 견딜 수 있는 정도에 달려 있지요. 약간의 손해만으로도 휘청대거나 쓰러지는 것은 부유한 것도, 건강한 것도 아닙니다. 공동체도 그래요. 위법행위나 반공동체적 행위 하나하나에 적대적으로 대처하는 공동체는 편협하고 취약한 공동체입니다. 니체의 말입니다. "저 기생충이 대체 나와 무슨 상관이 있단 말인가? 살도록, 번성하도록 그냥 두자. 그래도 충분한 힘이 내게는 있다"(제2논문 10절). 이것이 강함입니다. 여기서 강함이 어떤 자극의 **수용능력**으로 정의되고 있음을 볼 수 있지요. 어떤 자극에 대한 긍정의 능력, 심지어 부정적 힘이나 침해마저 긍정할 수 있는 수용능력이 바로 그 공동체의 힘이고 능력인 겁니다. 침해나 교란, 이질성을 긍정하고 수용할 수 있는 정도가 바로 개인이나 공동체, 혹은 생명체의 능력입니다. 그 정도가 클수록 강한 자이고, 그 정도가 작은 자가 약한 자입니다.

가장 능력이 큰 공동체는 모든 외부자, 모든 이질성을 수용할 수 있는 공동체일 겁니다. 어떤 외부자가 들어와서 어떤 짓을 해도 '마, 됐다. 그냥 둬도 돼' 할 수 있는 공동체. 이런 공동체라면 내부와 외부를 가르는 경계가 필요 없습니다. 경계가 없으니 모든 영역으로 그 외연이 확장될 수 있습니다. 하나의 전체로 존재하는 '자연', 혹은 '우주'가 공동체라고 한다면, 이런 공동체에 해당되겠지요. 어디서 별이 폭발하고 우주 전체가 폭발적으로 팽창하고 해도 끄떡없는 공동체, 그게 우주지요. 그러나 이는 사실 우리의 시야 바깥에 있습니다. 천문학자의 이론 속에서만 존재할 뿐 우리가 실제로 경험할 수 있는 공동체는 아닙니다. 태양계로 축소한다 해도 여전히 공허한 감을 피할 수 없는 공동체, '공동체'라는 말이 무의미하거나 실감 나지 않는 공동체입니다. 지구라고 하면 좀 실감 나지요? 그런데 지구로 한정되는 순간, 이를 생명체의 공동체라고 규정하는 순간, 지구적 공동체의 존속을 위협하는 외부자, 감당하기 힘든 것들이 자연스레 생겨납니다. 영화에서 보듯이 지구를 위협하는 거대한 운석 같은 것, 혹은 지금 실감해 가고 있는 높은 비율의 이산화탄소 같은 것이 그렇습니다. 과도한 양의 오존도 그렇구요.

인간이 합목적적으로 구성한 공동체의 경우에는 경계가 없을 수 없습니다. 그렇기에 모든 외부자에 열릴 수 없습니다. 모든 이를 환대하는 것이 불가능하다는 데리다의 말(『환대에 대하여』, 남수인 옮김, 동문선, 2004)도 이런 의미로 이해할 수 있겠습니다. 중요한 것은 외부자를 향해 가능한 한 자기를 열어 가는 것, 불가능한 환대를 향해 경계를 열려는 방향입니다. 그러나 그러기 위해선 지금 내부로 들어온 외부자가 감당할 만한 것인지 아닌지를 **자기 능력에 비추어** 정확하게 판단해야 합니다. 역으로 어떤 외부자에 대해 내부자들이 강하게 반발한다면, 바로 그게 그 공동체의 능력을, 그 한계 내지 경계를 보여 주는 것이라 하겠습니다. 반동적 반응이 시작되는 지점이 바로 그 공동체의 한계이고 경계인 거지요.

외부자에 배타적인 공동체는 안전성을 얻는 대신 점점 더 수용능력이 작아져 간다는 대가를 치러야 합니다. 외부자에 열려 있는 공동체는 사고의 위험이나 불안정성을 대가로 치러야 하지만, 이질적인 것과 함께 사는 능력이 증가할 것이니 수용능력이 커져 갈 것입니다. 긍정의 능력이 커져 가는 것입니다. 사고와 불안정성에 대한 대처능력도 확장될 수 있습니다. 이런 이유에서 공동체가 자신의 능력이 고양되기를 바란다면 외부자에 대해 열려 있어야 합니다. **외부성이 커야 한다**는 말로 바꿔 쓸 수 있겠습니다. 반면 대체로 공동체에는 시간이 지남에 따라 내부자들 간의 익숙함과 친근함, 공통감각과 공통관념 등이 형성되기 마련이고, 이로 인해 경계가 점점 뚜렷해지기 쉽습니다. **내부성이 강화되는 경향**이 있다는 말이지요. 그래서 일부러라도 외부성을 강화하려고 하지 않으면 점점 익숙한 것, 친근한 것, 이미 공유된 것 주변으로 모여들며 축소되기 쉽습니다. 심해지면 이제 내부자들 가운데서도 이질적인 것을 골라내고 쳐내는 일이 일어날 수 있습니다. 흑인들 사이에서도 피부색으로 흑인성의 정도를 재고, 이질적 요소를 끌어들이려는 내부자를 배척하는 공동체에 대한 토니 모리슨의 소설 『파라다이스』는 이와 관련해 아주 뛰어난 소설이니 꼭 읽어 보시기 바랍니다.

작은 불화나 소소한 불만, 사소한 불편에 민감해지고 있다면 스스로 그에 대해 경계할 필요가 있습니다. 자신이 견디기 힘들다고 느끼는 불화나 불일치, 불편의 크기가 점점 작아지고 있음을 뜻하기 때문입니다. 그런 점에서 니체라면 "작은 불화나 작은 불만에 민감한 이들을 조심하라"라고, "그들에게 물들지 않도록 조심하라"라고 할 겁니다. 내가 느끼는 어떤 불편함의 크기, 내가 불편하다고 느끼는 불화나 불일치의 크기가 나의 능력, 나의 수용능력을 보여 줍니다. 누구 말처럼 작은 것에 분노하고, 작은 일에 불편해하는 이라면 정확하게 그가 약자임을 의미합니다. 이는 둔감함을 요구하는 게 아닙니다. 작은 일에도 **민감한 감각을 갖는 것**과 작은 일에도 **불편해하는 것**은 다른 것입니다. 민감한 감각은 섬세함에 기인합니다. 민감하게 포착한 것을 '불편하다'고 느끼는 것은 감각의 문제가 아니라 그 감각에 대한 수용능력의 문제지요.

불편함이 느껴지는 불화는 대개 '문제'의 형태로 제기됩니다. 즉 제기된 문제의 크기를 보면, 그걸 제기한 이들이 강자인지 약자인지 알 수 있습니다. 여기서도 주의할 것은 문제를 제기하는 이들 또한 자신이 제기하는 문제가 작다는 것을 견디기 어려워한다는 점입니다. 그래서 문제의 크기를 과장하고 부풀리기 쉽습니다. 공동체 안에서 가령 감정적인 충돌이나 소소한 문제로 갈등이 발생했을 때, 이를 토론하기 시작하면 대개는 문제를 발생한 것에서 더 밀고 나가 어느새 '일반화'하고 개념화하며 대의와 관련된 이론적 지위를 부여하려는 경향이 나타납니다. 그래서 결국 분열되거나 해체되는 일도 종종 발생하는데, 대개는 무슨 대의나 원칙, 혹은 이론적 문제나 권위에 반하는 정의감 같은 거창한 이유로 설명하지만, 유심히 들여다보면 감정적인 충돌이나 작은 불화를 부풀리고 팽창시킨 것인 경우가 많습니다. 공동체의 능력이란 관점에서, 공동체를 잘 유지하기 위해 대단히 주의해야 할 일들이 바로 이와 관련되어 있습니다.

'관용'이나 '자비'가 강자의 특성에 속한다고 하는 것은 그 능력이란 곧 수용능력이라는 점 때문입니다. 약자는 수용능력이 작기에 받아들일 수 있는 것이 작습니다. 즉 관용 대신 편협함이 있고 자비로운 대신 모질고 공격적입니다. 체제도 그래요. 약간의 비판도 참지 못하고 공격하는 자는 강자가 아니라 약자고, 약간의 위법도 참지 못하고 처벌하는 사회는 강한 사회가 아니라 약한 사회입니다. 독재국가가 바로 그렇습니다. 조금의 이견이 드러나는 것만으로도 잡아넣고 공격하고 추방하는 사회, 아주 취약한 사회입니다.

공동체라고는 하지만, 공동체마다 능력과 사정이 다를 겁니다. 사회마다 상이한 힘과 능력을 갖지요. 그렇기에 그 공동체나 사회에서 정의라고 생각하는 것 또한 다를 겁니다. 개인적인 채권-채무관계를 기반으로 하는 공평성의 냉정한 계산을 정의라고 하는 곳도 있을 것이고, 반대로 빈부격차 같은 개인적인 출발점의 차이를 고려하여 지불능력의 격차를 줄여 주는 것이 정의라고 하는 곳도 있을 겁니다. 개인주의와 공리주의를 '시장원리'라는 이름하에 결합시켜 '자유주의'를 자처하는 이들의 정의 개념이 아마도 전자와 가깝다면, 태생의 불평등을 재분배에 의해 해결한 조건 위에서 개인들의 삶을 하나의 공동체로 묶어주려는, 대개 '공상적'이라고 간주되는 코뮌주의가 그 반대편에 있을 겁니다. 실제로 존재하는 정의의 개념은 이 두 극 사이에 있을 겁니다. 법은 이러한 정의를 원칙과 방향으로 삼아 만들어지지요.

강한 공동체나 사회에서 '정의'란 이제 계산된 공정성의 표상 아래 빚을 갚도록 강제하는 것이 아니라, 지불능력이 없는 자를 방임하거나 잘못을 너그럽게 관용하는 것으로 바뀌게 됩니다(제2논문 10절). 저울의 공정성 대신 오히려 가진 것 없는 자의 어려움에 대해 배려하고 그것을 보완해 주는 식의 정의 개념이 좀 더 강한 자의 정의 개념임을 쉽게 이해할 수 있을 겁니다. 이것이 니체가 정의와 법을 이해하는 지반입니다.

반대로 니체의 것으로 쉽게 오해되는 정의 개념이 있는데, 이에 대해 니체는 명시적으로 비판합니다. 그것은 정의를 '보복' 내지 '복수'를 통해 규정하려는 입장입니다. 대표적으로 '오이겐 뒤링'이란 사람인데, 맑스주의자들이라면 익숙할 이름입니다. 엥겔스가 썼던 책 『안티 뒤링』이 바로 이 사람의 이론 전반을 겨냥해서 비판한 책이지요. 니체가 비판하는 사람도 이 사람입니다. 엥겔스와 니체, 두 사람이 모두 거명하며 비판한 걸 보면, 당시 꽤나 영향력이 있었던 거 같지요? 뒤링은 정의란 복수라고 규정된다고 해요. 복수는 얼핏 채권의 추심 같은 인상을 주기에 그러지 않았나 싶습니다. 죄란 채무라는 니체의 주장과 가까이 있는 듯 보이기도 합니다. 덕분에 저도 한때 정의의 기원은 복수라는 식으로 오해한 적도 있었습니다.^^;; 정의의 여신의 손에 들린 칼을 그걸로 오해하기 쉽기 때문인 듯합니다. 정의라는 말의 어원이 된 그리스어 디케(Dike)란 말도 그런 의미를 담고 있는데, 어원학을 너무 믿으면 안 된다는 교훈을 저는 거기서도 다시 얻었습니다.

정의는 복수가 아닙니다. 채권-채무로 말할 때도 그렇습니다. 채권자가 채무자에게 고통의 형벌을 줄 때에도 채권과 복수는 같은 것이 아닙니다. 복수는 명백히 자신에게 가해진 행위에 대한 반동적 감정의 소산이지요. 채권을 갖는다는 것은 그런 복수심을 갖는 것이 아니며, 빚을 갚는 것은 복수의 희생이 되는 것이 아닙니다. 그래서 니체는 정의의 기원을 복수에서 찾는 이론을 '원한'이라는 반동적 감정에 기반하고 있다고 비판합니다 (제2논문 11절). 이는 정의의 정신을 원한이라는 반동적 감정에게 바치는 것이라고 말입니다.

생각해 보니, '눈에는 눈, 이에는 이'라는 생각을 들어 행한 죄에 대해 합당하다고 계산되는 벌을 주는 것이 고대의 입법원리였다고 배운 기억이 있었던 거 같아요. 이를 들어 법이란 일종의 복수라고, 가해자에게 그가 가한 만큼 고통으로 되돌려 주는 것이라고 하지요. 그러나 복수하려는 이에게 등가성이란 게 중요할까요? 복수는 내게 가해진 것을 되돌려 준다는 발상이지만, 이 반동적 힘에서 핵심은 반동이지 반동하는 힘의 크기가 **같은가 여부**가 아닙니다. 많은 경우 복수는 애초의 것보다 더 많은 것을 되돌려 주지 않나요? '되로 주고 말고 받는다'는 말처럼 말입니다. 영화 「올드보이」에서 오대수는 별생각 없이 본 것에 대해 수다를 떨었던 것뿐인데 15년 갇혀 살고, 아내는 살해당하고, 그 누명을 뒤집어쓰고, 나중엔 서로 모르는 상태에서

딸과의 근친상간까지 '당하는' 복수를 당합니다. 복수하는 이우
진은 자신이 사랑하는 누나의 죽음에 대한 '대가'라고 하겠지만
그걸 알았다고 해도 주고받은 것은 결코 '동등하다' 하기 어렵
습니다. 심리적 등가성도 찾기 어려워요. 거기서 볼 수 있는 것
은 가해와 피해가 오간 것이지, 가해와 피해의 등가성 같은 건
없어요. 계산 같은 걸 한다면 모든 반동적 감정은 자신이 받은
피해를 최대치로 부풀리고 상대방에게 주는 복수의 크기는 최
소치로 축소해 계산할 겁니다. 그래서 복수를 받은 이들은 공평
한 복수가 아니라 최대치의 복수를 받게 됩니다.

반동적 감정은 계산하지 않습니다. 계산은 냉정한 이성이 하
는 것입니다. 주고받은 것을 계산하는 것은 채권-채무관계에
서 발생하는 거지 원한과 복수의 반동적 감정에서 발생하지 않
습니다. 반동적 감정은 결코 '합리적' —— 계산적이란 뜻입니
다 —— 이지 않습니다. 법도 정의도 이런 점에서 복수를 기원으
로 하지 않습니다. '공평성'이나 '공정성'이란 개념 아래 주고받
은 것의 크기를 계산하는 것은 앞서 말씀드렸듯이 채권-채무관
계를 기원으로 합니다. '받은 만큼 되돌려 준다'는 것에서, 그리
고 주고받는 것이 형벌이라는 신체적 고통이라는 것에서 법은
복수를 기원으로 한다고 오인한 것입니다.

정의란 주고받은 것의 크기를 계산하는 채권-채무관계에
서 **기원하지만**, 공동체의 정의는 그러한 계산을 **넘어서는** 관용,
피해자의 분노가 가해자를 직접 겨냥하지 않도록 보호하려는
공동체의 개입, 가해의 상처를 상환할 수 있는 대체물을 물색하

여 피해자와 가해자 간의 타협안을 찾아 가는 조정 등을 통해 성립한다는 게 니체의 생각입니다. 즉 개인 간에 발생한 가해와 피해가 복수로 이어지는 과정을 중단시키고, 양자 사이에 개입하여 타협과 조정을 실행하려는 제3자의 '객관적인' 입장이 출현할 때 공동체의 정의, 특히 강한 공동체의 정의가 발생한다는 겁니다.

그렇기에 이런 정의란 "개인적인 훼손, 모욕, 비방을 당할지라도 올바른 눈, 심판하는 눈이 가진 높고도 맑으며 깊고도 부드럽게 응시하는 객관성을 잃지 않는 최고의 원숙함"이라고 말합니다(제2논문 11절). 이는 언제나 능동적이고 긍정적인 태도인데, 능동적인 인간이란 반동적 감정에 사로잡히지 않기 때문에 대상을 편파적으로 볼 이유가 없는 사람입니다. 이런 이가 고귀한 자입니다. 반동적 감정 같은 것에서 좀 더 자유롭고 좀 더 원숙하고 편파적이지 않은 눈, 그게 고귀한 자의 눈이고 강한 자의 눈입니다. 공정성이란 이런 눈에서 나옵니다. 이는 쉽지 않은데, 가장 올바른 사람조차 약간의 공격이나 아부만으로도 눈이 충혈되어 그 원숙함을 잃기 십상이기 때문입니다.

5. 가책의 도덕에서 위대한 건강으로

채권-채무관계, 공동체와 정의에 대한 이런 입장에서 우리는 앞서 다뤘던 양심의 가책에 대해 좀 더 이야기를 추가해야 합니다. 왜냐하면 본능의 생명체가 자신을 겨냥하여 가책하는 일은 자발적으로 일어날 수 없기 때문입니다. 단절과 비약, 강제를 통해 그것은 출현합니다. 그것은 국가의 개입을 통해서 일어납니다. 국가인들에 의해 양심의 가책이 발생한 것은 아니지만, 그들이 없었다면 그 추악한 식물은 생장하지 못했으리라고 합니다(제2논문 17절). 이유는 **국가의 강력한 힘이 등장함에 따라** 서로 간에 충돌하는 개인들의 본능은 **밖으로 표출될 길을 잃고 내면화**되게 되었기 때문입니다. 공적인 폭력을 독점한 국가가 가해자에 대한 피해자의 사적인 복수를 금지하고 그런 보복적 폭력을 또 하나의 악덕이자 범죄로 규정하는 것이 국가와 더불어 발생하는 일이지요. 양심의 가책이라는 '내면화'는 이런 조건을 통해서 현실화되게 됩니다. 이로써 인간은 이제 인간 자신의 동물적 본능을 양심으로 잠재우고 도덕으로 길들여야 합니다. 이를 강하게 표현하여, 그 동물적 본능을 겨냥하여 선전포고를 하게 된다고 니체는 말하지요(제2논문 16절). 자기를 학대하려는 이러한 의지가 '비이기적인' 것의 가치를 낳게 된다는 게 니체의 생각입니다(제2논문 18절).

　이기심에 반하는 이러한 가치는, 자신이 속한 종족이나 공동체, 국가에 대해, 그것을 세운 **선조에 대한 채무감**과 짝을 이루게 되면, 자신이 받은 것을 갚아야 한다는 의무감이 됩니다. 자기의 것을 바치고 희생해야 한다는 생각은, 자기 몸을 바치기 힘들면 그 대신 음식이나 가축 등 자기가 가진 것을 바쳐야 한다는 생각으로 이어지고, 자신이 가장 아끼는 것을 바쳐야 하는 이 희생의 의무감은 모든 것을 바쳐 복종하는 태도를 '충실성'

으로 간주하게 됩니다. '믿음의 조상'이라는 아브라함에게 신이 요구한 게 바로 자신이 가장 아끼는 자식을 제물로 바치라는 것이었지요. 고지식하게 자식을 바치려는 이 충실함에 감동하여 신은 자식 대신 가축을 바치라고 합니다.

신에게 지내는 제사는 어디서나 가장 소중한 것을 바치지요. 인도의 고대종교는 제물을 바치는 제의를 가장 중요하게 여겼다는 얘기를 어디서 읽은 기억이 있습니다. 마야제국에선 '살아 있는 심장'을 바쳐야 했는데, 자기 걸 바치지 않으려면 남을, 남의 종족을 잡아서 바쳐야 했기에, 전쟁을 해서 노예를 잡아 그들의 심장을 펄떡펄떡 뛰는 상태로 바쳤다고 하지요. 어디서나 신은 이리 잔인한데, 그게 아니면 소중함을 드러낼 길이 없기 때문일 겁니다. 인간이 **자신의 신실함을 증명하기 위해** 신의 잔인성을 발명한 거지요. 자식을 바치거나 가축, 아니면 음식이라도 바치는 희생제의는 축제를 대신해 의례가 됩니다.

그렇게 바치면서도 정말 이것으로 충분한가라는 의문은 남게 마련이고, 이런 채무감은 종족이나 국가가 커져 감에 따라 더 커져 갑니다. 종족이나 국가가 더할 수 없이 강력한 힘을 갖게 될 때, 그것은 전능한 힘을 가진 지고한 신이 된다고 합니다. 자신들의 모든 것이 그로부터 기원하는 창조자로서의 신, 그것은 더없이 '위대해진' 선조를 최대치로 상상해 만들어 낸 형상입니다(제2논문 19절). 신적인 것에 대해 빚을 지고 있다는 의식은 신에 대한 채무감이 되고, 상상을 통해서든 현실을 통해서든 신의 힘이 커짐에 따라 부채는 점점 더 커지게 됩니다. 그러한 신의 최대치는 유일신인데, 이는 **최대치의 채무감**을 동반합니다 (제2논문 20절). 기독교의 신이 그것이지요.

그런데 기독교는 여기서 또 한 번의 단절을 감행합니다. 신에게 진 부채가 그렇지 않아도 갚을 수 없을 만큼 커져 버렸는데, 그 부채를 신이 자신의 자식을 희생시키는 방식으로 인간 대신 갚아 버린 겁니다. 인간이 지은 죄(채무)를 채권자인 신이 자신을 희생하여 갚아 버렸으니, 이제 인간은 어떻게 해도 빚을 갚을 수 없는 자, 영원히 빚을 짐 지고 살아야 하는 채무자이자 죄인이 되고 만 겁니다. 이를 니체는 '기독교의 천재적 장난'이라고 하는데(제2논문 21절), 이로써 인간은 이제 출생 자체부터 이미 죄인인 존재(원죄)가 됩니다. 신에게 진 무한의 부채에도 불구하고, 그것을 갚기 위한 자기 걸 희생하기는커녕 자신의 생존본능에 따라 살고 쾌락을 구하는 본능을 따라가는 어찌해 볼 도리 없는 죄인, 그런 점에서 출생 자체가 이미 죄인 그런 죄인이 된 겁니다. 그 갚을 수 없는 죄를 통탄하며 자기 스스로에게 고통을 주는 운명을 지는 것이 바로 자신의 가책에서 본능의 출구를 찾는 양심의 가책입니다(제2논문 22절). 이것이 그가 기독교에 대해 그토록 집요하고 그토록 신랄하게 비판하는 이유입니다.

그는 말합니다. "우리 현대인은 수천 년에 걸친 양심의 해부와 자기 동물성 학대의 상속인"이라고(제2논문 24절). 그렇게 만들어진 성전을 부수지 않고서 다른 성전을 세울 순 없다고. 이를 위해선 감각에 반하는 것, 본능에 반하는 것, 자연에 반하는 것, 동물성에 반하는 것에 도달하려는 모든 열망을, 삶에 적대적인 모든 열망을 뒤엎고 삶의 이상을 양심의 가책과 연결하려는 반자연적 성향을 뒤집어야 한다고. 이를 위해선 어쩌면 모든 '선'한 인간들을 적으로 돌리게 될 수도 있고, 숭고한 악의조차 필요할지도 모르며, 자연적 존재로서의 자신에 대한 강력한 자기긍정이 필요하다고 말합니다. 이를 니체는 '위대한 건강'이라는 말로 요약합니다. 생리학적 도덕 분석에 아주 잘 어울리는 말이지요. 무신론자인 차라투스트라(제2논문 25절), 그것이 바로 미래의 인간, 도래할 인간의 모습입니다.

제7장

힘에의 의지와 금욕주의

1. 금욕과 금욕주의는 전혀 다르다!

『도덕의 계보』두 번째 논문은 채권-채무관계를 바탕으로 죄와 죄의식을 다루고, 거기에 공동체와 국가 같은 조건을 고려하여 정의와 법, 형벌에 대해 말했고, 공동체에 진 채무감이 선조를 신으로까지 상승시키면서 그로부터 갚을 수 없는 채무가 원죄로, 양심의 가책으로 심화되는 과정에 대해 발생적 분석을 했습니다. 마지막 장인 세 번째 논문에서는 금욕주의에 대해 다룹니다. 예술가나 철학자들에게서, 또한 성직자들의 태도에서 흔히 발견되는 금욕주의적 이상이란 대체 무엇을 뜻하는지를 묻습니다. 양심의 가책에 대한 분석을 이해했다면 그다음에 금욕주의에 대해서 말하는 것은 쉽게 이해되긴 하지만, 왜 이에 대해 별도의 장을 마련해서 길게 분석을 하려는 것인지는 약간 의아합니다. 이는 모든 것을 '힘에의 의지'라고 부르는 생명의 힘에 의해 파악하려는 니체의 입장과 관련해서 어떤 이론적 딜레마가 거기 관여되어 있기 때문입니다.

그러나 그에 대해 말씀드리기 전에, 죄의식과 양심의 가책에 대해, 특히 그에 대한 니체의 비판에 대해 흔히 보게 되는 오해에 대해 간단히 언급해 두는 게 좋을 거 같습니다. 먼저 니체가 말하는 죄의식부터 얘기하지요. 통상 '죄의식'이란 말은 죄를 범했다는 생각을 뜻합니다. 이는 니체식으로 말하면 일종의 채무감입니다. 채무감이란 제대로 다 갚지 못한 채무가 있다는 감각이지요. 이는 넓게 보면 가령 선물을 받았으나 그에 충분히 답례하지 못한 경우에도 남아 있고, 해야 마땅한 것을 제대로 하지 못한 경우에도 생겨나며, 드러나지 않지만 해선 안 된다 싶은 것이나 공정하지 못한 것을 했을 때도 나타납니다.

니체가 죄의식에 대해 비판적으로 말할 때, 이런 채무감 자체를 비판하는 것은 아닙니다. 이는 사실 긍정적 의미에서 '양심'이며 긍정적 의미의 '정의'에 대한 감각에서 발생하는 겁니다. 니체는 이런 채무감 없이 뻔뻔스레 사는 게 선악을 넘어서는 것이라고 말하려는 게 아닙니다. 뻔뻔스러움은 자긍심을 가진 자의 당당함이나 떳떳함과 아주 다릅니다. 남들의 시선이나 평판에 좌우되지 않고 자기가 옳다고 믿는 바를 행한 자의 당당함, 어려운 조건에서도, 강한 유혹 앞에서도 자신이 한 약속을 지키고 책임을 다하는 자의 떳떳함은 주권적 개인의 양심입니다. 이것이 강자의 자긍심의 원천이지요. 자신의 능동적 힘의 긍정이라 하겠습니다. 반면 뻔뻔스러움은 남들의 평판에 좌우되지 않으면서 돈이나 권력 같은 세간의 가치를 얻는 것이란 점에서 반동적 힘**의** 긍정이고, 그런 가치를 위해 삶을 바치는 것이란 점에서 반동적 힘**에 의한** 긍정이라 하겠습니다. 죄의식이 부정적 형태로 반동적 힘을 표현하는 것이고, 양심의 가책이 부정의 방식으로 능동적 힘을 무력화시키는 것이라면, 뻔뻔스러움은 긍정의 방식으로 반동적 힘에 삶을 바치는 것이라고 할 수 있습니다. 그렇기에 당당한 자라면 뻔뻔스러움에 대한 강한 혐오나 경멸의 정서를 '거리의 파토스'로서 갖고 있을 겁니다. 다시 말해 양심에 거리끼는 짓에 대해 느끼는 채무감이 양심의 가책이 아니란 말입니다.

세간의 척도를 갖고 있으면서 그 척도에 반하는 행동을 하고서도 '다들 그러는데 뭐가 문제냐'라면서 뻔뻔스럽게 구는 것은, 속내는 달라도 세간의 척도대로 하는 듯 보이려는 위선자보다 더 천하고 끔찍합니다. 위선자는 선하게 보이려는 의도 때문에 철학자들 눈엔 더 거슬릴지 모르지만 그래도 남들에게는 의도와 무관하게 이로운 짓을 하게 되기도 하고, 해로운 짓도 숨기며 하기에 다른 해로운 짓을 조장하지 않지만, 뻔뻔스러운 자는 드러내 놓고 해로운 짓을 하면서 안 그런 이들을 위선자라고 비난하기에 해로운 짓을 조장하기 때문입니다. 뻔뻔스러운 자들이 가장 쉽게 손에 드는 무기가 누구든 뒤를 캐서 더러운 걸 찾아내 '위선자'라고 까발리고는, 보라고, 누구나 다 그런 거 아니냐고, 도덕군자가 대체 어디 있느냐고 하면서 그나마 나는 착한 척하지 않으니 오히려 낫지 않으냐고 하며 자신의 면죄부를 만드는 것이지요. 이는 한국의 수구파 정치가들이나 보수 언론사들의 행태에서 아주 자주 발견되는 일이지요?

니체에게 죄의식이 문제가 되는 것은 그것이 지워질 수 없는 죄책감이 될 때입니다. 그렇기에 니체는 오히려 채무에 대해 신체적 고통을 가하는 **솔직한** 공격성 ─ 공격성이 아니라 솔직함이 강조된 것입니다 ─ 이 차라리 낫다고 보는 것이고, 형벌이 채무감을 지워 준다는 사실을 긍정적으로 평가하는 겁니다. 이 또한 그 어조로 인해 오해되기 쉬운데, 여기서 중요한 것은 채무감을 지우는 데 차라리 솔직한 공격성이나 형벌이 낫다는 말이지, 공격성 자체가 긍정적이라고 하는 건 아니란 것입니다. 공격성은 그 자체로 찬양될 수 없습니다. 왜냐하면 원한의 정신이 산출해 낸 복수의 반동적 힘 또한 공격적이기 때문입니다. 중요한 것은 공격성이 아니라 그것이 능동적인지 반동적인지, 그걸 추동하는 게 긍정의 의지인지 부정의 의지인지를 식별하는 겁니다.

갚을 수 없는 채무와 갚을 수 없는 자신의 무능력을 의식하게 되었을 때, 그것은 채무를 해소하기 위한 노력으로 이어지기보다는 '해도 안 되니 어쩔 수 없어'라는 무력감과 그런 자신에 대한 자책으로 이어지게 되지요. 그 무기력한 자책, 자신은 어찌해 볼 수 없는 죄인, 갚을 길 없는 빚을 진 채무자라는 자책, 그래도 뻔뻔스러운 이들과 달리 자신은 자신의 죄를 알고 자책하고 있음에서 '다행이지'라는 만족감과 기쁨을 얻는 게 양심의 가책입니다.

이런 가책은 채무를 갚으려는 의지를 향하기보다는 갚을 수 없는 채무를 근본적 죄로 연결하고 그 죄의 근원에서 본능의 죄-있음을 발견하게 됩니다. 그 죄를 파고 들어가 본능 자체를 유죄화하고 던져지듯 태어난 불가피한 생존 자체를, 살려는 의지, 자연적인 생명의 의지 자체를 죄의 원천으로 비난하게 됩니다. 출생 자체가 죄라는 '원죄'의 관념이 그것입니다. 이는 죄를 갚을 길 없기에 출생 자체를 무로 돌리고 죄 많은 현실의 삶을 떠나 피안의 세계로 가려는 의지를, '허무주의'(니힐리즘)라고 불리는 '무(無)에의 의지'를 만들어 냅니다. 이게 바로 니체가 양심의 가책이 문제라고 느끼는 이유입니다.

세 번째 논문의 금욕주의에 대한 분석에서 니체가 다루고자 하는 게 바로 이 '무에의 의지'입니다. 하지만 여기서도 다시 금욕과 금욕주의를 혼동해선 안 된다는 것을 미리 말씀드려야 할 거 같습니다. 금욕이란 어떤 욕망을 억제하는 것입니다. 식욕이든 성욕이든 소비욕이든 파괴욕이든 말입니다. 예전에 들뢰즈와 가타리가 '욕망의 긍정'을 말했을 때, 그에 대한 가장 흔한 반응은 그 긍정을 이런 욕망을 따라가는 것이라고, 쉽게 말해 '네 멋대로 해라!'라고 간주하고 비난하는 것이었습니다. 그럴 거 같으면 욕망을 개념으로 내세워 말할 것도 없지요. 어려운 개념들로 이론을 직조할 것도 없는 얘기고, 긍정하라고 하지 않고 그냥 두어도 다 그렇게 하려는 것이니까요. 욕망의 긍정이란 차라리 반대로 이해하는 게 더 낫습니다. 그런 욕망을 억제하는 게 좋다는 말로. 왜냐하면 그 욕망이론은 욕망에 기초해 혁명(!)에 대해 말하려는 것인데(그래서 '68혁명'을 이론화하려 한 거라고들 했지요), 아무 욕망이나 긍정하라는 말일 것 같으면, 욕망과 혁명을 연결할 이유가 없겠지요. 자본주의에서 흔히 갖는 욕망은 돈 벌려는 욕망과 돈 쓰려는 욕망, 증식욕과 소비욕인데, 이걸 따라가면 혁명은커녕 그 반대편으로 가지 않겠어요? 제 식으로 말씀드리면, 욕망의 긍정이란 긍정할 만한 욕망을 구성하라는 것이고, 그런 욕망으로 욕망의 배치를 '바꾸라'는 말입니다. 다시 말해 지금 현행의 욕망, 자본주의 아래서 형성된 욕망의 배치를 전복하고 새로운 욕망을 창안하라는 말이니, 지금의 욕망에서 벗어나라는 말과 더 가깝습니다. 그래서 들뢰즈와 가타리는 가끔 '물 한 모금과 소금 한 줌'이라는 말로 새로운 욕망의 배치를 표현하기도 합니다.

기억도 그랬지만, 니체의 관점에서 금욕이란 그 자체로 좋고 나쁨이 정해져 있지 않습니다. 어떤 이유에서 어떤 방식으로 금욕하는지, 그걸 통해 무엇을 얻고 어디로 가려는 것인지에 따라 달라집니다. 욕망만큼이나 금욕 또한 그 안에서 작동하는 힘의 질, 의지의 질을 보는 게 중요하다는 말입니다. 가령 주권적 개인이 자신과 한 약속을 지키기 위해서는 자기 신체 안에서 이리저리 뻗치고 있는 수많은 욕망들, 약속을 망각하고 그냥 편히 쉬고 싶다는 욕망, 좀 더 폼 나는 쪽으로 하고 싶다는 욕망, 돈을 벌고 싶다는 욕망 등등을 제압하여 억제해야 합니다. 그렇기에 주권적 개인에게 금욕은 어쩌면 피할 수 없는 숙명 같은 것입니다. 금욕 없이 약속을 지키는 것은 있을 수 없으니까요. 이 경우 금욕이란 대단히 긍정적 의지의 표현이고, 능동적 힘을 만드는 기술입니다. 기억이 애초에 고통스러운 잔혹으로 신체에 스며들었지만 약속할 수 있는 능력을 만드는 데 필수적이었듯이, 금욕 또한 본능을 억제하는 기술이지만 약속을 지키는 데 필수적인 기술이라 하겠습니다.

금욕주의는 욕망의 억제를 뜻하는 금욕과 같지 않습니다. 금욕을 추구하는 태도라는 뜻으로 통상 사용되지만, 니체가 금욕주의를 하나의 문제로서 제기했던 것은 이런 의미에서가 아닙니다. 니체에게 문제가 되는 금욕주의는 그런 욕망, 특히 자연 내지 생명의 본성에 속하는 욕망 자체를 적대시하고, **그런 욕망에서 '해방'된 상태를 선한 세상이라고 이상화하는 태도**를 뜻합니다. 생명이 추동하는 세계의 저편, 먹고 마시고 교접하는 '더러운 욕망'의 저편을 지향하고, 그런 욕망으로부터 자유로운 시선으로 세상을 보는 능력을 진리나 선, 미라는 이름으로 추앙하는 태도가 바로 금욕주의입니다.

금욕주의는 이상을 지향할 뿐 아니라 그 이상을 통해 금욕이라는 특이한 행위를 설명합니다. 그렇기에 금욕주의는 그 자체가 하나의 '이상'(Idea)입니다. 플라톤이 말하는 이데아라는 의미에서 이상 말입니다. 왜냐하면 그런 세상은 동물적 자연을 떠날 수 없는 인간의 삶에선 언제나 현실의 저편에 있기 때문이고, 내 신체의 자연학 저편에 있는 관념(idea)의 세계, 관념이 만들어 낸 세계이기 때문입니다. 성욕과 이어진 관심이라 할 관능을 등지고 무관심한 시선으로 보는 미의 세계, 나 자신의 감각을 믿을 수 없는 것으로 의심하고 내 인식능력이 들여다보지 못하는 어둠인 내 신체 반대편에서 찾는 진리의 세계, 생존의 끔찍한 이기성에서 벗어난 이타적 도덕의 세계가 바로 금욕주의가 꿈꾸는 이상의 세계입니다. 이런 이상 자체야말로 금욕주의적 이상입니다. 셋째 논문에서 '금욕주의적 이상'이란 이런 의미에서의 금욕주의입니다.

2. '의욕하지 않음'이 아니라 '무를 의욕함'이라 함은?

금욕주의란 뒤에 다시 말씀드리겠지만, **생명의 본능에 속한** 욕망의 억압이고, 그 욕망에 실린 능동적 힘의 억압입니다. 또한 그것은 삶에 대한 부정적인 가치평가이며, 힘의 원천을 봉쇄하기 위한 힘의 사용입니다(제3논문 11절). 그런데 니체가 보기에 금욕주의는 지구상의 거의 모든 시대, 거의 모든 곳에서 나타납니다. 그래서 멀리 떨어진 천체에서 본다면, 다시 말해 외계인의 눈으로 본다면 "지구는 본래 금욕주의적인 별"로 보일 거라고 말합니다(제3논문 11절).

그런데 이는 니체에게는 쉽지 않은 이론적 난점을 포함하고 있습니다. 왜냐하면 니체는 삶이란 생명을 지속하려는 자연적 힘의 표현이고, 좀 더 고양된 힘을 향한 의지, 즉 '힘에의 의지'에 의해 추동되는 것이라고 보는데, 금욕주의는 그와 반대로 그 힘을 억압하여 그 원천을 봉쇄하려는 의지의 표현이기 때문입니다. 이런 힘이 가끔씩, 가령 더는 살 수 없는 절망적 상황에서 나타나는 것이야 있을 수 있지만, 이게 인간이 있는 곳이면 언제 어디서나 나타난다고 하면, 힘에의 의지만큼이나, 혹은 그 이상으로 보편적인 것 아닌가 하는 의문이 제기될 수 있습니다. 그렇다면 힘에의 의지로 생명체나 인간의 삶을 해명하려는 시도가 가능하거나 타당하냐는 반론이 제기될 수 있겠지요? 힘에의 의지가 '보편적'이라면, 그에 반하는 것처럼 보이는 금욕주의의 이 '보편성'을 대체 어떻게 해명할 수 있느냐는 겁니다. 금욕주의의 보편성을 받아들이는 순간, 힘에의 의지로 인간의 삶을 설명하려는 시도를 포기해야 하지 않느냐는 질문이니, 니체로서는 상당히 당혹스럽고 난감한 질문이라 하겠습니다.

아마도 이것이 금욕주의에 대해 별도의 글을 하나 쓰게 된 이유 아닌가 싶습니다. 셋째 논문에서 니체의 글이 그가 하려는 말에 대해 반어적 스타일로 쓰인 이유도 이와 무관하지 않을 겁니다. 왜냐하면 삶에 **반하는 태도**로서의 금욕주의마저 삶의 **일부**로 다루어야 하고, 힘에의 의지**에 반하는** 금욕주의적 의지마저 힘에의 의지**를 통해** 설명해야 하니, 반어법이 사용되지 않을 수 없는 겁니다. 삶에 반하는 금욕주의마저 실은 삶을 위한 의지의 산물이고, 힘에의 의지에 반하는 금욕주의적 의지마저 실은 힘에의 의지의 일종이라고. 그래서 심지어 **어떤 종류의 금욕주의적 이상은 삶에 필요하고 유리한 것이기도 하다**고까지 하는 얘기도 나옵니다. 가령 철학자의 금욕주의적 이상이 그렇다고 하는데, 이는 금욕주의와 구별하여 금욕의 긍정성에 대해 조금 전에 말씀드린 것과 비슷한 얘기라 하겠습니다.

그래서 금욕주의에 대한 니체의 비판은 생각만큼 단순하지 않습니다. 아니, 단순하기 어렵습니다. 금욕주의와 힘에의 의지 사이의 충돌이 사태를 단순화할 수 없도록 만드는 겁니다. 역으로 이를 이해하지 못하면 이 논문에서 니체가 말하려는 바를 크게 오독하기 쉽습니다. 금욕주의에 대한 비판조차 힘에의 의지와 일관성을 갖는 것으로 이해하려면 **금욕주의 또한 힘에의 의지의 산물임을** 해명하는 것이 중요합니다. 이 글을 시작하는 첫째 절 말미에 적은 **"아무것도 의욕하지 않기**보다는 **무를 의욕한다"**(eher will er noch das Nichts wollen, als nicht wollen)는 말은 허무주의에 대해 말할 때도 자주 인용되는 문장인데, 이 말이 이런 의미에서 특히 중요합니다. 그래서 니체는 이 글 마지막을 다시 이 문장으로 끝내고 있어요. 힘에의 의지란 의욕하는 '목표'를 갖게 마련이기에 어떤 '목표'도 갖지 않는다 함은, 즉 아무것도 의욕하지 않는다 함은 **힘에의 의지 개념과 반하는 것**입니다. 그러나 아무것도 의욕하지 않는 게 아니라 무를 의욕한다는 말은 무를 '목표'로 갖는다는 말입니다. 무에의 의지란 '목표'를 갖는 **힘에의 의지의 일종**이지요. 다만 그 '목표'가 '무'라는 점에서 다른 의지와 구별될 뿐입니다.

금욕주의란 아무것도 지향하지 않는 게 아니라 '무'를, 욕망이 사라진 상태를, 욕망을 무화시킨 상태를 지향합니다. 허무주의란 의지의 부재를 뜻하는 게 아니라, 무를 향한 의지, 욕망의 부정을 향한 의지입니다('무에의 의지'는 흔히 '허무에의 의지'로도 번역되지요). 이성의 육체를 볼 때에도 성욕이 스며든 관능을 '없애는' 것, 그런 사심 없는 눈으로 보는 미학적 감각, 자기 살겠다고 남을 잡아먹는 이기적 욕망을 '없애는' 것, 그런 사심 없는 몸으로 행동하는 도덕적 감각, 삶의 본능이 진리의 척도를 설정하는 바로 그곳(육체)에서 진리를 '없애는' 것, 육체를 환영으로 격하시키고 감각을 오류의 원천으로 만드는 철학적 감각, 이것이 바로 다음에 다루어질 금욕주의적 이상의 모습입니다. 여기서 '없애려는' 욕망, 즉 '무를 향한' 욕망, '무'를 의욕하는 의지를 볼 수 있습니다. 그런데 무를 의욕하는 이 의지 또한 힘에의 의지고, 자신의 삶을 성공적으로 구성하려는 욕망의 산물이라는 것, 이 역설적 사태를 니체는 철학자의 금욕주의적 이상을 통해 드러내 주려 합니다.

3. 철학자에겐 왜 금욕주의적 이상이 필수적인가?

이 책에서 니체는 먼저 예술가에 대해, 그리고 철학자에 대해 "금욕주의적 이상이란 무엇을 의미하는가?"를 묻습니다. 그러나 "예술가의 경우 그것은 전혀 아무것도 의미하지 않는다"고 하면서, 그렇기에 또한 "많은 것을 의미한다"고 답합니다(제3논문 5절). 빈 통에는 뭐든지 넣을 수 있으니 빈 통이야말로 가장 가득 찬 통이라는 말을 생각나게 하지요? 그러나 예술가에게 그것이 아무것도 의미하지 않는다는 건 무슨 뜻일까요?

이 말의 의미를 텍스트에서 직접 읽기는 그리 쉽지 않습니다. 이 말을 설명하려고 그는 바그너의 예를 드는데, 이미 그 앞에서부터 바그너 얘기는 길게 했지만, 핵심적인 질문에 대해 대답하지 않은 채 바그너가 기대고 있던 철학자 쇼펜하우어로 어느새 넘어가 버리기 때문입니다. 예술, 특히 음악에 대한 쇼펜하우어의 얘기와 칸트의 미학을 연결하여 관능이라는 삶의 본능에서 독립된 미학 내지 예술론을 언급하지만, 이는 이미 논의가 **예술가가 아닌** 철학자에 대한 것으로 바뀌어 버렸음을 뜻합니다. 니체 자신도 다시 묻습니다. "한 철학자——물론 쇼펜하우어지요——가 금욕주의적 이상을 신봉한다면, 이것은 무엇을 의미하는가?" 이에 대해 아직은 명시적 답이 제시되지 않습니다. 다만 하나의 힌트를 얻을 수 있다면서 이렇게 쓰고 있습니다. "그 철학자는 고통에서 벗어나려 하고 있다"(제3논문 6절). 이 얘기는 뒤에서 자세히 하기로 하죠. 그 후에는 이제 **철학자에게** 금욕주의적 이상이 무엇을 의미하는가에 대한 논의가 전개됩니다. 그렇기에 우리는 철학자에게 금욕주의적 이상이 무엇을 의미하는지에 대한 해명과 분석을 따라가는 수밖에 없습니다. 그리고 여기서 제시되는 대답을 바탕으로 예술가에게 금욕주의적 이상이란 무엇을 의미하는지를 추론해 내야 합니다.

그럼 이제 철학자의 금욕주의적 이상이 무엇을 의미하는지를 봅시다. 니체는 이를 세 가지 수준에서 전개하고 있습니다. 먼저 금욕주의적 이상을 확연하게 표명했던 '한 철학자'의 경우, 즉 쇼펜하우어의 예술철학을 들어 말하고, 그다음엔 좀 더 보편화하여 철학자들의 삶에서 금욕주의적 이상이 중요한 이유를 다룹니다. 마지막엔 철학자와 금욕주의의 '연대'에 대해 말하는데, 여기서 니체는 철학자들의 삶을 일반인들이 '고귀한 것'으로 받아들이게 하는 방법을 계보학적으로, 즉 발생인을 추적하며 서술합니다.

우선 첫째 수준의 설명을 봅시다. 꽤나 길게 서술하고 있는 쇼펜하우어와 칸트의 예술론은 본능적인 욕망이나 충동과 거리를 둔 입장에서 예술에 대해 보려 한다는 점에서 금욕주의적 태도가 확연한 이론입니다. 그러나 이는 예술보다는 예술철학에서의 금욕주의란 점에서 예술가보다는 철학자의 금욕주의의 두드러진 사례라고 할 수 있겠지요. 일단 쇼펜하우어와 칸트의 얘기부터 간단히 요약해 보겠습니다.

쇼펜하우어는 생에의 충동이 지배하는 '의미 없는' 세계에 대한 거부감을 갖고 있다고 했지요? 예술 또한 그저 생명을 향한 충동의 산물인데, 오직 음악만은 그와 달리 그런 충동의 진정제라고 보았습니다. 생명의 지속이라는 **생명체의 유일한 관심에서 벗어난** 어떤 관심이 거기에 있다고 보았던 거죠. 니체는 자신이 결코 받아들일 수 없는 이런 생각이 "미(美)란 **무관심 속에서** 사람들을 즐겁게 하는 것"이라고 보는 칸트의 미학에서 연유한다고 봅니다. 무관심하게 관심을 주는 것으로 다른 모든 것과 미를 구별하는 이런 주장은 예술가가 아니라 '관람자'의 입장에서 미와 예술을 정의하는 것인데, 사실 진정한 관람자의 입장도 아니라고 니체는 비판합니다. 가령 자신이 사랑하기 위해 조각상을 만들었던 피그말리온이 미적 취향이 없었던 사람이었냐고 니체는 반문합니다. 사랑을 나눌 대상, 좀 더 직설적으로 말하면 성적 대상에 대한 관능적 감각 없이, 더욱더 직접적으로 말하면 성적인 욕망이나 감각 없이 유럽 미술에서 그토록 오래 반복된 누드의 예찬을, 수도 없이 만들어져 온 조각이나 그림을 이해할 수 있을까 묻는 것이지요. 반대로 관능의 힘을 잘 알고 있었던 스탕달, 『연애론』이란 책으로 유명한 연애소설의 대가 스탕달이 예술의 본질을 더 잘 파악하고 있었던 관람자이자 예술가라는 게 니체의 생각입니다.

이런 주장은 미를 일체의 유용성과 분리하는 태도와 이어지지요. 아름다움이란 사물이 갖는 유용성과 별개이고, 예술은 유용성과 무관하게 멋있게 만들려는 데서 시작된다는 입장 말입니다. 유용성을 생각하면 그냥 물을 담으면 될 뿐인데, 물 담는 그릇을 왜 비싼 재료로 애써 아름답게 만들려 하는가? 이렇게 유용성에 대한 관심을 넘어서는 곳에서 예술은 시작된다는 겁니다. 유용성에 무관심한 관심이 그거죠. 중국식 다기를 보면 '차신'(茶神)이라는 게 있습니다. 두꺼비나 소 같은 동물, 혹은 어린아이 모양의 작은 조각상인데요, 차 마시는 데는 아무런 유용성이 없습니다. 다만 차 도구를 데우거나 세차(洗茶)를 하면서 물을 버려야 하는데, 그걸 버릴 때 차신 위에다 따라 줍니다. 그냥 버리지 않고 **폼 나게 버리려는** 생각에서 만든 도구인 거죠. 기능에 대한 관심에서 벗어난 관심, 그게 유용성을 벗어난 관심이고, 그게 예술적 관심이라는 겁니다. 찻잔도 그래요. 그냥 물 담아 마시는 기능을 생각하면, 돈 들여 애써서 예쁘게 만들 이유가 없지요. 물 담는 기능과 무관하게 **멋지게** 만들려는 태도가 찻잔을 예술적인 것으로 만들게 하는 겁니다. 그러니 칸트의 '무관심 이론'을 그저 허황되다고 비판하기는 쉽지 않다는 생각입니다.

그러나 니체 입장에서 보자면, '쓸데없어 보이는' 저런 행위를 왜 인간은 하는 것인지 다시 물어야 합니다. 그것이 재미있기 때문이고, 하는 이나 보는 이에게 **어떤 기쁨을 주기 때문**이겠지요. 삶의 기쁨, 행복감을 주기 때문이라는 말은 뒤집어 말하면 그런 기쁨을 얻기 위해 쓸데없어 보이는 것을 만든다는 말입니다. 이는 앞서 신체적 능력의 증가와 기쁨의 감응을 연결해서 말했듯이, 생명체가 능력의 고양을 위해 하는 것입니다. 자기 생명력의 고양을 위한 것이고, 생명의 본성에 속하는 그런 '관심' 속에서 하는 것입니다.

니체가 스탕달을 언급했던 것은 이런 의미로 이해해야 하겠지요. 모든 조각상에서 애써 성욕의 흔적을 찾고, 다기 하나하나에서 식욕의 흔적을 찾는 게 그가 말하는 '관심'이 아니니까요. 어쩌면 특별히 유용성이나 '이득'이 없어 보이는 것조차 기쁨을 얻기 위해서 하는 거라면, 생명의 본성에 속하는 '관심'의 산물이라는 말을 하려는 것으로 저는 이해하고 싶습니다. 관람자조차 작품에 좀 더 진지한 관심을 갖는 자라면 스탕달 같은 사람일 거라고 말하는 것은 이런 의미일 겁니다. 니체는 "누가 옳단 말인가, 칸트인가, 스탕달인가?"라고 묻는데, 이 질문에서 대비되고 있는 것은, "미는 행복을 약속한다"는 스탕달의 말로 표현되는 생의 긍정과 그런 생에의 관심과 거리를 두려는 쇼펜하우어의 초연한 태도입니다. 그렇게 애써 생으로부터 거리를 두려는 쇼펜하우어의 태도는 사실 칸트적인 '무관심'이 아니라 **생의 어떤 것으로부터 고통받는 사람의 개인적인 '관심'에 기인한다**는 것이고, 그런 점에서 쇼펜하우어는 무관심의 이론을 빌려 '고통에서 벗어나려 하고 있다'는 겁니다(제3논문 6절).

이는 무관심의 이론조차 고통에서 벗어나려는 관심의 산물이라는 역설을 지적하고 있는 것입니다. 이는 금욕주의나 염세주의조차 이런 식의 어떤 관심의 산물일 수 있다는 것을 함축하지요. 생의 부정조차, 무에의 의지조차 어떤 의지의 산물이라는 것을 염두에 둔 얘기입니다. 여기에 더해 니체는 여성이나 관능, 혹은 평생 미워했던 헤겔 같은 적(敵)이 없었다면 쇼펜하우어는 살 의욕을 갖지 못했을 거라고, 적이야말로 그로 하여금 살고 말하고 글을 쓰게 만들었던 요인이었다고 합니다. 이 역시 같은 맥락에서 이해할 수 있는 얘기지요? 요컨대 금욕주의적 미학이나 철학이 적어도 쇼펜하우어에게는 생에 대한 관심의 산물이고, 관능이나 헤겔처럼 그가 부정하고자 했던 적들 또한 그의 삶에서 필수적인 것이었다는 겁니다. 금욕주의적 형태의 철학이 니체 개념으로 말하면 힘에의 의지의 표현이었다는 겁니다.

다음으로 니체는 한 개인 철학자에서 철학자의 삶이라는

보편적 영역으로 넘어가 금욕주의적 이상을 다룹니다. 여기서도 요지는 일관됩니다. 철학자들의 삶에서 금욕주의적 이상은 필수적이며 그들이 살아가는 삶의 긍정적 형태라는 겁니다. 먼저 니체는 철학자들이 결혼을 회피하고 자식을 '작은 악마'로 취급한다는 점에서 금욕주의적으로 보인다는 사실을 들어 말합니다. "지금까지 위대한 철학자 가운데 결혼한 사람이 있었는가?"라고 물으면서 "결혼한 철학자란 코미디"라고 단언합니다. 악처를 얻었던 걸로 유명한 소크라테스는 이를 반증하기 위해 아이러니(반어)를 행했던 것이라고까지 하지요. 자식에 대해서는 부처의 사례를 듭니다. 자식이 태어났다는 말을 듣고 '라훌라'가 생겨났다고 하며 자식의 이름마저 라훌라라고 지어 주었던 석가모니의 얘기지요. 별거 아니지만, 니체는 '라훌라'가 '작은 악마'를 뜻한다고 하는데, 잘못된 번역이지요. 실은 '장애물'이란 뜻입니다. 장애물이란 말이 니체의 논지에도 더 부합하는데, 결혼이든 자식이든 삶에 대해 통찰하는 수행이나 훈련, 철학 하는 삶에는 장애물이란 겁니다. 가정을 유지하기 위해 해야 할 일들이 그가 원하는 삶을 치명적으로 교란시키기 때문입니다. 그렇기에 철학자들에게 결혼이나 처자식은 행복에 이르는 길이 아니라 불행에 이르는 길이라고 말해요. 이 때문에 그런 일상적 삶을 버리고 황야로 떠나게 된다고 합니다(제3논문 7절). 그런 점에서 철학자가 이런 금욕적 삶을 선택하는 것은 삶을 등지는 것처럼 보이지만 실은 그게 아니라 **행복을 위한 것**이고 자신이 원하는 삶을 살기 위한 거라는 겁니다. 철학자로서 살아남

기 위한 노력이라는 겁니다. 저로선 전적으로 동의하는 얘기입니다.^^

따라서 이런 종류의 금욕적 태도에서 보이는 것은 금욕주의적 이상의 가치에 대한 철학자의 편견 없는 판단이 아니라 **그들의 삶에 필요한 것에** 대한 확고한 편견입니다. 그들은 금욕적 성자와는 거리가 멀며, 오직 "자기 자신만을 생각하고 있"는 겁니다. 이런 얘기는 저도 사실 자주 들었던 것입니다. 돈 벌어 가족을 부양할 생각도 없고, 자식과 놀아 주거나 돌보려는 생각도 없으며, 오직 자기 하고 싶은 것만 하려는 사람이었으니, 들어도 싼 말입니다. 틀린 말이라고 생각하지 않았지만, 그래도 제 하고 싶은 것을 접고 남들처럼 살아야겠다는 생각은 하지 못했으니 정말 자기 생각만 하는 대책 없는 이기주의자였습니다. 세간의 삶을 등지는 이런 삶, 일상의 행복을 떠나는 이런 삶이야말로 철학자에게는 자기 삶만 생각하고 자기의 행복만 추구하는 의지의 표현입니다.

결혼이나 자식, 가정을 등지는 이런 생각을 할 때, 철학자들은 자기에게 없어선 안 될 것을 생각하고 있는 거라고 니체는 말해요. "강제나 방해나 소음으로부터의 자유, 일이나 의무, 걱정으로부터의 자유와 두뇌의 명석함을, 사상의 춤이나 도약이나 비상을 생각하는 것"이라구요. 그렇기에 철학자들의 금욕적 태도에서는 삶에 대한 적개심도, 어지러운 원한도 보기 힘들며, 그 대신 높이 나는 새들이 갖게 되는 높은 고지의 희박하고 맑은 공기와 자유로운 대기, 세상의 소음과 거리를 둔 지하실 속의 안식, 멋지게 사슬에 묶여 있는 개를 보게 된다고 합니다. 휴식을 취하는 게 아니라 삶의 위를 나는 동물의 명랑한 금욕주의를 보게 된다고(제3논문 8절).

무언가에 미쳐서 일상의 삶이나 세간의 기준을 **등지고** 사는 사람에게 이것처럼 위로가 되는 말이 또 있으랴 싶습니다. 니체가 뭐라고 하든 저 같은 사람이 사는 방식을 바꾸진 않았겠지만, 다행히도^^ 니체는 철학자의 금욕주의가 어떤 것인지를 아주 예리하게 포착하고 있었던 거 같습니다. 이는 니체 자신도 원했던 것이기에 아주 정확하게 말할 수 있었던 것이라 저는 믿습니다.

니체에 따르면 이런 종류의 금욕주의에서 종종 무슨 덕목인 것처럼 내세우는 것이 '청빈, 겸손, 순결'입니다. 이 또한 표면적으로 보면 니체가 말하는 이기적인 삶, 생존 욕망에 충실한 삶과 반대되는 것이지요. 가난 아닌 부유함, 겸손 아닌 자긍, 순결 아닌 관능 같은 게 니체가 평소 좋은 윤리의 덕목처럼 말하던 것이니까요. 그래서 그는 청빈, 겸손, 순결 이 세 가지는 덕 같은 게 아니라고 말해요. 오히려 그것은 최선의 생존과 가장 아름답고 풍부한 결실을 이루기 위한 합당하고 자연스러운 조건일 뿐이라고 말합니다. 이는 "위대하고 생산적이고 창조적인 정신을 지닌 사람의 생활을 가까이에서 살펴"본다면 정도를 달리하겠지만 어디서나 발견되는 특징이라고 합니다. 왜냐하면 이런 정신을 가진 이라면 과도한 자부심이나 자유분방한 관능을 제어해야 했을 것이고, 사치나 세련됨을 추구하는 것보다는

'황야'를 향한 의지를 간직해야 했기 때문입니다(제3논문 8절). 자기 시대의 과도한 빛, 현란함과 요란함, 목소리 높은 말들을 피하여 정적과 냉정함 속에서 비로소 들리는 영혼의 음색에 귀 기울이는 것, 소유하는 만큼 소유당한다는 사실 속에서 최대한 **소소하고 미미한 것에 만족하려는 태도야말로** 고귀한 삶을 사유하려는 이들에게 어울리는 것이라는 겁니다.

이런 얘기를 읽으며 몽상해 보니, ('자뻑' 같아 보여 민망하지만) 제가 니체가 말하는 '철학자의 삶'을 살고 있다는 생각을 하게 됩니다. 전에 했던 강의에서 제 인생의 3대 이념이 헝그리정신과 무사안일주의, 보신주의라고 말씀드린 적이 있습니다. 헝그리정신은 내가 하고 싶은 일을 위해선 돈을 적게 벌어야 하고, 그러려면 돈을 적게 써야 하니, "적게 벌어 적게 쓰고 하고 싶은 걸 하고 살자!"는 것이니까, 니체가 말한 저 '청빈'과 비슷해 보이지 않나요(스스로 말하려니 민망하네요^^)? 무사안일주의는 하고 싶은 일, 즉 공부에 방해되는 일은 엔간해선 벌이지 말자는 것이니, 하고 싶은 일을 위해 관능은 물론 다른 종류의 욕망을 제압하자는 것이잖아요? 점입가경이죠?

그런데 니체는 여기에 중요한 것 하나를 빠뜨렸어요. 그렇게 하고 싶은 것을 하려면 몸이 받쳐 주어야 합니다. 보신주의야말로 철학적 삶을 위한 자연학적 원칙입니다. 저는 종종 인근에 있는 분들에게 "공부는 체력!"이라고 말하는데, 몸이 힘들면 공부도 힘들고 글을 쓰는 건 정말 어렵습니다. 공부할 시간도 부족한데 매일 열심히 요가하고 명상하고 절을 하는 건 모두 이 때문입니다. 공부하려면 그걸 해야 하기에 하는 거죠. 니체도 사실 '건강'의 중요성에 대해 누차 말하곤 합니다. 자기가 건강 때문에 하고 싶은 걸 못 하는 일이 많았고, 그나마 글을 쓰는 것은 페터 가스트 같은 사람이 구술하는 걸 받아써 주었기 때문인데, 이 점에서 그는 몸을 챙기는 일에 그리 성공하지 못했지요. 편두통에 시달렸다는 것은 저도 니체와 비슷하지만 편두통에 대해 나름 대처하는 방안을 찾았고, 그 덕분에 오히려 제 몸에 대해 많이 알게 되었으니, 그것만은 니체보다 더 훌륭하지 않았나 싶습니다. 아, 이런 얘기할 때 안 웃으시면 제가 민망해집니다, 웃어 주세요.

결혼한 철학자야 니체 생각만큼 코미디라고 하긴 어렵겠지만(홀링데일은 니체가 두 사람에게 청혼한 게 만나자마자였다는 점을 들어 니체가 아내를 구해야겠다는 생각을 강하게 품고 있었으리라고 말합니다), 가정생활에 충실하고 자식 귀여운 짓에 빠져 버린 철학자란 웃기는 코미디인 건 사실 아닌가 싶은데, 그게 아니면 적어도 혼자 생각할 시간에 여기저기 찾아다니며 어울리는 걸 즐기는 사교적인 철학자, 명품 사는 데 혹한 사치스러운 철학자, 여론이라는 목소리 높은 생각에 충실하게 따라가며 그것을 증폭시키며 세간의 명성을 좇는 철학자, 이런 분들이라면 지금 시대 우리의 코미디계를 화려하게 빛내 주시는 분들이라 할 수 있을 거 같습니다.

요컨대 자신이 중요하다고 믿는 '본능'을 관철시키기 위해선 자기 안의 수많은 본능들을 지배해야 한다는 사실이 여기에서 다시 지적되고 있습니다. 주권적 개인이 금욕적일 수밖에 없다고 했던 말이 다시 생각나시죠? 이런 점에서 삶의 본능을 등지는 것처럼 보이는 이런 '금욕주의적 이상'은 쇼펜하우어나 칸트 같은 특정 철학자뿐 아니라 철학자들의 삶에서 필수적인 것입니다. 이런 종류의 금욕주의는 그것의 외양과 반대로 철학자들이 자신이 **삶을 위해** 선택한 피할 수 없는 태도이고, 흔한 비난이 입증하듯 자기 자신만을 생각하는 **이기적인** 삶의 방식이며, 생명의 본성에 따라 자신의 능력을 최대한 고양시키기 위한 힘에의 의지의 표현이라 하겠습니다. 삶의 능동적 힘에 대한 부정의 형식을 취하지만 실질적으로는 철학자의 삶을 긍정하고 그것을 통해 삶의 능동적 힘을 긍정하려는 종합의 형식인 셈이지요.

4. 철학과 금욕주의의 연대!

세 번째는 철학 자체가 금욕주의적 이상과 손을 잡게 되는 이유에 대한 것입니다. 앞에서 말씀드렸듯이 "어떤 금욕주의, 즉 **최선의 의지가 품은 엄격하고 좀 더 쾌활한 금욕**은 좀 더 높은 정신성을 이루기 위한 유리한 조건이며, 동시에 자연학적 귀결"이라는 겁니다(제3논문 9절). 철학자들이 금욕주의적 이상에 대해 특별한 관심을 갖고 다루어 왔다는 사실은 이와 무관하지 않습니다. 그런데 역사적으로 검토해 보면 여기서 좀 더 나아가 철학은 금욕주의적 이상과 좀 더 밀접하고 견고한 연대를 하게 된다는 겁니다. 어쩌면 **금욕주의적 이상과 손잡지 않고선 철학 자체가 불가능했을지 모른다**고까지 말합니다.

아시다시피 철학을 밀고 가는 충동은 의심, 부정, 억제, 분석, 탐색, 비교, 객관화, 무감함 등을 특징으로 하지요. 자기 감각을 비롯해 모든 것을 의심하라고 했던 데카르트, 자신이 옳다고 믿었던 것에 대해 반문하여 자신의 무지를 인정하는 사태로 밀어 넣으려 했던 소크라테스, 이성이 할 수 있다고들 생각하는 걸 비판의 법정에 세워 따져 보았던 칸트 등등이 이를 잘 보여 줍니다. 그런데 이는 통상적인 사람들로서는 납득하기 쉬운 게 아니며 세간의 도덕이나 양심이 요구하는 것과 근본적으로 상충되는 것입니다. 앞서 말씀드렸던 것처럼 소유나 부, 돈 버는 것에 대해 거리를 두는 것, 가정이나 일상을 등지는 것, 가까운 사람들과의 관계로부터 멀어지고, 세간의 여론이나 상식에 반하는 생각으로 사람들을 당혹게 하는 것 등도 사람들이 대개는 이해하기 힘든 것이고, 대개는 비난하기 마련인 특징이지요. 그래서 철학자들이 원하는 금욕적 삶의 방식, 가정이나 세간과 거리를 둔 생활방식은, 지금도 가까운 사람들일수록 이해받기 힘들고 종종 근심 어린 비난을 받게 됩니다. "너 그러다가 어쩌려고 그래!" "어떻게 자기가 하고 싶은 것만 하고 살려고 그래?"

니체가 발생적 형태의 철학자로서 언급하는 것은 '명상적 인간'입니다. 명상하는 인간, 이들은 경제나 전쟁, 생산이나 가정 등과 멀리 떨어져 삶에 대해 새로운 통찰력을 얻고자 하는 사람이란 뜻에서 그런 거 같습니다. 구체적으로 니체는 '고대 브라만'들을 예로 듭니다. 이들 "명상적 인간의 본능" 속에는 세간의 삶에서 흔히들 추구하는 것과 상반되는 "비활동적이고 사변적이며 비전투적인 요소들"이 지배적이었는데, 이는 "오랫동안 깊은 불신"을 사람들로부터 받았다고 합니다. 그래서 종종 경멸당했다고 해요. 경멸뿐이겠어요? 저지당하고 비난받기도 했겠지요. 석가모니조차 수행자가 되기 위해 몰래 '야반도주'를 해야 했습니다. 수행의 전통이 강력하게 존재하던 인도였음에도 말입니다.

이는 고대 이후의 과거에도, 그리고 지금도 종종 보게 되는 사실이지요. 가령 송나라 시대 이후 중국이나 조선시대의 유학자들이 불교를 비판한 가장 중요한 이유는 그들이 '수신제가치국평천하'하려는 욕망과 반대로 가정을 만들지 않고 생산하지 않으며 나라의 일에 적극 참가해 가문과 국가의 명예를 높이는 일을 하지 않으려 했다는 것이었습니다. 지금도 철학을 한다는 것은, 대학에서 직업으로 먹고사는 일이 아니라 정말 진지하게 철학을 하고자 하는 경우에는 가족들로부터 이와 유사한 비판을 받게 됩니다. 종종 쓰기도 했지만 저는 공부가 좋아서 공부하며 살겠다는 이유로, 40살이 넘도록 "넌 언제 취직해서 월급을 받아 보니?"라는 모친의 근심 어린 질문을 반복해서 받아야 했습니다. 어쩌다 운 좋게 취직이 되어 그 질문은 받지 않게 되었지만, 그다음 질문이 계속 기다리고 있지요. "이 나이 되도록 집이 하나 없어서 어쩌니?" 철없던 시절에 했기에 결혼은 했지만, 가족들 힘들게 하면서 '나 같은 놈은 결혼해선 안 되는 거였어!'라는 후회를 수도 없이 반복하다 결국은 사태를 무효화하는 것으로 귀착되었죠. 공부한다고 친구들 만나는 모임에 잘 안 나갔더니 "쟤는 돈 안 되는 자리엔 나타나지 않아"라는 비난을 듣게 되었고, "세상에 뭔 놈의 생일이 이리도 많아!"라며 생일 무시하려 했다가 이상한 사람이 되었고, 결혼식이며 장례식 안 찾아다녀서 싸가지 없는 놈이 되었습니다. **세간의 비난과 경멸이 철학자들을 포위하고 있다**는 말은 제가 보기엔 지금도 리얼한 현실입니다! 확실히 이런 거 보면 생명의 세속적 자연학에 따라 사는 것이 편하게 사는 길처럼 보입니다. '잘만 하면' 그 모든 비난 대신 호평과 부러움 속에서 살게 되지요. 그 '잘만 하면'이 생각보다 쉽진 않지만 말입니다. 니체 말대로 생명의 본성에 부합하는 의지와 힘이 이렇게 일상의 대기가 되어 우리를 둘러싸고 있는 겁니다. 익숙한 이에겐 편안한 대기겠지만, 누구에겐 숨 막히는 대기가 우리를 포위하고 있는 겁니다. 우리는 그만큼 생명의 포로인 거죠. 내 몸을 구성하는 생명체들의 포로, 나를 둘러싼 다른 생명체들의 포로.

이에 대해 고대 철학자인 브라만들이 선택한 방법은 스스로의 특이한 삶의 방식을, 금욕주의적 이상을 '두려움의 대상'으로 만드는 것이었다고 해요. 자신을 통상의 욕망과 반대되는 삶으로 잔혹하게 몰아넣고, 창조적으로 자기 거세하면서 자기 안에서 인습을 제거하는 것, 자신을 스스로 지옥 속으로 밀어 넣는 오랜 고행 등을 통해 일상의 욕망에 반하는 삶의 방식을 극적으로 몰아붙여 '**경멸**'을 '**두려움**'으로 **바꾸어 버렸다**는 겁니다. 그게 가능했던 것은 성직자나 마술사, 예언가 같은 종교적 유형의 인간들이 이미 이 명상적 인간 이전에 확립되어 있었기 때문인데, 이 성직자들이 사람들을 복종시키기 위해 사용했던 두려움의 기술들을 명상적 인간들 또한 스스로 사용하여 자신을 경멸 아닌 두려움의 대상으로 변화시켜야 했다는 겁니다. 그래서 그들은 철학자로 살기 위해선 먼저 그러한 금욕주의적 이상을 표명해야 했고, 그러려면 그런 삶의 타당성을 스스로 믿어야 했으며, 그럼으로써 세상일이나 관능에서 벗어난 초탈한 태도를 견지해야 했다는 거예요. 보통 사람들로서는 감히 흉내 내기 어려운 고행을 견디어 내고, 세상의 인습을 등지며 통상적 욕망 자체에 반하는 어둡고 무거운 금욕주의적 이상 속에서만 철학은 살 수 있었다는 겁니다(제3논문 10절).

명상적 인간은 지금도 주변에서 쉽게 볼 수 있습니다. 우리 주변에선 주로 불교도들이 그러한데, 우리가 잘 아는 유명한 고승들은 보통 사람은 대개 감해 흉내 낼 수도 없는 힘들고 고통스러운, 가히 '이적'(異蹟)이라 할 만한 수행을 하신 분들이지요. 어쩌면 석가모니야말로 니체가 말한 이 명상적 인간의 모델이 아닌가 싶습니다. 명상적 삶을 위해 가족과 가문, 화려하고 편안한 삶과 왕궁을 버리고 출가했고, 자식을 '장애물'로 생각해 라훌라라는 이름을 주었고, 5년 동안 남들은 흉내 내기 힘든 놀라운 고행의 시간을 거쳤고, 깨달음을 얻은 뒤에는 분소의(糞掃衣)를 입고 탁발──동냥이란 뜻이지요──을 하며 개인적인 소유 일체를 금하는 승단을 만들었으니까요. 기존의 종교인들이 확립해 놓은 금욕주의적 이상을 따라 수행하고 생활하며 삶에 대한 새로운 통찰을 만들어 냈다는 점에서, 그리고 그러한 방식의 삶을 사람들로부터 존중받고 지지받는 것으로 만들었다는 점에서 니체의 말과 아주 잘 부합합니다.

보통은 생각하지 못할 놀라운 수행의 이적은 이후에도 계속되어 지금까지도 이어지고 있습니다. 이런 놀라운 수행의 이적이 위대한 수행자들에 대한 신뢰와 권위를 갖게 하고, 이런 분들이 있다는 것이 교단 내의 눈살 찌푸리게 하는 수많은 일들을 알고 있으면서도 그 교단에 대한 신뢰와 존경을 유지하게 되는 중요한 이유가 되지요. 잘 아시겠지만, 9년 동안 눕지 않고 잠자지 않은 채 그저 앉아서 참선을 했다는 스님, 20년 동안 잠자지 않고 염불수행을 했다는 스님 등등이 그렇습니다. 선불교의 초조(初祖)라는 달마대사도 그렇습니다. 양무제를 찾아갔다가 실망하고선 어느 산속 굴에 들어가 9년간 꼼짝도 하지 않고 면벽한 채 명상만 했다고 하지요. 이런 이적은 그걸 알아보는 사람들을 불러들입니다. 달마의 제자이자 선불교 2조(祖)가 되는 혜가(慧可)스님은 깨달음을 얻기 위해 팔 하나를 잘라 바쳤다고 합니다. 모두가 도를 얻기 위해 우리 같은 범인들은 꿈도 꾸지 못할 힘든 일을 한 겁니다. 그러니 도를 얻으려는 시도, 명상을 하고 사유를 하는 시도는 그처럼 자기 목숨을 바치면서까지 할 만한 일, 그렇게 하지 않으면 얻을 수 없는 일이 되고, 그에 비하면 세간의 일상사는 비할 수 없이 하찮은 게 됩니다. 이로써 일하지 않고 가족을 만들지 않으며 일상사를 챙기지 않는 명상적 인간들의 삶이 안정적으로 지속될 수 있게 되었다고 하는 셈입니다.

철학자들이 금욕주의적 이상과 손을 잡을 수밖에 없었던 것은 정확하게 생명의 본성 그 자체에 충실한 세간의 의지들 때문이었다는 말입니다. 세간의 바로 그 힘에의 의지들 때문에 세간의 삶과 반하는 철학이 생존할 땅을 따로 얻기 위해 성직자의 금욕주의와 손을 잡았던 것이고, 그러한 연대를 통해 성직자에게서 기원하는 금욕주의적 이상이 철학적 정당성을 얻게 되었다는 거지요. 철학자들의 삶에 금욕주의적 이상이 필요하다는 말과 다른 차원에서, 철학이 왜 금욕주의 없이는 존속할 수 없었는지에 대한 계보학적 설명이지요? 이는 또한 철학이 금욕주의적 형태를 취하게 되는지에 대한 분석이기도 합니다.

그렇지만 명상적 인간이 금욕주의적 이상과 손을 잡고 그런 삶을 살았던 것이 경멸을 두려움으로 바꾸기 위한 것이었다는 말은 조금 신중하게 생각해 볼 필요가 있습니다. 두려움이란 자기의 신체나 생명을 직접적으로 위협하며 다가오는 것에 대해 생명체가 느끼는 감정입니다. 철학이 손잡은 금욕주의적 이상이 통상적 생명체의 충동 자체와 반대 방향을 향하고 있으며 그것을 억압의 대상으로 바꾸려 한다는 점에서 그것이 두려움을 야기한다고 니체는 보았던 것 같습니다. 그러나 그런 두려움은 **나를 직접 겨냥한 것일 때** 느껴지는 것 아닐까요? 생명체의 충동에 반하는 고통의 정당화에서 나의 생명을 직접 위협하는 데에서 느끼는 두려움을 동일하게 느낄 수 있는지는 의문입니다. 더구나 그것이 철학적 정당화를 동반했을 때, 나를 직접 겨냥한 게 아닌 고통스러운 금욕, 저기 산속에서 저 사람이 하고 있는 고통스러운 행동은 두려움을 야기한다기보다는 놀라움을 야기한다 해야 하지 않을까요? 나로선 하기 힘든 금욕적 행동이 혹시 두려움을 야기한다면 그것은 공포감이 아니라 **경외감**일 겁니다. 칸트라면 저기 멀리 떨어져 있기에 안전한 상태에서 느끼는, 어떤 거대한 것에 대한 감정이란 점에서 '숭고'라고 했을 거 같습니다. 두려움이라고 해도 이는 놀라움과 경외감, 존경으로 귀속되는 두려움이지요. 그것은 나의 삶으로부터 멀리 떨어진 놀라운 것에 대한 경탄이고, 내가 할 순 없지만 존경스러운 것에 대한 경의입니다. 그런 경탄과 경의를 낳는 외경심이기에, 두려움의 대상과 달리 피하고 외면하고 싶은 게 아니라 두려워도 지지하고 공감하며 존경하게 합니다. 이런 감정을 야기함으로써 이 놀라운 금욕적 삶은 세간의 삶보다 **'높은' 자리를** 획득하게 됩니다. '고귀한 자'의 자리, 고귀한 삶의 이미지가 그것입니다.

이처럼 흔히 근접하기 어려운 놀라운 금욕적 삶을 통해 얻어 낸 감정은 니체가 말한 '거리의 파토스'가 아닐까 싶습니다. 물론 방금 말씀드린 것은 니체 말과는 반대로 고귀한 자가 느끼는 파토스가 아니라 낮은 자리에 있는 자가 느끼는 경탄의 파토스란 점에서 다릅니다만, 그것은 '명상적 인간'이 느끼는 자긍의 파토스와 대칭적인 것이라고 보입니다. 거리의 파토스는 고귀한 자가 그렇지 못한 자들에 대해 갖는 파토스만이 아니라, 반대편에서 고귀한 자에 대해 느끼는 것일 수도 있기 때문입니다. 고귀한 자에 대해 느끼는 진정한 경탄과 존경심은 바로 이 거리의 파토스 안에 있다는 생각입니다.

철학이 손잡은 금욕주의적 이상이 경탄 어린 공감을 얻을 수 있을 때에만 그것은 사람들의 지지를 받을 수 있고, 역으로 통상적인 사람들에게 '도덕'으로서 영향을 미칠 수 있을 겁니다. 단순히 두려움의 대상일 뿐이었다면, 그것은 피하고 싶은 삶의 방식이자 도피하고 싶은 삶이 되었을 것이기에, 사람들의 삶 속으로 스며들어 그들의 삶을 지배하는 게 될 수 없었을 겁니다.

5. 예술가와 금욕주의

간단히 요약하자면 니체는 철학 내지 철학자와 금욕주의적 이상을 세 층위에서 다룹니다. 첫째, 쇼펜하우어라는 한 철학자에게서 금욕주의란 어떤 의미를 갖는가? 그의 금욕주의적 철학은 그가 삶의 고통으로부터 벗어나기 위한 것이었고, 그의 금욕주의에서 삶은 그의 생에 활기를 불어넣은 '적'이었습니다. 그런 점에서 그에게 금욕주의는 그 외양과 반대로 삶의 강장제였다는 게 니체의 분석입니다. 둘째, 철학자에게 금욕주의적 이상은 철학을 하려는 의지에 전적으로 몰두하기 위해 삶의 일상적 요소들로부터 최대한 거리를 두려는 것이었습니다. 즉 삶의 상공을 날면서 삶을 사유하려는 철학자의 삶을 위한 필수적 조건이었습니다. 삶에 대한 어떤 원한이나 반감 없이, '자기 자신만 생각한다'는 비난을 들을 만큼 철학적 삶에 매진하려는 고유한 삶의 양상입니다. 셋째, 모든 걸 의심하고 감각을 믿지 않고 신체 속에서 어둠을 발견하며 삶의 충동에 반하는 것을 말하는 철학자들의 행동방식은 사람들이 그냥은 이해할 수 없는 것이기에 경멸, 무시, 비난을 사게 마련이고, 그러니 쉽게 존속할 수 없었을 것이었습니다. 철학자들은 사람들의 이런 태도를 경외심으로 바꾸기 위해 성직자들의 금욕주의와 연대했으며, 그들의 금욕주의를 철학적 태도 안에 도입합니다. 여기서도 금욕주의는 철학적 태도의 존속을 위해 필요했다는 말이죠. 요컨대 세 가지 층위 모두에서 금욕주의적 이상은 철학자나 철학 자체의 생존을 위해 필수적인 것이었고, 그 자체로 철학자가 갖는 힘에의 의지의 표현이었다는 겁니다. 삶의 충동에 반하는 것처럼 보이는 금욕주의가 금욕주의를 설파하는 이들 자신에게서조차 실은 삶을 위한 것이었다는 역설을 보여 주고 있는 셈이지요.

그럼 이를 바탕으로 예술가에게 금욕주의적 이상이란 어떤 의미를 갖는지 생각해 봅시다. 이 글을 시작하면서 니체는 바그너에 대해 꽤 길게 쓰고 있지요. 왜 그랬나 싶을 수 있는데, 방금 한 얘기를 염두에 두면 이유가 분명해집니다. 사실 니체는 2절의 전체에서 묻고 있습니다. 바그너 같은 예술가가 만년에 순결에 대해 경의를 표하고 있다면, 다시 말해 금욕주의적 이상을 표명하고 있다면 이는 무엇을 의미하는가를. 앞의 철학적 금욕주의 얘기와 비교해 보면, 이는 철학에서 쇼펜하우어라는 한 철학자에 대해 물었던 것을 예술에서 바그너라는 한 예술가에 대해 묻고 있는 것임을 알 수 있습니다. 다른 층위의 질문이 이어지는 대신 쇼펜하우어로 넘어가기에 충분히 다루어지지 않는 셈이지만, 이 사례를 통해 니체는 바그너라는 한 개인 예술가에게 금욕주의란 어떤 의미인가를 물으려 했던 겁니다. 먼저 이 얘기를 따라가 보고, 그다음에 다른 두 층위에서 예술과 금욕주의의 관계를 따져 보기로 합시다.

바그너에 대한 질문을 던지면서 니체는 금욕주의적 이상에 대한 바그너의 입장이 전기와 후기에 크게 달라졌음을 지적합니다. 가령 '순결'이라는 이상이 이를 잘 보여줍니다. 그가 가장 쾌활하고 용기 있던 시절에 구상하던 「루터의 결혼」과 말년의 「파르지팔」이 대비되고 있는데요, 두 작품 모두 순결을 찬미하고 있지만, 초기에는 순결의 찬미가 관능의 찬미와 동시에 행해진다고 해요. 양자가 대립하지 않았다는 겁니다. 양자가 대립하는 경우에도 비극적 대립까지 갈 필요는 없으며, 오히려 그 대립 속에서 더 많은 삶의 자극을 발견했다는 것이 초기의 바그너나 괴테, 하페즈 같은 작가들의 태도였다는 겁니다(제3논문 2절).

사실 「루터의 결혼」은 작품으로 완성되지 못했고, 그래서 내용을 자세히 알기 어렵습니다. 한 작품이 문제가 아니라 바그너의 작품이 문제이니, 우리가 확인할 수 있는 다른 작품을 살펴보면 어떨까 싶습니다. 바그너의 오페라에서 순결과 관능의 긴장은 아주 빈번하게 등장하는 테마입니다. 가령 전기(前期) 작품에 속하는 「탄호이저」에서 주인공 탄호이저는 순결한 사랑을 상징하는 바르트부르크 영주의 조카 엘리자베트와 관능적 사랑을 상징하는 베누스 사이에서 동요하는 인물입니다. 그 동요를 보면서 엘리자베트는 그의 죄가 용서받지 못한다면 자신의 목숨을 거두어 달라고 합니다. 공공연하게 육신을 탐하여 베누스의 성에 묵었던 죄를 용서받고자 순례를 떠났던 탄호이저는 기대와 달리 교황의 저주를 받고 다시 베누스의 성으로 가려 합니다. 물론 도중에 엘리자베트의 시신과 만난 탄호이저는 끝내 죽지만 괴테의 『파우스트』에서처럼 엘리자베트 덕에 구원받는 것으로 끝납니다. 극히 기독교적인 이 오페라에서 결국 승리하는 것은 순결이고, 그것을 통해 구원은 이루어집니다. 그러나 탄호이저는 순결한 사랑에 끌려가면서도 관능을 쉽게 포기하지 않으며, 이 동요야말로 오페라 전체를 이끌고 가는 힘이라 할 겁니다. 탄호이저는 순례의 끝에서 받은 교황의 저주에 절망하거나 양심의 가책에 빠져들지 않고 오히려 그에 항의해 관능의 땅으로 가려 합니다. 그런 점에서 순결의 승리는 단순하지 않습니다.

「트리스탄과 이졸데」는 바그너 후기 작품에 속하는데, 조성적 구조를 깨는 서곡으로 인해 음악사적으로 매우 중요한 작품입니다. 이 작품은 순결과 관능이란 관점에서 보면, 실수와 오인으로 잘못 마신 미약으로 인해 '순수한' 두 주인공이 미친 사랑에 빠져, 충실하던 트리스탄은 자신의 주군을 배신하게 되며 고난의 길을 가는 얘기인데, 여기서도 관능은 순수함 —— 순결함의 다른 이름이지요 —— 과 차라리 하나로 결합되는 것처럼 보입니다. 오인으로 마신 미약으로 인해 순수한 이들이 관능의 힘에 끌려 미친 사랑의 비극으로 나아가는 것이니까요. 극 전체는 비극으로 끝나지만 여기서 순결과 관능의 관계를 '비극적 대립'이라 하기 어려워 보이는 건 이 때문입니다. 비극으로 이어지는 관능의 힘을 우연과 실수를 빌미로 끌어들이니까요. 두 인물의 성격이나 사랑을 보면 그 관능의 힘을 오히려 순수성으로 채색하는 느낌마저 강하게 듭니다.

니체가 특히 강하게 비난하는 것은 「파르지팔」인데, 여기에서도 순결 내지 순진성과 관능의 유혹은 극을 끌어가는 중요한 긴장을 형성하고 있습니다. 그런데 이 작품에서 순진성과 관능은 쿤드리라는 한 여자의 신체 안에 있는 두 속성인 양 다루어집니다. 즉 애초에 순수(순결!)하고 순박한 여자였던 쿤드리가 클링조르라는 마법사의 마법에 걸려 넘어설 수 없는 유혹의 힘을 갖는 관능의 화신이 됩니다. 그리고 '순수한 바보' 파르지팔이 쿤드리의 유혹을 거부함으로써 그 여인은 순수함을 되찾게 되고, 마법사는 패망하게 됩니다. 이렇게 한 여인의 몸 안에서, 그 여인을 변신시키는 두 힘은 상충하고 대립하는 힘이 되고, 거기서 관능은 순수성에게 패배하여 몰락합니다. 오페라 「파르지팔」은 「트리스탄과 이졸데」와 반대로 비극이 아니라 해피엔딩으로 끝나는 극이지만, 이 작품에서 순결과 관능은 하나의 육체 안에 있다는 점에서 분리될 수 없지만 상충되는 방향으로 삶을 이끄는 본질적 대립을 이룹니다. 그 중 어느 하나의 승리는 다른 하나의 패배가 될 수밖에 없다는 점에서 '비극적 대립'이라 하겠습니다.

쿤드리나 파르지팔의 순수성을 이처럼 '진지하게' 취급하는 것을 두고 니체는 예술의 관능화를 추구하던 바그너가 이전의 자기 자신을 부정하는 것이라고 봅니다(제3논문 3절). '건강한 관능'을 따라가던 바그너가 이처럼 순결함에 진지해지며 그것을 등지게 되었을 때, 그의 작품은 금욕주의적 이상의 찬사가 됩니다. 그렇다면 바그너에게 금욕주의적 이상이란 무엇을 의미하는가? "아무것도 의미하지 않는다"는 겁니다. 이는 무슨 말일까요? 같은 예술가가 때로는 관능을 따라가며 그 건강성과 힘을 찬양하기도 하고, 때로는 순결이라는 금욕주의적 이상을 찬양하기도 한다면, 그 예술가에게 금욕주의적 이상은 이래도 좋고 저래도 좋은 것, 특별히 지지하거나 반대할 필연적 이유 같은 건 없음을 뜻한다는 말입니다. 앞서 철학자들에게 그런 이상이 필수적이었다고 했던 것과 대비하면 이해하기 쉽습니다. 쇼펜하우어로서는 삶의 고통을 극복하기 위해 금욕주의적 이상이 필요했지만, 바그너는 다른 입장을 오갈 수 있었으니 꼭 그렇다고 할 수 없지요. 한 예술가의 삶에서, 그걸 긍정하기 위해서든 삶의 고통을 넘어서기 위해서든 금욕주의가 꼭 필요했던 건 아니라는 겁니다. 금욕주의 비판도 마찬가지지요.

다음은 예술가의 삶과 금욕주의입니다. 바그너의 예를 말하자마자 니체는 "예술가에게 금욕주의적 이상은 […]"이라며 일반화하여 말합니다. 그렇게 말하는 근거는 사실 바그너의 사례 말고는 따로 명시되지 않습니다. 즉 예술가 일반에 대해 말하기엔 충분치 않습니다. 그러니 흩어져 있는 니체의 말들을 단서로 삼아 철학자의 삶에서 나타나는 금욕주의와 비교해서 생각해 봅시다. 철학자로서는 세간의 소음이나 명성을 떠나고 돈 벌고 먹고사는 일상과 거리를 두며 남들로부터 고립된 지하실이나 '황야'와 같은 조건이 필요했는데, 예술가도 창작에 집중하기 위해선 그런 거리가 필요했을 겁니다. 예술가는 그것을 보고 듣고 향유하는 사람이 없다면 존속하기 어렵지만(그래서 대개 후원자가 있었지요), 뛰어난 예술가는 당대의 감각을 넘어서기에 이해받기 어려운 면이 있었습니다. 철학은 일상의 삶으로부터 분리되어 하늘을 나는 명랑한 추상성이 있어야 하지만, 예술은 구체적이어야 하기에 그렇게 일상의 삶에서 분리되기 어렵습니다. 오히려 일상의 삶 속에서 미를 발견해야 하고, 일상의 삶을 감각 속으로 파고들어 가야 합니다. 그러니 한편으로 보면 예술가에게는 철학자처럼 금욕적 이상이 필요하다 하겠지만, 다른 한편으로 보면 그렇다고 하기 어렵습니다. 결혼이나 성, 관능은 철학에 매진하려면 거리를 두어야 한다고 했지만, 그것은 예술가의 창작을 자극하는 가장 중요한 요인입니다. 그렇기에 결혼한 철학자는 코미디라 했지만, 예술가에게는 그렇게 말하기 어렵습니다. 피카소 같은 사람이 극단적으로 보여 주었지만, 예술가들은 오히려 바람꾼이 많지요. 전에 어디서 보았는데 자코메티가 그랬다더군요. "옷 입은 여인은 아무것도 아니지만, 옷 벗은 여인은 신이다." 물론 조각가가 예술에 대해 한 말이지만, 관능이나 성에 대한 감각을 예술이란 말로 지우긴 쉽 지 않지요.

요컨대 철학자의 삶과 달리 예술가의 삶에 금욕주의적 이 상이 반드시 필요한 건 아니란 겁니다. 그렇기에 어떤 예술가는 금욕적인 방향으로, 다른 예술가는 그와 반대되는 방향으로 갈 수 있고, 심지어 한 사람의 경우에도 두 방향으로 갈 수 있다는 겁니다. 즉 "예술가의 경우에 금욕주의적 이상은 아무것도 의미 하지 않는다"는 건데, 이는 사람마다 아주 다른 것을 의미할 수 있다는 걸 뜻하지요. 그러니 "많은 것을 의미한다"고 할 수 있 습니다(제3논문 5절).

세 번째로, 예술 자체와 금욕주의적 이상은 어떨까요? 철 학자는 **자신의** 삶과 무관한 것을 철학이란 이름으로 말하거나 써선 안 됩니다. 다른 누구보다 자신의 삶에 대해 타당한 것을 말해야 합니다. 심지어 감각을 부정하고 생각을 의심할 때조차 무엇보다 먼저 자신의 감각과 생각에 대해 그리 해야 합니다. 삶에 대한 사유가 아무리 창공을 날아도 자기 삶이 빠진 것은 올바른 사유가 될 수 없습니다. 그래서 철학자는 현실과 동떨어 진 듯 보이는 얘기를 할 때조차 현실 속에서 얘기해야 합니다. 바로 그렇기 때문에 철학자가 현실이나 생명체의 본성에 반하 는 태도로 말하거나 쓰는 것은 더욱더 반감이나 경멸을 야기하 기 쉬웠을 겁니다.

그러나 예술가는 자신이 겪은 것을 근간으로 글을 쓰고 자신이 본 것을 '그대로' 그릴 때조차 그걸 그대로 쓰거나 그릴 필요가 없고, 또 그래선 안 됩니다. 그렇게 하면 재미없는 작품이 나올 게 분명하니까요. '정확하게' 그린 그림이 예술작품이 되진 않습니다. 「모나리자」는 레오나르도 다 빈치 이웃에 사는 어떤 여성을 정확히 그린 것일 뿐이었다면 예술작품이 되지 못했을 겁니다. 자신이 겪은 것조차 부풀리거나 변형시켜 새로운 것으로, 이른바 '허구'로 만들어야 합니다. 초상화나 풍경화를 그릴 때조차 보이는 것을 그냥 재현한다면, 예술작품이 되기 어렵습니다. 보이는 것 속에 보이지 않는 어떤 것을 그려 넣을 수 있어야 합니다. 니체 말대로, 호메로스가 아킬레스여야 할 이유가 없고 괴테가 파우스트여야 할 이유가 없다는 겁니다.

그렇기에 예술가는 현실이나 '실재적인 것'과 동떨어진 존재입니다(제3논문 4절). 이게 예술가들에게 자유로운 상상의 공간을 주고, 예술작품에게 놀라운 창조의 공간을 줍니다. 따라서 철학자들은 비현실적인 태도로 현실에 대해 쓰거나 말하지만, 예술가들이 현실과 무관한 것을 쓰거나 그린다고 그걸 비난할 일은 없습니다. 그러니 자신들이 존속하기 위해 굳이 금욕주의적 이상과 손잡을 이유가 없습니다. 그렇다고 금욕주의와 적대할 이유도 없습니다. 그것조차 하나의 허구로서, 현실과 다른 세계를 상상하는 하나의 방식일 수 있으니까요.

이런 점에서 예술은 예술가와 구별되어야 하고, 심지어 예술작품을 즐기기 위해선 예술가를 잊어버려야 한다고 니체는 말합니다. **예술가란 예술작품이 자라나는 토양이나 거름 같은 것**

이라고 말입니다(제3논문 4절). 토양이나 거름이 작물에 영향을 주지만, 그렇다고 그것에 대한 지식이 작물에 대한 지식을 대신할 순 없지요. 같은 땅에 같은 거름을 주어도, 아주 다른 작물들이 태어나니까요. 예술가의 삶이 예술과 별개인 만큼이나, 그 삶에 대한 금욕적 이상 또한 예술 자체에 대해 별개라고 해야 합니다. 즉 예술 자체에 대해서 금욕주의적 이상은 특별한 어떤 것이 되지 않습니다. 즉 아무것도 의미하지 않으며, 그런 만큼 많은 것을 의미할 수 있습니다.

요약하면 예술가나 예술 자체에 대해 금욕주의는 필연적인 이유가 없으며, 그 의미도 하나의 방향으로 규정되지 않습니다. 철학자나 철학과 아주 다르지요. 삶의 직접성과 예술 사이에는 철학과 다른 거리가 있다는 뜻입니다. 그런데 예술가는 자신과 작품의 이러한 별개성에, 작품의 이러한 허구성과 비실재성에 실망할 수도 있습니다. 그래서 '현실적인' 작품을 만들고자 할 수 있습니다. '현실주의'란 이름의 사조가 오랫동안 예술계를 지배하고 있었기에 이런 욕망이 얼마나 큰지 우리는 잘 알고 있어요. 그러나 이렇게 되면 오히려 예술작품을 **토양이나 거름에 가두는 것**이 되기 쉽습니다. 토양에 대한 설명으로 작물에 대한 해석을 대신하고, 작물에 스며든 토양의 현실성이 작품성을 대신하기 쉽지요. 이때 작품은 높은 창공을 나는 대신 중력의 대지에 사로잡혀 땅바닥을 기어 다니게 되기 쉽습니다. 대지의 무거운 힘에 사로잡혀 땅을 기는 운명의 고난 속에서, 예술가가 대개 선택하는 길은 그 고난의 운명을 '진지하게' 담아내고 그 운명을 강요하는 현실의 힘과 대결하는 길이지요.

이러한 대결 속에서 현실의 힘을 이겨야 한다는 의지는 상상력을 땅에다 묶는 힘에 매이기 쉽고, 충동에 반하는 금욕주의적 이상으로 향해 가기 쉽지요. 이러한 욕망을 니체는 "예술가의 전형적인 불완전한 욕망"이라고 합니다. 늙어 버린 바그너를 사로잡았고, 그로 인해 값비싼 대가를 치르게 했던 욕망이라고 말입니다(제3논문 4절). 말년의 바그너가 금욕주의적 이상의 찬양자가 되었던 것을 이런 식으로 이해하는 것입니다. 현실에 대한 과도한 '관심'에 사로잡힌 '현실주의' 미학 또한 이와 다르지 않을 겁니다.

이 '현실주의'란 말에 '노동자'나 '사회주의'만이 달라붙을 거라고 생각한다면, 대단히 안이한 겁니다. 우리가 사는 현실의 고통이나 고난을 포착하는 방식, 가령 불평등이나 차별, 억압을 포착하는 방식이 계급적인 것만 있는 건 아니니까요. 계급 대신에 남녀의 성을 써넣는 일은 '현실주의'가 부활하는 현행적 양상이 되지 않았나 싶습니다. 잘 아시리라 믿지만 그래도 혹시 싶어 말씀드리자면, 계급적 차별과 불평등이나 성적 차별과 불평등을 주목하고 비판하는 게 중요하지 않다는 말이 전혀 아닙니다. 그러한 차별은 우리의 실제 삶에서 다른 어떤 것보다 강력한 영향력을 갖고 있습니다. 따라서 그것이 야기한 고통을 포착하는 것도, 그 차별과 억압을 넘어선 세계를 보려는 의지도 대단히 중요합니다. 사회주의가 망하고도 한참 뒤인 지금까지 제가 여전히 맑스주의자를 자처하는 것도 바로 그 때문입니다.

그런데 그것이 중요하다는 바로 그 사실 때문에 예술작품을 그것이 자라나온 토양이나 거름으로 환원하려는 태도 또한 쉽게 나타납니다. 사회주의 리얼리즘이나 노동문학이 바로 그랬지요. 현실의 고통을 야기하는 요인이 있기에 페미니즘 예술 또한 그러기 십상입니다. 그러나 그것은 어떤 예술작품이 배태된 '현실'에 대한 얘기이지 그 '예술작품'에 대한 얘기는 아닙니다. 토양을 보는 것이 꽃이나 작물을 보는 것과 다르듯, 현실적 토양을 보는 것과 거기서 자라난 작품을 보는 것은 다르다는 겁니다. 예술가가 현실을 잊지 않는 것은 미덕일 수 있지만, 그것으로 작품을 만들고자 한다면 '예술' 대신 그러한 덕과 짝을 이루는 '도덕'이 되게 됩니다. 아무리 그 도덕이 '좋은' 도덕이라 해도, 도덕을 설교하는 작품을 좋아하긴 어렵지요. 그걸 '예술'이라 하긴 더 어렵습니다.

그렇기에 바로 이 지점에서 우리는 좀 더 세심하고 정확하게 관찰하고 생각해야 합니다. 작품을 본다면서 토양을 보고 있는 건 아닌지 따져 봐야 합니다. 억압과 차별의 현실에 대한 폭로와 고발을 발견하는 것이 작품을 쓰거나 읽는 중요한 방법이 되고 있다면, 거기서 도덕주의가 새로운 꽃을 피우고 있는 건 아닌지 유심히 살펴보아야 합니다. 그런 현실에 대한 분노와 연민이 적대적 공격으로 변환되는 곳이 있다면, 그 밑에 원한의 감정이 있는 건 아닌가 냉정히 생각해 보아야 합니다. 성적 차별에 대한 정당한 비판의 그늘 아래, 성적 순수성에 대한 새로운 금욕주의적 이상이 새로운 작물로 자라나고 있는 건 아닌지,

좋음과 나쁨의 자연학적 윤리학이 성적 관계에 대한 자연주의적 도덕으로 변화되고 있는 건 아닌지 세심하게 관찰해 보아야 합니다. 어디 성적 차별뿐이고, 어디 예술작품뿐이겠어요? 계급성에 대한 사유가 출신이나 소속을 따지는 환원론이 되고 있는 건 아닌지, 현상이나 정책에 대한 계급적 분석이 그것을 계급으로 귀속시키는 도덕적(!) 논평이 되고 있는 건 아닌지 자세히 살펴보아야 합니다.

제8장

금욕주의의 계보학

1. 삶에 반하는 삶이 어떻게 삶으로부터 나오나?

예술가와 철학자에게 금욕주의가 무엇을 의미하는지를 따져 본 뒤 니체는 묻습니다. 그렇다면 금욕주의적 이상이란 우리에게, 철학자도 아니고 예술가도 아닌 우리 '인간'들에게 무슨 의미를 갖는가? 철학이나 예술이란 조건을 떠나 통상적인 의미의 금욕주의란 대체 어떻게 발생하고 어떤 효과를 갖는가를 묻는 겁니다. 앞서 슬쩍 언급했지만, 외계인이 보면 지구는 금욕주의의 별로 보일 만큼 금욕주의가 보편적이라면, 그것은 인간이 존재하는 곳, 인간의 삶이 펼쳐지는 곳이라면 어디서도 사라지지 않는 관심사란 뜻입니다. 삶 자체의 관심사라는 겁니다.

그런데 생존수단을 충분히 확보하고 싶고, 번식욕에 기인하는 성적 욕망을 충분히 추구하고 싶고, 건강하게 살고 싶고, 하고자 하는 바를 성취하고 싶고, 즐겁게 놀고 싶고, 세상일을 뜻대로 하고 싶고, 그런 것이 이루어졌을 때 기쁨을 느끼고, 그런 행복을 향유하고 싶다는 욕망(의지)를 부정하려는 태도가 바로 금욕주의입니다. 그런 의지를 통해 작동하는 힘을 원천에서 봉쇄하기 위해 자신의 힘을 이용하려는 욕망의 표현이 금욕주의입니다. 한마디로 말해, 삶 자체의 관심사에 명시적으로 상충되는 이상입니다. 삶에 반하는 이상이 삶 자체의 관심사가 된다는 것은 명백히 자기모순이라 할 텐데, 그렇다면 이게 대체 어떻게 가능한가? 삶에 반하는 삶의 이상이 어떻게 삶 자체로부터 나올 수 있단 말인가? 이것이 금욕주의의 '발생'에 대한 질문이라면, 이 금욕주의로 인해 인간의 삶은 대체 어떻게 조형되는가를 묻는 것은 그 '결과'(효과)에 대한 질문입니다. 이것이 이제 니체가 다루려는 것입니다.

그러나 삶에 반하는 삶의 욕망이라는 모순은 겉으로 보기에만 그럴 뿐입니다. 철학자에게서 보았듯이, 금욕주의조차 삶에 대한 욕망의 표현이고, 힘에의 의지의 산물일 수 있다는 것이 니체가 말하려는 것이고, 이것이 어쩌면 그의 계보학적 분석을 복잡하게 하고 또 그것을 심오하게 하는 이유이기도 합니다. 생에 반하는 듯 보이는 욕망조차 생명의 지속을 위한 욕망에서 나온 것임을 보여 주는 것, 그것이 바로 셋째 논문의 중요한 주제입니다.

먼저 니체는 이런 관점에서 금욕주의란 무엇인지 말하며

시작합니다. "금욕주의적 이상은 퇴화되어 가는 생명의 방어본
능과 구원본능에서 생겨난 것이다"(제3논문 13절). 다시 말해
소진되거나 약화되어 퇴화되어 가는 생명체가 대면하게 되는
장애와 피로 속에서 생명을 보존하기 위한 기교라는 겁니다. 소
진되거나 약화된 생명일수록 더욱더 크게 보이기 마련인 고통
과 피로, 권태와 불안에서 벗어나고 싶다는 욕망, 그 고통스럽
고 피곤한 세상, 지금 스러져 가는 이 몸이 속해 있는 세상과 다
른 세상에 존재하고 싶다는 소망이고 그런 소망을 추동하는 '열
정'이 거기 있다는 겁니다. 마치 병으로 고통받는 병자가 고통
없는 세상을 소망하면서 고통받는 이 몸이 없었으면 하고 생각
하게 되는 것처럼 말입니다.

사실 저도 그런 적이 있는데, 예전에 편두통이 극심한데 적
절한 진통제도 찾지 못해 한참을 고생할 때, 머리통을 방바닥에
짓찧으며 머리통이 없었으면 좋겠다는 생각을 한 적이 있습니
다. 할 수만 있으면 이 머리통을 잘라 버리고 싶다고 생각했지
요. 그때 '머리통을 떼내 버리고 싶다'는 고통 없이 살고 싶다는
욕망의 표현이지 죽고 싶다는 욕망의 표현은 아니지요. 말은 후
자에 가깝지만 말이죠. '3대 거짓말'의 하나라는 '늙으면 죽어야
지'나, 그와 비슷하게 고통받는 환자가 '죽고 싶어'라고 하는 말
은 정말 죽고 싶다는 말이 아니라 고통 없이 살고 싶다는 말이
듯이.

니체도 편두통을 심하게 앓았고 유서를 쓸 만큼 건강이 악
화된 적이 있었으니, 이런 마음을 잘 알았을 겁니다. 그래서 니

체는 금욕주의는 일종의 질병이라고, 실패와 패배를 겪으며 좌절한 자들의 마음속에 깃드는 병이며, 그 패배와 실패, 좌절로부터 자신을 보호하고 방어하려는 방어기제라고 봅니다. 자신을 실패하게 하고 패배하게 한 것에 대해 분노와 성공한 자와 승리자, 강자에 대한 원한의 감정 속에서 승리와 성공을 이끄는 힘 자체를 비난하고 자기들의 좌절을 대가로 그들이 얻은 행복감에 저주를 퍼붓는 것입니다. **그들이 행복해하는 세상과 결별하고 싶다**고 외치는 것이지요. 그렇게 자신이 좌절한 세상을 벗어나려는 병적인 욕망에 의해 추동되는 이런 저주와 원한은 겉으로 보면 생명의 힘 자체에 대한 부정이지만, 그것은 생명의 힘에 반하는 힘의 작용도 아니고, 그 힘이 소멸하며 나타난 현상도 아닙니다. 반대로 실패하고 좌절한 생명의 힘이 그 방향을 바꾸어 반동화된 힘입니다. 능동적 힘 자체를 부정하는 방향으로 공격하고 저주하는 반동적 힘의 표현입니다. **이 반동적인 힘조차** 생명의 부정이 아니라 그것을 보존하려는 의지의 산물이고, 삶/생명을 부정하는 이 의지조차 패배하고 좌절한 세상에서 자신을 보존하려는 힘의 표현입니다(제3논문 13절).

패배자나 실패자들의 자기경멸은 흔히 보는 것입니다. "나는 이런 나 자신에 진저리가 난다." 이런 생각 안 해보신 분 있나요? 정도와 빈도는 다르겠지만, 실패와 패배를 누구도 피할 수 없는 한, 그리고 그 실패 앞에서 실망하지 않을 수 없는 한, 한 번은 다들 해보는 생각일 겁니다. 이로써 여러분은 니체가 말한 '금욕주의의 보편성'을 증명하는 데 참여해 주신 겁니다.^^ 이 자기부정의 언사가 실은 "내가 **이런** 나 아닌 다른 존재였다면!"이란 말의 뒤집힌 표현임은 다들 잘 아시지요? 그래서 이는 자기경멸로 이어지기도 하지만, 그건 패배가 반복되면서 자신감을 잃고 '패배자'로서, 무능력자로서의 정체성을 스스로 떠안게 될 때 일어나지요.

누구나 그러진 않습니다. 특히, 젊은 사람이라면, 그리고 실패나 패배가 너무 크거나 빈번해서 좌절할 정도가 아니라면 대개는 자신에 대한 실망은 자기경멸보다는 '자, 다시 한 번!'으로 이어집니다. '자, 다시 한 번!', 이거 아주 중요합니다. 차라투스트라의 영원회귀를 요약하는 말이기도 해요. 그러나 이미 노년에 접어들어 무언가를 새로 시작한다는 게 쉽지 않다고 생각하는 때라면, 그리고 그런 만큼 실패가 반복되어 새로운 시도 또한 실패의 반복으로 귀착될 거라고 쉽게 예상하게 되면, 그 말은 하기 어려워집니다. '난 안 돼!'라는 절망의 단어가 '이런 나 자신에 진절머리가 나!'라는 자기경멸과 결합하게 됩니다.

여기서 우리는 두 가지 길을 생각할 수 있습니다. 하나는 그냥 곱게 '그래, 이제 해볼 만큼 했으니 생을 마감하자!'라고 생각하는 경우입니다. 그저 이렇기만 하다면 어쩌면 금욕주의 같은 건 안 나왔을 겁니다. 그냥 조용히 생을 마감하는 것으로 끝났을 테니까요. 자신의 그 많은 시도들을 실패로 밀고 간 세상에 대한 부정이 독백처럼 터져 나올 겁니다. '세상사는 게 참 힘드네. 하긴 산다는 게 다 그렇지.' 가장 무력한 허무주의가 죽음으로 가는 이 길에서 자라납니다. 그러나 이런 일은 그다지 많이 일어나지 않습니다. 쉽게 '자살'을 떠올리게 하는 길이지만, 사실 자살을 유심히 살펴보면 많은 경우는 자신을 고통과 실패, 좌절로 몰고 간 세상이나 사람, 특히 특정한 사람에 대한 항의 내지 앙심의 표현입니다. 자신이 그렇게 나쁘거나 무능한 사람은 아니었다고 하는 항의이거나, 아니면 자신을 이토록 힘들게 만든 자에게 자신의 회복될 수 없는 죽음으로 고통을 주려는 앙심의 표현 말입니다. 자살조차 힘에의 의지의 반동적 표현이라는 겁니다.

다른 하나의 길이 훨씬 더 흔하고 '보편적'이라 할 수 있습니다. 그건 자기경멸 대신 자신을 패배시킨 것들에 대해 원한 어린 경멸을 퍼붓는 것입니다. "건강, 성공, 강함, 자부심, 힘의 감정 자체가 이미 언젠가는 그 쓰린 대가를 치러야 할 악덕인 것처럼"(제3논문 14절) 말입니다. 이렇게 말하면 과도한 비난 같나요? 그럼 이런 말들은 어떤가요? "성공? 그거 다 부질없는 것이지. 부자 삼대 못 가고, 영광은 곧 시들게 마련인 것이니 말이야." "건강? 그러나 세상에 죽지 않고 사는 사람 있다던가? 건강이란 죽음을 가는 고통의 길에 있는 잠시 동안의 휴게소 같은 거야." "강함? 그건 언제나 남들에게 패배의 고통을 안겨 주고, 남들의 지배하려 하며, 남의 목숨마저 자신을 위해 앗아 가는 악의 근원이지." "자부심? 그거야 잠깐의 성공이나 승리에 취해 세상 알기를 우습게 하는 교만한 심성의 표현이고, 세상 무서운 줄 모르는 나르시시즘의 소산이지." 언젠가 들어 본 적 있다 싶은 얘기 아닌가요? 하나 같이 건강, 성공, 강함, 자부심에 대한 원한과 적의가 확연하게 느껴지는 경멸적 언사죠. 패배자, 좌절한 자의 욕망과 열정이 생생하게 느껴지는 반동적 감정이 확실하게 스며든 말입니다.

그러나 욕이야 잠시뿐이죠. 그리고 이유가 있어도 욕을 하는 것은 반감을 야기하기 마련이고 스스로 천한 자가 되기 십상입니다. 정말 중요하고 난감한 사태는, 이를 피해 이런 생각을 긍정적 가치를 갖는 **덕으로** '승화'시킬 때 시작됩니다. 건강이나 강함에 대한 이런 생각을 세상의 숨은 진리나 삶의 지혜를 설파하는 가르침으로 승화시킬 때, 강함을 악이라 비난하고 약함을 선함으로 바꾸며 동정과 연민을 인간에 대한 사랑으로 승화시킬 때, 자부심에 대한 경멸을 세상사의 지혜로 바꾸곤 겸손이란 이름 아래 스스로를 낮추는 덕목으로 승화시킬 때, 약한 자들의 이러한 저주는 도덕이 되고 선이 되며 심지어 정의가 되기도 합니다.

병은 이로써 치유대상이 아니라 **치유할 필요가 없는 것**이 되고, 치유할 이유가 없으니 치유할 수 없는 게 됩니다. 아름다운 황금의 음색으로 치장된 덕은 이제 이 약자들이 독점하게 되며, '아름다운 영혼'의 가면을 쓰고 만인에게 설파되고 가르쳐지게 되지요. 니체 말대로 하면 세상의 우물에 자신들의 병을 만든 독을 타는 겁니다. 건강과 성공, 강함과 자부심 같은 것에 대한 원한과 적개심이 선함과 겸손의 아름다운 영혼이란 '덕목'이 될 때, 그것이 바로 금욕주의의 이상이 됩니다. 생명의 자연학적 힘과 욕망에 반하는 도덕과 이상이 거기서 나오는 겁니다. 사람들을 '왜소하게 만드는 덕'이 이것입니다(『차라투스트라』 3부, 「왜소하게 만드는 덕에 대하여」).

때로는 달관한 자의 설교하는 목소리로, "때로는 격분해 날뛰는 병든 개들의 목쉰 소리"로 설파되는 원한의 인간들의 이 복수는 대부분 성공하는 것 같습니다. 금욕주의의 보편성은 그것의 성공을 보여 주는 증거죠. 그런데 니체가 '벌레 먹은 자' 들이라고까지 비난하는 이들의 복수가 가장 세련되고 가장 섬세하게 최후의 승리에 이르는 것은 자신들의 불행을 행복한 자의 양심 속에 밀어 넣는 데 성공할 때라고 합니다. "남들의 불행 앞에서, 이런 불행이 이리도 널리 퍼져 있는데 나 혼자 행복해 하다니, 이 얼마나 부끄러운 일인가!"

비현실적으로 들릴지 모르지만 고통스레 살고 있는 이들이 많은 곳에서는 정말 많이 듣게 되는 말입니다. "저 많은 사람들이 저렇게 힘들게 살고 있는데, 어떻게 그렇게 웃고 살 수가 있니" 하는 얘기는, 실제로 80년대 한국에선 아주 흔히 듣는 말이었지요. 다들 울고 있는 장례식장에서 혼자 웃고 있는 이가 이상해 보이듯, 수많은 사람이 고통과 불행 속에 있는 곳에서 누군가 아주 행복하게 살고 있다면 아주 이상해 보이지 않겠어요? 그런 곳에서 웃음은 싸가지 없는 것이고, 행복은 죄악이지요. 고백하자면, 저는 전에 몸이 불어난 친구를 보면서 종종 "난세에 살찌는 건 죄악이야 죄악!"이라며 농담하곤 했는데, 지금 보니 이 병자들의 도덕에 중독돼 헛소리를 한 것이 아니었나 싶네요.^^;; **강자들이 행복에 관한 자신의 권리를 의심하는 것**이야말로 최고의 오해라는 게 니체의 말입니다. 본래는 힘에의 의지의 표현인 '힘의 감정'이, 고양과 상승의 기쁨으로 다시 의지를 이끄는 이것이 이로써 부끄러움과 가책 속에서 유약화됩니다(제3논문 14절).

2. 약자들로부터 강자들을 보호해야 한다!

강자들을 자신의 건강과 능력에 대한 반감과 행복에 대한 수치심으로 이끄는 핵심적인 동력은 동정과 연민입니다. 금욕주의의 이상을 떠받치고 있는 것은 연민의 감정이고, 그것을 방향 짓고 있는 것은 동정의 감정입니다. 강자들이 실패한 자에 대해 연민을 갖고 패배자나 낙오자를 동정하게 될 때, 그 감정은 자신의 행복감을 부끄럽게 만들고, 자신의 승리감이나 자신감을 미안하게 여기게 만듭니다. 병자들 앞에선 '건강해서 미안해'라고 여기게 되기 쉽지요. 니체가 동정의 도덕에 대해 더없이 격렬하게 비판하는 이유는 그 바탕이 약자들의 감정일 뿐 아니라 **강자들마저 잠식하여** 힘의 감각(Machtgefühl)을 유약하게 만드는 감정이란 점 때문입니다.

사태가 이 지경에 이르면 이제 **누가 건강한 자이고 누가 병든 자인지, 누가 강자고 누가 약자인지** 헷갈리게 됩니다. 남들의 감정에 무감하여 걸핏하면 남들에게 상처를 주고, 자기 하고 싶은 걸 위해 세상을 제멋대로 바꾸려 하며, 교만한 자부심으로 세상 무서운 줄 모르고 덤벼들며, 힘없고 약한 자들을 배려할 줄 모르는 자들은 패배자와 좌절한 자가 만든 이 도덕의 눈으로 보면 '병든 자'나 '악덕한 자'로 보이게 되기 때문입니다. 남들을 패배하게 할 일 없고 남들에게 상처 주지 않는 '선한 자', 남들에게 자부심을 드러내지 않고 아무리 힘없는 자라도 존중하며 자신을 낮추는 '겸손한 자', 힘없는 자를 대변하고 그들을 '보호'하면서 남들을 지배하려는 '강자'들과 싸우는 '정의로운 자'는 아름답고 설득력 있는 도덕의 갑옷을 입은 강자로 오해되기 쉽습니다.

이렇게 되면 연민과 동정으로 세상의 인심을 모은 약자들의 도덕 앞에서 강자들은 자신의 힘과 의지를 자책하기 쉽고, 그것을 억압하고 억제하는 '미덕'에 사로잡히기 쉽습니다. 자신의 건강이나 행복마저 부끄러움의 대상이 되어 버리면, 이제 강자들은 약자들이 풀어놓은 독에 완전히 중독되게 됩니다. 자신 안에 있는 건강하고 능동적인 힘을 적대시하면서 그들이 파 놓은 함정에 빠져 버리고 말게 되지요. 더 난감한 것은 그놈의 '미덕'에 **사로잡히지 않은** 강자들에게조차 그 '미덕'이 **강요된다**는 겁니다.

제 얘기를 덧붙이자면, 여기서 중요한 역할을 하는 게 **약자들의 전령**입니다. 약자들의 불만, 호소, 분노, 앙심에 쉽게 귀를 내주고, 그들의 대변자가 되고 전령이 되어 그들의 생각이나 감정을 전하려는 이들이 그들입니다. 이들은 대개 자신이 리더 내지 '목소리 큰 사람들'에 대한 반대자로서 균형을 맞춘다고 믿고, 그것이 '정의'라고 믿습니다. 정의는 균형의 저울로 표상되니까요. 개인의 경험을 말할 때 여러 가지 의미로 조심해야 하지만, 반복해서 겪은 일이라 중요하다 싶어 말씀드려 두고 싶은 게 있습니다. 지식공동체 한다고 꽤나 오래 지금 하는 것과 비슷한 짓을 해왔는데, 여러 번 분열과 해체의 고통을 겪어야 했습니다. 그런데 돌아보면 그 분열의 첨점에는 뒷담화를 하고 '자기 사람'을 만들려는 이들도 있었지만, 약자들의 전령들, 약자들의 정의를 대변하는 분들이 있었던 경우도 많았습니다. 그 경우 대부분 저는 스스로 강자라고 생각하기도 전에 어느새 '강자'가 되어 버렸는데, 그분들이 '약자'들의 입장에 서 있음을 스스로 표명하고 통상의 의미에서 '강자', 즉 힘 있는 자를 비난하는 역할을 자임했기 때문입니다. 불평이나 고통을 호소하는 '후배', '피해자', '탈퇴자'들에 대한 동정과 연민, 혹은 좋게 말해 '공감'에 의해 그들의 입장에 서게 되어, 그들의 감정과 생각을 공동체의 '강자'에게 전하는 전령의 역할 말입니다.

그 '전달'은 대개 무척 집요합니다. 자신이 하려는 게 '강자'와 약자의 균형을 회복하는 일이란 점에서 '정의'라고 믿기 때문입니다. 자신이 손에 저울을 들고 있다고 믿으니 엔간한 얘기는 귀 기울일 얘기가 아니라 '판정'의 대상이라고 생각하겠지요. 자신들이 전달하려는 게 쉽게 받아들여지지 않고 잘 전해지지 않을 때 그분들은 어느새 약자들의 입장을 대변하며 '강자'를 심판하는 정의의 사도가 됩니다. 그렇게 **정의의 이름**으로 약자의 미덕을 '강자'들에게 **강요하는** 셈이지요. 그들이 심판하려는 '강자'에겐 남 얘기에 귀 기울이지 않는 자, 약자들의 고통을 모르는 자, 약자들의 고통을 가볍게 생각하는 자, 작은 차이마저 수용할 줄 모르는 속 좁은 놈, 남의 감정이나 처지를 배려할 줄 모르는 무감한 놈, 자신의 힘으로 약자들을 몰아내는 나쁜 놈, 악인이 되는 길이 기다리고 있습니다. 애초에는 현실과 멀리 떨어져 있던 분열이나 분리, '배제'는 이로써 피할 수 없는 현실이 됩니다.

그 과정에서 흔히 '전달'은 토론이 되고, 그다음엔 논쟁이 되었다가 분쟁으로, 투쟁으로 확대됩니다. 그리고 그다음엔 투쟁의 논리적이고 이념적인 이유를, 공동체에 대한 어떤 대의, 때로는 철학적 입장의 대립마저 찾아내려 하게 됩니다. 실은 감정적인 문제이거나 별거 아닌 문제로 시작된 것인데, 그걸로 그렇게 싸우기엔 스스로 민망하기에 어느새 **거창하고 중요한 이유를** 만들어 내게 되는 거지요. 이런 걸 두고 예전에 레닌은 '심오하게 한다'는 말로 비판한 적이 있는데(『무엇을 할 것인가』), 좌파들이 싸울 때 실은 아주 빈번하게 발생하는 일입니다.

그래서 니체식으로 말하자면, "약자들의 전령을 조심하라!"라고 해야 할 거 같습니다. '약자의 전령을 경계하라'는 의미보다는 '약자의 전령이 **되는** 것을 조심하라', '자신이 약자의 전령이 되지 않도록 조심하라'는 의미에서 말입니다. 정말 조심해야 합니다. 내 주변에 약자들이 많이 모이고 약자들의 얘기와 불평이 귀에 자주 들리면, 나도 그들과 비슷한 약자 아닌가, 혹은 동정과 연민의 감정에 따라 움직이고 있지 않나 살펴보아야 합니다. 이 경우 자칫하면 귀가 열려 있고 마음을 편하게 해주는 사람이어서 그렇다고 착각하기 쉽습니다. 그런 경우도 있을 겁니다. 정말 중요한 차이는 작고 미묘한 차이인 경우가 많으니 까요. 그 경우 세심하게 살펴보아야 합니다. 내가 약자의 호소 에 그저 동조하고 동정하고 있는지, 아니면 그들의 말에 대해 거리를 두고 판단할 수 있는 분석적인 시선을 갖고 있는지. 이 것도 사실 스스로를 정당화하며 자기 좋은 대로 생각하기 쉬운 데, 단적으로 말해 자신이 약자들의 귀에 거슬리는 얘기를 하는 경우가 얼마나 많은지를 따져 보는 게 차라리 나을지도 모르겠 습니다. 약자들이 모여들어 귀를 빌리는 것은 대부분 **동조와 공 감을** 바라는 것이기에, 입바른 소리를 자주 하면 어느새 흩어집 니다. 그런 분 주변에는 그런 약자들의 불평과 불만, 한탄과 호 소가 모여들지 않습니다. 귀가 열려 있기에 모여드는 것과, 약 자들과 비슷하기 때문에 모여드는 것을 구별할 수 있어야 합니 다. 비슷하기 때문에 호소하는 경우가 너무 많음을 명심해야 합 니다.

이런 대변자, 전령 주변에 약자가 모여들며 불평이 '정의' 를 자처하는 목소리가 될 때, 공동체는 진정한 위험에 빠지게 됩니다. 약자들에 의해 강자들이 무력화되거나 강자와 약자의 싸움으로 해체될 위험에. 여기서 중요한 조건은 어디서나 강자 는 적고 약자는 많다는 점입니다. 시험이나 시합에서 승리자와 패배자가 강자와 약자로 그대로 등치될 순 없지만 그래도 비유 적으로 사용해 보면, 승리자는 적고 대부분은 패배자잖아요. 꼭 이런 비유 아니어도, 모든 고귀한 것은 어렵고도 드물다는 스피노자 말대로 고귀한 자, 강자는 희소합니다. 약자는 많습니다. 아주 많지요. 그렇기에 약자들의 이런 도덕이나 관념은 다수를 이루기 쉽고 여론이나 대세를 형성하기 쉽습니다. 강자들에 대한 비난은 쉽게 수적인 설득력을 얻게 되고, 여론이나 통념, 상식이 되기 쉬우며, 수의 힘으로 강자들에게 밀어붙여지기 십상입니다.

이런 점에서 니체는 **"건강한 자와 병든 자가 바뀌지 않도록 조심해야 한다"**고 합니다. 이를 위해 건강한 자는 가능하면 "병자로부터 떨어져 있"어야 한다고 합니다(제3논문 14절). 이렇게 병자로부터 거리를 두는 것을 다시 '거리의 파토스'란 말로 설명하기도 하지요. 바로 저 말을 들뢰즈는 "약자들로부터 강자들을 보호해야 한다"는 역설적 명제로 바꾸어 더욱 선명하게 만듭니다. 그러니 이 말은 일단 건강한 자와 병든 자에 대해 방금 말한 의미에서 나온 것이라 하겠습니다만, 저는 이 말이 좀 더 넓은 의미에서, 좀 더 강한 의미로 해석되어야 한다는 생각입니다. 강함과 약함이 힘의 질에 관한 것이라는 의미에서, 능동적인 힘이 반동적인 힘으로부터 보호되어야 하고, 연합하여 양적으로 증대된, 흔히 권력이라고들 부르는 세간의 저 반동적 힘을 이길 수 없다면 피할 줄 알아야 한다는 것, 돈이나 지배적 양식처럼 이미 기성의 것이 되어 버린 가치로부터 새로이 시작할 줄 아는 창조적인 힘, 능동적인 힘이 보호되어야 한다는 것으로 말입니다. 앞서 말씀드렸듯 약자가 수가 많다는 사실은 약자들로부터 강자들을 보호해야 한다는 말을 강하게 해석해야 할 또 하나의 이유가 되겠죠?

연민과 동정이 강자들을 금욕주의적 이상의 함정으로 빠뜨리는 길이라면, 이와 다른 또 하나의 길이 있습니다. 실패자, 패배자, 좌절한 자의 자기경멸에 공감하거나 동정하지 않는, 반대로 그에 대한 적개심 가득 찬 분노의 감정이 가는 길입니다. 이렇게 말해도 좋은가 싶지만, 니체 같은 이들이 가기 쉬운 길입니다. 이 모든 **약자들의 감정과 도덕, 이상과 언행을 경멸하고 혐오하는 것**이 그것입니다. 그러나 니체는 사실 이것이 또 하나의 함정임을 잘 알고 있었습니다. 어쩌면 최후의 함정, 그렇기에 가장 혼동하기 쉽고 강자들이 빠지기 쉬운 가장 큰 함정임을 말입니다. 그래서 차라투스트라의 입을 빌려 말합니다. "인간에 대한 거대한 동정"만큼이나 강자들을 위협하는 또 하나의 위험이 바로 "인간에 대한 거대한 혐오"라고(제3논문 14절).

'차라투스트라'를 가장 깊은 병 속으로 빠져들게 했던 것이 바로 이것입니다. 영원회귀의 깨달음에 기뻐서 "모든 것은 되돌아온다, 생명의 힘은 그렇게 영원히 되돌아온다"고 하던 차라투스트라에게 일찍이 고통스러운 삶의 무게, 중력의 무게에 찌든 난쟁이가 물었던 것과 유사한 생각이 찾아오면서 그는 인간에 대한 깊은 혐오에 빠져듭니다. "사람에 대한 크나큰 싫증, 그것이 나의 목을 조여 왔으며 내 목구멍 속으로 기어들어 왔다." 일찍이 뱀에게 목구멍을 물어뜯겨 숨 막혀 하던 젊은 양치기의 환영 속에서 보았던 끔찍한 장면입니다. 그 양치기는 다름 아닌 차라투스트라 자신이었던 거지요. "거기에다 예언자가 예언

했던 것, '모든 것은 한결같다. 아무 소용이 없다. 앎은 목을 조른다'는 말이 […]" 그러곤 비애가 발을 절룩거리며 찾아와 하품을 하며 말합니다. "네가 피곤해하는 사람, 저 왜소한 사람도 영원히 되돌아오게 되어 있다"(『차라투스트라』 3부, 「건강을 되찾고 있는 자」). 이것이 차라투스트라로 하여금 가장 깊은 병에 빠져들게 합니다.

이것이 영원회귀 사상을 난감하게 하는 가장 큰 곤혹입니다. 『즐거운 지식』의 한 절에서 악령이 던졌던 질문이 이것이었죠(341절). 차라투스트라는 깊은 혐오에 빠집니다. 인간에 대한 거대한 혐오에. "아, 사람이 영원히 되돌아오게 되어 있다니! 저 왜소한 사람이 영원히 되돌아오도록 되어 있다니!" 이를 극복하지 못하면 영원회귀는 니힐리즘이 됩니다. 삶에 대한 최대의 긍정이 아니라 최대의 부정이 되고 맙니다. 그러니 인간에 대한 이 혐오를 넘어서지 못하는 한 '더없이 위대하다는 사람'은 '더없이 왜소한 사람'과 근본적으로 결별하지 못합니다. 둘은 "너무나 닮아 있는 것"입니다. 어떻게 해야 이를 극복할 수 있을까요? 이것이 차라투스트라가 우리에게 던지는 질문입니다.

약자들이 금욕주의적 이상으로 가는 것은, 실패와 좌절로부터 자신을 보호하고 방어하려는 자들의 생명이 발동시키는 반동화된 힘에의 의지입니다. 용인하기 힘들지만 이는 약자, 실패자, 낙오자들이 살려고 하는 한 필연적으로 나타나게 될 넓은 길입니다. 생명의 자연학이, 힘에의 의지가 만들어 내는 보편적 삶의 방식입니다. 반면 강자들을 이 반동적 힘과 부정적 의지로 이끄는 것은 동정과 혐오입니다. 동정이 약자들이 탄 독에 감정의 유약화로, 금욕주의의 전도된 도덕으로 이끈다면, 혐오는 인간에 대한 혐오로, 삶에 대한 허무주의로 이끕니다. 동정도 안 되고 혐오도 안 됩니다. 그렇다면 어떻게 해야 할까요? 쉽지 않은 질문입니다. 차라투스트라를 가장 깊은 병으로 끌고 내려간 의문입니다. 이에 대해 지금 쉽게 대답하지 않으려 합니다. 나중에 『차라투스트라』를 읽으면서 다시 생각해 보려 합니다. 다만 **왜소한 자, 비천한 자에 대한 혐오의 감정이 인도하는 곳이 어디인지**를 간단히 언급할까 해요. 이는 **강자들이 빠지기 쉬운 함정**임을 가슴에 새겨 두셨으면 해서요. 이는 역으로 차라투스트라마저 빠져들어 간 병에서 벗어나는 길을 생각할 단서를 주리라고 생각합니다.

공동체를 하든 사회운동을 하든, 집단을 이루어 집단 속에서 활동하다 보면, 필경 비천한 자, 왜소한 자를 만나게 됩니다. 공동체나 운동, 혹은 혁명을 한다고 하는데 하는 짓을 보면 자기 이익에 너무 충실하거나 언제나 잔계산을 하는 분들, 힘든 일이나 귀찮은 일, 손해 볼 수 있는 일에선 어느새 멀찌감치 물러서 있는 분들을 자주 보게 되지요. 남의 단점을 찾아 비난하고 밟고 누르며 자신의 '권력'을 확보하거나 확인하려는 분들, 맘에 안 드는 사람 뒷담화로 '따'시키는 분들, 자기 사람과 그렇지 않은 사람의 분할이 확연하여 사람에 따라 언행이 달라지고 자기 사람들 모아 패거리를 짓고 '쫄따구'들을 만드는 일을 반복하며, 곤란하거나 난감한 일이 있으면 그 쫄다구들을 앞세워 넘어가려는 분들도 어딜 가나 만나기 쉽습니다. 혹은 평소엔 그런 줄 몰랐는데 어떤 일이 터지니 자기 이익만 계산하는 분들, 평소엔 안 그런 줄 알았는데 알고 보니 패거리를 짓고 뒷담화를 하고 있음을 알게 되는 분들도 있지요.

강자, 고귀한 자라면 이런 분들 좋아하기 힘들지요. 심하면 경멸감이나 혐오감이 들기도 합니다. 그런데 이런 분들을 자주 보게 되거나, 이런 분들 때문에 고생을 하게 되면, 어디 가서 무얼 하든 이런 분들 만날 수밖에 없다는 생각이 들게 마련이고, 그러면 **이런 이들을 피하기 위해 원래 하고자 하던 일을 하지 않게 되거나 하던 일을 접게** 됩니다. 피할 수 없이 만나게 되는 왜소하고 비천한 자들에 대한 혐오감 때문에 사람 만날 일을 아예 피하게 되는 겁니다. 이런 분들 만나는 일에 지치게 되고 피로감에 시달리기 싫어 그냥 '속 편한 고립'을 택하게 됩니다. 비천한 자들 때문에 강자들이 자신이 하고 싶은 일을 못 하게 되는 거지요. 물론 때론 그렇게 물러서서 쉬는 것도 필요합니다. 차라투스트라도 시장판에서 지쳤을 땐 산 위로 다시 올라가지요. 그러나 다시 내려오기 위한 일시적 휴식이 아니라면, 이는 불행한 일입니다. 자신이 가장 혐오하는 자로 인해 자신이 하고 싶은 걸 결국 접게 되는 것이니, 대단히 안타까운 일입니다. 그리고 피로감이 심하면 여기에 더해 '세상사가 언제나 다 그렇지' 라고 하며 그런 일을 하려는 시도 자체를 무의미하거나 헛된 것으로 간주하게 됩니다. '이 왜소한 인간들이 무얼 해도 되돌아온다!'는 생각에서 무언가를 하려 할 생각을 접게 되는 겁니다.

이 또한 강자가 생명을 지속하고 자신의 '건강'을 유지하기 위한 방법이긴 합니다만, 밖으로 뻗어 나가며 '자, 그래도 다시 한 번!' 하며 실패를 넘어서는 게 아니라, 혐오스러운 넘을 피하기 위해 뒤로 물러서는 것이란 점에서 강자의 일관성이 정지될 위험을 안고 있습니다. 반대로 **그 혐오스러운 이들 사이에 좋은 이들이 언제나 있음을, 그런 이들을 만날 가능성이 더 큼을 다행이라** 생각하는 게 훨씬 더 좋습니다. 그러면 아무리 혐오스러운 사람들이 있어도, 왜소하고 비천하여 짜증나게 하는 사람들이 있어도 **하고 싶은 일을 다시 시작할 이유**가 생깁니다. 좀 더 좋은 것은 그런 이들과 대결하고 걸어차고 넘어서는 것을 통해 나나 동료들, 공동체의 생명력이 증가하고 고양되는 계기를 만드는 겁니다. 심지어 **'자, 이번엔 어떤 놈이?'** 하면서 그런 사람들을 기다릴 수 **있을 때**, '자, 다시 한 번!'의 반복은 영원성을 향해 나아가게 될 겁니다.

이런 관점에서 보면 "지금까지 인간의 모든 역사는 건강한 사람과 병든 사람 간 투쟁의 역사였다"고 말하고 싶은 유혹이 느껴집니다. 맑스 말대로 계급투쟁의 역사가 아니라 강자와 약자 간 투쟁의 역사라고 말입니다. 그러나 과감하게 맑스의 문장을 바꿔 말하지 못하는 것은 강자와 약자의 투쟁 이상으로 **약자와 약자 간의 투쟁**이 많기 때문입니다. 화가 난 두 사람이 싸울 때, 두 사람은 모두 반동적 감정에 의해 싸우고 있는 겁니다. 어떤 자극에 대한 분노라는 반동적 감정은 상대방에게도 대개 반동적 감정을 일으킵니다. 이유가 있든 말든 간에 말입니다.

반동적 감정은 강자들에게 속하는 게 아니라 약자에게 속하는 것이지요. 그러니 이런 싸움은 약자들 간의 싸움이지 강자와 약자 간의 싸움이 아니라 해야 합니다. 모든 복수극은 약자와 약자 간의 싸움입니다. 복수심이나 앙심이 있다면, 정의나 대의는 그걸 가리는 치장 아닌가 의심해 보아야 합니다. 집단으로 확장해도 마찬가지지요.

모든 역사가 강자와 약자의 투쟁은 아니라 해도, 건강한 자와 병든 자 간의 싸움은 우리 삶에서 아주 흔히 벌어지는 일임에 틀림없습니다. 투쟁 같은 건 있을 법하지 않은 가족 안에서도 그렇습니다. 니체는 말합니다. "모든 가족, 모든 단체, 모든 공동체의 배경을 살펴보라: 그 어느 곳에서든지 건강한 사람에 대한 병자들의 투쟁이 있다"(제3논문 14절). 사실 그렇지요. 여러분도 가족 안에서 다들 경험하는 것 아닌가요?

공동체를 해보겠다고 30년 가까이 '이 짓'을 하면서 벌써 몇 번이나 갈등과 해체를 겪어 오고 있는 저로서는 아주 뼈저리게 느끼는 게 이겁니다. 능동적인 힘을 바탕으로 긍정의 의지대로 다들 하고자 한다면 문제 될 게 없습니다. 충돌한다 해도 툭툭 털고 다시 가면 됩니다. 실패야 어디서든 있기 마련이지만, 실패를 자원으로 삼아 '자, 이번에는!' 하고 한다면, 옆에 있는 이들과 다시 시작하려 한다면 실패는 아무런 문제가 되지 않습니다. 그러나 실패가 아닌 경우에도 상처는 언제 어디서나 나타나기 마련이고, 그 상처에 패배감이나 열등감의 씨앗은 뿌려지게 마련입니다. 그게 자라기 시작해 병들기 시작하면 별 생각 없이 하는 언행에 큰 상처를 받게 되며, 그 상처는 필경 앙심이나 미움, 원한의 감정 같은 반동적 감정으로 튀어나옵니다. 그리고 상처 준 자들, '상처받을 줄 모르기에'(설마 그럴 리가!) 상처를 모르고 이해할 줄도 모르는 자들의 악덕에 대해 주위 사람들에게 말하며 '선한' 자신의 정당성을, 자신의 '정의로움'을 호소합니다. 동정과 연민 속에서 그들의 '덕'에 감화되는 사람들은 늘어나게 마련이고, 이는 상처를 주면서도 그걸 알지 못하는 '무심한 자'들에 대한 비난의 시선을, 미움과 분노의 감정을 매일 숨 쉬는 대기 속에 풀어놓습니다. 이제 공동체는 깊은 분열과 대립의 선을 그리며 갈라지게 됩니다. 감추어 두었거나 뒷담화로 드러나던 원한의 감정은 명확하게 상대방을 겨냥한 적대의 언사, 원망의 언사, 비난의 언사로 펼쳐지게 됩니다. 혹시라도 이런 일을 겪게 되면 유심히 살펴보세요. **자신이 원한과 미움의 감정으로 상대방을 비난하는 언행을 하고 있는지 아닌지.** 내가 강자인지 약자인지를 알아보는 아주 쉽고 확실한 방법입니다. 아, 주의할 것은 둘 다 강자인 경우는 많지 않아도 둘 다 약자인 경우는 많다는 겁니다. 상대방이 늘어놓은 원한의 언사를 보면서, 그에 비하면 내가 하는 원한의 언사는 좀 적다는 걸로 위로를 삼으면 안 된다는 겁니다.

　사실 이는 단지 집단을 이루는 경우에만 나타나는 건 아닐 겁니다. 인간이 살면서 집단 없이 살 수는 없지만, 조금 추상화해서 말씀드리자면, 생명을 가진 개체로서 자신이 하고자 하는 것을 하고 얻고자 하는 것을 얻는 데 실패하는 일은 피할 수 없는 한 필연적인 것입니다. 내가 하고자 한 일에 대해 내가 강자의 멘탈을 갖고 있는지 약자의 멘탈을 갖고 있는지, 내가 나 자신에 대해, 혹은 내 신체 안의 많은 의지들에 대해 어떤 의지로 대처하고 있는지를 보아야 한다는 말입니다. 내 행동에서 지배적인 것이 어떤 힘인지를 보아야 한다는 겁니다.

3. "누가 그랬어?"의 주체 철학

건강한 자와 병자가 뒤집혀 버리고, 약자들이 풀어놓은 도덕의 독에 강자들이 중독되는 것은 흔한 일입니다. 니체가 보기에 서구의 역사는 그런 '도덕'이 지배력을 확장해 온 과정이고, 그로 인해 한편으로는 약자들의 허무주의가, 다른 한편으로는 이런 사태, 이런 인간에 대한 혐오 속에서 자라난 허무주의가 확장되어 온 과정입니다. 종종 니체의 어조가 당혹스러울 만큼 격렬해지고, 오해할 만큼 강해지는 것은 발 딛고 선 지반 전체를 바로잡기 위해 막대를 구부리려는 것이라고 이해하면 좋겠습니다. 그럴 때 그가 구부러뜨린 걸 고지식하게 받아들이는 것도 피할 수 있습니다.

　건강한 자와 병든 자가 섞여 있으면 이렇게 되기에, 니체는 **병자를 간호하고 건강하게 만드는 건 건강한 자의 임무가 될 수 없다**고 말합니다. 수적으로 다수고, 언제나 여론을 장악한 주류이며, '아름다운 영혼'이 도덕을 설파하는 조건에서 건강한 자가 그들을 치유하겠다고 덤벼드는 것은 거꾸로 그가 병드는 게 기가 되기 십상이지요. 아니, 하려고 해도 안 통해요. 강자들이 병자로 보이는 세상에서, '악덕한 자'로 보이는 이들이 어찌 '선한' 자들을 감화시키고 병든 자들을 치료할 수 있겠어요?

병든 세상에서 병든 자를 간호하고 치유하는 일은 **그 병을 잘 알기 위해 스스로 병드는 자**의 일이 됩니다. 병든 자들을 보호하고 이끄는 목동이 되어, 그들을 '선한 양'이 되도록 이끌고 그 고통받는 자를 지배하며, 그들이 건강한 자의 악덕에 물들지 않도록 맹수 같은 강건함에 대해 경멸을 퍼붓고 그것과 싸울 수 있는 힘을 가진 자들, 그리하여 병든 무리의 예정된 구원자, 목자, 변호인이 되어야 합니다. 강자들과 선두에서 싸우기 위해 이들은 강자들만큼 '강해져야' 합니다(힘의 질과 양을 구별하는 걸 잊지 마시길!). 자신의 생명 속에 있는 힘을 그들과 맞설 만큼 '큰' 반동적 힘으로 전환시켜 '강해져야' 하고, 주권적 개인처럼 자기 자신을 지배하는 힘을 가져야 하며, 적들의 힘과 움직임을 정확하게 포착할 수 있는 분석적이고 섬세한 눈을 가져야 합니다. 남들이 흉내 낼 수 없는 어떤 자질이나 능력, 이적이 있다고 보이면 더욱 좋습니다. 없으면 있는 것처럼 보이게 만들어야 합니다. 종교 지도자가 되기 위해 많이들 사용하는 방법이지요?

이런 이들이 바로 '금욕주의적 성직자'라고 니체는 말합니다(제3논문 15절). 강자들, 섬세한 안목을 가진 이들, 주권적 개인과 정반대되는 인간이지만 그들과 매우 비슷해 보이는 인간이어서 또다시 헷갈리기 쉬운 이들입니다. 힘이나 의지의 **질**이 완전히 반대라고 해도, 서로 대결할 만한 **크기**의 힘을 갖는 것은 이렇게 아주 비슷하여 혼동하기 쉽습니다. 그러니 적을 너무 쉽게 보면 안 됩니다! 약간 옆으로 새는 얘기가 되겠습니다만, 사상가들을 보아도 일가를 이룬 이들은 서로 통한다 싶거나 아주 비슷해 보이는 게 많습니다. 가령 하이데거의 근대 과학기술 비판은 얼핏 보면 맑스의 자본주의 비판과 상반되어 보이지만 깊이 들어가 들여다보면 놀랄 만큼 인접성이 강합니다. 물론 아주 다른 질, 아주 다른 방향의 투시법을 갖고 있지만 말입니다. 이런 경우에는 대강 보는 이보다 오히려 자세히 들여다보는 이가 속기 쉽습니다. 속는 이가 더 유심히 보는 거라고 해도 좋겠지요. 그러나 정말 깊이 들여다보면 그 비슷한 것 속에 숨어 있는 아주 작은, 그러나 전체를 전혀 다른 것이 되게 하는 아주 다른 차이가 보입니다. 다시 말씀드리지만, 적을 너무 쉽게 보면 안 됩니다!

이렇게까지 섬세하게 들여다볼 줄 안다면, 이제 '적'의 말이나 몸도 내 것으로 사용할 수 있습니다. 오히려 다른 질, 다른 투시법으로 인해 이쪽에서 보지 못하던 것을 거기서 얻을 수도 있습니다. 적을 친구로 바꾸는 겁니다. 니체가 자주 말하듯이, 자랑할 만한 적을 가져야 합니다. 작은 적과는 싸우면 얻을 것도 없고 싸우면서 내가 그들과 비슷하게 작아집니다. 자랑할 만큼 큰 적은 내 힘이 그만큼 크지 않으면 싸울 수 없습니다. 싸우면서 내가 커져 갑니다. 싸우면서 얻을 것이 그 적의 크기만큼 큽니다.

그러나 중요한 것은 내가 남의 살을 먹을 때, 그것을 충분히 해체하여 원래 있던 질이 소멸하도록 한 뒤에 흡수해야 내 것이 된다는 점입니다. 그 질이 남아 있는 채 흡수하면 필경 그 것에 내 신체가 중독되고 맙니다. 해체란 물리적으로 잘게 쪼개는 것이 아니라, 어떤 것 안에 있는 힘들을 세심하게 분석해 봄으로써 달라 보이는데 비슷한 것과 비슷해 보이는 것을 식별하며 독이 될 것과 영양소가 될 것을 가려내는 것입니다. 이 작업이 충분히 진행되면, 대강 뜯어내 원래 모습 그대로 거칠게 이어 붙인 거 같지만 잘 소화되어 내 신체가 되기도 하고, 분명히 저기서 뭔가 뜯어내 사용했다고 하는데 전혀 눈에 보이지 않음에도 분명히 내 신체의 일부가 되기도 합니다.

금욕주의 성직자가 선한 병자들을 지배하는 기술은, 그의 '의사'가 되기 위해 그에게 상처를 주고 그 상처에 쉽게 치유될 수 없는 독을 뿌리는 것이라고 니체는 말합니다. 건강이 나쁘다고 다 의사를 찾진 않잖아요. 그냥은 견디기 힘들어야 의사를 찾고, 많이 고통스러우면 의사에 자신을 맡기게 되지요. 죽음이 가까이 있다 싶으면 구원해 달라고 호소하게 되지요. "선생님, 저 좀 살려 주세요." 그래서 '탁월한' 성직자 주변에는 "건강한 자는 모두 반드시 병들고, 병자는 모두 반드시 유순하게 된다"고 해요. 금욕주의 성직자가 상처를 주고 독을 뿌리는 방법의 요체를 니체는 '원한의 방향을 바꾸는 것'이라고 요약합니다(제 3논문 15절). 어떻게 방향을 바꾸는가?

그러나 그 이전에 고통이나 상처의 원인을 찾는 인간적 방식, 고통에서 생긴 원한의 감정을 배출할 '원인'을 찾는, 인간만의 고유한 방식에 대해 먼저 살펴보아야 합니다. 병의 원인은 신체 안의 불균형이거나 어떤 신체기관의 고장, 혹은 그 신체에 파고든 병균이나 신체에 스며든 독성 — 일부러 만든 '독'만이 아니라 먹어서 몸에 안 좋은 성분 모두를 포함해서 — 같은 "생리학적 원인"입니다. 병으로 고통스러워하는 자는 고통에 대해, 고통을 준 것에 대해, 신체적 무능력에 대해, 그런 신체에 대해 원망 내지 원한을 갖기 쉽습니다.

사실 생리학적 원인은, 심지어 그걸 안다고 해도 고통이나 병을 쉽게 제거하기 어렵습니다. 제거할 수 있는 것도 대개 시간이 필요합니다. 생각해 보세요. 병균의 전염이나 독성 있는 것이 침투에 의한 게 아니라면, 병은 대부분 신체에 좋지 않은 것을 섭취하거나 좋지 않은 생활을 오래 지속해서 생기지요. 10년, 20년 동안 몸을 잘못 굴려서 얻게 되는 경우가 많습니다. 그런데 20년 동안 얻은 병을 우리는 이틀이나 2달 만에 치료하길 원하지요. 이거, '도둑놈 심보' 아닐까요? 20년 동안 얻은 병이라면 20년은 아니어도 한 10년은 걸려야 치료되리라고 해야 하지 않을까요? 그러나 그러는 분, 보기 힘들지요. 즉각 치료되길 원합니다. 안 되면, 쉽게 좌절하지요. 그러면서 속으로 외치지요. "왜 이런 고통이 내게, 왜 이런 시련을 제게!" 사실 자기가 먹고 마시고 행동하며 얻은 것이건만, 마치 자신은 아무 죄도 없다는 듯, 죄 없는 선한 양인 듯, 그 고통을 준 무언가를 원망하는 겁니다.

고통보다 더 견디기 힘든 게 '고통의 의미 없음'이라고 니체는 자주 말하는데, 더 냉정하게 말하면, 고통 속에서 고통을 낳은 생리적이고 신체적인 이유를 찾는 대신, 자신이 죄 없다는 생각을 근거로 '고통의 부당함'을 발명하고 주장하는 겁니다. 제가 신이라면 대답해 줄 겁니다. "왜 그런 고통을 주느냐고? 네가 그렇게 살았으니까!" 병든 분 옆에서 감히 용기를 내어 이렇게 말해 주면, 신이라도 욕을 먹거나 원망을 들을 겁니다. 이미 고통 자체에 대한 원한의 마음이 생긴 것이고, 그 마음이 고통의 무의미나 부당함을 강변하면서 '왜 내게 이런 시련을?'이라고 항의성 의문을 던지는 것이니 말입니다.

고통에 대한 이 원한의 감정은 고통을 야기한 행위자를 찾도록 그 방향을 돌려놓습니다. "내가 불쾌하고 고통스러운 것에는 **누군가 책임이 있음**이 틀림없다!" 고통의 생리적 책임이 아니라, 고통의 인간적 책임, 사회적 책임, 법적 책임을 묻는 겁니다. '누가 대체 이 불행을 야기한 거야?' 이는 아주 흔히 발생하는 일입니다. 예컨대 어떤 물건에 부딪쳐 넘어져 발목이 부러졌을 때, 그 원인을 찾는 아주 다른 방법이 있습니다. 하나는 균형을 잃은 신체의 무게를 견디지 못한 약한 뼈의 관계에서 찾는 겁니다. 발목이 부러진 신체적이고 생리적인 원인을 찾는 거죠. 병원에서 의사들이 원인을 찾는 방식입니다. 다른 하나는 그 일을 야기한 사람이 '누구'인지 찾는 겁니다. 그 일에 대해 책임을 져야 할 사람을 찾는 거죠. 뼈가 부러진 건 거기 물건에 발이 걸렸기 때문이고, 거기 발이 걸린 건 누군가 거기 저 물건을 갖다 놓았기 때문이야! 대체 누구야, 거기다 저 물건 갖다 놓은 놈?

그리고 그 책임자를 향해 원한의 감정을 배출합니다. "너 때문이야!" 약한 발목에 그 감정을 배출해 봐야 소용없으니, 사고를 낸 '누군가'를 찾아 거기다 감정을 배출하는 겁니다. 감정 배출의 쾌감 ─ 그리스어로 '카타르시스'라고 하죠! ─ 으로 고통을 잊는, 아니 마비시키는 겁니다.

이에 관해 『아함경』에 아주 유명한 얘기가 있지요. 고통의 화살에 대한 얘기입니다. 어디선가 화살이 날아와 맞았을 때, 우리는 **누가** 그 화살을 쏘았는가를 찾습니다. 그런 식으로 '원인'을 찾습니다. 그러나 그 사람이 누구인지 알았다고 해서 화살 맞은 이가 느끼는 고통이 사라지나요? 그럴 리 없습니다. 그 사람 찾는다고 하다가 정작 화살을 뽑고 치료하는 일을 하지 않거나 적절한 치료의 시기를 놓치기 쉽지요. 누가 쐈는지 찾지 못하면 그때 '대체 어떤 놈이, 왜 내게 화살을 쏜 거지?'라는 의문에 새로운 고통이 시작됩니다. 찾으면 찾는 대로, '대체 내게 왜 그런 거지?' 하는 분노, 혹은 '나쁜 놈, 두고 보자' 같은 원한으로 새로운 고통이 시작되지요. 생리적 고통에 더해 심리적 고통이 추가되는 겁니다. 석가모니는 이를 두고 화살을 두 번 맞는 것이라고, 두 번째 화살을 자초하는 것이라고 말합니다. 고통을 제거하려면 얼른 화살을, 즉 생리적 원인을 찾아 제거해야 합니다. 그리고 사실 그거면 고통은 치유될 수 있습니다. 몸을 치료한 뒤에 '어떤 놈이야?' 하며 찾아 나서는 것조차 잘 하는 일인지 잘 생각해 보아야 합니다. 찾아도 자칫하면 원한의 감정에, 찾지 못하면 화살을 뽑았어도 몸의 상처보다 큰 심리적 상처에 계속 시달리게 될 테니까요. '그럴 만한 사정이 있었겠지' 하고 찾기를 접어 버린다면, 심리적 위로도 필요없지요.

그러나 몸에 박힌 화살이 주는 고통보다 '누가 쏜 거야?' 하는 생각이 우리의 삶에 훨씬 더 큰 고통을 줍니다. 어쩔 수 없는 것조차 **책임을 지울 '누구'**를 찾고자 하는 마음이 바로 원한의 감정입니다. 찾아도 화살은 되돌릴 수 없고 몸에 난 상처는 소멸되지 않습니다. 원한의 마음을 지고 살아가게 되지요. 사실 그런 마음이 있으면, 찾아도, 그자에게 그에 상응하는 앙갚음을 하지 않으면 원한의 마음은 사라지지 않습니다. 제거한다 해도 치유할 수 없는 것을 원인이라 생각하고 집요하게 책임을 묻습니다.

'자유의지'에 대한 관념이 철학이나 '윤리학', 혹은 법학에 중요한 건 정확하게 이 때문입니다. 자유의지가 없다면 책임을 물을 수 없습니다. 가령 눈사태로 많은 사람이 죽었다고 해서, 흘러내린 눈에게 책임을 물을 순 없습니다. 흘러내리려고 한 게 아니니까요. 고통을 야기한 '의도'를, '자유의지'를 갖고 있지 않은 것에겐 책임을 물을 수 없습니다. 옆에 있는 걸 보지 못해 누군가를 다치게 했을 때에도, 미움의 감정으로 욕은 할 수 있지만 사실 책임을 묻기는 어렵습니다. 자유의지를 갖고, 즉 그러려고 한 게 아니니까요. 자유의지란 **'책임'을 묻고자 하는 이런 사고방식의 산물**입니다. 책임자, 즉 죄를 지은 자를 찾는 겁니다. 그렇기에 자유의지를 부정하려는 주장을 하면 대개는 즉각적으로 '그렇다면 행위의 책임을 누가 지느냐?'라는 반문을 받게 되지요.

물론 이런 사고방식은 의도를 갖고 행해지는 어떤 가해가 있기 때문이지만, 그 이전에 고통의 원인을 찾아 원한의 감정을 배출하지 않고선 못 견디는 인간의 심성 때문일 겁니다. 노루의 목을 향해 달려드는 호랑이는 명백히 '의지'를, '자유의지'를 갖지만 그걸 비난하며 '책임지라!'라고 하진 않잖아요? 심지어 호랑이가 사람을 물어 죽였다고 해도, 호랑이의 책임을 묻고 비난할 순 없어요. 그러나 혹시라도 그런 사고를 일으킨 호랑이가 있다면 인간들은 필경 잡아 죽이는 '처벌'을 할 겁니다. 물을 수 없는 책임을 물리적으로 묻는 거지요.

이런 점에서 인간은 이미 어떤 일에 책임을 물어야 할 주체, 어떤 개인, '누구'라는 주체 등을 찾는 '철학적인, 너무나 철학적인' 훈련이 철학 없이 이미 충분히 되어 있는 셈이라 하겠습니다. 책임을 묻는 법적 관념이 법보다 먼저 있었던 것 같습니다. 그게 책임을 묻는 법들을 만들어 낸 것이지요. 언제나 누군가 죄 있는 자, 누군가 책임을 져야 할 자를 찾고 있는 겁니다. 중요한 건 '주체'라고들 많이 말하지요. 주체, **책임지는 자**입니다. 책임져야 할 자, 즉 **책임을 물어야 하는 자**이기에 그가 하는 말은 데카르트의 말처럼 '명료하고 뚜렷해야' 합니다. 문제가 되는 게 누구인지 내포가 명료해야 하고, 누구까지 유죄인지 외연(경계)이 뚜렷해야 합니다. '누가'를 묻는 주체철학은 이처럼 생각보다 뿌리 깊습니다. 철학 없이 작동합니다. 이런 종류의 철학, 조심해야 합니다. 교통사고처럼 '누가' 책임을 지고 돈을 물어야 하는 건지가 문제라면 피할 수 없겠지만, 그런 경우가 아니면 이런 식의 질문, 조심해야 합니다. "누가 했어!" 하는 순간 이미 우리는 책임질 죄인을 찾는 경찰이 되는 겁니다. 가족의 경찰, 무리의 경찰, 집단의 경찰, 공동체의 경찰 말입니다.

역으로 이와 대칭적인 경우들도 살면서 자주 보게 됩니다. 어떤 **주장**에 대해 비판을 하면, 그 비판을 그 주장을 한 **자신**에 대한 비판으로 받아들이는 경우가 그겁니다. 그 비판이란 자신의 잘못을 지적하는 것이니, 잘못을 범한 **자신의 책임을 묻는 것**이라고 어느새 생각하는 겁니다. 그래서 자신이 무죄임을, 책임 없음을 주장하기 위해 비판자를 반박하려 하게 됩니다. 애초의 비판은 주장의 논점에 대한 것인데, 그걸 주장한 사람은 어느새 '누가'의 문제, '책임을 묻는' 문제로 바꾸어 듣고 있는 겁니다. 토론이나 논쟁을 할 때는 더 그렇습니다. 심지어 자기와 가까운 이가 자기 얘기의 문제를 지적하거나 상대방의 비판을 수용하거나 하면, "왜 너는 내가 아니고 저들의 편을 드는 거냐!"라고 하는 경우를 자주 보게 됩니다. 어느새 자기 책임을 묻는 비난으로 받아들인 겁니다. 지은 죄가 많아서, 자기 죄를 잘 알기에 어떤 비판에도 자신이 죄 없음을 보여 주려고 악악대며 반박하고 대드는 것이려니 생각합니다. 죄인이라기보다는 약자지요. 자신에 대한 신뢰와 자긍이 없는, 자존심만 강한 분들이지요. 어떤 지적도 오는 그대로 듣지 못하는, 자신의 약점이 드러나지 않도록 항상 방어할 태세가 되어 있는 약자들, 자긍심 없는 약자들입니다.

반기기 힘든 어떤 일들이 일어났을 때도 우리는 아주 다른 질문의 방식을 보게 됩니다. 무엇으로 인해 사태가 이렇게 되었나를 찾는 질문이 있다면, "누가 그랬어!"라고 묻고 "왜 그랬어!"라며 이유를 묻는 질문이 다른 하나지요. 그러나 이 질문은 질문 이전에 감정의 표출, '책임'을 묻는 원한의 감정을 표출한 것이기에 그렇게 묻는 사람에게 곱게 '내가 그랬어, 미안해'라고 답하게 되지 않습니다. 자신에게 책임이 있음이 사실이라도, 그래서 미안한 감정이 있었더라도, 이렇게 감정의 배출과 대면하게 되면, 그 또한 반동적 감정에 사로잡히게 됩니다. "그래, 내가 그러긴 했지만, 그럴 수도 있지. 일부러 그런 것도 아니고." 이 반동적 감정은 다시 어떤 식으로든 표출되게 되는데, 그러면 이제 사태는 반동적 감정들의 악순환 속으로 빨려들어 갑니다. "아니, 똥 싼 놈이 화낸다더니, 뻔뻔스럽게!" '일부러 그런 것도 아니고 그렇게 심각한 것도 아닌데 이렇게 과도하게 비난하는 건, 내게 악감정이 있거나 나를 견제하기 위해서일 거야!' 공동체나 집단에서 흔히 일어나는 일인데, 사태가 이 지경이 되면 이제 문제가 된 일은 아무것도 아닌 게 되고, 이 반동적 감정의 싸움이, 원한의 감정 간 대결이 전체를 대립과 분열의 소란 속으로 끌고 들어갑니다.

금욕주의 성직자는 감정의 배출구를 찾아, 유죄인 책임자를 찾아 방향을 돌리는 이 원한의 감정을 다시 한 번 다른 방향으로 돌려놓습니다. 이런 식으로 원한의 감정이 반동적 감정의 충돌과 증식, 소요로 증폭되게 되면, 무리나 집단은 통제 불가능한 상태가 되거나 해체되게 됩니다. 원한이라는 이 폭발물을 이용하면서도 그로 인해 자신이 이끄는 무리가 해체되지 않고 무리들이 목자의 통제에 순종하게 하는 것, "그것이야말로 그들의 진정한 기교"라고 니체는 말합니다. 이를 위해 그는 고통의 책임을 묻는 질문을 상처받은 자의 바깥이 아니라 안으로 향하도록, 선한 자 자신을 향하도록 돌려놓습니다. 그 모든 일이 나 없이 어찌 일어났을 것인가? 내가 관여한 그 일에 내가 어찌 책임이 없을 것인가? "맞다, 양이여! 그 누군가가 그것에 대해 틀림없이 책임이 있다. 그러나 너 자신이 바로 그 누군가이며, 오직 너 자신만이 그것에 대해 책임이 있다. 너 자신에 대해 너 말고 누가 또 책임이 있을 수 있단 말인가!"(제3논문 15절).

　이처럼 원한의 방향을 돌리는 금욕주의 성직자의 전략은 삶의 근본적인 죄 있음과 그런 죄 있는 자신에 대한 양심의 가책으로 이어지겠지요. '누군가 나에게 이런 고통을 주었지만, 그 또한 내가 그러하듯 구차한 생존을 위해, 생존의 욕망이 떠미는 대로 가느라 그랬을 것이니, 그게 어찌 그만의 죄라 하겠는가? 생존의 욕망에 떠밀려 사는 내가 바로 그 모든 죄의 원인이지!' 이제 이 선한 양들은 자신의 본능을 죄-있음으로 오인하고, 자신의 병은 그 죄 때문인 것으로 간주하게 됩니다.

　이렇게 자신의 유죄를 믿게 되면, 어떤 일에 대해서도 "내 탓이오, 내 탓이고, 내 탓이로소이다!" 하게 되면, 이제 죄를 면하기 위한 속죄의 삶을 살게 됩니다. 속죄의 방법이라고 금욕주의 성직자가 알려 주는 것을 따라 사는 게, 그 명령에 충실한 삶이 선한 삶이라고 믿게 됩니다. 목자들의 인도에 순종하는 충실한 어린 양이 됩니다. 이 세상에서 느끼는 삶의 고통은 죄 많은 삶의 증거가 되고, 그 고통을 감내하며 견디는 것은 죄 없는 세상으로 가기 위한 속죄의 길이 됩니다. 고통을 견디어 내야 하고 또 견디어 낼 수 있는 이유가 이렇게 생겨나게 된 겁니다.

4. 고통 없는 삶이 어디 있으랴!

니체는 다시 묻습니다. 이로써 금욕주의 성직자가 얻고자 했던 것은 무엇이었던가? 이렇게 답합니다. "그것은 어느 정도까지 병자들을 무해하게 만드는 것, 불치병자들을 자멸케 하는 것, 비교적 가벼운 환자들을 엄격하게 자기 자신으로 방향을 돌리도록, 그들의 원한이 반대 방향을 향하게 하는 것("이것 하나만으로도 족하리니 …"), 그리고 모든 고통받는 자의 나쁜 본능을 자기훈련, 자기감시, 자기극복을 위해 이용하는 것이다"(제3논문 16절).

　　이 또한 성직자 안에 있는 "삶을 치료하려는 의사의 본능"의 산물이라고 니체는 봅니다. 그러나 그것은 고통에 대한 원한의 통제와 순화, 원한으로 인한 무정부상태와 해체 위험의 방지를 위한 것이니, 병을 치료하는 것이 되기는 어렵겠지요. 그래서 그는 금욕주의 성직자들이 병자들의 삶/생활을 바꾸는 방법을 창안하지만, 그들을 의사라고 할 순 없다고 말해요. 의사들이 고통의 생리적 원인과 싸운다면, 그들은 고통이라는 심리적 증상과, 고통이 주는 불쾌감과 싸우는 것이며, 그들이 창안한 방법은 고통의 원인을 제거하는 것이 아니라 고통을 완화하고 고통을 위로하는 것이기 때문입니다. 고통의 진정제, 마취제를 주는 것뿐이란 말입니다(제3논문 17절). 약간 옆길로 새는 얘기지만, 이는 심리학적 분석보다 생리학적 분석이 일차적이고 중요한 이유를 다시 보여 주지요? 동시에 의사의 시선이 필요한 영역과 심리학자의 시선이 필요한 영역이 다름을, 심리학은 심리학대로 '유용한' 영역이 있음을 보여 주기도 합니다.

사실 고통이 있을 때, 진통제를 찾고 진정제나 마취제를 얻으려는 욕망은 우리도 흔히 경험하는 것입니다. 그리고 그것은 무조건 나쁘다고 할 수 없습니다. 물론 생리적 고통은 생명체가 자신의 신체를 보호하기 위한 감지능력에서 나오는 것이며, 그게 없다면 몸에 나쁜 것과의 만남이나 그로 인해 야기된 나쁜 상태를 피하기 어렵습니다. 다리 감각이 없어져서 뜨거운 돌침대 바닥에 엉덩이가 타들어 가도 몰랐던 분 얘기를 전에 들어 보신 적 있나요? 차가운 물에 몸이 움츠러드는 것도 그렇습니다. 저는 차가운 물을 마시면 금방 콧물이 나옵니다. '이거 마시지 마!'라는 명령문을 제 신체 안의 기관이나 세포들이 보내는 겁니다. 그러니 고통을 지우는 것은 세포나 기관들의 입을 막는 것입니다. 신체의 현재 상태를 바꾸거나 지금 먹은 것을 다시 안 먹는 식으로 해서 신체를 보호해야 하는 건데, 고통을 지움으로써 그 상태를 지속할 수 있게 되지요. 그러면 신체는 계속 망가져 가게 되고 병은 깊어지게 됩니다.

전에도 말씀드린 것 같지만, 저는 자주 편두통에 시달리는데, 특히 글을 쓸 때 자주 찾아옵니다. 글을 시작해서 본격적으로 흐름을 타고 쓰기 시작하면 아마도 쓰는 사람은 그 글의 흐름에 사로잡히게 되는 거 같습니다. 글의 흐름에 휘말려 들어가는 거지요. 그래서 몸 어딘가 아파도 알기 어렵고, 알아도 쓰기를 멈추기 힘들게 됩니다. 그래서 글이 막바지에 이를수록 이는 심해져서 저기 보이는 끝을 향해 '좀 더, 좀 더!' 하며 가속하게 되는 듯합니다. 얼른 이걸 끝내고 이 글의 '악령'에서, 그놈 손아귀에서 벗어나고 싶다는 욕망 때문인지도 모르겠습니다.

그러다 보면 신체가 감당하기 힘든 상태로 들어가게 되고, 이는 필경 신체 어딘가의 고통으로 되돌아오게 되지요. 어깨 아픈 건 사실 별거 아니지요. 그 끝판은 편두통입니다. 머리를 더는 쓰지 못하게 뇌세포들이 항의하며 봉기하는 거 아닐까 생각한 적이 있는데, 이런 얘기를 니체의 편두통 얘기를 하면서 진지하게 글로 쓴 분이 있더군요. 클로소프스키가 그분인데, 『니체의 악순환』(조성천 옮김, 그린비, 2009)이란 책 앞부분에서 그는 편두통을 니체라는 '인간', 유기체의 행동에 대해 그의 신체의 다른 부분들이 저항하는 것이라고 쓰고 있습니다. 내 뜻대로 되지 않는 신체, 그 신체 안에 있는 다른 미시적 충동들을 이로부터 끌어내고 있습니다. 처음엔 이거 뭐야 했지만, '오!' 하며 고개를 끄덕이게 하는 책이었어요. 아마 클로소프스키도 편두통을 자주 앓지 않았을까 싶습니다. 그러지 않고선 좀처럼 하기 힘든 생각이니까요.

편두통이 왔다는 것은 펜, 아니 키보드에 달라붙은 손을 거기서 좀 떼라는 호소입니다. 고통을 진지하게 받아들인다면 글쓰기를 멈추어야죠. 그게 고통을 대하는 올바른 태도입니다. 그런데 그게 어디 쉽나요? 영혼이 글의 '악령'에 사로잡혀 버렸다면 쉽지 않습니다. 마감이라도 임박해 있다면 더더욱 어렵습니다. 진통제로 세포들의 입을 막고, 고통이란 증상을 지워 버린 채 계속 달리기 십상이지요. 그러면 글은 좀 더 빨리 쓰게 되겠지만 몸은 더 악화될 겁니다. 진통제나 진정제로 고통을 완화시킨다는 것은 이런 것입니다. 진통제나 진정제는 고통을 잊게 할 뿐 병을 고쳐 주지 못합니다. 이런 상태가 지속되면 병은 더욱 깊어지게 됩니다. 그러니 고통의 원인을 찾아 치료하는 것과 그것을 완화시키는 것은 차라리 반대 방향으로 가는 것이라고 해야 합니다.

고통의 완화, 조심해야 합니다. 이를 깨닫고 나서 저는 두통이 오면 엔간하면 하던 일을 멈추게 되었습니다. 사실 고통이 너무 심하고 오래가다 보니 세포들의 항의에 귀를 기울이게 된 것이겠지요. 그러기 위해 처음엔 진통제를 먹지 않았습니다. 고통을 지우면 안 된다는 생각에서요. 그리고 몸의 변화를 관찰했고, 덕분에 지금은 편두통까지 가기 전에 나타나는 징후들을 알게 되었습니다. 그래서 좀 더 빨리 멈출 수 있게 된 셈인데, 그러면 두통까지 가지 않고 해결되기도 하고, 와도 일찍 보낼 수 있게 되었습니다. 이렇게 치유를 위해 고통을 관찰하고 이용할 수 있게 되면서, 그리고 편두통이 찾아오는 경로의 패턴을 알게 되면서, 진통제를 이용하는 방법도 찾아냈습니다. 진통제의 문제는 고통을 완화시킴으로써 멈추어야 할 일을 계속하게 하는 거니까, 먹으면서 일을 멈추면 되는 겁니다. 현재 상태를 바꾸면 되는 거죠. 하지만 고통이 없으면 어느새 다시 하던 일로 되돌아가게 되기에 한동안은 밤에만 먹었습니다. 밤에 먹으면 고통이 없다고 일을 하게 되진 않으니까요. 또한 고통 없이 잘 수 있으니 잠을 통한 회복에도 좋습니다. 고통의 삭제가 아니라 그것의 치료에 이용하는 법이 있었던 겁니다. 고통의 감각에 예민해지고 그것에 시선을 주는 게 더 익숙해지면, 진통제를 먹어도 준-고통의 감각을 느낄 수 있습니다. 그러면 낮에 진통제를 먹어도 무리를 하지 않을 수 있습니다. 그렇게 낮에도 진통제를 먹을 수 있게 되었습니다. 그래서 진통제나 진정제, 무조건 나쁘다고 생각하지 않습니다. 다만 그것은 고통의 완화나 삭제가 아니라 치료를 위해 이용할 수 있을 때만 좋다는 생각입니다.

이렇게 고통을 보는 것이 생리학적 관점에서 고통을 보는 것입니다. 그러나 직업적인 의사들이라고 꼭 이렇게 보는 건 아닌 듯합니다. 두통 있다고 하면 그냥 진통제를 처방해 주더라고요. 물론 쉬라고 말하기도 하지만, 고통스러운 증상의 제거나 완화가 치료라고 생각하는 경우가 많은 거겠죠. 그건 역으로 그런 증상의 완화나 제거를 호소하는 환자들과 상응하는 것일 텐데, 고통스러운 증상에 대해 그 생리학적 원인을 찾으려는 신중하고 세심한 시선이 없다면 의사도 '성직자'가 될 수 있음을 뜻하는 거 아닐까 싶습니다. 삶에서 겪는 고통도 마찬가지일 겁니다. 그 고통의 원인을 삶의 '신체적' 조건에서 찾으려는 것인지, 아니면 단지 그 고통의 완화나 제거 방책을 찾으려는 것인지를 냉정하게 식별할 수 있어야 합니다.

고통에서 속히 벗어나고 싶다는 마음은 증상의 완화나 제거 방책에 얼른 손을 내밀게 합니다. 그러지 않으려면 사실 고통에 대해 근본적으로 다른 마음을 가질 필요가 있습니다. 환경이 생존을 그저 쉽게 용인해 주는 것이 아니기에 고통이 있고, 고통이 그 환경 안에서 생명의 지속에 필수적임을 안다면, 고통 없는 삶이란 있을 수 없음을 받아들여야 합니다. **삶에 고통이 없길 바라지 말아야 합니다.** 고통이 왔을 때, '왜 내게 이런 시련이!' 하고 한탄하지 말아야 합니다. 올 것이 온 것이니, 온 그대로를 받아들여야 합니다. 다만 어디서 온 건지, 왜 왔는지 물어야 합니다. 여기서, 무엇으로 인해 발생한 것인지, 신체나 생명의 상태가, 혹은 환경과의 어떤 만남이 그 밑에 있는지 물어야 합니다. 이게 바로 니체가 말하는 계보학적 질문이지요? 달리 말하자면, 내 몸속에서 어떤 것들이 '그만 좀 상태를 바꾸라고!'라며 소리를 지르는 것인지를 살펴보아야 합니다. 이게 생리학적 방법이지요? 좀 더 좋은 삶을 위해 고통을 이용하려 해야 합니다. 현재의 나쁜 상태에서 벗어나기 위해 고통을 이용해야 합니다. 고통에 대한 원한의 감정에 자신을 내주는 대신, 좀 더 나은 삶을 위한 훈련의 기회로, 일종의 '연습문제'로 삼아야 합니다. **삶이 내게 보내 준 연습문제**라고 말입니다.

연습문제를 푸는 훈련이 잘 되어 있는 사람은 정말 큰 문제가 닥쳤을 때에도 좋은 길을 잘 찾아갑니다. 그런 훈련이 안 된 사람은, 아무리 마음을 다잡으려 애를 써도, 큰 문제가 닥치면 당황하고 동요하며 헤매게 되고, 급기야 좋은 길을 찾는 대신 자신을 덮친 불행을, 고통과 시련을 원망하게 됩니다. '대체 내게 왜 이런 일이!' 원한의 감정에 사로잡히기 쉽습니다. 고통을 준 게 '누구인지'를 찾으려 하게 됩니다. '두 번째 고통'이 시작됩니다. 병자가 되는 것은 바로 이때입니다. 니체가 말하는 '병자'란 신체가 병든 사람이 아니라 바로 이런 사람입니다. 병자가 되지 않으려면 신체적 병이나 고통을, 실패와 패배의 경험을 **친구로** 삼아야 합니다. 연습문제로 받아들여야 합니다.

여기서 굳이 **'시험'이 아니라** '연습문제'라는 표현을 사용한 것은 이유가 있습니다. 육체적 병이든 아니면 실패나 패배든 고통을 동반하는 사태를 '시험'이라고 생각하면 안 됩니다. 왜냐하면 시험이면 어떤 식으로든 풀어야만 하고 통과해야만 하거든요. 신의 시험이 그렇지요? 틀리면 안 됩니다. 통과해야 하고, 이겨내야 합니다. 실패하면 안 됩니다. 그러니 통과하지 못하면 실패에 대해, 실패한 자신에 대해 자책하기 쉽습니다. 자책하지 않으려면 다른 '누군가' 죄 있는 자, '탓 있는' 자를 찾아야 합니다. 원한의 감정이 기다리고 있는 거죠. 반면 연습문제는 틀려도 되잖아요? 그러니 맘 편히 할 수 있지요. 피로에 지칠 일도 없어요. '연습인데 뭐' 하면 실패해도 속이 편해집니다. 기독교 주기도문에는 '시험에 들지 않게 하시고'란 기도도 있던데, 시험은 기도하지 않는 자라도 엔간하면 들고 싶지 않은 거지만,

연습문제는 심지어 재미 삼아 풀 수도 있는 겁니다. 많이 할수록 좋은 거죠. 많이 풀면 나중에 유사한 문제가 생길 때 쉽게 풀 수 있고, 아주 다른 종류의 문제가 생겨도 여유 있게 대처하며 풀 수 있게 됩니다. 그럼 문제가 발생하는 것을 일종의 기회로 긍정할 수 있게 됩니다.

원한은 모두 **고통에 대한 원한**입니다. 고통을 주지 않는 것에 앙심을 품는 일은 없습니다. 원한의 감정 없이 살려면 고통에 대한 원한에서 벗어나야 합니다. 고통을 원한의 대상으로 삼지 않아야 합니다. 고통 없는 삶이 아니라 고통을 벗 삼으려 하기에 그에 찌들거나 원한을 갖지 않는 삶이 좋은 삶입니다. 시험도 '연습문제'도 고통과 함께 옵니다. 고통이란 게 결코 사라질 수 없는 것이라면, 연습문제가 사라질 일은 없습니다. 또한 넘지 못하면 치명적일 결정적 시험 같은 것은 없다고 해야 합니다. 대학입시 시험이 인생의 행로에 아무리 큰 영향을 미친다고 해도 그건 그저 한 번의 시험일 뿐입니다. 그거 잘 봐서 좋은 대학 들어갔다고 해도 즐거운 인생이 기다리고 있는 건 아닙니다. 떨어진다고 인생이 '고난의 행군'이 되는 것도 아닙니다. 인생 전체를 고통 없는 삶으로 살게 해주는 그런 시험은 없습니다.

시험이란 게 있다고 해도 오직 작은 '시험들'이 있을 뿐입니다. 시험 뒤에 다른 시험이 기다리고 있다면, 결정적 시험이 없다면, 모든 시험은 사실상 연습문제일 뿐입니다. 다음 '시험'을 좀 더 잘 보기 위한 연습문제 말입니다. 결정적 시험이 없다는 말은 삶에는 **오직 연습문제만 있음**을 뜻합니다. 잘 보면 좋지만 잘 못 볼 때도 있고, 잘 못 본다고 해도 웃으며 '다음에 잘하면 되지' 할 수 있는 것, 그게 고통의 '시험'입니다. 그렇기에 어떤 실패에도 '자, 다시 한 번!' 하며 웃으며 일어설 수 있는 것, 그게 모든 '시험'을 연습문제화하는 것이 갖는 의미입니다. 연습문제만이 영원히 되돌아온다는 것, **연습문제의 영원회귀**만이 있을 뿐이라는 것, 이게 니체가 말하는 영원회귀의 윤리학적 의미라고 하겠습니다.

5. 고통의 생리학과 혁명의 정치학

삶에 고통이 없을 수 없다고 해도, 그때마다 고통은 다른 고통입니다. 우리는 고통을 제거하고 넘어갈 때마다 다음 고통과 다시 만나게 됩니다. 그러나 분명한 것은 건강한 신체란 **고통 없는** 신체가 아니라 **고통을 잘 넘어가는** 신체란 사실입니다. 니체 자신도 유서마저 쓰게 했던 고통에 대해 말하면서, 그 고통 속에서도 자신은 웃을 수 있었고 사유할 수 있었으며 맑은 영혼을 갖고 있었음을 자긍하며 말합니다. 그게 건강이라고.

그런 점에서 건강이란 고통 없음이 아니라 고통과 관계하는 어떤 방식입니다. 하나의 상태에서 다른 상태로 옮겨 갈 수 있다면, 그런 이행능력이나 변환능력이 있다면, 아무리 우울한 일이 있다고 해도 '우울증'이라고 하지 않습니다. 진정 병자란 이런 **이행능력**을 상실한 사람이고, 건강한 자란 이 이행능력을 보유하고 있는 사람입니다. 이것이 니체가 말하는 병과 건강의 개념입니다. 그렇다면 치유라는 개념이 무엇을 뜻하는지도 다시 생각해 보아야 합니다. 치유란 고통의 원인을 찾아 병적인 상태에서 벗어나게 하는 것인데, 고통이 연습문제로 되돌아온다면 치유 또한 그것만큼 되돌아와야 합니다. 그러니 고통이 있는 상태와 없는 상태를 단순히 대비하는 것으로는 병도, 건강도, 고통도, 치유도 제대로 설명하기 어렵습니다.

더 난감한 문제는 우리가 종종 보게 되는 불치병이, 커다란 고통을 주는데 치유될 수 없는 병이 있다는 사실입니다. 니체도 실은 당시로선 치유할 수 없는 병에 걸려 있던 셈입니다. 편두통이 죽을 때까지, 적어도 정신병원에 입원할 때까지 계속되었으니까요. 그 경우 니체적 생리학자라면 그 고통에 대해 어떻게 대처해야 할까요?

물론 고통에도 '불구하고' 건강한 영혼을 갖고 사는 것은 중요한 일입니다. 그러나 고통으로 '인해' 맑은 영혼을 갖는 게 아니라면, 그 고통 없이도 맑은 영혼을 갖고 건강하게 사유하고 행동할 수 있다면, 그 고통을 완화시키는 것은 필요하고 또 의미 있는 일 아닐까요? 고통을 알고 그 고통과 건강하고 강건한 마음으로 대결한다고 하더라도, 그 고통이 치유될 수 없을 때 그 고통을 완화시키는 것은, 고통의 원인에 눈 돌리지 않고 그저 완화시키거나 잊게 하는 성직자의 기술을 사용하는 것과 다르다고 해야 하지 않을까요?

이는 말기암 환자들처럼 치유 불가능하지만 고통이 큰 경우, 실제로 의학적으로 문제가 되는 사태지요. 아무리 강건한 영혼을 갖고 있는 사람이라도 치유될 수 없는 고통이 있다면, 고통이 너무 커서 정신을 차리기도 힘들다면, 그 강건함은 유지되기 어렵지 않을까요? 그렇다면 영혼의 강건함을 위해선 치유될 수 없는 그 고통을 완화시키는 게 필요한 거 아닐까요? 이런 이유에서 의사들은 큰 고통에 시달리는 말기암 환자들에게, 치료 목적이 아니라 단지 진통 목적으로 모르핀 같은 '마약성' 진통제를 처방해 주지요. 이를 두고 고통을 완화하는 성직자의 기술이라고 하긴 어렵습니다. 그렇다면 다시 물어야 합니다. 고통의 완화를 추구하는 기술은 모두 금욕주의 성직자의 기술이라고 비판해도 좋은가?

병원을 벗어나 사회의 '병'을 치유하기 위해 개혁이나 혁명을 생각하는 경우에도 이는 유사하게 만나는 문제입니다. 흔히 쓰는 비유대로 말하자면, 빈곤이나 불평등, 착취와 억압 같은 것은 사회라는 개체의 신체에 존재하는 '병적 상태'입니다. 혁명을 꿈꾸는 사람들은 이런 병적 상태를 근본적으로 전복하고 새로운 사회적 신체를 구성하고자 합니다. 병적 상태는 사회구성원의 고통이란 증상을 동반합니다. 그 비명소리는 신체 내에서 세포가 지르는 것보다 훨씬 크고 명확하여 알아듣기도 어렵지 않습니다. 이를 '치유'하여 건강한 새 신체를 만들겠다는 게 폭력적 충돌 같은 큰 고통을 일시적으로 감수하고서라도 혁명을 하겠다는 이유지요.

그런데 사회의 병적 상태에서 오는 고통에 대해 아주 다른 두 입장이 있습니다. 하나는 고통의 근본 원인이 되는 것을 찾아 제거함으로써만 그 고통은 사라질 수 있다는 것입니다. 이를 위해 착취관계를 제거하는 혁명을 해야 한다고 하지요. 다른 하나는 사람들이 느끼는 그 사회적 고통을 완화하기 위해 '개혁' 내지 '개량'이라고 불리는 조치를 하고자 하는 것입니다. 이에 대해 혁명을 주장하는 입장에선 벽돌을 하나씩 빼서 집을 허물겠다는 '개량주의'라고 비판합니다. 니체식으로 말하면 고통의 완화를 반복하여 고통을 제거하려는 것이라고, 진통제로 고통의 원인을 제거하려는 것이라고 비판할 수 있을 거 같습니다. 이런 점에서 보면 니체적 비판은 맑스적 비판과 흔히 아는 것보다 훨씬 가까이 있고, 생각보다 유사한 사고방식을 갖고 있는 것처럼 보입니다.

저 역시 맑스주의자이자 니체주의자로서, 진통제나 진정제로 고통의 원인을 제거하려는 것에 대해, 착취관계의 근본적 혁명 없이 단지 고통의 완화를 위해 진통제를 계속 투입하는 것에 대해서는, 혁명의 꿈이 붕괴된 지금이지만 여전히 위화감을 갖고 있습니다. 다만 착취관계의 변화를 국가 전체 규모에서 일거에 할 수 있으리라고 하는 생각은 접었습니다. 그럴 경우 오히려 긍정적 관계를 구성하려는 모든 시도들이 언제 도래될지 알수 없는 '혁명' 이후로, 혹은 올지 안 올지 알 수 없는 '공산주의' 이후로 미루어지게 된다는 점에서 문제가 있다는 생각입니다. 그래서 지금 여기에서 새로운 관계를 구성하는 실천이, 코뮨을 구성하는 실험적 실천이 행해져야 한다는 생각입니다. 실패를 반복하면서 '자, 다시 한 번!' 하며 다시 만들어 가는 '영원한 연습문제'로서의 실험이지요. 혁명이 국가적 규모에서만 진행되어야 하는 건 아니고, 봉기 같은 폭력적 방식으로만 진행되어야 하는 건 아니며, 오히려 각자의 삶이 진행되는 실질적 삶의 영역에서 코뮨적 관계를 만드는 긍정적 구성의 방식으로 이루어질 수 있다는 것이고, 한없이 연기되는 미래, 오지 않을 미래에 인생을 맡기며 현재의 고통을 견디는 것이야말로 금욕주의적 이상에 인생을 맡기는 것이라는 생각입니다.

앞서 말씀드린 니체의 관점에서 본다면, 한 번의 혁명으로 사회의 병적 상태를, 사회적 고통을 제거할 수 있다는 말을 다시 생각해 보아야 합니다. 고통이란 사라질 수 있는 것이 아니며 오히려 건강을 위해, 현재 상태를 알려 주는 '증상'으로 포착해 이용하며 '넘어가야' 한다는 것, 고통 없는 삶이란 있을 수 없다는 것을 안다면, 사회적 고통 역시 그렇게 보아야 하지 않을까요? 개인의 신체조차 고통 없이 살 수 없는데, 사회라는 거대 신체가 고통 없이 살 수 있을까요? 그리고 불평등과 차별 같은 고질적인 병이라고 하면, 오랜 시간에 걸쳐 형성되고 지속되어 온 것이니, 그것의 치유 또한 그럴 수밖에 없지 않을까요? 지병도 아주 오랜 지병이라 해야 할 사회적 고통을 한두 번의 혁명으로 제거할 수 있으리라는 생각은 일종의 '한탕주의적' 발상 아닐까요? 레닌주의적 혁명의 관념도, 소렐이 말하는 '총파업'이나 그걸 더 확장한 벤야민의 '신적 폭력' 같은 개념도 이러한 한탕주의적 발상에 기초한 환상 아닐까요? 한 번의 수술로 모든 병을, 아니 오래된 심각한 지병을 단번에 제거하여 건강을 회복하게 해주겠다는 의사가 있다면, 그 말뿐 아니라 그런 말을 하는 분도 의심해 보는 게 좋지 않을까요?

개량주의에 대한 거리감에도 불구하고, 이 한 방의 혁명, 혹은 사회 전체를 바꾸는 '근본적' 혁명 아닌 모든 개선의 시도들, 현행의 고통을 줄이려는 모든 '개량'의 시도들을 '기회주의'라거나 혁명에 반하는 발상이라고 하는 비판에 대해서 동의할 수 없는 것은 이 때문입니다. 모든 고통을 단번에 날려 버려 줄 '결정적 혁명' 같은 것이 있다면, 정말 그것은 벤야민 말대로 '신학적(!)' 관념일 겁니다. 메시아에 대한 오래된 믿음 아니고선 믿을 수 없는 얘기지요. 벤야민에 대한 호감과 신뢰에도 불구하고 이런 얘긴 과거의 시간 속에 묻어 두는 게 좋으리란 생각입니다.

그런데 이는 지금도 현행적 문제로 종종 마주치게 됩니다. 가령 지금 자본주의는 그나마 먹고살 일자리, 정규적인 노동의 기회를 급속히 축소시키고 있으며, 비노동 상태에서 일시적으로 고용되는 비정규직이 노동자의 반을 차지하고 있습니다. 인공지능으로 일자리가 더 축소될 거라고들 하지만, 이를 두고 논란을 벌일 건 없으니 일단 제쳐 두고, 비정규직이 일반화된 조건만 생각해 보지요. 이에 대해서는 심지어 근본적 의미의 혁명을 생각하지 않는 분들도 한국에서는 '정규직화'해야 한다고 주장을 합니다. 그러나 모든 노동의 정규직화가 좋은 건지는 접어두고, 그게 실제로 가능한지는 정말 의문입니다. 전 세계 자본가들이 동시에 정규직화를 개시하지 않는 한, 인터넷상에서 원 단위까지 벌어지는 가격경쟁이 전면적인 지금 조건에서 그건 불가능해 보입니다. 노동의 전면적 정규직화가 불가능하다면, 즉 비정규직의 고통이 소멸될 수 없다면, 차라리 비정규직이 비정규직인 채 살아갈 수 있는 방법을 찾아야 하지 않을까요?

그래서 제안되는 것이 '기본소득'인데, 모든 이들에게 최소 생존 조건을 제공하는 일정액의 소득을 무조건 지급하는 겁니다. 그런데 놀라운 건 이에 대해 노동자들이나 맑스주의자를 자처하시는 분들의 반대와 비판이 매우 완고하다는 겁니다. 노동자들이 노동도 하지 않는데 어떻게 돈을 주느냐고 하는 것이야, 노동해야만 먹고살 수 있는 자본주의의 '이데올로기'에 감염된 거라고 하면 차라리 이해하기 쉽습니다. 혁명을 주장하는 맑스주의자들은 그 방법이 제공할 수 있는 것은 고통의 근본적 해결이 아니라 완화에 불과하다고, 게다가 그런 방식으로 고통을 해결하면 근본적 해결의 필요성을 잊게 만든다는 이유로 반대합니다.

이는 니체가 성직자의 고통 완화 기술을 비판하는 것과 거의 유사한 얘기로 들립니다. 그런데 그렇다면 혁명이 성공하여 착취관계가 사라진 새로운 사회가 올 때까지, 실업자나 비정규직, 백수들은 어떻게 살아야 할까요? 빈 배를 허리띠로 조이고 고통을 참으면서 혁명의 정신으로 위장을 채우며 혁명의 그날까지 영혼의 건강성을 견지하는 것이 진정 혁명적인 관점일까요? 제가 편두통 얘기하면서 말씀드렸듯, 진통제가 고통이란 증상을 지우기에 그거 먹고 고통의 원인을 잊은 채 다시 일하여 고통의 원인을 가중시키는 것은 문제임이 틀림없지만, 언제 올지 모를, 고통의 원인이 사라질 '그날'만을 기다리며 고통을 참고 웃으며 버티는 게 훌륭한 생리학적 해결책일까요? 더구나 '단번의 혁명'이란 전망이 지평선 저편에 있는 것처럼 보이는 시대에, 어쩌면 저 화끈한 '근본적 해결 가능성'의 믿음이 유지되기 어려운 조건에서 고통의 완화기법을 금욕주의 성직자의 기법이라고 비판하는 게 타당한 것일까요?

어떤 기술이나 기법이 금욕주의적 토양에서 자라난 것이라고 해서, 그 기술이 어떤 조건에서도 금욕주의적 기술로 사용될 것이라고 말할 수는 없습니다. 오래전에 자주 인용하던 레닌의 말을 오랜만에 다시 인용하자면, "어떠한 조건에서도 대립물로 전화되지 않는 것은 없다"(『철학노트』)는 생각입니다. 조건이 달라지고 관계나 배치가 달라지면 성직자의 기술도 다른 성격의 기술, 좋은 윤리학의 기술로 사용될 수 있습니다. 사실 니체 자신이 끔찍하게 잔인한 기억술, 사람들을 길들이는 데 사용되던 기억술이 다른 조건, 다른 배치에서 '약속할 수 있는 자', 주권적 개인을 만드는 기술로 사용될 수 있음을 보여 준 바 있습니다. 그렇다면 오히려 중요한 것은 성직자들이 고안해 낸 기술조차 좋은 삶을 위해, 고통과 대결하는 '작은 시험'들, 삶의 연습문제들을 풀기 위해 재영유하여 이용하는 거라 해야 하지 않을까요? 이것이 바로 고통 완화를 위해 성직자가 발명해 낸 기술에 대한 니체의 서술을 다시 읽는 니체적 관점이라고 저는 생각합니다.

6. 고통의 테크놀로지

성직자의 기교는 고통의 완화와 진정제, 마취제를 주는 것이라는 얘기에서 고통에 대한 얘기로, 게다가 혁명과 개혁에 대한 얘기로 번지면서 논의가 길어졌네요. 어쨌거나 좋은 삶의 윤리학에는 이런 고통의 기술이 필요합니다. 고통에 대한 철학이 필요하고, 고통을 연습문제로 다루는 태도가 필요합니다. 니체 말대로 금욕주의 성직자들은 고통의 완화와 고통을 느끼는 감각의 마비를 주려 합니다. 고통의 생리적 원인을 찾아 제거하는 게 아니라 심리적 원한을 다루는 기술을 사용하고, 고통이 주는 불쾌감을 완화시키거나 그에 둔감해지는 마비의 기술들을 사용합니다. 니체는 고통의 불쾌감과 싸우는 이런 기술을 몇 가지 얘기해 줍니다. 하지만 조금 전에 말씀드렸듯이, 고통 완화의 기술들을 성직자에게 넘겨주기보다는, 건강한 삶의 생리학이란 관점에서 유용하게 사용할 방법을 찾는 게 더 낫지 않은가 싶습니다. 그렇기에 이 기술들에 대해서도 일정 정도 다시 읽는 게 필요하다는 생각입니다.

일단 니체의 얘기를 따라가면서 다시 읽는 방식으로 하지요. 먼저 고통 완화를 위한 기술로 첫 번째로 드는 것은 생명감 일반을 최저로 끌어내리는 것입니다. 삶의 고통이란 일단 의욕 때문에 발생한 거니까 "가능하면 의욕도, 소망도 전혀 갖지 말

것"을 가르친다는 겁니다. 어떤 것들을 의욕하기에 발생하는 물질 소모를 최소화하고, 그때 필요한 에너지를 최소화시켜 버리는 일종의 겨울잠 같은 것이라고 합니다. "사랑하지 말고 미워하지도 말고 무관심하고 복수하려 하지 말고 부자가 되려 하지 말고 일하지 않고 걸식하며, 가능하면 처를 갖지 말고, 정신적인 면에서는 '바보가 되어야 한다'(il faut s'abetir)는 파스칼의 원리를 취할 것"(제3논문 17절). 심리학적 최면이라 할 이런 방법을 '탈아'(Entselbstung), '신성화'(Heiligung)라고 하는데, 파스칼의 기독교뿐 아니라 인도의 베단타 철학과 불교 또한 그렇다고 합니다.

베단타 철학이야 잘 알지 못하지만, '무아'(탈아), '무소유', '무욕' 같은 개념이 불교와 직접적으로 연계되어 있다는 건 분명합니다. 의욕도 소망도 갖지 않는 '무원'(無願)도 그렇지요. 하지만 이를 생명감 저하 기술이라 하는 것은, 19세기 서구 지식인 전체가 공유하고 있었고 쇼펜하우어와 니체도 피하지 못했던 오해에 따른 것입니다. 이에 대해서는 전에 『사랑할 만한 삶이란 어떤 삶인가』에서 자세히 말씀드렸지만, 고통 완화의 기술로서 위에 언급된 개념들은 성직자의 금욕주의 기술과 가까이 있다고 보이기에 다시 언급하지 않을 수 없을 거 같습니다.

불교의 교의는 매우 역설적이고 심오하여 간단히 설명드리기 어렵습니다. 그에 대한 상세한 얘기는 제가 쓴 『불교를 철학하다』(휴, 2016)를 참조하시면 될 것 같고, 여기서는 초기불교의 가르침을 요약하는 간단한 개념을 들어서 말씀드리면 좋을 거 같습니다. 가령 '삼법인'(三法印)은 3개의 개념 내지 명제로 불교의 교의를 요약하고 있습니다. 무상, 고, 무아, 혹은 '제행무상'(諸行無常), '일체개고'(一切皆苦), '제법무아'(諸法無我)가 그것인데, 제행무상은 항상된 것, 변하지 않는 것, 실체적인 것은 없다는 명제입니다. 이건 굳이 설명할 거 없죠? 다음으로 세 번째 거 먼저 설명드리자면, 어디에도 '나'라는 실체는 없다는 말입니다. 무상이란 개념이 '나'에게도 적용된 것이라 할 수도 있는데, 이건 니체의 주장과 일치합니다. 데카르트의 '나는 생각한다'나 쇼펜하우어의 '나는 의욕한다'란 말을 예로 들면서 '나'라는 환상에 빠져 있다고 비판하는 거 말입니다. 망설일 때 잘 드러나듯 나의 의욕 안에 상충되는 의지들이 있고, 세포와 기관들을 생각하면 잘 드러나듯 나의 신체 안에 수많은 의욕들이 있다는 얘기는 니체의 쇼펜하우어 비판을 인용하며 제가 반복해서 말씀드렸지요. 불교의 '무아'도 '나'라는 존재의 실체성을 비판하는 개념입니다. 그 '나'라는 게 조건에 따라 얼마나 다른 '나'가 되는지, 자세히 들여다보면 ─ 불교 수행법인 '위파사나'는 관찰이란 뜻입니다 ─ 이 단일해 보이는 '나' 안에 얼마나 미세하고 많은 것들이 무상하게 명멸하며 흘러가고 있는지를 알라는 가르침입니다. '나' 안의 이 무수한 미세한 것들을 부파불교('유부')에서는 일종의 원자 같은 입자로 다루기도 하고, 유식불교에서는 '알라야식'이라는 미시적 정보[식(識)]로 다루기도 합니다.

일체개고는 모든 것이 고통이라는 말인데, 무상이라는 실상과 고정된 '자아'라는 환상 사이에서 발생합니다. 세상사도 우주도 무상하기에 우리는 그것을 제대로 포착할 수 없는데, 현실적인 이유로 인해 우리는 내가 본 것, 만진 것, 생각한 것이 동일성을 갖는다고 믿으며, 그렇게 포착하고 행동하는 '나' 또한 동일성을 갖는다고 믿습니다. 그러나 모든 것이 무상하기에 그 무상함과 우리가 갖고 있는 동일성 간에는 불일치와 간극이, 대개는 판단 미스가 있을 수밖에 없습니다. 그 불일치나 판단 미스는 언제나 고통을 산출합니다. 역으로 바로 그 고통은 동일성을 내려놓고 무상하게 변화하는 것을 통찰하고 그것을 통해 내가 갖고 있는 지각이나 감각을 바꾸어야 함을 알려 줍니다. 그래서 고통이 내 신체의 부적절한 상태를 바꾸는 데 필수적이듯이 무상한 세상과 동일성 간 간극을 보여 주는 '고'야말로 세상을 올바로 통찰하는 데 필수적이라는 겁니다. 따라서 '탈아'라고 말하며 겨냥했던 '무아'는 니체가 쏘려고 했던 표적이 아니라 그 반대편에 있는 것이라고 해야 합니다.

'부자 되지 말고, 걸식하고, 가능하면 처를 갖지 말라'라는 말은 앞서 철학자의 금욕적 이상, 즉 자신이 하고 싶은 것에 최대한 몰두하기 위해 필요한 금욕적 이상이란 말을 상기하면, 그래서 자식에게 '장애물'이라고 이름을 주었던 석가모니의 얘기를 상기하면, 생명감을 최소화하려는 기술과는 별 상관 없음을 쉽게 이해할 수 있을 겁니다. 자기 자신만 생각하며 산다고 비난받는 '명상적 인간'의 삶의 태도라고 했었지요.

니체가 지적하려는 바에 가장 가까운 것은 사랑하지 말

고, 미워하지 말며, 의욕하지 말고 소망하지 말라는 말일 겁니다. 확실히 그런 면이 있지요. 애욕을 떠나라, 애증의 분별을 떠나라는 얘기는 불교에서 흔히 하는 말이니까요. 그 모두가 고통의 원인이니 하지 않으면 고통도 사라질 거라는 거지요. 그러나 좋다 싫다는 분별 없이는 누구도 살 수 없습니다. 이걸 먹어도 좋은지 아닌지, 눈앞의 저놈이 친구인지 적인지 분별하지 않고서 어찌 살 수 있겠어요? 이런 게 "분별을 떠나라"는 불교의 교의는 아닙니다. 분별을 떠나라고 할 때 분별이란 호오와 애증의 선판단입니다. 똥은 더럽고 고수에선 화장품 냄새가 나며 늑대는 양과 대비되는 '악한' 동물이라는 식의 분별 말입니다. 이로 인해 초콜릿도 똥 모양으로 만들어 놓으면 초콜릿인 줄 알면서도 먹기 힘들고, 중국에선 다들 맛있다는 음식을 고수에 대한 '선감각' 때문에 먹을 수 없게 되며, 미국에선 '악'의 표상인 늑대를 없애기 위한 국가적인 사냥이 벌어졌죠. 분별하지 말라는 말은 이런 선판단을 하지 말고 오는 대로 보고 듣고 판단하라는 겁니다. 분별 없는 분별이라고도 하지요. 애욕이나 애증이 있으면 더욱더 제대로 분별하기 어렵습니다. 미운 놈은 뭘 해도 밉고, 어쩌다 그놈이 빵을 갖다 주면 그 빵도 맛이 없잖아요.

'의욕하지 마라', '소망하지 마라'도 단어를 너무 직접적 의미로 해석해서 문제가 된 겁니다. 부처를 포함해서 의욕하지 않고선 누구도 살 수 없습니다. 먹어야 사는데, 먹으려 하지 않으면 아무리 부처라고 해도 살 수 있겠어요? 가르치려는 의욕이 없다면 부처가 교단을 만들었을 리 없지요. 불교에서 고통의 원인이라고 겨냥하여 멀리하라고 가르치는 건 '의욕'하거나 '욕망'하는 게 아니라 그 의욕이 어딘가에 **집착하는 것**입니다. 3법인과 더불어 초기불교의 가르침을 요약해 주는 '사성제'(四聖諦)는 '삶의 고통을 넘어서기 위한 성스러운 가르침'이란 뜻인데, '고집멸도'(苦集滅道) 네 글자로 요약됩니다. 앞서 말씀드렸듯 어디에나 고통이 있는데, 그 고통의 원인은 집착이며, 그 집착을 벗어나면 고통이 소멸하여 도에 이르게 된다는 게 그겁니다. 즉 불교에서 볼 때 삶에서 고통을 야기하는 원인은 집착이지 의욕이나 욕망이 아닙니다. 만약 그거였다면 '고욕멸도'(苦欲滅道), 즉 '의욕을 제거해 고통이 사라진 도에 이른다'고 했겠지요.

불교는 '욕망을 버리라'며 욕망 자체를 적대시한다고 생각하는데, 이 또한 흔히 발생하는 오해입니다. 한자를 빌려 설명하면 이는 '욕'과 관련된 것인데, '욕'에는 두 가지가 있습니다. 하고자 할 욕(欲)과 욕심을 뜻하는 욕(慾)이 그겁니다. 하고자 하는 마음이 욕인데, 거기에 마음 심(心)이 다시 달라붙은 게 욕(慾)입니다. 하고자 하는 것에 마음이 달라붙어 떨어지지 않는 것, 그게 욕심이죠. 그러니 하고자 하는 것과 욕심은 다릅니다. 욕심이란 의욕에 마음이 더해져 집착이 된 것입니다. 욕망을 버리라는 말은 욕심을 버리라는 말이지, 하고자 하는 의지 자체를 버리란 말이 아닙니다. 선불교에서는 이를 '치구심'(馳驅心)을 버리라는 말로 다시 설명합니다. 치구심이란 무언가를 얻고자 달리는 마음입니다. 억지로 얻고자 하는 마음입니다. 선에서 가르치는 '평상심'은 **애써 얻으려는 이런 마음 없이** 하고자 하는 것을 하려는 마음입니다. 도가의 무위(無爲)와도 통하는데, 무위는 '아무것도 하지 않는 것'이 아니라 '애써 하려는 생각 없이 하는 것', '아무 생각 없이 하는 것'이라고 전에 말씀드렸지요?

'고통을 떠나는 것'에 대해 관해서, '피안'에 대해서도 쉽게 발생하는 오해가 있습니다. 석가모니는 부처가 되기 전 당시 최고의 스승을 찾아가 수행을 합니다. 우리가 사는 물질적 세계 — 색계(色界)라고 하지요 — 를 떠나 아무것도 없는 평화롭고 기쁨에 가득 찬 세계[무색계(無色界)] 속으로 들어가는 선정을 얻습니다. '공무변처정'(空無邊處定), '식무변처정'(識無邊處定), '무소유처정'(無所有處定), '비상비비상처정'(非想非非想處定), 그리고 그다음에는 일체의 감각은 물론 호흡마저 사라지고 약간의 체온만 남아 있는 '멸진정'(滅盡定)에 들어갑니다. 생로병사의 고통을 넘어서 행복하게 살 방법을 찾던 청년이 드디어 "고통 없는 상태"를 맛보고 그 속에 들어간 겁니다. 니체 말로 하면 "가장 깊은 잠의 휴식"이지요. 그러나 그 선정에서 나와 일상으로 돌아오니 색계의 고통이 그대로 남아 있음을 보게 됩니다. 물질적인 신체가 있으니 먹어야 하고 먹지 못하면 고통이 따르는 일이 그 선정을 맛본다고 사라지겠어요? 선정에 들어갔을 때는 사라진다 해도, 깨어나서 일상으로 돌아오면 그 역시 되돌아오는 거죠. 먹고살아야 하니까요. 그래서 아무리 그 선정이 고통을 벗어난다 해도, 선정 속에 앉아 살 수는 없는 일이니, 이건 답이 아니다 생각하여 그 스승들을 떠납니다. 일상 속에서, 먹고 싸고 하는 신체를 움직이며 살아야 하는 색계 속에서 고통을 벗어날 방법을 찾아야 한다는 생각이었던 겁니다.

그래서 『숫타니파타』 같은 초기불교의 경전이나 『반야심경』의 진언 같은 데서 "가자 가자 피안으로 가자"라고 하지만, 그 '피안'은 **고통의** 피안이지 고통스러운 이 **현실 세계의** 피안이 아닙니다. 선정을 닦아도 벗어날 수 없는 일상적인 삶 속에서, 그런 삶이 이루어지는 세계 안에서 얻어야 할 피안인 거죠. 그게 석가모니가 최고의 선정마저 버리고 다시 길을 찾기 시작한 이유지요. '무상, 고, 무아'의 삼법인이 보여 주듯, 고통이란 **피할 수 없는 것**임을 말하며, 그것과 대면하고 그것을 극복할 길을 찾아야 한다고 하지(그래서 고통은 '스승'이라고 가르치지요), 현실 세계의 피안을 찾아가려는 게 아닙니다. 그래도 오해가 계속되었는지, 나중에 대승불교에서는 아예 이를 명시하는 역설적 교리를 제시합니다. 번뇌가 곧 깨달음이고, 윤회하는 세간의 삶이 곧 해탈이며, 중생이 바로 부처라고. 따로 해탈을 얻으려 하지 말고, 따로 부처가 되려 하지 말고, 따로 번뇌 없는 세상을 얻으려 하지 말라고 말입니다. 극락이란 현실에서 벗어나 어디 따로 있는 세상이 아니라 바로 이 세상이라고, 이 세상을 항상 기쁘고 즐겁게 살게 되는 게 깨달음이요 해탈이라고.

아, 고통의 불쾌감을 감소시키는 성직자의 기술에 대해 말씀드리다 옆으로 좀 벗어났지요? 불교 얘기를 길게 했던 것은, 그런 말을 했던 니체를 반박하기 위해서가 아니라, '생명감을 최소화하는 기법'이란 게 아주 오해하기 쉽기 때문입니다. 불교에서 말하는 무욕, 무소유도 생명감을 최소화하는 기술이 아니라 고통을 넘어 생명감을 고양시키는 방법이지요. 불교에서는 사마타와 위파사나 수행을 할 때 경험하는 선정에 대해 알려 주는데, 조금 전에 말씀드린 무색계의 네 가지 선정 이전에 '색계 4선정'이 있음을 알려 줍니다. 몰입과 집중이 의식 없이 이루어지는 1선정을 넘어가면 희열감이라 할 기쁨의 느낌이 오고, 더불어 행복감이 온다고 하지요. 생명감의 최소화가 아니라 생명감의 고양에 따른 기쁨과 행복감을 통해 고통을 넘어선 세계로 인도하는 게 이 선정들인 셈이지요. 그리고 그 단계를 넘어가면 편안하고 평화로운 평정심이 찾아옵니다. 오르가즘의 상태가 장기간 지속된다면 우리는 에너지가 고갈되어 죽고 말 겁니다. 기쁨이나 행복감도 마찬가지지요. 평정심, 어떤 일이 닥쳐도 평화로울 수 있는 마음을 얻는 것이 이 일상의 현실을 '극락'으로 사는 길임을 함축한다 하겠습니다.

물론 '고집멸도'로 가르치려는 것은 고통을 완화시키는 기술이기도 합니다. 깨달음을 얻으면 세상 모든 곳이 고통 없이 행복한 '극락'이 된다고 하지만, 그걸 얻지 못한 이들에게도 집착을 버리는 것은 고통을 완화하는 기술이 되니까요. 그런데 이러한 '완화'의 기술은 고통을 잊기 위한 것이 아니라 '감소'시키기 위한 것이며, 고통 극복을 위한 훈련입니다. 고통을 **잊는 것**과 **감소시키는 것**은 같지 않습니다. '완화'라는 말은 고통의 망각을 향한 것일 수도 있고, 고통이 없을 수 없는 조건에서 실질적 감소를 향한 것일 수도 있는데, 이는 아주 다른 방향입니다.

불교에 대한 니체의 이런 오해는 지금도 널리 받아들여지는데 이는 불교에 대한 서구적 통념에 크게 기대어 있습니다. 가령 '열반'이라고 번역되는 '니르바나'라는 말을 프로이트는 '죽음'이나 생기 없는 무기적인 상태를 뜻하는 것으로 이해했고, 이런 의미에서 죽음충동이란 말을 '니르바나 원칙'이라고 명명하기도 하지요. 군이 비슷한 걸 찾아서 말씀드리자면 이는 '멸진정'에 대한 잘못된 서술이라 할 겁니다. '잘못'이라 함은 멸진정으로 가는 길은 색계 4선정의 기쁨과 쾌감, 행복감을 따라 들어서게 되니, 프로이트식으로 말하면 '쾌락원칙'의 반대편이 아니라 같은 편이라고 해야 하기 때문입니다. 단 그 쾌락원칙이 '에로스'라고 해선 안 된다는 걸 덧붙여야 하지만 말입니다. '열반'에 대한 이런 오해는 아마도 불교 이전의 인도에서 사용되던 말의 '어원' 때문인 듯합니다. 그 말에 포함된 문법의 환상에 더해, 그 개념이 불교에서 어떻게 사용되었으며 어떻게 다른 개념적 내용을 갖게 되었는지 알지 못한 무지로 인해 '무기물'이니 '죽음'이니 하는 것과 포개져 버린 것이지요.

이제 좀 속도를 내겠습니다. 다음은 고통의 불쾌감을 줄이는 두 번째 기술인데, 니체를 이를 '기계적 활동'이란 말로 요약합니다. "노동의 축복"이라고 부른다고 덧붙여 놓았지요? 반복되는 기계적 행위를 뜻하는데, 이런 것을 계속함으로써 고통이 들어설 여지를 없애게 하는 기술이란 말입니다. 그런데 내가 어떻게 해서 바꿀 수 없는 고통스러운 일이 있을 때, 그로 인해 번민이 많이 일어날 때, 뭔가 열심히 할 일을 찾아서 하는 게 좋습니다. 고통스러운 상태는, 벗어나고 싶지만 내 맘대로 안 되는 경우가 많지요. 돈이 없는데 취직 못 하는 경우도 그렇고, 오해로 인해 친구나 가족이 내게서 멀어진 경우도 그렇죠. 원인 제거가 쉽지 않은 경우죠. 그런 상황에서 '상관없어'라고 개의치 않으면 좋은 거고 강자라 하겠으나, 그렇지 않을 때는 어떻게 하면 좋을까요? 그에 대해 근심하고 번민하면 정말 그 고통에 잡아먹히고 맙니다. 이럴 때 그런 생각이 안 일어나면 좋은데, 그게 어디 뜻대로 되나요? 그럴 경우 번민의 고통을 감소시키는 방법이 있다면, 그건 약자를 길들이는 방법이 아니라 **원한이나 분노 같은 반동적 감정의 함정에 빠지지 않는 기술**이라 할 수 있습니다. 생각할 겨를 없이 움직이고 어떤 일을 하게 하는 것이 그중 하나지요. 저라면 성직가가 만든 기술이라도 이런 식으로 사용하고 싶습니다.

세 번째는 '작은 즐거움'이라는 처방입니다. 선행, 이웃사랑, 상호성을 이야기하고, 공동체와 무리를 형성하는 것이 그것이라고 합니다. '작지만 확실한 행복'을 찾으며 고통을 잊는 지금의 많은 사람들을 생각나게 하지요? 작은 정을 주고받는 이웃관계는 오랫동안 작은 행복으로 큰 불행을 잊게 해주는 방법이었습니다. 그러나 이웃사랑 비판이 이웃에 대한 적대는 아니지요. 그걸로 고통을 잠시 잊게 하는 것과 그걸로 좋은 관계를 만들어 가는 것은 아주 다른 문제입니다.

공동체를 형성하는 것에 대해서는 좀 더 할 말이 많습니다. 이런 문제에 대해 정확하게 다루려면 공동체 문제 역시 니체 말대로 생리학 내지 생물학적으로 사고를 해야 한다고 생각을 해요. 그런데 사실 니체는 공동체의 생리학에 대해서 잘 알고 있지 못합니다. 많은 시간을 홀로 살았으니까요. 기껏해야 대필해주던 제자 페터 가스트, 혹은 싸우고 헤어진 파울 레나 루 살로메 등과 함께 지냈으니까요. 또 19세기 생물학은 유기체라는 개체를 중심에 놓고 있어서 개체는 물론 세포마저도 공생을 통해 형성된 거대한 군체(群體)라는 걸 알 수 없었습니다.

그는 약자들은 자신이 약하기에 모여서 힘의 크기를 키워 강자들과 싸운다고 합니다. 그건 물론 맞고, 약자들의 비겁함을 절감하게 하는 것입니다. 그러나 그것은 또한 어려움이나 고통을 넘어서는 '보편적' 방법이기도 합니다. 약자들이 강자들과 싸우기만 하는 게 아니니까요. 자신이 혼자 하기 힘든 일을 하기 위해 다른 이와 힘을 모으고 집단이나 공동체를 형성하는 것은 사실 생명의 본성에 부합합니다. **니체 자신** 또한 그래요. 가령 그가 열악한 건강을 넘어서며 책을 쓰기 위해 가스트의 손을 빌려 글을 쓸 때, 그 또한 자신의 약함을 극복하기 위해 집단을 이루고 상호성과 공동체를 이용한 겁니다. 힘을 합치는 걸 그저 고통을 잊기 위한 방법이라든가, 무리 짓기라고 비난하는 것이 부적절함을 니체 자신이 입증하고 있는 거죠.

좀 더 따져 보면, 나 아닌 이들과 모여 함께 집합체를 형성하는 것이 약자들이 잘 하는 거라는 생각도 수긍하기 어렵습니다. 물론 모든 걸 혼자 할 수 있는 강자라면 굳이 공동체나 집단을 만들고 남의 힘을 빌릴 이유가 없겠지만, 니체 같은 강자도 남의 손이 필요한 때가 있듯이 우리는 누구나 남의 힘을 필요로 할 때가 있습니다. 누구든 취약한 데가 있으면 남의 힘을 빌려야지요. 위대한 가수도 녹음장치나 무대장치를 위해선 남의 손을 빌려야 하잖아요. 영화 끝나면 올라가는 엔딩 크레딧 보세요. 영화는 감독 한 사람의 작품이 아니라 공동체의 작품임을 알 수 있지요. 남의 손을 빌리고 남을 끌어들이는 건 무언가 약한 곳이 있어서임은 틀림없습니다.

그런데 약자가 남들과 공동체를 잘 이루는 걸 할 수 있을지는 의문입니다. 가령 몸이 약한 분들은 남들하고 같이 하는 거 잘 못하죠. 몸이나 영혼이 많이 약한 분들은 남들과 잠시 함께 있는 것도 힘들어해요. 아프고 병났을 땐, 누구를 만나는 것도 힘든 일이죠. 더구나 이질적이거나 익숙지 않은 타인이라면 말할 것도 없어요. 익숙하지 않은 사람들을 만나려고 하면 굉장히 신경을 많이 써야 돼요. 연애 처음 할 때 생각해 보세요. 엄청난 에너지를 그 사람한테 쓰잖아요. 말 하나하나에 다 신경써야 되잖아요? 낯선 언행을 처리하기 위해 뇌의 신경세포들이 시냅스로 새로운 연결망을 만들어야 합니다. 물리적, 생리적으로 힘이 드는 일입니다.

남의 손을 빌리는 건, 무언가 잘하는 게 있는데 빠진 것이 있을 때 하는 일입니다. 즉 남의 손을 빌려서라도 펼치려는 어떤 아이디어나 능력이 있는 이들이 하는 겁니다. 자기가 잘하는 게 있기에 남의 손을 빌려도 그게 남의 게 되지 않고 자기 게 됩니다. 그걸 알기에 남의 손을 빌려 합니다. 힘이 약하면 남의 손

빌리려다 남에게 넘겨줄까 걱정돼 그러지도 못합니다. **내게 없는 남의 것을 내 것의 일부로 만드는 능력**, 그게 바로 소화력이고 생명력이며, 창조력입니다. 하늘에서 떨어지듯 혼자 만들어 내는 게 대체 어디 있겠어요? 자기 것이 약한 자가 남의 것을 잘못 사용하다간 '모방'이나 '표절'이 됩니다. 이런 분들은 대개 자기 아이디어를 남에게 뺏기는 건 아닌가 걱정하며 삽니다. 남들이 아이디어 훔쳐 갔다고 비난하는 분들도 이런 분들입니다.

약자들에게 집합체를 형성한다고 하는 건 더더욱 쉽지 않습니다. 더구나 이질적인 사람들, 생각 다른 사람들과 함께하는 거, 게다가 종종 싸움도 일어나는데 그러면서도 헤어지지 않고 같이 가는 거, 쉽지 않습니다. 이것을 견디면서 계속한다는 것은 약자들은 잘 못합니다. 아주 힘이 많이 드는 일입니다. 조금만 마음에 안 들면 "나 그만 둘래!" 하며 나가 버리는 것, 조금 힘들면 "이거 그만 때려치우자!" 하는 거, 모두 약자들의 중요한 징표예요. 새로운 걸 구성하는 능력은커녕, 이질성을 수용할 능력, 불편함을 견딜 힘도 없는 거예요. 앞서 능력의 중요한 요소 중 하나가 이질성을 감당하고 담아낼 능력이란 점에서 능력이란 수용능력(capacity)이라고 했었는데, 약자들은 수용능력이 작아서 조금만 맘에 안 들어도 "때려치우자!" 하는 겁니다. 공동체, 쉽지 않습니다. 저도 '이 짓' 하면서 '때려치우고 싶다!'라는 생각을 한두 번 한 게 아닌데, 유심히 보면 지쳐 있을 때, 힘이 부족할 때 그랬습니다. 지치지 않고 힘이 좋으면 '어떻게든 수습하고 가자!'라고 생각할 수 있어요. 지쳤을 때, 니체 말대로

'피로감'에 물들었을 때는 그게 안 됩니다.

네 번째는 '감정적인 무절제' 혹은 '열광'의 이용입니다. 그런데 앞의 세 가지 방법에 대해서는 '죄 없는 방법'이라고 하는 데 반해(그래서 고통을 다루는 긍정적 기술로 변환시키기 좋았을 겁니다), 이는 '죄 있는 방법'이라고 해요. 왜냐하면 감정적 무절제는 나중에 그 대가를 치르게 되기 때문에 그렇다고 합니다. '부흥회' 같은 종교적인 행사에서 사람들이 열광하는 경우가 그럴 거 같은데, 감정적 열광 속에서 고통을 잊고, 해야 할 생각을 잃고, 중요한 것을 잊게 되기 십상이지요. 대중들이 미쳐서 어딘가로 쏠려 가는 일도 그렇습니다. 특히 그런 감정적 무절제가 고통의 이유를 어떤 속죄양에서 찾게 되면, 파시즘으로 이어지는 건 금방입니다. 대중들의 행동패턴으로서의 파시즘은 정확히 이런 방식으로 나타납니다. 개인적인 원한의 감정을 집단화하고, 개별적인 원한의 대상을 집단적이고 대중적인 증오의 대상으로 바꾸어 놓는 원한의 기술이 여기서 출현합니다.

니체는 일찍이 『비극의 탄생』에서 도취를 디오니소스적인 것과 연결하여 긍정적으로 부각시킨 바 있는데, 바그너 음악을 떠올리게 하는 이런 도취효과는 이렇게 위험한 것이 되기 쉽습니다. 그래서 나중에 바그너와 갈라선 뒤에는 도취 자체에 대해서 긍정하지 않고 그 안에서 좋은 것과 나쁜 것을 구별하려고 합니다. 열광이나 도취는 예술에서 발견되는 좋은 것조차 어느새 반대편으로 넘어가게 하기 쉽습니다. 히틀러가 바그너의 악보마저 집착했던 바그너 마니아였고, 바그너 음악이 독일 인민을 파시즘으로 몰고 가는 데 중요한 기여를 했다는 것은 잘 알려진 사실이지요.

다섯 번째는 죄책감의 이용입니다. 이 역시 죄 있는 기술이라 하겠는데요, 금욕주의적 이상이 원한의 방향을 돌려놓는 데 가장 빈번하게 사용하는 방법이지요. 어떤 사물이나 행위를 주고받는 관계에서 '미안함'의 마음은 쉽게 경험하는 거죠. 선물을 받거나 신세를 지고 미안해하는 것이 그것인데, 일종의 채무감이라고 했지요? 그러나 채무감이 죄의식이 되는 것은 감사의 마음이 갖게 되는 '받았다'는 생각, '받은 자'의 미안함이 '폐를 끼쳤다'는 부정적 형태로 변환될 때입니다. 이때 '되갚아 주자'의 긍정적 마음은 가해자의 죄책감으로 변형되기 쉽습니다.

금욕주의는 채무감을 죄의식으로, 가해자의 죄책감으로 변형시킵니다. 그리고 그 죄책감은 이제 폐를 끼친 자신에 대한 가책으로 바뀌게 되겠지요. 금욕주의 성직자는 이렇게 감사의 마음조차 민폐의 죄의식으로, 결국 자신에 대한 원한으로 바꾸어 놓음으로써 병자들을 유죄화하고 그 죄인들을 자신들이 알려 주는 속죄의 기술로 포섭합니다. 이제 병자들이 겪는 고통은 마땅히 치러야 할 속죄가 됩니다. 이해할 수 있기에 고통스러우나 견딜 수 있게 되고, 그로써 고통의 불쾌감이 완화된다는 겁니다. 심지어 속죄의 '쾌감'을 위해 고통을 갈망하게 됩니다. 스스로를 가책하게 됩니다.

이런 죄의식과 죄책감이 사람들을 길들이고 어떤 명령에 복종케 하는 것은 성직자적 신앙과 관계없어 보이는 곳에서도 쉽게 발견됩니다. 예컨대 노동운동이나 '민중운동'을 하는 사람 사이에서, '인텔리' 내지 중산층 출신 동료들을 '기득권자'란 말로 비난하거나, 지식인 전체를 싸잡아 '지식인'이라고 비난하는 것은 아주 흔히 보게 되는 일입니다. 특별히 잘못한 게 있는 것도 아닌데 '기득권자'니 '지식인'이니 비난을 받으면 공연히 편히 살아온 과거나 편히 살 수도 있었을 미래 같은 게 모두 **미안해해야 하고 죄지은 것처럼** 되게 됩니다. '행복을 수치로 만드는' 기술에 대해 앞서 니체가 했던 말 기억 나시죠? **기득권자이고 지식인이라는 사실만으로** 그가 하려는 행동이나 그가 하는 말은 잘못된 것이 되어 버려, 말을 못 하게 되고 말지요. 죄책감을 이용해 입을 틀어막는 아주 비겁하고 저열한 방법이지요. 이는 좀더 나아가면 못 먹고 못 배운 것 자체를 삶의 진실로 찬양하고 지식인들의 생각을 지식인다운 것이라며 잘못된 것으로 비난하는 반지성주의를 향하게 됩니다. '민중'이니 '노동자'를 내세우는 것만으로도, 누군가 한 말의 타당성을 묻지 못하게 하고, '지식인'이란 말을 들이대는 것만으로도 무언가를 '이성적으로' 따지는 것을 비난하기에 충분한 것이 됩니다. '기득권층'이나 '지식인'을 죄인화하고 양심의 가책을 자극함으로써, **'못 배웠기에 옳다고 가정된 주체'**의 이름을 내건 이들에게 복종케 하려는 비천한 전술입니다. 중국의 '문화대혁명' 과정에서 육체노동과 정신노동의 평등성이란 발상이 지식인 자체를 유죄화하고 지식 자체를 적대시하는 양상으로 변환되면서 '무지'의 권력을 난감하기 그지없는 폭력으로까지 밀고 나갔던 건 이런 식의 반지성주의의 극단적 형상일 겁니다. 물론 캄보디아에서 폴 포트식의 반지성주의는 여기서 더 나아가 지식의 산물 자체마저 적대시하는 것도 가능함을 보여 주었지만 말입니다.

이런 식의 '반지성주의'는 **존재 자체를 유죄화하여 죄책감과 양심의 가책으로** 입을 틀어막고 순종케 하려는 비천한 전술이라고도 할 수 있습니다. '죄책감의 이용'이라는 성직자의 기술을 이용하는 흔한 세속적 방식인 것이겠지요.

7. 최후의 금욕주의

이 책에서 금욕주의에 대한 계보학적 비판은 여기서 한 걸음 더 나아갑니다. 니체는 "금욕주의적 이상이 의미하는 것은 무엇인가?"라는 반복되는 질문을 통해 자신이 밝히고자 했던 게, 그 이상 속에 숨어 있는 것이 무엇인가 하는 문제였다고 합니다. 그러고는 그 질문을 끝까지 밀고 들어가고자 했던 목적이 "이 최후의 가장 무서운 장면"에 대해 독자들이 마음의 준비를 하도록 하는 거였다고 말합니다(제3논문 23절). 무엇이 **최후의, 가장 무서운 형태의 금욕주의적 이상**일까요? 미리 말씀드리자면, 그것은 성직자와 연계된 금욕주의적 이상이 아니라 대개는 그 반대라고들 생각하는 것입니다. 성직자나 신앙과 무관해 보이고, 금욕주의와 하등 상관없어 보이는 데서 그는 그 최후의 금욕주의를 찾아냅니다. "철학자나 학자들의 이상주의"가 그것입니다(제3논문 24절). 그들이 이상으로 삼고 있는 '진리에의 의지', 그게 이 책의 마지막 타깃입니다.

사실 이를 두고 '가장 무서운'이라고 하는 건 감각적으로 잘 다가오지 않을 겁니다. 철학자들의 금욕주의에서 명랑한 이기심을 보고 긍정적으로 서술했음을 기억한다면 더 그럴 겁니다. 이는 여기서 니체가 그 금욕주의적 삶의 방식과는 다른 무엇을 겨냥하고 있음을 뜻합니다. 고문하고 죽이는 잔혹스러운 일마저 문화와 문명, 주권적 개인 같은 개념으로 '쿨하게' 다루었던 니체가 하필이면 왜 잔혹함과는 가장 멀리 떨어져 있다고도 보이는 학자들의 이상주의를 두고 '가장 무서운 장면'이라고 하는 걸까요?

그건 우선 성직자나 금욕주의와 하등 관계없어 보이는 것마저 금욕주의적 이상에 사로잡혀 있다는 데서 그가 느꼈던 놀라움 때문이었을 겁니다. 가벼운 놀라움은 모두 놀랄 만한 일에서 놀라는 것입니다. 누구나 놀랄 일이니 놀랍다고 말할 것도 없는 일이지요. 진정 심각한 놀라움은 누구도 놀라지 않고 누구도 이상하게 생각하지 않는 것에서 놀랄 만한 무엇을 보았을 때 발생합니다. 무서움도 그렇습니다. 누구도 무섭다 하지 않는 것에서 끔찍하게 여겨지는 어떤 것을 발견했을 때, 진정 무섭다고 몸서리치게 될 겁니다. 더 무서운 것은 그것에 대해 아무도 지각하고 있지 않다는 사실일 겁니다. 이는 또 한 번 몸서리치게 될 이유가 되지요. 눈앞에 있어도 다들 보지 못하는 바로 이것을 눈에 보이게 하려는 게 어쩌면 이 책의 최후의 목적, 최종적 목적이지 않을까 싶습니다.

이미 말씀드렸듯이 문제가 되는 것은 **학자들의 금욕주의가** 아닙니다. **학자들의 이상주의**입니다. 진리를 추구하는 것이 바로 그것입니다. 이는 성직자의 이상과 반대되는 것처럼 보이며, 금욕주의와는 상관없는 것처럼 보입니다. 더욱이 진리에의 의지로 추동되는 현대 과학은 신을 갖고 있는 것도 아니고, 특별히 금욕주의적인 것 같지도 않으며, 과학이 죄책감을 환기시키는 것도 아니고. 그런 점에서 금욕주의와 굉장히 멀리 있는 것 같이 보입니다. 그런데도 왜 니체는 근대 과학이 "금욕주의적 이상의 가장 최근, 가장 고귀한 공식"(제3논문 23절)이라고 하는 걸까요?

일단 가장 먼저 그가 지적하는 것은 학교나 연구소의 조그마한 구석의 공간, 아마도 실험실이나 연구실일 텐데, 그 구석에 만족하며 자신이 설정한 작은(!) 과업, 전문적 과제를 묵묵히 수행하고 있는 용기 있고 겸손한 '노동자'들의 존재입니다. 성실한 과학 노동자들이지요. 자주 듣는 얘기지만 실험실 벽 하나만 건너가도 물리학이나 화학 등 같은 전공이라도 서로가 하는 일에 관심이 없고 또 생소하여 알아듣기 힘들다고 하죠. 이른바 '물리'라는 말 그대로 '사물의 이치', 우주를 움직이는 세상의 이치를 찾겠다는 사람은 물론, 거창한 이론을 연구하겠다는 사람도 극히 드물 뿐 아니라, 있어도 진지한 연구자 아닌 허황된 걸 좇는 사람 취급당한다는 얘기는 저도 여러 번 들은 적이 있습니다. 사실 그런 분들, 취직도, 학위 받기도 힘들다고 해요.

'디테일의 힘', 여기저기서 자주 듣게 되는 말이지요? 맞습니다. 무언가 제대로 하기 위해선, 완성도 높은 무언가를 만들기 위해선 디테일이 중요합니다. 디테일을 놓치고 대강하는 것은 전체 형상이 그럴듯해도 2류 아니면 3류입니다. 그러나 디테일에 빠져 정작 방향을 놓치거나 전체 구도를 잊고 만다면, 그건 3류 이하가 됩니다. 아무것도 아닌, 그저 디테일에 매몰된 오덕질과 다르지 않습니다. 덕후들이야 좋아하면서 하기나 하지요, 그것도 아니면서 직업이기에 그저 디테일에 매몰되어 있다면, 나쁜 의미로 '디테일리즘'이라고 해도 좋지 않을까요?

사실 세밀한 디테일을 찾아 좀 더 미세하게 찾아들어 가는 것이 연구자의 미덕이라고 하는 것은 단지 자연과학자들에게 한정된 얘기도 아닙니다. 사회과학도 그렇고 철학 같은 '인문과학'도 그렇습니다. 자기 사유를 펼치기 위해 칸트를 동원했다면 그 디테일에서도 정확해야 하겠지요. 그러나 사유는 없이 칸트의 특정 개념, 남들 연구하고 남은 걸 찾아야 하니 구석에 숨은 것이 되기 십상일 텐데, 그런 개념에 대해 문헌을 뒤져 치밀하게 따지는 것을 '철학'이라고 하는 분들 많지요. 이런 거라면 디테일에 충실한 게 아니라 디테일에 매몰되어 있는 거지요.

니체 말대로 디테일리즘이라 해야 할 연구의 성향이 이런저런 학문을 지배하고 있습니다. 과학은 더욱더 그렇습니다. 작고 '전문적인 것'에 대한 겸손한 만족과 성실한 '연구-노동', 거창한 것을 추구하는 것에 대한 비난, 즉 '유죄화'는 이미 본 것처럼 금욕주의적 이상의 중요한 특징입니다. 커다란 믿음에 대한 정열조차 없이, 그저 작은 것 안에 갇혀 엄격한 작업을 하고 있을 뿐인데, 니체가 보기에 이는 실패에 대한 불안, 큰일을 할 수 없는 자신에 대한 자기-멸시와 가책 같은 것이 숨어 있는 은신처라는 겁니다. 실패의 위험을 무릅쓰며 좀 더 큰 것, 좀 더 과감한 것을 향해 상승해 가는 힘을 억압하고, 성과가 나올 게 확실하고 실패의 위험이 없는 안전한 것에 안주하는 태도가 약자의 금욕주의에 속한다는 말은 충분히 납득할 수 있겠지요? "과학자들은 때로 악의 없는 말 한 마디로 뼛속까지 상처를 입는" 경우가 많다고 니체는 지적하는데(제3논문 23절), 그래서인지 종종 다른 견해에 화를 내는 경우도 드물지 않지요. 실패에 대한 두려움이 자신이 견해에 대한 비판에 그렇게 반응하게 하는 것인데, 정확하게 약자들의 중요한 특징입니다. 이런 태도 밑에서 원한의 정신을 발견하는 것은 어려운 일이 아닙니다.

그러나 니체의 비판은 작은 실험실을 지키는 소심한 과학자들의 금욕주의적 이상에 머물지 않습니다. 그는 과학자뿐 아니라 철학자를 포함해 **진리를 추구하는 학자 전체에게서** 최후의 금욕주의를 발견합니다. 진리가 모든 것이라고 생각하는 '진리에의 의지' 자체가 그것입니다. 니체는 어디에나 의지가, 힘에의 의지가 작용하고 있다고 하지요. 금욕주의에도 그런 의지가 있는데, 금욕주의의 특징은 오직 **하나의** 의지, **하나의** 목표만을 상정한다는 겁니다. 그것은 하나지만 충분히 보편적이어서 그에 비하면 다른 모든 것은 사소하고 협소해 보입니다. 또한 그것은 하나의 목표이기에 모든 것을 해석하는 잣대이며, 다른 목표나 해석을 허용하지 않습니다(제3논문 23절). 그 목표에 대한 비판이나 반대는 당연히 받아들이지 않습니다. 어디에나 의지가 있고, 그 의지들은 각자의 방향이나 목표를 갖기 마련이니 여러 방향을 향한 상이한 목표들이 존재하는 것이 당연한데도, 금욕주의는 그것을 허용하지 않는다는 겁니다.

진리라는 말이 철학자나 과학자 등 학자들 전체를 하나로 묶어 주는 의지의 이름임은 분명합니다. 그래서 그들에겐 종종 '과학' 자체가 목표가 됩니다. 근대 이후 '과학적'이란 말은 '참된'이란 말과 동의어가 되었기에, 많은 학자들이 자신이 추구하는 지식이 '과학'이라고 믿거나 '과학이어야 한다'고 믿습니다. 이런 점에서 '과학'은 진리의지를 대표하는 지식이 된 셈이지요. 그렇기에 진리의지가 금욕주의적이라는 비판은 어떤 지식보다 우선 과학을 겨냥한 비판이 되는데, 이 비판은 앞서 한 구석에 만족하여 성실하게 연구하는 과학자의 금욕주의와 다른 것입니다. 작은 것에 안주하는 작은 의지의 금욕주의가 아니라 오직 하나만을 허용하는 크고 배타적인 의지의 금욕주의입니다. 양상은 반대인 듯 보이지만, 둘 다 진리에 대한 믿음에 구속되어 있으며, 진리를 추구함에 있어서 '엄격하다'는 점에서는 공통적이지요.

오해하실 수 있어서 말씀드리지만, 진리에의 의지를 비판하는 것이 진리란 무용한 것이라거나 나쁜 것이라는 말은 아닙니다. "진리를 향한 무조건적 의지"(제3논문 24절), 즉 **오직** 진리**만**이 옳으며 진리**만**을 추구해야 한다는 것이 문제인 겁니다. 어떻게 '참된 것'이 무용하거나 나쁜 것이겠어요? 니체 자신도 자신이 쓰는 글이 참될 거라는 생각이 없이 썼을 리는 없지요. 물론 이런 식의 진술이 '진리'인지에 대해선 엄격하게 진리의지를 추구하는 분들은 인정하지 않을 수도 있지만요. 예전에 '비엔나학파'라고 불리던 논리실증주의자들이 있었는데, 이분들은 참/거짓을 검증할 수 있는 것이 아니면 모두 '무의미'한 말이라고, 즉 헛소리(nonsense)라고 했었지요. 이분들 보기에 니체의 말들은 참/거짓 이전에, 검증할 수 없는 말이나 진리는커녕 '말'로서의 자격이 없는 헛소리였을 겁니다.

전에 어디서 들은 얘기인데, 앨프리드 에이어(Alfred Ayer)라는 실증주의자가 그랬답니다, 하이데거의 『존재와 시간』을 처음부터 끝까지 읽어 보았는데, '유의미한' 문장을 단 하나도 발견할 수 없었다고. 이분들이 이런 책들을 보면서 자주 인용하는 게, 이들의 성전(聖典)이 되었던 비트겐슈타인의 책 『논리철학논고』의 마지막 문장입니다. "말할 수 없는 것에 대해서는 침묵해야 한다." 진리에의 의지가 편협한 논리학과 결합해 강박증이 되어 버린 경우라 하겠습니다. 이에 대해서는 블랑쇼가 했던 말로 되돌려 줄 필요가 있습니다. "우리가 진정 말해야 할 것은 말할 수 없는 것에 대해서이다."

진리에의 의지에 몰두하다 보면 어떻게 되는지를 보여 주는 아주 좋은 사례를 이들이 보여 줍니다. 이 예가 사소하지 않은 것은 이들이 나중에 미국으로 건너가 영미철학의 주류가 되었기 때문입니다. 물론 러셀로 대표되는 '논리주의' 같은 것이 그전에 이미 있었고, 경험주의적 전통에서 연유하는 자연발생적 실증주의 같은 것이 이미 거기 있었으니 이들이 주류가 된 건 단지 이들의 영향력 때문만이라곤 할 수 없겠습니다. 『논리철학논고』의 비트겐슈타인 역시 러셀 문하에서 공부하고 가르치고 했으니까요.

논리실증주의자들이 '검증 가능성'을 무슨 진리의 주문인 양 외치고 다녔는데, 사실 '검증 가능성'이란 말이 대체 무엇을 뜻하는지는 별로 명확하지 않으며, 그 말의 진리성을 검증할 수 있는지는 입증할 수 없습니다. 논리학을 교조적으로 떠받든 건 아니란 점에서 다르지만, 많은 이들의 지지를 받았던 과학철학자 칼 포퍼의 '반증주의'도 실은 이와 대칭적이라고 보입니다. 진리의 검증 가능성이 논리적 난점에 봉착하자, 그것 대신 '반증 가능성'을 제안하여 과학 곧 진리의 기준으로 삼은 거니까요. 여기서도 '반증 불가능한 문장'은 '과학'(진리!)과는 거리가 먼 문장이 되어 내쳐야 할 것이 되고 맙니다.

사실 이런 말들을 고지식하게 받아들인다 해도, 이 주장이 타당한지는 의문입니다. 가령 에너지 보존 법칙이나 엔트로피의 증가로 요약되는 열역학 제2법칙은 검증이나 반증이 가능할까요? 지구 같은 하나의 계에서 에너지가 보존되지 않거나 엔트로피가 감소한다고 해서 이 법칙은 반증되지 않습니다. 그 바깥의 계, 가령 태양을 고려하면 그 반증은 무효화되는데, 결국 우주 전체를 놓고 반증할 길이 없기에 반증 가능성은 없습니다. 검증 가능성도 없지요. 그런데 과학적 진리임을 부정하지 않잖아요. "주사위를 던져 6이 나올 확률은 6분의 1이다"라는 명제는 다들 인정하는 수학적 '진리'이지만, 어떤가요? 검증이나 반증이 가능할까요? 몇 번을 던져야 검증이나 반증이 가능할까요? 이처럼 검증 불가능하지만 '진리'라고 하는 문장이 하나 있으면, 검증 가능성이나 반증 가능성 타령을 하는 이론은 그들 기준에 따르면 반증되고 맙니다. 기각되어야 합니다. 그런데 그들이 이런 지적을 듣고 자기 이론을 포기했다는 얘기는 못 들어 보았습니다. 그들 자신의 행동으로 자기 이론의 타당성을 부정하고 있는 거죠.

이런 주장을 통해 유포되는 것은 두 가지입니다. 과학적 진리라고 알려진 건 마치 검증이나 반증을 거치고 살아남은 것이라는 환상이 그 하나죠. 다른 하나는 검증 가능성, 반증 가능성이 없으면 말도 하지 말라면서 진리가 될 자격이 없는 생각을 머리에서 몰아내려는 의지입니다. 오직 진리라는 신만을 섬기려는 충실한 사제들의 모습을 여기서 보게 됩니다.

8. 진리로부터의 구원

니체는 말합니다. "진리를 향한 무조건적 의지란 금욕주의적 이상 자체에 대한 신앙"이라고. 또한 그것은 "형이상학적 가치, 진리의 가치 그 자체에 대한 신앙"이며, 진리의 이 가치는 역으로 형이상학 속에서 보증되고 확인된다고.『선악의 저편』제일 앞부분에서 말했던 것이지만, 니체는 '도덕적이어야 한다'라는 명제는 도덕적인지를 묻고, '진리를 추구해야 한다'는 것은 참된 것인지를 묻습니다. 이는 증명된 적도 없고 증명하려 한 적도 없지요. 문학이나 예술은 진리를 추구하는 게 아니라 명시적으로(!) 허구를 추구합니다. 멋진 허구. 가끔씩 예술에서도 진리를 추구하는 일이 있지만, 멋진 허구 대신 지루한 허구, 뻔한 허구, 상투적인 허구로 귀착되는 일이 허다합니다. 그러나 이를 두고 무용하다거나 거짓이라고 비난하지는 않지요.

과학은 다르다고 하겠지만, 이미 그것은 과학에서 진리의 가치에 대한 가정, 니체 말대로 '신앙'이라 해야 할 가정을 전제로 하기에 할 수 있는 말입니다. 과학은 모든 명제에 대해 엄격한 증명을 요구합니다. 그렇다면 진리를 추구해야 한다는 주장이 참임 역시 그렇게 엄격한 방식으로 증명되어야 합니다. 그러나 이제는 과학자들도 잘 알고 있습니다. 무전제의 과학, 무전제의 지식이란 있을 수 없음을. 수학조차 공리와 무정의 개념이라는 많은 증명 없는 전제들로부터 시작합니다. 물리학이나 생물학도 마찬가지입니다. 그 증명 없는 전제들 가운데 가장 일차적인 것이 '진리를 추구해야 한다는 주장은 참이다'라는 명제일 겁니다.

그렇다고 그걸 '공리'라고 할 수도 없습니다. 공리라면 다른 공리, 즉 '진리를 추구해야 한다는 것은 참이 아니다'라는 명제를 공리로 하는 다른 지식의 가능성에 열려 있어야 합니다. 즉 **'진리를 추구해야 한다는 주장은 아니다'를 공리로 한 지식에 대해 과학이 열려 있어야** 합니다. 무슨 말인가 싶나요? 가령 지금의 기하학은 평행선 공리와 다른 공리계를 기하학 안에 허용하고 있습니다. 그게 기하학 안에서 허용되지 않는다면, 그건 더 이상 공리계가 아니라 신앙의 체계가 됩니다. 평행선은 하나라는 믿음을 유일한 전제로 인정하는 지식의 체계 말입니다. 비유클리드 기하학 이전의 기하학이 그랬지요. '생산성 상승은 선(善)이다'라는 명제, 가치판단임이 분명한 이 명제도 대부분의 경제학이 받아들이는 가정입니다만, 이와 다른 가정, 즉 '생산성 상승은 경제적 선이 아니다', 혹은 '생산성은 중요한 기준이 아니다' 같은 가정이 경제학 안에 받아들여질 수 없다면 '생산성 상승은 선이다'라는 명제는 대체 가능한 공리가 아니라 신앙을 표명하는 믿음입니다.

공리계가 신앙의 체계와 다르려면, **다른 공리에 입각한 공리계가** 그 공리계를 포함한 지식 안에, 즉 기하학이든 과학이든 **그 지식 안에서** 허용되어야 합니다. 그런데 과학이 그걸 허용하나요? '진리를 추구해야 한다는 주장은 참이 아니다'를 허용하는 과학은 들어 본 적 없지요? 그렇다면 '진리를 추구해야 한다는 주장은 진리다'는 공리가 아닙니다. 그건 그저 자명하고 당연하다고 믿는 **믿음**에 불과하고, 그 믿음에 기초한 지식은 **신앙**에 지나지 않습니다. 세계는 이러하다는 특정한 형이상학적 믿음에 기초한 신앙입니다. 다른 믿음을 허용하지 않는 신앙입니다. 이는 특정 신에 대한 믿음에서 출발하는 종교와 생각만큼 다르지 않습니다.

종교 얘기가 나왔으니, 역으로 생각해 보아도 좋겠습니

다. 가령 '유일신이 존재한다'라는 명제가 하나의 공리라면, 다른 공리로 대체하는 게 어떤 이념 안에서 가능하다면, 그 이념은 종교이기를 그치고 아주 다른 종류의 이념이 됩니다. '신은 존재하지 않는다'나 '신은 무수히 많이 존재한다', '신은 수많은 존재자 중 하나다' 등과 같은 명제를 각각의 공리로 채택하는 상이한 이념들이 가능하게 되는 그런 이념이니까요. '여호와와 다른 신 또한 존재한다'라는 명제도 마찬가집니다. 이런 이념 안에서 이제 신과 종교는 각자 선택 가능한 연구나 탐색의 대상이 됩니다. 가령 종교 대신 종교학이 시작되게 됩니다. 그리고 각 이념의 명제를 그 효과에 따라 다르게 삶에 이용할 수 있는 상이한 사유가 가능하게 됩니다. 이처럼 상이한 믿음이 가능하게 열려 있다면, 그 믿음의 체계는 금욕주의적이라 할 수 없습니다. '믿음'이나 '신앙' 자체가 문제가 아니라, **오직 하나만** 허용되는 믿음이나 신앙이 문제인 것이지요.

하나의 의지, 하나의 원리 아닌 여러 원리가 이런 식으로 허용되는가와 그렇지 않은가는 근본적으로 다릅니다. 신이든 진리든 오직 하나만 허용되는 체계는 믿음이 강요되는 체계입니다. 하나의 원리나 의지만이 허용되는 체계라면 종교든 과학이든 자신의 조건에 따라 각이한 연구나 삶의 방식을 추구하는 다른 의지들을 배제하고 인정된 오직 하나의 의지에 복속시키려 하게 됩니다. 이런 점에서 오직 하나의 의지나 원리만 허용되는 지식은 신에 대한 오직 하나의 관념만 허용되는 종교와 마찬가지로 배타적입니다. 다른 종류의 의지, 자기 신체와 환경에 따라 다른 목적과 방향, 의지를 갖게 마련인 생명의 능동성을 억압하는 금욕주의적 이상의 체계입니다.

다른 금욕주의처럼 진리에의 의지만을 추구하는 지식은 **생명의 빈곤화**(제3논문 25절)에 이르게 됩니다. 니체가 진리에의 의지를 비판하려는 것은 바로 이 때문입니다. 그것은 진리의 비판이나 거부가 아니라 **진리만** 허용되는 체계에 대한 비판입니다. 진리만큼이나 허구가, 혹은 진리인지 허구인지 알 수 없는 것이 허용되는 체계가 될 때, 어떤 지식은 금욕주의적 억압의 체계에서 벗어날 수 있습니다.

진리를 추구하는 과학보다 차라리 허구와 허상을 추구하는 예술이 차라리 삶에 대해서는 더 낫다고 하는 말(제3논문 25절)을 저는 이런 맥락에서 이해하고 싶습니다. 왜냐하면 진리에의 의지는 진리가 담긴 지식마저도 오직 하나의 원리로 압축하려 하지만, 허구와 허상은 수렴도 압축도 불가능하기에, 제멋대로의 방향으로 발산해 버리기에, 모든 다양한 의지들을 수용할 수 있기 때문입니다. 심지어 허구와 허상에의 의지는 그 안에 **진리를 추구하는 의지마저** 그 많은 '허구'의 일종으로 수용할 수 있습니다. 진리를 추구하는 예술이 예술의 역사 안에 있었으며, 심지어 강력한 힘을 갖기도 했다는 사실이 그것을 잘 보여줍니다.

니체의 철학에 대한 하이데거의 비판을 여기서 잠시 언급하는 것이 좋을 거 같습니다. 하이데거는 니체가 힘에의 의지를 모든 존재자를 움직이는 원리로 상정하고 있다는 점에서 형이상학이라고, 즉 **하나의 원리**로 모든 걸 설명하려는 사유라고 비판합니다. 뿐만 아니라 니체의 철학은 힘에의 의지를 긍정하고 추구한다는 점에서 '의지에의 의지'를 드러내며, 모든 것을 지배하려는 의지의 추구를 드러낸다는 점에서 '최후의 형이상학'이라고 말합니다. '궁극의 형이상학'이라는 말이지요. 그렇기에 니체가 근대 과학을 비판하지만, 그가 보기에는 세상을, 자연을, 지구를 계산하고 통제하고 지배하려는 근대 과학기술에 대한 철학적 정당화라고 합니다(마르틴 하이데거, 『강연과 논문』, 신상희·이기상·박찬국 옮김, 이학사, 2009, 103~106쪽).

니체가 모든 것을 '의지'라는 개념으로 해명하려 한다는 건 틀림없습니다. 철학자든 과학자든 나름의 사유를 하는 사람이라면 자신이 근본적이라고 생각하는 개념으로 전체를 설명하려하게 마련이며, 이는 하이데거도 다르지 않습니다. 그런데 하나의 법칙이나 '원리'로 세상을 설명하는 것과 의지라는 개념으로 세상을 설명하는 것은 같지 않습니다. 법칙이나 원리는 하나이겠지만, **의지는 하나가 아니며 하나일 수 없기 때문**입니다. 의지라는 개념은 하나지만, 그것이 힘을 향해 움직인다는 건 같지만, 그 힘은 하나가 아니며 의지들이 움직이는 양상은 제각각이기 때문입니다. 오히려 들뢰즈와 가타리가 '분열자'라고 명명했던, 그 자체로는 카오스라고 해야 할 모든 방향이, 그런 의미에서 무방향성이 거기 있습니다.

하나의 법칙이나 원리로 설명하는 것은 그것이 움직이는 구체적 '양상'에 대해 하나의 통일성을 부여하게 됩니다. 그러나 니체처럼 의지로 설명할 때, 모든 존재자가 '하려고 하는 것을 한다'는 말이 그들이 움직이는 양상에 통일성을 부여하지는 않습니다. 각자가 자신이 원하는 바에 움직일 뿐이라는 말이니까요. 빛이 있으면 빛을 향해 가는 놈이 있는 반면, 빛을 피해 숨는 놈도 있고, 산소가 있는 곳을 찾는 놈이 있는 반면 산소를 피해 숨는 놈이 있는 거죠. 그것이 **생명의 거대한 다양성**을 만들어 냅니다. 오직 하나만 추구하는 지식이 '생명의 빈곤화'로 귀착되는 것과 반대지요. 힘에의 의지는 생명체의 본능에 속하는 의지지만, 금욕주의처럼 그 의지나 본능을 억압하고 그것을 무력화하려는 경우마저 있습니다. 즉 반대 방향으로 움직이는 의지도 있는 겁니다. 니체가 이 책 셋째 논문에서 애써 증명하려 한 게 바로 이거였죠? 반면 법칙도 그렇고, 신이나 이데아라는 개념으로 설명하려 할 때도 **하나의 양상**으로 묶는 걸 피할 수 없습니다. 신이나 이데아의 '선함'을 명시적이든 암묵적이든 가정하기에, 그로부터 연유하는 세상 또한 선해야 한다는 생각이 나오기 때문입니다. 그렇기 때문에 신학적 형이상학으로선 세상에 '악'이 존재하는 것을 어떻게 설명할 것인가가 중요한 난문이 됩니다. 플라톤도 그래요. 모든 것이 이데아의 모사라면, 똥이나 쓰레기도 그럴 텐데, 그럼 똥의 이데아, 쓰레기의 이데아도 있는가라는 질문이 그겁니다. 반면 이제까지 본 것처럼 '의지' 개념은 그렇지 않습니다. 그렇기에 하나의 '근본' 개념이 있다는 것이 모든 것을 단일한 원리 아래 두는 '형이상학'임을 뜻하진 않습니다.

다음으로, 니체에게는 '의지에의 의지'만이 존재한다고 하지만, 이 의지가 '생에의 충동'이나 금욕주의처럼 **오직 하나만을** 의지해야 한다고 하면 이는 분명 하나의 의지에 모든 것을 복속시키고 지배하려는 것이라 할 것입니다. 그러나 다른 의지들, 각자의 의지들이 하고자 하는 것에 열려 있다면, 의지가 지향하는 수많은 방향들이 니체의 사상 안에서 허용된다면, 그렇게 말할 수 없습니다. 의지에 반하는 의지, 생명에 반하는 의지조차 허용되고 설명된다면, 어떤 의지도 있을 수 있습니다. 과학기술처럼 자연을 지배하려는 의지도 있지만, 그 사유 안에는 그에 반하는 의지, 그것과 대결하려는 의지도 있기에, 과학기술의 지배 의지를 정당화한다고는 말할 수 없습니다. 생태주의 운동가의 의지도, 하이데거같이 과학기술에 대항해 '사방세계의 파수자'로 살려는 의지도 니체의 의지 개념은 모두 포함하고 있기 때문입니다. 따라서 하이데거의 니체 비판은 그다지 적절한 비판이라고 보기 어렵다는 생각입니다.

요컨대, 금욕주의적 이상의 요체, 그것은 오직 하나의 의지, 오직 하나의 목적이나 방향만을 허용한다는 것입니다. 니체가 말한 최후의 금욕주의, 궁극의 금욕주의라고 번역해도 좋을 그 금욕주의는 진리라는 **오직 하나의 목적만을 갖는 금욕주의입**니다. 그것은 종교적 금욕주의가 아니라 철학이나 과학 같은 지식의 형태를 갖는, 진리라는 오직 하나의 목표를 추구하는 세속적 금욕주의이고, 피안의 금욕주의가 아니라 현세적 금욕주의입니다. 그가 말한 가장 무서운 장면이란 바로 이 현세적 금욕주의가 세상을 지배하고 사람들을 지배하는 것입니다. 니체가 금욕주의에 대한 계보학적 분석을 통해 도달하고자 했던 것은 바로 이 금욕주의에 대한 비판입니다.

그리고 이 비판을 통해 그가 제시하고 싶었던 것은 바로 그 금욕주의로부터 빠져나가는 출구입니다. 조금 전에 말씀드렸듯이, 그 출구는 어쩌면 멀리 있지 않습니다. 오직 하나의 목적, 하나의 의지를 쉽게 웃어넘기며 그와 다른 수많은 목적, 수많은 의지들을 긍정하고 창안하는 것입니다. 진리라는 하나의 목적에 대한 엄숙하고 엄격한 추구 대신에, 그것 이상으로 허구와 허상이 삶에 '좋은 것'일 수 있음을, 우리의 삶에 더 유용하고 필요한 것일 수 있음을 이해하는 것입니다. '구원'이란 게 있다면, 그건 오직 하나의 신이 인간에게 내미는 손 같은 게 아닙니다. 오히려 오직 하나의 신으로부터, 오직 하나의 목적과 의지로부터 의지 자체를 구출하는 것이 바로 구원이라 하겠습니다. 부디 구원의 길을 발견하고 창안하시게 되길 니체는 지금도 저승 어딘가에서 기원하고 있을 겁니다.

니체주의자에게 공동체는 불가능한가?

『도덕의 계보』에 대한 얘기는 이제 대강 마쳤습니다. 그런데 제 입장에서, 즉 저 자신의 투시법으로 이 책을 읽으며 좀 더 생각해 봐야 했던 것에 대해 마지막으로 덧붙이고 싶습니다. 그건 니체주의자에게 공동체는 과연 불가능한 것인가 하는 문제입니다. 아시다시피 니체에게 공동체란 본질적으로 약자들이 무리 짓는 것을 뜻합니다. 그러나 지금 강의를 하고 있는, 여기 〈수유너머〉를 비롯해 30년 동안 이런저런 이름의 지식공동체를 만들고 살아 내려 했던 사람으로서는, 공동체를 약자들에게 귀속시키는 니체의 얘기는 쉽게 받아들이기 어렵습니다. 그렇다고 받아들일 수 없는 작은 유보로 한쪽 구석에 밀쳐 두고 싶지도 않습니다. 어떤 점에서 그런지를 생각해 보고 싶고, '강자들의 공동체'는 정말 불가능하거나 어불성설인 건지 생각해 보고 싶습니다.

아래에 있는 글은 「노예의 공동체와 자유인의 공동체」라는 제목으로, '코뮤니즘'을 특집으로 간행된 일본의 잡지 『HAP-AX』 8호(2017)에 게재된 것입니다. 이 강의가 이루어진 직후에, 강의하면서 생각했던 것을 쓴 글이라, 읽어 보시면 앞에서 일부 얘기했던 것이 여기저기 보일 겁니다. 『도덕의 계보』에 대한 강의에 에필로그 삼아 붙이는 부록인 셈입니다. 갑자기 강의의 어투와 달라져 어색할 수 있겠지만, 원래 글로 쓰인 것이라 그대로 싣는 게 좋겠다 싶습니다.

＊ ＊ ＊

1.「디 벨레」, 액체적 공동체의 힘

전체주의라는 혐의를 씌워 공동체를 비판하는 것은 아주 쉽고도 흔한 일이다. 개인들을 하나의 전체로 통합하려는 것이 공동체인 한, 공동체는 정의상 전체주의의 운명을 타고난 것으로 보이기 때문이다. 그러나 그 개인이 또한 하나의 공동체라면, 그 개인주의 또한 자신을 구성하는 기관이나 세포들에 대해 행사하는 전체주의적 지배라고 해야 하지 않을까? 이런 점에서 개인주의자는 또 하나의 전체주의자다. 개인이란 유기체는 어떤 '공동체'보다도 더 강력하고 획일적인 공동체다.[1] 그렇기에 개인주의적 입장에서 던지는 흔한 공동체 비판은 너무 안이하고 너무 피상적이다.

공동체가 갖는 힘과 '유용성'에 대한 통찰 없이 행해지는 공동체 비판은 사실 대체로 피상성을 면하기 어렵다. 그렇게 전체주의의 위험이 있음에도, 자신의 '개인적' 의지가 잠식될 것이 분명함에도 사람들이 반복하여 공동체를 만들려 하고, 또 공동체를 지속하려는 이유에 시선이 가닿지 않기 때문이다. 그러한 비판은 공동체에 대해서 사실 아무것도 모르는 채 마구 던지는 돌에 불과하다. 이런 점에서 보면 데니스 간첼의 영화 「디 벨레」(Die Welle)는 공동체에 대한 진지하고 깊이 있는 통찰력을 보여 준다. 자신들, 심지어 그 실험을 주도했던 교사 라이너마저도 그렇게 되리라고 누구도 예상 못 한 상태로 휘말려 들어가게 한 강력한 힘이 공동체에 존재함을 보여 주었기 때문이다.

아나키스트인 라이너는 '독재'(Autokratie)를 주제로 한 수업에서 파시즘의 재발 가능성을 웃어넘기려는 학생들을 상대로 실험수업을 하자며 클래스 전체를 하나의 공동체로 조직한다. '디 벨레'라는 이름의 공동체, 그것은 집에서나 학교에서나 왕

---

1 들뢰즈·가타리가 아르토의 '기관 없는 신체'를 앞세워 '유기체에 대한 전쟁'을 선포했던 것(Deleuze & Guattari, *Mille Plateaux*, Minuit, 1980, p.196)을 우리는 이런 의미에서 다시 읽어도 좋을 것이다. '동일성'(identity)이 개인의 행동이나 삶을 동일하게 지속하게 하는 권력을 행사한다면, 그것은 기관이나 세포의 경우에도 마찬가지라고 해야 한다. 하나의 기관을 '동일성'의 권력에서 벗어나게 하여 다른 '기관'—'기계'라고 바꾸어 써야 정확하지만—으로 바꾸려는 시도, 유기체로부터 기관의 동일성을 해방시키려는 시도는 유기체 이하 수준에서 동일성의 권력과 대결하려는 시도라고 해도 좋을 것이다.

따였던 학생 팀에겐 곤경에 처한 자신을 돕고 구해 주는 동료들과의 새로운 세계를 뜻했고, '산다' 싶게 하는 삶의 시작이었다. 동료들의 개인주의로 인해 제대로 된 연습 한 번 뜻대로 못 했던 연극연출자 데니스에게 공동체는 합심하여 연극 연습을 시작할 수 있는 결정적 계기였다. 개인플레이로 매번 경기를 망치던 수구팀에게 공동체는 팀플레이가 가능하게 만들어 준 비약의 계기였다. 그렇기에 모두들 마치 광기에 휘말린 듯 '디 벨레'라는 공동체에 휘말려 들어간다. 그러나 바로 그 강력한 힘을 만들어 낸 공동체가, 단합을 위해, 좀 더 강력한 힘을 위해, 자신의 지속을 위해 다른 의견을 가진 자와 다르게 행동하는 자를 배제하고 그에 대해 폭력을, 자발적인 폭력을 행사하게 한다. 이러한 힘은 '독재자'의 역할을 맡았던 아나키스트 교사 라이너마저 휘어잡고, 그의 통제를 벗어나서 작동하며, 급기야 '가정된 독재자'를 초과하는 지점으로까지 나아간다.

사실 이것이 전체주의와 다른 파시즘의 힘이다. 다시 들뢰즈/가타리의 말을 빌리면, 몰적인(molar) 전체성의 권력을 가동시키는 고체적인 전체주의와 달리, 이웃에서 이웃으로 분자적 감염에 의해 형성되고 불안정하게 유동하는 액체적인 파시즘[2]의 고유한 힘은 공동체가 갖는 이 구성적이고 긍정적인 힘에서, 그것의 유용성에서 나온다. 푸코식으로 말하면, 유용하고 생

---

2 파동이나 파도(wave)를 뜻하는 영화의 제목이나, 영화 전반에 등장하는 물과 액체들의 이미지는 이러한 힘을 보여 주는 아주 적절한 표현적 요소라고 하겠다.

산적이기에 더욱 강력한 권력, 그것이 자발적 공동체의 심부(深部)에 자리 잡고 있는 것이다. 그렇기에 그것은 종종 더욱 빠르고 강력한 속도로 죽음을 향해 치달리게 하는 힘이기도 하다.

이 파시즘의 위험이 제거된 공동체는 불가능할까? 공동체에 대해 던져져야 할 질문은 어쩌면 이것인지도 모른다. 그러나 파시즘의 이유가 되는 요인을 분석적으로 얼른 제거함으로써 '안전한 공동체', '위험 없는 공동체'의 지도를 확보했다고 믿는다면, 무력한 공동체로 가거나 아니면 말려든 줄도 모르는 채 파시즘에 말려 들어갈지도 모른다. 왜냐하면 공동체의 힘을 만들어 내는 것도, 파시즘의 힘을 만들어 내는 것도 동일하게 내부자들로 하여금 '하나처럼 움직일' 수 있게 해주는, 스피노자라면 '공통통념'(common notion)이라고 불렀을 공동성이기 때문이다. 개체들을 묶어서 집합적 신체로 만들어 주는 것, 그렇기에 그렇게 연결된 신체들을 가깝고 친숙하게 해주며 그렇지 않은 신체들과 거리를 만들어 주는 것이 그것이다.

이런 이유에서 나는 이런 내부성과 반하는 '외부성'이 중요하다고 주장하고, 내부성을 요체로 하는 공동체나 공동체주의와 반하여 외부성을 요체로 하는 코뮨이나 코뮨주의를 개념화하려고 했지만,[3] 그렇다고 내부화의 위험을 피하기는 결코 쉽지 않음 또한 잘 안다. 어떤 공동체도 시간이 지남에 따라 내부성이 강화되는 것은 피할 수 없기 때문이다. 내부성은 피할 수 없

---

3 이진경, 『코뮨주의』, 그린비, 2010.

는 것이란 점에서 공동체에겐 일종의 '운명' 같은 것이다. 그러니 '외부성의 공동체', 즉 '코뮨'이란 자신의 가장 중요한 힘과 스스로 대결하는 역설적인 공동체인 셈이다.

이런 공동체의 힘을 니체라면 '무리 짓기'라고 비난할지도 모른다. 이 점에서 니체는 누구보다 강하게 공동체에 대해 비판하며 최대한 거리를 두려고 한다. 니체의 사유가 갖는 힘을 아는 코뮨주의자라면, 공동체에 대한 니체의 이 비판처럼 곤혹스러운 것이 없을 것이다. 니체적 사유 안에서 공동체란 불가능한 것인가? 니체주의적 공동체란 불가능한 것인가?

2. 니체주의적 공동체는 가능한가?

니체가 보기에 공동체란 무리 짓기를 좋아하는 천한 자들의 욕구의 소산이다. 금욕주의적 이상을 분석하는 『도덕의 계보』 제3논문에서 그는 "상호성을 형성하려는 의지, 무리를 형성하려는, '공동체'를 지향하는, '집회'를 하려는 의지"를 삶의 고통에서 생겨난 불쾌감을 잊기 위한 이웃사랑의 '작은 즐거움'과 하나로 묶어 비판한다. 이처럼 "무리를 이루는 것은 우울증과의 투쟁에서 중요한 진보이며 승리이다. […] 모든 병자나 병약자는 숨 막힐 듯한 불쾌감이나 허약한 감정을 떨쳐 버리려는 갈망에서 본능적으로 무리조직을 추구한다”.[4] 공동체란 이 병약한 자들이 만들어 낸 무리조직의 일종이다.

정말 그럴까? 나는 니체의 사유방법에 대해 많은 부분 동의하지만, 책을 쓰는 그의 속도와 리듬으로 인해, 근본적으로는 그의 반시대적 사유조차 벗어날 수 없었던 시대적 한계로 인해 그 자신의 사유방법에서 벗어난 판단이나 비판 또한 적지 않다고 본다. 가령 마틴 버날의 유명한 책에 따르면 니체가 아주 강하게 반복하고 있는 그리스 예찬은 식민주의가 본격화된 18세기 중반 이후 출현한 유럽의 ‘그리스주의’의 소산이고, 헬레니즘 문화의 이집트적이고 아프리카적인 기원을 의도적으로 삭제하며 성립된 것이다.[5] 로제 폴 드르와의 문헌학적 연구에 따르면, ‘허무에의 의지’를 요체로 하는 그의 불교 비판은 불교철학에 대한 오해와 무지의 산물이다.[6] 다른 분석 또한 그렇지만, 공동체에 대한 그의 분석은 니체 자신이 금욕주의 분석에 사용한 ‘의학적·생리학적 분석’이라고 말한 방법에 따라 좀 더 차분하게 검토해 보아야 한다.[7]

---

4 프리드리히 니체, 「도덕의 계보」, 『선악의 저편·도덕의 계보』, 김정현 옮김, 책세상, 2002, 505쪽.

5 마틴 버날, 『블랙 아테나 1』, 오홍식 옮김, 소나무, 2006.

6 로제 폴 드르와, 『철학자들과 붓다』, 송태효·신용호 옮김, 심산, 2006. 석가모니가 자기 아들에게 붙인 라훌라라는 이름에 대해 ‘작은 악령’이라고 한 걸 보면, 니체나 그가 자랑스레 기대고 있던 친구 모두 산스크리트 문헌학에 그리 조예가 깊었던 것 같지 않다. ‘라훌라’는 ‘작은 악령’이 아니라 ‘장애물’이란 뜻이다.

7 『도덕의 계보』 제1논문은 어원학적 방법이 사용되어 쓰였다. 그러나 어원학적 방법은 단어의 발생기인 특정 시대 사람들의 통념을 보여 줄 뿐이며, 그런 통념의 정당성은

사람들이 공동체를 형성하는 것은 현존하는 힘의 분포를 변형시켜 집합적 신체를 구성하려는 것이고, 그럼으로써 좀 더 강한 힘을 갖는 신체를 형성하려는 것이다. 이는 니체 자신의 말로 다시 쓰면, 그 자체가 '힘에의 의지'(Wille zur Macht)의 작용이다. 이는 니체 또한 알고 있는 것이다. 무리조직을 형성하는 것은 "공동체의 힘에 대한 자각"을 동반한다고 지적하기 때문이다. 다만 그것을 "공동체의 번영에 대한 쾌감으로 인해 개개인이 자신에 대한 불만을 느끼지 못하게 된다"고 비판한다. 공동체적 연대의 쾌감을 통해 개개인의 '고유성'을 상실한다는 말일 것이다.

그러나 이는 유기체를 '더 이상 분할할 수 없는 최소치'라는 의미에서 인디비주얼(individual)이라고 보았던 19세기 생물학의 소산이다. 린 마굴리스의 '공생진화'에 대한 연구 이후 잘 알려진 것처럼[8] 모든 생명체는 수많은 박테리아의 군체(群體), 즉 공동체다. 니체가 '원숭이와 위버멘쉬(Übermensch) 사이에

증명될 수 없다. '인간'(Man)을 '남자'(man)라는 말과 같은 단어로 쓰는 언어는 그 말을 사용한 이들의 통념과 편견을 보여 주는 증거지, '인간이란 본성적으로 남자'임을 옳다고 주장할 근거는 아니기 때문이다. 더구나 근대인들의 통념을 강하게 비판하는 니체의 관점에 따르면 그것은 비판의 대상이지 정당화의 이유는 될 수 없다. 반면 제1논문의 말미에 급하게 추가한 주에서 그는 어원학적 비판과 달리 의학적·생리학적 비판의 중요성을 강조하고 있다. 이는 아마도 그 논문을 다 쓰고 난 뒤에 '아차' 하고 덧붙인 주로 보이는데, 후자의 방법이야말로 니체적 사유에 부합한다. 그래서 이후 2, 3논문에서 어원학적 방법은 사라지고, 의학적·생리학적 방법이 두드러지게 사용된다.

8 린 마굴리스·도리언 세이건, 『생명이란 무엇인가』, 황현숙 옮김, 지호, 1999.

걸린 줄'이라고 했던[9] 인간 또한 박테리아의 거대한 공동체다.[10] 발생요인이 무엇이든 좀 더 나은 생존을 위해, 좀 더 강한 생명력을 위해 지속성을 얻은 생명체고, 그 자체가 힘의 고양을 향한 힘에의 의지의 산물이다. '개인'이란 자신의 '번영'을 위해 개개 세포나 기관의 '고유한' 불만을 종종 무시하기도 하는 공동체인 것이다. 그 '개인'의 번영을 위해 미토콘드리아는 세포들로 하여금 때가 되면 자살하게 하는 스위치를 갖고 있다.

그 어떤 공동체도 좀 더 강한 힘을 향한 '힘에의 의지'의 소산이다. 니체는 "강자들은 서로 흩어지려 하며, 약자들은 서로 모이려" 한다고 하지만,[11] 약자들도 모이고 강자들도 모인다. 약자든 강자든 더 큰 힘을 향한 '힘에의 의지'에 의해 움직이기 때문이다. 그렇다면 문제는 강자들이 모이는 양상과 약자들이 모이는 양상의 차이라고 해야 한다. 그런데 생리학적 관점에서 굳이 대비하지만 방금 인용한 니체의 말은 오히려 반대로 말해야 할 것 같다. 왜냐하면 병약자는 무리조직을, 공동체를, 많은 이들의 '집회'를 견디지 못하기 때문이다. 이질적인 것들과 함께 있는 것은, 낯선 이들과 함께한다는 것은 신체적으로나 신경학적으로나 엄청난 힘과 에너지를 요구한다. 우리가 병들었을 때 남들과 만나기 힘들어하는 것은 이 때문이다. 수용력(capacity),

---

9 프리드리히 니체, 『차라투스트라는 이렇게 말했다』, 정동호 옮김, 책세상, 2000, 20쪽.

10 이진경, 『불온한 것들의 존재론』, 휴머니스트, 2011.

11 니체, 「도덕의 계보」, 『선악의 저편·도덕의 계보』, 506쪽.

즉 능력이 작기에, 모여서 함께할 이질성의 폭이 작은 것이다. 가령 독재정권이 이견을 수용하지 못하는 것은 수용력이 작기 때문이다. 따라서 병약자는 대개 '고립'을 원하며 치료를 위해 사람들과 분리된 곳에서 '요양'을 한다. 우울증에 빠진 이들처럼 심리적으로 취약한 이들은 외로워도 많은 이들 속으로 들어가지 못하고 고립된다. 이질적인 것, 나와 다른 것을 수용할 능력의 크기가 내가 형성할 수 있는 공동체의 최대치다.

니체 말대로 "강자들은 서로 흩어지고 약자들은 서로 모이려 한다"고 한다면, 이는 단지 공간상의 거리와는 다른 의미에서 이해되어야 한다. 강자들의 흩어짐이란 **아무리 가까이 모여 있어도 '흩어지려는'** 성향이다. 즉 강자들은 자신의 특이성을 잃지 않기에 아무리 가까이 있어도 축소될 수 없는 특이적 거리를 유지한다. 특이성 간의 거리, 그게 강자들의 흩어짐이다. 약자들은 특이성이 없다. 그런 의미에서 그들은 쉽게 '모이며', 그런 의미에서만 모이는 게 어렵지 않다. 약자들의 모임이란 공간적으로 **아무리 멀리 떨어져 있어도 '무리 지어'** 있음이다. 평균적이고 평범하기에 아무리 떨어져 있어도 실은 비슷한 이들, 그들이 약자인 것이다. 언제나 '여론'이라는 지배적 견해를 나누어 갖고 있기에, 혼자 있어도, 멀리 떨어진 곳에서 만나도 비슷한 말을 하고 비슷한 생각을 하고 있다는 점에서 모여 있음이다. 그들은 모이지 않아도 무리 지어 있는 이들이다.

3. 강자들의 공동체, 혹은 넘어섬의 공동체

힘의 증가와 고양을 위해 약자들도 공동체를 만들고 강자들도 공동체를 만든다. 다른 것은 공동체를 만들거나 유지하는 방식이다. 약자들은 이질적인 것, 다른 신체, 다른 감각, 다른 생각을 견딜 힘이 없기 때문에 언제나 동질적인 것, 유사한 감각, 유사한 생각을 가진 자들의 공동체를 만든다. 에너지의 사용을 최소화하면서 가능한 최대치의 집합적 신체를 구성하고자 한다는 점에서 약자들의 공동체는 공리주의적이다. 싸구려를 찾는 천한 자들의 공동체다. 반면 강자들이 모일 때는 이질적인 것의 연합을 추구한다. 비록 많은 힘이 들겠지만 자신과 다른 이들과의 만남에서 발생하는 새로운 힘의 생성을 추구하고, 자신과 이질적인 것과의 만남을 통해 자신의 감각이나 생각과 다른 어떤 것의 출현하는 사건을 긍정한다. 이전에 생각하지 못했던 어떤 것의 생성을 위해서라면 그 정도의 힘을 사용하는 것이야 얼마든지 좋다는 것, 그게 강자들이 공동체를 형성하는 방식이다.

일본의 현대 사상가인 다니가와 간(谷川雁)은 유용성이나 이해관계나 대의에 따른 연대와 대비하여 쾌감을 위한 연대를 주장한 바 있다. '연대의 쾌락', 그것이 연대의 이유가 되어야 한다고.[12] 이 쾌감은 스피노자의 말을 빌리면, 연대로 인한

12 "지금까지 계급연대에 대한 전위의 설득은 대개 이해의 일치라는 점에 집중되어 왔다. 그리고 개인의 작은 이익을 버리고 집단의 큰 이익에 붙는 것이 의(義)로 간주되었다. 그렇지만 […] 이익과 정의의 접속법에는 뭐라고 해도 늘 무리가 따르게 마련이다. 그

능력의 증가에 동반되는 '기쁨의 감응'이다. 니체라면 '힘의 감각'(Machtgefühl)이라고 말할 것이다. 공동체의 형성은 그 자체로 쾌감을 준다. 그러나 언제나 쾌감을 주는 것은 아니다. 모임으로써 개개인이 힘의 증가를 느낄 때, 개개인이 긍정적인 힘의 감정을 느낄 때에만 쾌감을 준다. 쾌감을 주지 못하는 공동체는, 최소한 그걸 느끼지 못하는 이에게는 더 이상의 힘의 증가를 주지 못하는 공동체다. 지속하기 위해 힘을 소모할 뿐인 공동체, 그러니 해체하는 것이 더 나은 공동체다. 이해관계나 특별한 목적 없이 스스로의 존재를 목적이나 존재이유로 하는 공동체라면, 쾌감이 사라지고 기쁨을 주지 못하는 공동체라면 더 이상 존속할 이유가 없는 공동체다. 그것은 해체되어야 할 때가 된 공동체다.

단결의 쾌감, 연대의 쾌감은 공동체나 집합적 신체를 구성하는 생리학적 이유고 감응적인 이유다. 이를 니체처럼 약자들의 단결에 국한하여 사용할 이유는 없다. 중요한 것은 여기서도 약자들이 느끼는 쾌감과 강자들이 느끼는 쾌감을 구별하는 것이다. 강자들이 느끼는 연대의 쾌감은 나와 다른 신체들을 내가 수용함으로써 오는 신체적 힘의 증가가 야기하는 쾌감이다. 자기와 다른 자 간의 간극, 그렇기에 동반되는 결합에의 저

리고 비통한 정의의 근저에 있는 모럴리즘에 의외로 고풍스러운 색이 감돌고 있음을 전후의 대중은 쉽사리 간파해 버렸다. 그런 까닭에 대중이 선택한 것은 이익도 정의도 아닌 연대의 쾌락이었다"(谷川雁, 「政治的前衛とサクル」, 岩崎稔·米谷匡文 編『谷川雁セレクションI』, 日本經濟評論社, 2009, p.363).

항 —— 이는 상대의 저항과 나의 저항 모두를 뜻한다 —— 을 극복함에서 오는 쾌감이다. 그런 이질성과 차이를 넘어서 좀 더 강한 신체를 구성했다는 사실에서 오는 쾌감이고, 이질적인 것과 함께 하는 데서 오는, **한마디로 넘어섬(Überwinden)에서 오는 쾌감**이다.

반면 약자들이 느끼는 연대의 쾌감은 저항이나 고통을 넘어섬 없이 발생하는 힘의 증가에서 오는 쾌감이다. 자기와 유사한 자, 자신에게 **복종하는 자의 양적 증가**를 자신의 힘의 증가라고 느끼는 데서 오는 쾌감이고, 그렇기에 말 잘 듣고 잘 따르는 자를 발견했을 때 느끼는 쾌감이며, 다른 이들이 자신의 힘 아래 있음을 확인하는 데서 오는 쾌감이다. 비슷한 신체들의 양적 증가에서 오는 쾌감이고, 그런 식으로 '무리 짓는' 데서 오는 쾌감이다. 자신과 같은 무리들이 다수 존재함을 확인하는 데서 오는 쾌감이고, 그런 동류성이 주는 안정감과 위안이 주는 쾌감이다. 또한 흔히 보게 되듯이 남다른 자, 특이한 자들을 비난하고 고립시켜 무력화하는 것을, 다시 말해 남들의 힘의 감소를 자신의 힘의 증가라고 오인하는 데서 오는 반동적 쾌감이다. 특이하기에 거리감이 느껴지는 자들을 비난하고 경멸하는 데서 오는 뒷담화의 쾌감이다.

약자는 공동체를 만들고 강자는 공동체를 거부하는 게 아니라, 약자는 약자들의 공동체를 만들고 강자는 강자들의 공동체를 만든다. 그것은 힘의 질이란 면에서 아주 다른 두 가지 공동체다. 이질적인 것과의 만남이나 결합을 통해 자기를 넘어서는 공동체가 있고 동질적인 것과의 결합을 통해 자기를 확장하는 종류의 공동체가 있는 것이다. 이해의 공동체와 다른 쾌감의 공동체를 만든다고 해도, 아주 다른 두 가지 쾌감이 있다. 나와 다른 것과의 만남을 통해 나를 넘어서는 데서 오는 쾌감이 있고, 나와 비슷한 것과의 만남을 통해 나를 확장하는 데서 오는 쾌감이 있는 것이다. 어떤 특이성을 강점으로 포착하여 현행화시키는 능력인지, 반대로 재빨리 단점으로 포착하여 비난하고 무력화하는 능력인지의 차이가 거기에 있다.

강자들의 공동체는 '넘어섬의 공동체'다. 차라투스트라가 말하는 "위버멘쉬가 머무를 집"이란[13] 이런 공동체라고 해도 좋을 것이다. 넘어서는 자들의 공동체, 그것이 넘어서는 자인 위버멘쉬가 머무를 집이다. 넘어섬의 공동체란 현재의 감각, 현재의 생각을 반복하여 넘어서는 훈련과 변환의 장이다. 그럼으로써 '나'의 몰락을, 기존 공동체의 몰락을 반복하여 추구하는 공동체다. 몰락을 견디고, 새로운 감각과 삶으로 스스로를 갱신하기 위해 도래할 몰락마저 감수하는 무모한 자들의 공동체다.

넘어섬의 공동체는 한편에선 다른 감각, 다른 생각, 다른 가치를 반복하여 창조하고, 다른 한편에선 그 다른 가치와 감각으로 사람들을 유혹하는 공동체다. 나와 다른 감각이나 가치를 가진 자들을 새로이 창안한 감각과 가치로 유혹하는 공동체, 혹은 다른 이들이 창안한 다른 감각과 가치의 유혹에 휘말려 다른

13 니체, 『차라투스트라는 이렇게 말했다』, 21쪽.

세계로 넘어가는 자들의 공동체. 특이성으로 인해 가까이 있어도 멀리 떨어진 자들이 서로를 당기고 유혹하는 공동체, 그런 식으로 특이점들의 분포를 바꾸며 다른 특이성을 형성하는 공동체, 다른 스타일과 다른 가치들이 매혹의 힘을 발동시키는 공동체다. 스피노자 말대로 '자유인'의 공동체, 니체 말대로 '고귀한 자'의 공동체다.

노예들의 공동체, '천민'들의 공동체가 그 반대편에 있다. 특이성에 따른 거리나 '고립'을 반공동체적이라고 비난하는 범속한 자들의 공동체, 나의 무리와 다른 차이를 공동체의 방해물로 간주하는 '패거리'의 공동체가 그것이다. 그것은 또한 지금 지배적인 관념이나 감각을 척도로 삼아 그와 다른 것을 재는, 양식과 공통감각의 공동체고, 새로운 것들의 시도를 귀찮아하는, 그저 하던 것을 계속하려는 타성적인 힘의 공동체이며, 새로운 종류의 실험을 피곤해하는 '지친 자'들의 공동체다. 남다른 스타일을 '튀는 것'으로 비난하는 저속한 자들의 공동체고, 새로운 것, 자신이 해보지 못한 것에 매혹될 줄 모르는 둔감한 자들의 공동체다. 그렇기에 이는 '고귀한' 것을 알아볼 줄 모르는 눈먼 자들의 공동체고, 새로운 감각을 창안할 줄 모르는 무능한 자들의 공동제이며, 다른 이가 창안한 새로운 감각이나 가치로 스스로를 갱신하는 것조차 할 줄 모르는 게으른 자들의 공동체다. 현재의 지배적 가치나 통념에 복종하길 요구하는 노예들의 공동체다.

니체의 눈으로 읽는 니체, 「도덕의 계보」

우리는 왜 끊임없이 곁눈질을 하는가

초판1쇄 펴냄 2020년 06월 25일
초판2쇄 펴냄 2022년 05월 09일

지은이 이진경
펴낸이 유재건
펴낸곳 엑스북스
주소 서울시 마포구 와우산로 180, 4층
대표전화 02-334-1412 | **팩스** 02-334-1413
홈페이지 https://blog.naver.com/xplex
원고투고 및 문의 editor@greenbee.co.kr

주간 임유진 | **편집** 홍민기, 신효섭, 구세주, 송예진 | **디자인** 권희원, 이은솔
마케팅 유하나, 육소연 | **물류유통** 유재영, 한동훈 | **경영관리** 유수진

엑스북스(xbooks)는 (주)그린비출판사의 책읽기·글쓰기 전문 임프린트입니다.
저작권법에 의해 한국 내에서 보호를 받는 저작물이므로 무단전재와 복제를 금합니다.
책값은 뒤표지에 있습니다. 잘못 만들어진 책은 구입처에서 바꿔 드립니다.
ISBN 979-11-90216-35-7 03160

學問思辨行: 배우고 묻고 생각하고 판단하고 행동하고

독자의 학문사변행을 돕는 든든한 가이드 _그린비 출판그룹

그린비 철학, 예술, 고전, 인문교양 브랜드
엑스북스 책읽기, 글쓰기에 대한 거의 모든 것
곰세마리 책으로 통하는 세대공감, 가족이 함께 읽는 책